Diagnostische Kompetenzen von Lehrern und ihre Bedeutung für die Gestaltung und Effektivität des Unterrichts

Europäische Hochschulschriften

Publications Universitaires Européennes
European University Studies

Reihe VI

Psychologie

Série VI Series VI

Psychologie
Psychology

Bd./Vol. 289

PETER LANG
Frankfurt am Main · Bern · New York · Paris

Friedrich-Wilhelm Schrader

Diagnostische Kompetenzen von Lehrern und ihre Bedeutung für die Gestaltung und Effektivität des Unterrichts

PETER LANG
Frankfurt am Main · Bern · New York · Paris

CIP-Titelaufnahme der Deutschen Bibliothek

Schrader, Friedrich-Wilhelm:

Diagnostische Kompetenzen von Lehrern und ihre Bedeutung für die Gestaltung und Effektivität des Unterrichts / Friedrich-Wilhelm Schrader. - Frankfurt am Main ; Bern ; New York ; Paris: Lang, 1989

(Europäische Hochschulschriften : Reihe 6, Psychologie ; Bd. 289)
Zugl.: Heidelberg, Univ., Diss., 1988
ISBN 3-631-42191-5

NE: Europäische Hochschulschriften / 06

D 16
ISSN 0531-7347
ISBN 3-631-42191-5

Printed in Germany 1 3 4 5 6 7

Meinen Eltern,
Magdalena und Wilhelm Schrader

Vorwort

Die vorliegende Arbeit befaßt sich mit einem Thema aus dem Bereich der Lehr-Lern-Forschung, das gleichzeitig aber einen engen Bezug zu Fragen der pädagogischen Diagnostik aufweist. Ziel der pädagogischen Diagnostik ist die wissenschaftliche Fundierung der im Rahmen von Erziehung und Unterricht anfallenden Diagnoseaufgaben. Die dabei entwickelten Methoden und Verfahren stellen nicht nur eine wesentliche Grundlage für eine gerechtere Beurteilungspraxis von Lehrern dar, sondern sind auch als wichtige Voraussetzung für eine Optimierung des Unterrichts anzusehen. Es kann aber nicht übersehen werden, daß dem Einsatz wissenschaftlich erprobter Diagnosemethoden, insbesondere von Testverfahren, Grenzen gesetzt sind, wenn es um die Steuerung des Lehr-Lern-Prozesses und das darauf bezogene unterrichtliche Handeln geht. Hier ist der Lehrer weitgehend auf informelle Diagnoseleistungen, das heißt auf einfache Beobachtungen und darauf basierende Formen der Urteilsbildung angewiesen. Neuere Ansätze der Unterrichtsforschung befassen sich verstärkt mit derartigen handlungssteuernden Prozessen. Es liegt daher nahe, diese für das unterrichtliche Handeln so bedeutsamen Diagnoseleistungen und -kompetenzen einer genaueren Analyse zu unterziehen und ihren Stellenwert für den Unterricht und dessen Wirkung zum Gegenstand einer empirischen Untersuchung zu machen. Die auf diesem Hintergrund entstandene Arbeit läßt sich wie folgt zusammenfassen:

Nach der Einleitung in Kapitel 1 wird in Kapitel 2 der theoretische Bezugsrahmen der Arbeit entwickelt. Dazu wird zunächst nach dem Beitrag der neueren entscheidungs- und maßnahmeorientierten Diagnostik für die Konzeptualisierung der unterrichtsbezogenen Diagnoseleistungen von Lehrern gefragt. Anschließend wird versucht, die Bedeutung von Lehrerdiagnosen im Rahmen des adaptiven Unterrichtens herauszuarbeiten. Schließlich werden theoretische und empirische Ansätze zu Denk-, Urteils- und Entscheidungsprozessen von Lehrern sowie Arbeiten zur Urteilsgenauigkeit dahingehend analysiert, inwieweit sie Aufschluß über die unterrichtsbezogenen Diagnoseleistungen und -kompetenzen und deren Nutzung im Unterricht geben. In Kapitel 3 werden die theoretischen Überlegungen zur Bedeutung von Diagnoseleistungen und diagnostischen Kompetenzen für den Unterricht zusammengefaßt und zu integrieren versucht, um daraus schließlich die Fragestellungen der empirischen Untersuchung abzuleiten. Kapitel 4 beschreibt die Methode der Untersuchung.

In Kapitel 5 sind die Ergebnisse der empirischen Untersuchung dargestellt. Im ersten Teil dieses Kapitels werden zunächst deskriptive Ergebnisse zu verschiedenen Aspekten diagnostischer Kompetenz berichtet. Danach wird der Zusammenhang zwischen den verschiedenen Formen der Diagnosefähigkeit analysiert. Schließlich werden Zusammenhänge zwischen diagnostischen Kompetenzen und anderen Merkmalen des Lehrers, des Unterrichts und des Unterrichtskontexts untersucht. Der zweite Teil dieses Kapitels befaßt sich mit der Rolle diagnostischer

Kompetenzen für den Lernerfolg der Schüler. Dazu werden Zusammenhänge zwischen diagnostischen Kompetenzen des Lehrers und dem Lernerfolg der Schüler sowie Wechselwirkungen zwischen diagnostischer Kompetenz und bestimmten Unterrichtsmerkmalen im Hinblick auf den Lernerfolg analysiert. Außerdem werden die für das Verständnis der unterrichtlichen Wirkungen diagnostischer Kompetenz wichtigen Lehrergruppen anhand grundlegender Merkmale ihres Unterrichts und der von ihnen unterrichteten Klassen genauer charakterisiert. Schließlich wird anhand von Vergleichen einzelner Lehrer versucht, näheren Aufschluß über das Zusammenspiel der für den Unterrichtserfolg bedeutsamen diagnostischen und didaktisch-methodischen Kompetenzen zu bekommen. Im dritten Teil des Kapitels werden differentelle Effekte diagnostischer Kompetenz untersucht. In Kapitel 6 werden die Ergebnisse der Arbeit zusammenfassend interpretiert und im Hinblick auf ihre Bedeutung für die Theorie und Praxis des Unterrichtens diskutiert.

Bei der vorliegenden Arbeit handelt es sich um die überarbeitete Fassung einer von der Fakultät für Sozial- und Verhaltenswissenschaften der Universität Heidelberg im Sommer-Semester 1988 angenommenen Dissertation. Die Arbeit entstand im Rahmen des von der Deutschen Forschungsgemeinschaft geförderten Projekts "Unterrichtsqualität und Leistungszuwachs bei Formen direkter Instruktion im Mathematikunterricht fünfter Hauptschulklassen", das im Zeitraum von 1983 bis 1985 am Max-Planck-Institut für psychologische Forschung unter der Leitung von Prof. Dr. Franz E. Weinert und Dr. Andreas Helmke durchgeführt wurde.

Mein besonderer Dank gilt zunächst Herrn Prof. Dr. F.E. Weinert für die engagierte und kontinuierliche Betreuung der Dissertation. Seine Anregungen und Hilfestellungen waren für die gedankliche Durchdringung und Strukturierung des Themas von außerordentlichem Wert und haben entscheidend dazu beigetragen, die eigenen Überlegungen fortlaufend weiterzuentwickeln und zu präzisieren, die klärungsbedürftigen Fragen herauszuarbeiten und Wege zu ihrer Beantwortung zu finden. Danken möchte ich ihm nicht nur für die Betreuung dieser Arbeit, sondern auch für das im Laufe der Jahre in mich gesetzte Vertrauen. Wesentlichen Anteil am erfolgreichen Abschluß der Arbeit hatte daneben vor allem Dr. Andreas Helmke, bei dem ich mich nicht nur für seine ständige Bereitschaft zur Diskussion und Klärung theoretischer und methodischer Fragen und für seine kompetente Hilfe und Ermutigung in kritischen Phasen der Arbeit bedanken möchte, sondern auch für die über das eigentliche Dissertationsprojekt hinausgehende fruchtbare Zusammenarbeit, von der ich in hohem Maße profitiert habe. Bedanken möchte ich mich auch bei meinen Projektkollegen Ulrich Grommelt, Rüdiger Hoppe und Gudrun Lehneis-Klepper für ihre kollegiale Zusammenarbeit, ihre Diskussionsbereitschaft und ihre vielfältige Unterstützung. Bei den Herren Prof. Dr. Manfred Amelang, Prof. Dr. Volker Lenhart und Prof. Dr. Werner Zielinski aus Heidelberg möchte ich mich für Anregungen bedanken, die der Überarbeitung der Dissertation zugute gekommen sind.

Mein Dank gilt schließlich all jenen, die sowohl im Rahmen des übergreifenden Gesamtprojekts wie meines eigenen Dissertationsprojekts dazu beigetragen haben, daß die Arbeit in ihrer jetzigen Form vorliegt. Claudia Harss und Monika Seiler haben als studentische Hilfskräfte an der gesamten Untersuchung mitgearbeitet und durch ihre engagierte und zuverlässige Mitarbeit das Projektteam wirkungsvoll unterstützt. Hans Dotzler war bei der Lösung von EDV-Problemen stets ein sachkundiger Ansprechpartner. Max Schreder danke ich für die sorgfältige Anfertigung der Abbildungen. Bedanken möchte ich mich auch bei allen Lehrern und Schülern, die an der Untersuchung teilgenommen haben und sich bereitwillig den aufwendigen Befragungen, Interviews und Beobachtungen unterzogen haben.

Schließlich möchte ich die Publikation der Arbeit zum Anlaß nehmen, mich bei meinen Eltern für die nachhaltige Unterstützung, die ich über viele Jahre in Anspruch nehmen konnte, und den verläßlichen Rückhalt, den sie mir stets geboten haben, zu bedanken. Ihnen ist das entstandene Buch gewidmet.

München, im Mai 1989

Friedrich-Wilhelm Schrader

INHALTSVERZEICHNIS

1. EINLEITUNG

Die Lehrertätigkeit läßt sich durch eine Reihe ganz unterschiedlicher beruflicher Rollen und Tätigkeitsmerkmale charakterisieren. Greift man einzelne Teilaspekte des Aufgabenfelds von Lehrern heraus, so kommt man zu Formeln wie: Der Lehrer als Spezialist für Fachinhalte und Unterrichtsmethoden, der Lehrer als Experte für Fragen der Motivierung, der Lehrer als Manager, der Lehrer als Führer, der Lehrer als Berater, der Lehrer als Gestalter von Lernumwelten, der Lehrer als Modell oder - unter stärkerem Bezug auf das unterrichtliche Handeln und seine Grundlagen - der Lehrer als "decision maker", als Planer, als Informationsverarbeiter, als Problemlöser oder schließlich als Diagnostiker (Clark & Yinger, 1979; Woolfolk & Nicolich, 1980). Die vorliegende Arbeit befaßt sich mit dem Lehrer als pädagogischem Diagnostiker, seinen diagnostischen Kompetenzen und deren Bedeutung für den Unterricht und den Lernerfolg der Schüler. Damit ist nicht allein das generelle Thema der Arbeit umrissen, sondern auch bereits eine erste Eingrenzung vorgenommen: Die diagnostischen Aufgabenstellungen, Aktivitäten und Kompetenzen von Lehrern sollen nicht in ihrer Gesamtheit untersucht werden, sondern nur insoweit, wie sie für die Planung und Gestaltung des Unterrichts und dessen Wirksamkeit relevant sind.

Mit Diagnoseleistungen im Bereich von Unterricht beschäftigt sich die Pädagogische Diagnostik, die sich seit geraumer Zeit als eigenständige Teildisziplin etabliert hat (siehe etwa Ingenkamp, 1985; Klauer, 1982; Schwarzer, 1979). Gleichwohl nimmt das Thema dieser Arbeit innerhalb des Aufgabengebiets der pädagogischen Diagnostik allenfalls eine Randstellung ein. Klauer (1982, S.6) definiert pädagogische Diagnostik als "das Insgesamt von Erkenntnisbemühungen im Dienste aktueller pädagogischer Entscheidungen", wobei das Erkenntnisinteresse der pädagogischen Diagnostik im Unterschied zur Forschung nicht auf die Entdeckung allgemeiner Gesetzmäßigkeiten, sondern auf die Untersuchung einzelner Fälle gerichtet ist. Zur Realisierung dieser Erkenntnisbemühungen kann der pädagogische Diagnostiker auf ein breites Arsenal an Methoden, Strategien, Vorgehensweisen, Techniken und Instrumenten zurückgreifen, die von informellen Beobachtungen bis hin zu aufwendigen Testverfahren reichen. Die vorliegende Arbeit zielt nicht darauf ab, dieses Arsenal zu erweitern oder zu verbessern, und auch nicht darauf, die Anwendung oder den Nutzen bestimmter Vorgehensweisen und Verfahren (etwa die Vorhersagekraft bestimmter Testinstrumente) zu untersuchen. Ziel der Arbeit ist es vielmehr, die allgemeine Bedeutung und Funktion von Diagnoseleistungen für den Unterricht und das unterrichtliche Handeln herauszuarbeiten. Es soll dabei ausschließlich um die Diagnoseleistungen des unterrichtenden Lehrers und nicht um die irgendwelcher anderer Personen oder Personengruppen (wie Schulpsychologen, Beratungslehrer), die im Zuge beruflicher Spezialisierung bestimmte diagnostische Aufgaben übernehmen können, gehen.

Ingenkamp (1985, S.17) unterscheidet zwei grundlegende Aufgaben der pädagogischen Diagnostik: (1) Diagnostik zur Verbesserung des Lernens und (2) Diagnostik zur Erteilung von Qualifikationen. Bei der Erteilung von Qualifikationen (Vergabe von Zeugnis- und Abschlußnoten, Übertrittsgutachten), also der Schülerbeurteilung im eigentlichen Sinne, handelt es sich um eine unterrichtsexterne Zielsetzung, die ein fester Bestandteil des berufsrechtlich festgelegten Aufgabenfeldes von Lehrern ist. Obwohl diese Qualifizierungsfunktion von Diagnosen das Bild vom Lehrer als pädagogischem Diagnostiker nachhaltig geprägt hat, ist sie im Rahmen von Überlegungen zur unterrichtlichen Bedeutung von Diagnosen und diagnostischen Kompetenzen allenfalls bedingt relevant; insofern nämlich, als die auf der Grundlage von Diagnosen erteilten Qualifikationen das spätere Lern- und Bildungsangebot für den Betroffenen beeinflussen, aber auch motivationale Folgen haben können. Längerfristige Beurteilungsfolgen dieser Art sollen jedoch im Rahmen der vorliegenden Arbeit unberücksichtigt bleiben.

Gegenstand der Arbeit ist vielmehr die unterrichtsimmanente Funktion von Diagnosen, also ihre Bedeutung für das unterrichtliche Handeln und die daraus für den Schüler resultierenden Folgen. Diagnosen zum Zwecke der Verbesserung des Lernens werden meistens mit bestimmten Förder- oder Differenzierungsmaßnahmen und entsprechenden Unterrichtskonzeptionen in Verbindung gebracht. Dies entspricht neueren Auffassungen zur Rolle von Diagnosen im pädagogisch-psychologischen Bereich, die nicht mehr ausschließlich auf Selektion ausgerichtet sind, sondern in sehr viel umfassenderer Weise als Bestandteil pädagogisch-psychologischen Handelns gesehen werden (vgl. etwa Krapp, 1986; Pawlik, 1976). Ein wesentliches Anwendungsfeld einer solchen treatment-orientierten Diagnostik ist die Optimierung unterrichtlicher Maßnahmen. Es wäre jedoch eine sehr verkürzte, weder durch Alltagserfahrung noch durch wissenschaftliche Erkenntnisse zu rechtfertigende Sichtweise, wollte man das alltägliche Unterrichten auf die diagnosegeleitete Applikation eng umschriebener Maßnahmen reduzieren. Unterrichten erfordert vom Lehrer komplexe Planungs- und Steuerungsbemühungen, über die bislang noch wenig bekannt ist. Es liegt auf der Hand, daß hierzu ebenfalls bestimmte diagnostische oder diagnoseähnliche Aktivitäten und Prozesse erforderlich sind, die im Rahmen der pädagogischen Diagnostik bislang allerdings kaum Beachtung gefunden haben.

Diagnoseprozesse werden meistens mit wissenschaftlich fundierten, auf standardisierten Instrumenten beruhenden Methoden der Informationsbeschaffung gleichgesetzt. Bei einer solchen Form der Diagnostik handelt es sich zwangsläufig um punktuelle, vom unmittelbaren Unterrichtsgeschehen abgehobene und explizite Formen der Informationsgewinnung und -verarbeitung, deren Ergebnis erst mit einer gewissen zeitlichen Verzögerung wieder in den Unterricht zurückgeführt wird. Obwohl solche präskriptiven Modellvorstellungen diagnosegeleiteten pädagogischen Handelns eine erhebliche Bedeutung für die Planung und Durchführung von Unterrichtsmaßnahmen und deren Optimierung haben können, kann nicht davon ausgegangen werden, daß sie für das alltägliche unterrichtliche Handeln charakteristisch sind.

Die Anforderungen, die der Unterricht an das Diagnostizieren stellt, lassen sich in sehr vorläufiger und noch wenig elaborierter Form wie folgt charakterisieren: Um effektiv unterrichten zu können, muß der Lehrer fortlaufend über die aktuellen Lernvoraussetzungen seiner Schüler orientiert sein, die Schwierigkeit und den Erfolg von Unterrichtsmaßnahmen abschätzen können sowie das Tempo seines Unterrichts angemessen regulieren können. Dabei handelt es sich nicht um einmalige Diagnoseleistungen, sondern um fortlaufende Diagnosen der sich in ständigem Wandel befindlichen Lernvoraussetzungen. Es ist offensichtlich, daß abgehobene Diagnosen eine solche Steuerungs- und Anpassungsfunktion nur sehr bedingt leisten können. Stattdessen ist der Lehrer hier auf seine subjektiven Urteile, also auf Formen alltäglichen Diagnostizierens (Wahl, Weinert & Huber, 1984) angewiesen. Erfolgreiches Unterrichten erfordert damit vom Lehrer die Fähigkeit, bestimmte informelle Diagnoseleistungen zu erbringen. Diagnostische Kompetenzen dieser Art sollen Gegenstand der vorliegenden Arbeit sein.

Zweifel an der Fähigkeit des Lehrers, seiner Rolle als pädagogischer Diagnostiker auch tatsächlich gerecht zu werden, wurden durch eine Reihe älterer Untersuchungen, vor allem im Zusammenhang mit der Zensurengebung, genährt, in denen die Unzulänglichkeit und Fehlerhaftigkeit des Lehrerurteils aufgezeigt wurde (Ingenkamp, 1971). Zu fragen ist dabei allerdings nicht nur, wie solche Ergebnisse im Lichte neuerer Befunde zur Genauigkeit des Lehrerurteils zu bewerten sind, sondern auch, ob derartige Untersuchungen überhaupt Aufschluß über die für die Steuerung von Unterricht erforderlichen diagnostischen Kompetenzen geben. Es muß als voreilig angesehen werden, aus der geringen Übereinstimmung von Lehrerurteilen mit den Ergebnissen standardisierter Tests, also aufgrund einer unreflektierten Anwendung von normativ-psychometrischen Kriterien, auf Defizite hinsichtlich der für die Unterrichtsdurchführung erforderlichen Diagnosekompetenzen schließen zu wollen. Erforderlich sind vielmehr genauere Überlegungen zur Funktion von diagnostischen Einschätzungen und Kompetenzen für das unterrichtliche Handeln, also die Zugrundelegung pädagogisch-funktionaler Kriterien (Weinert & Schrader, 1986).

Die vorliegende Arbeit will einen Beitrag zur Beantwortung der Frage leisten, welchen Stellenwert Diagnoseleistungen und diagnostische Kompetenzen von Lehrern für den Unterricht und das unterrichtliche Handeln haben. Dazu ist es erforderlich, die für die Unterrichtsdurchführung relevanten Diagnoseleistungen und -fähigkeiten von Lehrern genauer herauszuarbeiten. Zu diesem Zweck wird zunächst untersucht, welche Folgerungen aus theoretischen Modellvorstellungen des Diagnostizierens und diagnosegeleiteten unterrichtlichen Handelns für die Konzeptualisierung unterrichtsbezogener Lehrerdiagnosen zu ziehen sind. Näher einzugehen ist dabei auf die Rolle, die diagnostische Einschätzungen für die Planung und Durchführung von Unterricht spielen. Schließlich wird der Versuch, diagnostische Kompetenz mit Hilfe des Urteilsgenauigkeits-Ansatzes zu konzeptualisieren, einer genaueren Analyse unterzogen. Die auf diesem theoretischen Hintergrund durchgeführte empirische Untersuchung soll Aufschluß darüber geben, in welcher Beziehung die so konzeptualisierten diagnostischen Lehrerkompetenzen zu Merkmalen des Unterrichts und der Unterrichtseffektivität stehen.

2. DIAGNOSTISCHE KOMPETENZEN, UNTERRICHTLICHES HANDELN UND SEINE WIRKUNGEN - THEORETISCHER BEZUGSRAHMEN

2.1 Lehrerdiagnosen im Rahmen von theoretischen Modellvorstellungen des Diagnostizierens

2.1.1 Allgemeine Einführung in das Verhältnis von Diagnostizieren, Entscheiden und Handeln in pädagogisch-psychologischen Kontexten

Die Frage nach der Bedeutung von Lehrerdiagnosen und diagnostischen Lehrerkompetenzen für den Unterricht und das unterrichtliche Handeln läßt sich zunächst unter die allgemeine Frage zum Verhältnis von Diagnostizieren, Entscheiden und Handeln subsumieren. Die in den letzten Jahren geführte Diskussion um die methodologische Fundierung der neueren psychologischen Diagnostik (siehe etwa Pawlik, 1976; Tack, 1976) hat dazu geführt, daß der Stellenwert von Diagnosen für das praktische Handeln genauer herausgearbeitet wurde. Heute wird psychologische Diagnostik meistens als Mittel der Erkenntnisgewinnung zur Lösung praktischer Probleme angesehen (Leichner, 1979; Wottawa & Hossiep, 1987). Die Optimierung von Handlungen und Entscheidungen ist dabei eine der zentralen Problemstellungen, für die Diagnostik eine wichtige Rolle spielt (Arthur, 1969; McReynolds, 1971; Wottawa & Hossiep, 1987). Die auf die grundlegende Arbeit von Cronbach & Gleser (1965) zurückgehende Auffassung, daß Diagnosen Hilfsmittel zur Verbesserung praktischer Entscheidungen sind, hat wesentlich zum Selbstverständnis der heutigen Diagnostik beigetragen. Die dabei entwickelten Prinzipien einer handlungs-(treatment)orientierten Diagnostik gelten auch für die pädagogische Diagnostik (Reulecke & Rollet, 1976).

Bevor auf nähere Einzelheiten einer entscheidungstheoretisch fundierten Diagnostik eingegangen wird, soll zunächst mit einer kurzen definitorischen Abklärung des Begriffs der Diagnose begonnen werden. Was unter Diagnosen zu verstehen ist, wird selten expliziert; auch hier soll nur eine skizzenhafte begriffliche Eingrenzung erfolgen. In Anlehnung an Leichner (1979) wird unter einer Diagnose eine (gegebenenfalls sehr komplexe) Aussage verstanden, die die Beantwortung einer diagnostischen Fragestellung ermöglicht. Entsprechend den zentralen diagnostischen Fragestellungen (Beschreibung, Erklärung, Vorhersage) können Diagnosen damit also ganz allgemein als Aussagen verstanden werden, die der Beschreibung, Erklärung und Vorhersage des "Zustands" von Personen -oder allgemeiner: Systemen - dienen (für differenziertere Aufschlüsselungen vgl. etwa Wottawa & Hossiep, 1987). Die Beschreibung einer Person durch Angabe von Merkmalen und Merkmalsausprägungen, die eine Abgrenzung von anderen Personen ermöglichen, war die Hauptzielsetzung der traditionellen psychologischen Diagnostik, die meist losgelöst von außerdiagnostischen Zielsetzungen betrachtet wurde. Diagnostik als Erklärung (z.B. für eine Verhaltensauffälligkeit) besteht im

Aufzeigen von verursachenden Bedingungen, die zusammen mit allgemeinen Gesetzmäßigkeiten den erklärungsbedürftigen Sachverhalt erklären (Leichner, 1979; für eine Präzisierung im Rahmen einer normativen Diagnostik siehe Westmeyer, 1972, 1976; zum taxonomischen Ansatz der klassischen Psychiatrie siehe etwa Schulte, 1976). Vorhersagen über ein zukünftiges Verhalten oder eine zukünftig vorhandene Merkmalsausprägung sind im Zusammenhang mit Entscheidungen über Maßnahmen im weitesten Sinne zu sehen, die sehr oft aufgrund von Vorhersagen über den Maßnahmeerfolg erfolgen.

Im folgenden soll die Rolle von Diagnosen im Rahmen eines entscheidungstheoretischen Ansatzes näher betrachtet werden. Eine Entscheidungssituation ist durch das Vorliegen mehrerer Behandlungsalternativen (treatments) im weitesten Sinne gekennzeichnet (zum treatment-Begriff siehe Cronbach & Gleser, 1965), die mit unterschiedlichen Konsequenzen (Nutzenwerten) verbunden sind. Unterstellt wird, daß der Entscheidende unter Heranziehung geeigneter Informationen die Behandlung wählt, die im Hinblick auf ein bestimmtes Entscheidungskriterium maximalen Nutzen erbringt.

Im Zusammenhang mit pädagogisch-psychologischer Diagnostik betreffen Entscheidungen die Zuordnung von Personen zu bestimmten Maßnahmen oder Behandlungen, was in formaler Hinsicht ein Klassifikationsproblem darstellt. Die einer Klassifikationsentscheidung zugrundeliegende Information kann qualitativ oder quantitativ, ein- oder mehrdimensional sein; Spezialfälle von Klassifikationsentscheidungen sind Plazierungsentscheidungen (eine einzige quantitative Dimension liegt zugrunde) und Selektionsentscheidungen (eines der treatments ist die Zurückweisung, das heißt der Ausschluß von einer Maßnahme). Die Abgrenzung der Selektionsentscheidung von den anderen Entscheidungstypen ist Grundlage für die in der psychologischen Diagnostik übliche Gegenüberstellung von Selektions- und Modifikationsstrategien (Pawlik, 1976) beziehungsweise für die in der Pädagogischen Diagnostik vorgenommene Unterscheidung von Selektions- und Förderdiagnostik (Ingenkamp, 1985).

Aus entscheidungstheoretischer Sicht sind Diagnosen dann von potentiellem Nutzen, wenn "Entscheidungen unter Ungewißheit" (Lee, 1977) zu treffen sind, wenn also das Ergebnis einer Handlung von bestimmten Zuständen oder Bedingungen abhängt, über deren Vorliegen oder Eintreten der Entscheidende keine oder nur unvollständige oder mit Unsicherheit behaftete Information besitzt (siehe Tack, 1985). Die Funktion von Diagnosen besteht dann darin, die Ungewißheit zu reduzieren, das heißt die Kenntnis über den nicht oder nur unzureichend bekannten Ausgangszustand, bei dem eine Handlung zu einem bestimmten Ergebnis führt, zu verbessern; im Extremfall soweit, daß sich die Entscheidungssituation auf eine "Entscheidung unter Gewißheit" reduziert.

Diagnosen sind nur dann sinnvoll, wenn es sich in der Terminologie der mathematischen Entscheidungstheorie um "zulässige" Strategien handelt (Tack, 1976, 1985). Eine Strategie ist zulässig, wenn es keine andere Strategie gibt, die unabhängig von den vorliegenden Bedingungen stets zu günstigeren Ergebnissen führt (für eine Präzisierung vgl. etwa Lee, 1977). Existiert eine Strategie, die alle anderen Strategien dominiert, so wird eine Diagnose überflüssig, da das Rationalitätsprinzip in jedem Fall die Wahl der dominanten Strategie vorschreibt.

Die pädagogisch-psychologische Diagnostik bezieht sich üblicherweise auf Situationen, in denen der Handlungserfolg nicht vom Vorliegen qualitativ unterschiedlicher Bedingungen, sondern von der Ausprägung quantitativer Merkmalsdimensionen abhängt. In der Psychologie belegt man solche Merkmalsdimensionen, die eine Vorhersage späterer Leistungen (oder sonstiger Erfolgskriterien) in Abhängigkeit von bestimmten Behandlungen gestatten, mit dem Terminus "Aptitude" (Cronbach & Snow, 1981; Corno & Snow, 1986). In der Testtheorie spricht man bei einer von der Behandlungsart abhängigen Beziehung zwischen Prädiktor und Kriterium von bedingter Validität (Tack, 1976). Bei Cronbach & Gleser (1965) wird die Beziehung zwischen dem (durch den zu erwartenden Nutzen bewerteten) Kriterium und der Aptitudedimension für jedes Treatment in Form einer Payoff-Funktion dargestellt.

Bei einer Verwendung von Payoff-Funktionen wird sofort ersichtlich, daß Diagnosen zum Zwecke von Plazierungsentscheidungen (das heißt der Zuordnung der Personen zu bestimmten Maßnahmen anhand eines eindimensionalen Prädiktors) nur dann Sinn machen, wenn die Payoff-Funktionen verschiedener Maßnahmen (mindestens) einen Schnittpunkt aufweisen, wenn also in varianzanalytischer Terminologie eine disordinale Wechselwirkung vorliegt. Existiert eine Maßnahme, die unabhängig von der Ausprägung des Aptitude-Faktors stets zu besseren Ergebnissen (oder genauer: zu einem höheren Nutzen) führt als andere, so ist - sofern keine anderen Beschränkungen vorliegen - für jede Person diese günstigste Maßnahme zu wählen. Eine Diagnose wäre in diesem Fall überflüssig. Daß disordinale Wechselwirkungen zwischen Personenmerkmalen und Behandlungen existieren, wird im Rahmen treatment-orientierter Diagnostik meistens implizit als gegeben angenommen (Cronbach & Gleser, 1965).

Die Erforschung von Aptitude-Treatment-Interaktionen hat innerhalb der Pädagogischen Psychologie einen festen Platz, wobei der Nachweis einer solchen Interaktion in formaler Hinsicht der Validierung eines Klassifikationsverfahrens entspricht (Cronbach, 1967; Cronbach & Snow, 1981). Erst wenn der Nachweis einer Aptitude-Treatment-Interaktion gelingt, ist es sinnvoll, die zugrundeliegende Aptitude-Dimension für diagnostische Zwecke heranzuziehen. Bislang haben sich allerdings nur wenige der untersuchten Aptitude-Treatment-Interaktionen als hinreichend stabil erwiesen (Cronbach & Snow, 1981).

Der vergleichsweise geringe Erfolg bei der Suche nach Aptitude-Treatment-Interaktionen hat es bisher noch nicht möglich gemacht, präskriptive Vorstellungen dazu zu entwickeln, bei welchen Merkmalen und Merkmalsausprägungen welche Unterrichtsmaßnahmen optimal sind. Mitunter wird sogar bezweifelt, daß dies je möglich sein wird (Cronbach & Snow, 1981). Cronbach (1975) empfiehlt angesichts des Fehlens abgesicherter Wechselwirkungen zwischen Personenmerkmalen und Maßnahmen für wissenschaftlich fundiertes Handeln in komplexen Anwendungsfeldern eine Strategie des "short-run"-Empirismus: Danach sind Maßnahmen aufgrund einer vorläufigen theoretischen Analyse probeweise einzuleiten, hinsichtlich ihrer Auswirkungen zu überwachen und bei Bedarf zu revidieren.

Bislang wurde von der Voraussetzung eines "fixed treatment" ausgegangen, bei dem die Maßnahmen unabhängig von Informationen über die betroffenen Personen vorab festgelegt sind. Im Unterschied dazu erfolgt im Falle eines adaptiven Treatments sowohl die Auswahl der Personen für eine Maßnahme als auch die Ausgestaltung der Maßnahme selbst auf der Grundlage von Informationen über die Personen (z.B. Senkung der Anforderungen eines Arbeitsplatzes für einen geringer qualifizierten Bewerber). Dadurch kann die Maßnahme in optimaler Weise an die Leistungsvoraussetzungen der einzelnen Personen angepaßt werden. Eine solche Anpassung läßt sich auffassen als Auswahl einer Maßnahme aus einer - zumindest potentiell - unendlich großen Menge möglicher Behandlungsvarianten (Cronbach & Gleser, 1965). Besonders geeignet erscheint das Konzept des adaptiven Treatments, wenn eine große Menge von Maßnahmen verfügbar ist, die sich nur im Hinblick auf die Schwierigkeitsdimension unterscheiden.

Die Bedeutung des entscheidungstheoretischen Ansatzes für eine Analyse der unterrichtsbezogenen Lehrerdiagnosen liegt nicht nur darin, daß Diagnosen mit Entscheidungen und Handlungen verknüpft werden. Zusätzlich werden auch bestimmte Aspekte der Entscheidungssituation in das Blickfeld gerückt, die für eine umfassende Bewertung des Nutzens von Diagnosen in einem Anwendungsfeld bedeutsam sind.

Die Bewertung von Diagnosen erfolgt nicht mehr ausschließlich unter dem Gesichtspunkt hoher Genauigkeit (Maximierung von Reliabilität und Validität), sondern schließt auch andere Faktoren wie Verfügbarkeit alternativer Informationsquellen, Notwendigkeit der Auffüllung vorgegebener Quoten, Kosten der Diagnose ein. Diagnosen haben nicht schon allein dadurch hohen Nutzen, daß sie genau sind, sondern sie müssen sich daran messen lassen, welchen zusätzlichen Nutzen sie gegenüber ohnehin verfügbarer "Apriori"-Information aufweisen. Hiermit übereinstimmend wird in einer Reihe neuerer Arbeiten der Wert von Testergebnissen für den Lehrer in Zweifel gezogen, da der Zuwachs an Information gegenüber dem beim Lehrer ohnehin vorhandenen Wissen relativ gering sei (Airasian, Kellaghan, Madaus & Pedulla, 1977; Egan & Archer, 1985).

Auf der anderen Seite sind Diagnosen nicht schon deshalb wertlos, weil sie möglicherweise relativ ungenau sind. Der konkrete Nutzen einer Diagnose ergibt sich unter anderem aus der Verfügbarkeit alternativer Informationsquellen. Für Merkmale, die anderweitig nur schwer erfaßbar sind, können daher Diagnoseverfahren, die nach den üblichen genauigkeitsorientierten Bewertungskriterien als unzulänglich angesehen werden müssen, von erheblichem Nutzen sein (Cronbach & Gleser, 1965). So hat der Lehrer, was die Steuerung unterrichtlichen Handelns anbetrifft, praktisch keine Alternative zu informellen subjektiven Urteilen, wie auch von Vertretern einer psychometrisch orientierten pädagogischen Diagnostik eingeräumt wird (Klauer, 1982) und an späterer Stelle noch genauer auszuführen sein wird. Auch wenn sich herausstellen sollte, daß diagnostische Lehrerurteile relativ ungenau sind, sind sie deshalb nicht unbedingt auch schon wertlos, weil genauere Informationen möglicherweise nicht verfügbar sind oder im Zuge des aktuellen Handeln nicht genutzt werden können.

Mit dem Konzept des adaptiven Treatments wird schließlich auf die Möglichkeit der Feinabstimmung von Maßnahmen verwiesen, wie sie für das unterrichtliche Handeln charakteristisch sein dürfte.

2.1.2 Die Rolle des Diagnostizierens in pädagogisch-psychologischen Handlungsmodellen

Der Cronbach & Gleser-Ansatz analysiert das Verhältnis von Diagnose, Entscheidung und Handeln auf einer formalen Ebene und macht dadurch allgemeine Rahmenbedingungen für den Nutzen von Diagnosen deutlich. Er trägt aber nur wenig dazu bei, den "Standort" der Diagnostik im Gesamtrahmen pädagogisch-psychologischen Handelns sichtbar zu machen, geschweige denn das Zusammenspiel von Diagnose, Entscheidung und Handeln in einem konkreten Handlungsablauf zu verdeutlichen. Diesen Zweck erfüllen verschiedene Ablaufschemata oder Prozeßmodelle pädagogisch-psychologischen Handelns, bei denen "informationssuchende Handlungen (Diagnostik im engeren Sinne)" und "zustandsverändernde Handlungen (Behandlungen)" als Teil eines einzigen Handlungsablaufs gesehen werden (Pawlik, 1976, S.33).

Ein neueres Modell, das besonders für eine generelle "Standortbestimmung" pädagogisch-psychologischer Diagnostik geeignet erscheint, ist bei Krapp (1986, S.569) dargestellt.

> Danach läßt sich der idealtypisch gedachte Prozeß pädagogisch-psychologischen Handelns in eine Vorbereitungs- und eine Realisierungsphase (praktische Phase) unterteilen. Die sich unmittelbar an eine Problemstellung anschließende Vorbereitungsphase umfaßt die treatmentvorbereitende Diagnostik sowie die Entscheidung über Ziele und Art des Treatments. Die praktische Phase besteht aus Treatment, treatmentbegleitender Diagnostik und Entscheidungen über den weiteren Treatmentverlauf. Nach Beendigung der praktischen Phase erfolgt schließlich eine treatmentabschließende Diagnostik.

Diagnostische Prozesse kommen damit also an drei Stellen eines solchen Handlungsablaufs ins Spiel: als treatmentvorbereitende Diagnostik, als treatmentbegleitende Diagnostik und als treatmentabschließende Diagnostik. Je nach Art der aktuellen Entscheidungssituation können dabei natürlich bestimmte Formen der Diagnostik im Vordergrund stehen (siehe Pawlik, 1976; Krapp, 1986).

Bei der *treatmentvorbereitenden* Diagnostik geht es zunächst um die Abklärung des anzustrebenden Sollzustands und das Feststellen von Ist-Soll-Diskrepanzen, aus denen sich entsprechende Teilziele ableiten lassen. Diagnostische Informationen werden benötigt für die Auswahl und Gestaltung geeigneter Maßnahmen (z.B. aufgrund einer Analyse der Bedingungen eines auffälligen Verhaltens) und für die Vorhersage der Treatmentwirkungen. Die *treatmentbegleitende* Diagnostik dient der Steuerung und Überwachung des Handlungsablaufs; sie ist eine Form der Prozeßdiagnostik (Rüdiger, 1981), mit deren Hilfe der Handlungsablauf bei Bedarf korrigiert werden kann. Sie ist meist eher informeller Art, das heißt basiert eher auf einfachen Beobachtungen und subjektiven Einschätzungen als auf ausgefeilten diagnostischen Methoden. Die *treatmentabschließende* Diagnostik dient der abschließenden Bewertung, ob und inwieweit die aufgestellten Ziele erreicht wurden. Sie dient meistens nicht nur dazu, dem Handelnden Rückmeldung über den Verlauf der Behandlung zu geben, sondern auch der Qualifizierung des Behandelten. Die treatmentbegleitende Diagnostik wird auch als formative Evaluation, die treatmentabschließende Diagnostik als summative Evaluation bezeichnet. Im schulischen Bereich dient die summative Evaluation der Qualifizierung der Schüler durch Vergabe von Noten, insbesondere Zeugnisnoten.

Der Gegenüberstellung von formativer und summativer Evaluation entspricht die in der pädagogischen Diagnostik üblicherweise getroffene Unterscheidung zwischen Prozeß- und Produktdiagnosen. Damit soll zum Ausdruck gebracht werden, daß sich bestimmte Sachverhalte wie etwa der Unterrichtserfolg sowohl am Produkt als auch als Prozeß beurteilen lassen (Ingenkamp, 1985). Dabei ist die Prozeßdiagnostik keine im Vergleich zur produktorientierten Erfassung qualitativ andere Form des Diagnostizierens. Auch Prozesse lassen sich nur durch eine Serie von produktbezogenen Messungen, also durch eine Art von Veränderungs- oder Verlaufsdiagnostik erfassen.

Das Zusammenspiel von Diagnostizieren, Entscheiden und Handeln im Rahmen einer konkreten pädagogisch-psychologischen Problemlösung kommt in dem Modell von Kaminski (1970) noch besser zum Ausdruck.[1] Dieses Modell ist Grundlage mehrerer speziellerer Strukturbeschreibungen praktisch-psychologischen Diagnostizierens und Handelns für verschiedene Anwendungsbereiche (siehe etwa Bommert & Plessen, 1978; für den pädagogisch-psychologischen Bereich siehe das Schema zur Einzelfallhilfe von Meister, 1976, 1978). Das Modell von Kaminski ist in eine Rahmentheorie klinisch-psychologischen Diagnostizierens eingebettet, in der versucht wird, die im Rahmen einer Problembearbeitung anfallenden Prozesse und Operationen unter Zuhilfenahme grundlagenwissenschaftlicher Denkweisen und Erkenntnisse zu analysieren. Dabei wird eine ganz ähnliche Strukturierung des Arbeitsflusses praktisch-psychologischer Tätigkeit vorgeschlagen, wie sie bereits im Zusammenhang mit dem Modell von Krapp (1986) dargestellt wurde.

In dem Grundschema von Kaminski (1970; S.35) bildet eine diagnostische Phase mit Planung und Durchführung der Datenbeschaffung und Hypothesenbildung und -bearbeitung den Anfang. Danach kommt die praktische Phase mit Planung und Durchführung der Veränderungsmaßnahmen. Der Ablauf wird gesteuert durch drei Arten von Entscheidungen: (a) der Entscheidung darüber, ob die Hypothesen ausreichend für die Einleitung der praktischen Phase sind oder ob weitere diagnostische Aktivitäten nötig sind;

---

[1]Kaminski untersucht in seinem Modell die Tätigkeit des klinisch-psychologischen Praktikers. Die Tätigkeit des pädagogisch-psychologischen Praktikers ist aber in ihren Grundzügen sehr ähnlich, so daß die Bezugnahme auf das Kaminski-Modell vertretbar erscheint.

(b) der Entscheidung, ob die im Rahmen der Maßnahmedurchführung anfallenden Informationen mit den Hypothesen im Einklang sind oder ob eine Wiederaufnahme diagnostischer Aktivitäten erforderlich ist; (c) der Entscheidung, ob das Ziel der Veränderungsmaßnahme erreicht ist oder ob die Maßnahme weiter fortgesetzt werden muß.

Handlungsmodelle wie dieses machen nicht nur die enge Verflechtung von Diagnostizieren, Entscheiden und Handeln im Rahmen klinisch-psychologischer Arbeit deutlich, sondern zeigen auch die strukturelle Ähnlichkeit zwischen dem methodisch fundierten Vorgehen des professionellen Diagnostikers und den informellen Diagnoseleistungen des Laien auf. Die Verknüpfung von diagnostischen Prüfvorgängen und zustandsverändernden Handlungen läßt sich dabei durch das 'Test-Operate-Test-Exit'(TOTE)Modell von Miller, Galanter & Pribram (1973) beschreiben, das folgende Schritte vorsieht: Prüfung der Übereinstimmung zwischen Ist- und Soll-Zustand (Test), Einleitung und Durchführung von Maßnahmen zur Überführung des Ist- in den Soll-Zustand (Operate), erneute Prüfung der Ist-Soll-Diskrepanz (Test), weiteres Handeln im Falle der Nichterreichung des Soll-Zustands beziehungsweise Beendigung der Handlung bei Erreichen des Soll-Zustands (Exit).

Welchen tatsächlichen Stellenwert planmäßig und methodisch kontrolliert durchgeführte Diagnoseaktivitäten, die denen des klinisch-psychologischen Experten ähneln, für den Lehrer haben, ist eine offene Frage. Möglicherweise gibt es dabei auch so erhebliche individuelle Unterschiede zwischen den Lehrern, daß diese Frage gar nicht allgemeinverbindlich beantwortet werden kann. Vor allem im Rahmen adaptiver Unterrichtskonzeptionen gibt es Vorschläge, die Lehrertätigkeit unter dem Aspekt klinischer Informationsverarbeitung zu betrachten und den Lehrer als "klinischen Diagnostiker" anzusehen, der die Lerndefizite seiner Schüler systematisch diagnostiziert und geeignete Remedialmaßnahmen als "Therapie" einsetzt (vgl. Fogarty, Wang & Creek, 1983; Shulman & Elstein, 1975; Wang & Lindvall, 1984). Gegen diese Position spricht, daß die Anforderungen an die diagnostische Informationsverarbeitung beim Lehrer ganz andere sind als beim Arzt: Der Lehrer arbeitet gewöhnlich mit einer größeren Gruppe von Schülern, mit denen er allerdings über längere Zeit hinweg in Kontakt ist; im Unterschied zum Arzt fehlen dem Lehrer meistens die zeitlichen Möglichkeiten und die exakten Methoden für eine umfassende und genaue Diagnostik; dafür sind die Risiken einer Fehlentscheidung beim Lehrer in der Regel nicht so hoch wie beim Arzt (Dewitz, 1978; zitiert nach Hofer, 1986, S.6). Zudem findet der Unterricht in einer hochkomplexen, durch ein vielfältiges Reizangebot gekennzeichneten, nur teilweise überschaubaren und dynamisch sich wandelnden Umgebung statt (siehe Doyle, 1977a, 1977c, 1979). Unter solchen Bedingungen hat der Lehrer unter Umständen gar nicht die Gelegenheit, genaue diagnostische Informationen über Lernvoraussetzungen und -defizite der Schüler für geeignete Remedialmaßnahmen zu nutzen. Wichtiger als aufwendige diagnostische Bemühungen könnten unter diesen Umständen relativ grobe, aber schnell verfügbare diagnostische Informationen sein, wie sie auch für das alltägliche Handeln eine Rolle spielen (Wahl, Weinert & Huber, 1984).

Der Frage, wie die für effektives Unterrichten erforderlichen Diagnoseleistungen aussehen und welche empirischen Belege es dafür gibt, soll in späteren Abschnitten nachgegangen werden.

2.1.3 Schülerbeurteilung als diagnostische Informationsverarbeitung

Zur diagnostischen oder klinischen Informationsverarbeitung professioneller Diagnostiker gibt es eine ganze Reihe von Ansätzen und Untersuchungen (Leichner, 1978). Sie lassen sich grob in Prozeßmodelle und statische Modelle einteilen (Jäger & Mattenklott, 1984). Als Prozeßmodelle können sowohl Modelle "langsamen" schrittweise-sequentiellen Vorgehens als auch Modellvorstellungen für den Ablauf sehr schnell ablaufender Urteils- und Entscheidungsprozesse (siehe etwa Einhorn, Kleinmuntz & Kleinmuntz, 1979) verstanden werden.

Untersuchungen zum Prozeß der diagnostischen Informationsverarbeitung im Sinne eines hypothesengenerierenden und -überprüfenden Vorgehens wurden vor allem im Bereich der medizinischen Diagnostik (Elstein, Shulman & Sprafka, 1978; Elstein, Kagan, Shulman, Jason & Loupe, 1972; Lesgold, 1984; Schwartz & Griffin, 1986), gelegentlich auch im Bereich der psychologischen Diagnostik (Mattenklott & Groß, 1984) durchgeführt.

Im pädagogischen Bereich wurden entsprechende Untersuchungen von Vinsonhaler, Weinshank, Wagner & Polin (1983; siehe auch Shavelson & Stern, 1981) durchgeführt. Es ging dabei um die Diagnose und Behandlung von Lese- und allgemeinen Lernschwierigkeiten durch speziell dafür ausgebildete Fachleute sowie durch Lehrer, die auf der Basis von simuliertem Fallmaterial Diagnosen und Behandlungspläne zu erstellen hatten. Die Ergebnisse zeigen, daß bei den Lehrern und sogar den Spezialisten die interindividuelle wie auch die intraindividuelle Übereinstimmung bei vergleichbaren Fällen sehr niedrig ist und daß zwischen Diagnosen und Behandlungsvorschlägen nur ein schwacher Zusammenhang besteht. Beide Personengruppen besitzen demnach offenbar die Fähigkeiten, die zur professionellen Ausführung solcher Diagnoseaufgaben erforderlich sind, nicht in hinreichendem Maße. Ursachen dafür können im Mangel an empirisch abgesichertem Wissen über Lernschwierigkeiten und deren Behandlungsmöglichkeiten, im Fehlen von systematischen Strategien der Informationsgewinnung und -verarbeitung und in zu geringer, durch kontrollierte Praxis erworbener diagnostischer Erfahrung liegen (Vinsonhaler et al., 1983). Lehrer werden also den Anforderungen, wie sie sich dem professionellen medizinischen Diagnostiker stellen, offenbar nicht gerecht. Dem kann natürlich entgegengehalten werden, daß Diagnoseaufgaben dieser Art für die Lehrertätigkeit eher untypisch sind.

Für die unter nichtkontrollierten Bedingungen erfolgende alltägliche diagnostische Urteilsbildung von Lehrern ist eine Rekonstruktion der zugrundeliegenden Prozesse durch entsprechende Prozeßmodelle nur sehr bedingt möglich, so daß im folgenden ausschließlich auf statische Modelle eingegangen werden soll. Dabei lassen sich im wesentlichen Bayes- und Regressions-Ansätze unterscheiden (Slovic & Lichtenstein, 1971). Regressionsansätze eignen sich zur Beschreibung, welche Informationen der Urteiler für sein Urteil heranzieht und wie er die Informationen gewichtet. Der Bayes-Ansatz ist für die Frage relevant, wie Urteile durch neue Informationen revidiert werden.

Dem Bayes-Ansatz zufolge können diagnostische Urteile als subjektive Wahrscheinlichkeiten für das Vorhandensein bestimmter Merkmale aufgefaßt werden, die bei neuer Information in einer durch das Bayes'sche Theorem vorhersagbaren Weise revidiert werden. Nach Shavelson & Atwood (1977) und Shavelson (1978) urteilt der Lehrer auf der Grundlage von Hypothesen, die als subjektive Wahrscheinlichkeiten über den internen Zustand von Schülern (z.B. deren aktuellen Wissenstand) aufgefaßt werden. Diese Hypothesen werden aufgrund von Beobachtungen laufend aktualisiert und und revidiert.

Shavelson, Cadwell & Izu (1977) konnten zeigen, daß Lehrer ihre Urteile über einen hypothetischen Schüler in der vom Bayes'schen Satz vorhergesagten Weise revidieren und dabei die Reliabilität der Information berücksichtigen. Dieser Befund steht im Widerspruch zu Ergebnissen der Urteilsforschung, wonach sich zumindest naive Urteiler an einfachen Heuristiken orientieren und der Reliabilität von Informationen keine Beachtung schenken. Shavelson et al. sehen in ihrem Ergebnis einen Beleg dafür, daß Lehrer im Hinblick auf Schülerbeurteilungen als Experten angesehen werden können, die bestimmte, für den naiven Urteiler charakteristische Urteilsfehler vermeiden.

Der Regressionsansatz umfaßt unterschiedliche Modelle und Paradigmen. Diesen Ansätzen ist gemeinsam, daß quantitative Urteile über Reizobjekte, die durch Angabe einer oder mehrerer quantitativer Merkmalsdimensionen (cues) definiert sind, untersucht werden. Als grundlegender Bezugsrahmen für die Konzeptualisierung der Urteilsbildung kann das Brunswik'sche Linsenmodell (siehe etwa Brunswik, 1979; Hammond, Hursch & Todd, 1964; Hursch, Hammond & Hursch, 1964) angesehen werden.

Das Linsenmodell beschreibt die Situation, in der der Urteiler anhand verschiedener beobachtbarer Reizdimensionen (cues; proximale Merkmale) ein Urteil über die Ausprägung eines nicht direkt beobachtbaren (distalen) Merkmals abgibt. Der Grad, in dem der Urteiler die einzelnen Reizdimensionen als Informationsquellen für sein Urteil nutzt (cue utilization), kann mit Hilfe von Korrelations- oder Regressionskoeffizienten bestimmt werden. Gleichzeitig kann auf diese Weise auch bestimmt werden, inwieweit sich das zu beurteilende distale Merkmal (Kriterium) aus den gegebenen Reizdimensionen vorhersagen läßt (ökologische Validität). Das Linsenmodell verknüpft auf diese Weise zwei Teilmodelle: ein Modell für das Urteilsverhalten und ein Modell für die objektiven Reizgegebenheiten. Dabei sind drei Arten der Analyse möglich: (1) eine Analyse der objektiven Eigenschaften der Informationsquellen oder der "Umwelt" (ökologische Analyse), (2) eine Analyse der Urteils- und Gewichtungsstrategie (judgment policy) des Urteilers und (3) eine Analyse der Beziehungen zwischen beiden Modellen (Beal, Gillis & Stewart, 1978).

Weiterführende Ansätze haben sich vor allem mit der Analyse der Urteils- und Gewichtungsstrategie des Urteilers (policy capturing; siehe etwa Christal, 1968) beschäftigt, wobei abweichend von den ursprünglichen Intentionen Brunswiks vielfach mit künstlich vorgegebenen Reizdimensionen, die die Bildung orthogonaler Faktoren erlauben, gearbeitet wird. Dabei geht es zum einen um die Beschreibung der Form des Zusammenhangs zwischen Reizen und Urteilen (linear, quadratisch usw.), zum anderen um die Frage nach konfiguralen Effekten, also nach der Wechselwirkung zwischen den cues (Slovic & Lichtenstein, 1971). Auf diese Ansätze soll hier ebenso wenig eingegangen werden wie auf die vielleicht am weitesten verbreitete Weiterentwicklung des Regressionsansatzes: die Informationsintegrationstheorie. Sie versucht, sowohl die implizite Skalierung der Reize durch den Urteiler als auch die von ihm benutzten Verknüpfungsregeln für die Kombination der Reize (Addition, Durchschnittsbildung, Multiplikation usw.) herauszuarbeiten (Anderson, 1981, 1982).

Mehrere neuere Arbeiten beschäftigen sich mit der Frage, wie Lehrer bestimmte Informationen für ihr Urteil nutzen. Dabei läßt sich belegen, daß unterschiedliche Informationen beachtet werden, wenn unterschiedliche Arten von Einschätzungen vorzunehmen sind (Borko & Cadwell, 1982; Cadwell & Jenkins, 1986).

So gewichteten etwa in der Untersuchung von Borko & Cadwell (1982) Lehrer leistungsbezogene Informationen dann am stärksten, wenn Vorhersagen zum künftigen Leistungsstand der Schüler gemacht werden sollten; war dagegen die Wahrscheinlichkeit künftiger Verhaltensprobleme vorherzusagen, so wurde vor allem Information zum derzeitigen Verhalten herangezogen. Wichtiger als das Aufzeigen dieser fast schon trivialen Beziehungen dürfte sein, daß erhebliche individuelle Unterschiede in der Gewichtungsstrategie einzelner Lehrer zu verzeichnen waren (Borko & Cadwell, 1982; Cooksey, Freebody & Davidson, 1986). Während einige Lehrer ausschließlich auf Informationen über das zu beurteilende Merkmal zurückgriffen, gingen in die Urteile anderer Lehrer auch andere Merkmale ein (Borko & Cadwell, 1982). Denkbar ist, daß die Heranziehung solcher nicht direkt merkmalsbezogener Informationen die Qualität der Vorhersagen erhöht; ebenfalls denkbar wäre aber ein urteilsverzerrender und damit qualitätsmindernder Einfluß. Dies hängt von der tatsächlichen Vorhersagekraft dieser Merkmale ab, also von der ökologischen Validität im Sinne des Linsenmodells und der Interkorrelation der verschiedenen Merkmale untereinander. Der Einfluß der Urteils- und Gewichtungsstrategie auf die Genauigkeit des Urteils wurde in diesen Arbeiten aber nicht systematisch untersucht.

Untersuchungen wie diese deuten darauf hin, daß sich die diagnostische Urteilsbildung einzelner Lehrer im Hinblick auf Qualitäts- oder Gütemerkmale unterscheidet. Dabei liegt die Annahme nahe, daß die Güte oder Qualität der Urteilsbildung für die Gestaltung und Durchführung des Unterrichts und dessen Erfolg bedeutsam ist. Damit kann an die bereits im vorigen Abschnitt als notwendig herausgestellte Forderung, die Bedeutung von Lehrerdiagnosen für den Unterricht gezielter herauszuarbeiten, angeknüpft werden. Dies soll in den folgenden Abschnitten geschehen. Gleichzeitig hat sich gezeigt, daß dem Güte- oder Qualitätsaspekt von Urteilen verstärkt Beachtung geschenkt werden muß. Auch dies soll an späterer Stelle geschehen.

2.2 Schülerbeurteilungen als Grundlage adaptiven Unterrichtens

2.2.1 Allgemeine Charakterisierung des adaptiven Unterrichtens

Die Anpassung des Unterrichts an die Lern- und Leistungsvoraussetzungen der Schüler muß als ein Kernproblem effektiven Unterrichts angesehen werden, das in der neueren Lehr-Lern-Forschung in zunehmendem Maße Beachtung findet (Corno & Snow, 1986; Wang & Lindvall, 1984). Das Problem, trotz unterschiedlicher Leistungsvoraussetzungen für alle Lernenden optimale Lernergebnisse, zumindest aber gewisse Minimalziele zu erreichen, erfordert Anpassungsleistungen verschiedener Art, die sowohl in der Anpassung des Lernenden an verschiedene Formen von Unterricht als auch in der Anpassung des Unterrichts an den Lernenden liegen können. Für Unterrichtsansätze, die sich mit der Gestaltung solcher Anpassungsvorgänge befassen, soll hier die Bezeichnung "adaptiver Unterricht" (Schwarzer & Steinhagen, 1975) verwendet werden. Sieht man einmal davon ab, daß eine grundlegende Form der Anpassung von Unterricht an die Lernvoraussetzungen der Schüler traditionellerweise bereits auf der Schulsystemebene durch die Einrichtung von Jahrgangsklassen und die Zuweisung von Schülern zu verschiedenen Schulformen erfolgt (Weinert, 1975), so geht es im wesentlichen um Ansätze, die in der pädagogischen Fachliteratur unter dem Stichwort "Unterrichtsdifferenzierung" behandelt werden (vgl. etwa Haußer, 1981).

Ein zentrales Merkmal adaptiven Unterrichtens ist die "enge Verzahnung von diagnostischen Schritten und darauf aufbauenden didaktischen Eingriffen" (Ingenkamp, 1985; S.18). Diagnosen sind also ein integraler Bestandteil solcher Unterrichtskonzeptionen und -modelle. Die Grundstruktur eines adaptiven Systems läßt sich durch eine Verknüpfung von diagnostischen Prüfschritten und Handlungselementen im Sinne des TOTE-Modells (Miller, Galanter, & Pribram, 1973) darstellen, das sich im Falle von Unterricht wie folgt charakterisieren läßt:

(1) Prüfung der für das Erreichen der Unterrichtsziele erforderlichen Lernvoraussetzungen.
(2) Auswahl und Einsatz einer geeigneten Unterrichtsmaßnahme.
(3) Prüfung, ob das angestrebte Ziel durch die Maßnahme erreicht wurde.
(4) Im Falle der Zielerreichung Übergang zu einem neuen Ziel. Bei Nicht-Erreichung des Ziels erneuter Durchlauf der Handlungsphase (mit derselben Maßnahme oder anderen Maßnahmen).

Die Adaptivität eines Unterrichtssystems bemißt sich nach dem Umfang, in dem unterschiedliche Ziele und alternative unterrichtliche Maßnahmen zu Erreichung dieser Ziele berücksichtigt werden, und dem Ausmaß, in dem die Maßnahmen auf die bei den Schülern diagnostizierten Lernvoraussetzungen abgestimmt sind (Corno & Snow, 1986). Glaser (1977) beschreibt fünf grundlegende Varianten von Unterrichtssystemen, die jeweils unterschiedliche Grade der Adaptivität repräsentieren. Zentraler Bestandteil aller fünf Modelle sind zwei Diagnoseschritte: (1) Prüfung der für die Durchführung einer vorgesehenen Unterrichtsmaßnahme erforderlichen Lernvoraussetzungen, (2) Prüfung des Lernerfolgs im Anschluß an die Unterrichtsmaßnahme. Die Modelle unterscheiden sich vor allem im Hinblick auf die Verfügbarkeit alternativer Unterrichtsangebote sowie von Maßnahmen zur Schaffung oder Verbesserung unzureichender Lernvoraussetzungen.

Modell 1 weist so gut wie keine Adaptivität aus: Für die Lernenden steht nur eine Standardform des Unterrichts zur Verfügung. Bei unzureichenden Lernvoraussetzungen wird der Lernende als ungeeignet für diese Form des Unterrichts angesehen und von ihr ausgeschlossen.

In *Modell 2* wird bei unzureichenden Lernvoraussetzungen eine Maßnahme zur Verbesserung der Lernvoraussetzungen vorgeschaltet. Erst wenn diese vorbereitende Maßnahme nicht erfolgreich ist, wird der Lernende als ungeeignet für den nachfolgend vorgesehenen Unterricht betrachtet.

In *Modell 3* werden mehrere, für verschiedene Lernstile von Schülern unterschiedlich gut geeignete Unterrichtsformen angeboten. Wenn die Lernvoraussetzungen für keine dieser Unterrichtsformen ausreichend sind, wird der Lernende als ungeeignet für das durch diese Maßnahmen definierte Unterrichtssystem angesehen.

In *Modell 4* werden ebenfalls mehrere verschiedene Unterrichtsformen angeboten, zusätzlich aber auch Maßnahmen zur Verbesserung unzureichender Lernvoraussetzungen.

Während in den Modellen 1 bis 4 für alle Lernenden dieselben Ziele angestrebt werden, sind in *Modell 5* die einzelnen Unterrichtsmaßnahmen mit unterschiedlichen Zielen verbunden. Auch hier werden, wenn die Lernvoraussetzungen für keine der vorgesehenen Unterrichtsmaßnahmen ausreichend sind, Maßnahmen zur Verbesserung der Lernvoraussetzungen vorgeschaltet.

Die Anpassung des Unterrichts an die Lernvoraussetzungen der Schüler kann dabei auf zwei Ebenen erfolgen: (1) auf der Ebene mittel- bis langfristiger unterrichtlicher Entscheidungen und Handlungsstrategien, (2) auf der Ebene kurzfristiger "momentaner" Anpassungsprozesse im Unterricht. Corno & Snow (1986; vgl. auch Cronbach, 1967; Cronbach & Snow, 1981) unterscheiden dementsprechend zwischen *Makro- und Mikroadaptationen*, wollen diese Unterscheidung allerdings nicht als strikte Dichotomie, sondern eher als die beiden Extrembereiche eines Kontinuums unterschiedlicher zeitlicher Erstreckungsgrade verstanden wissen. Makroadaptationen werden oft mit ausgearbeiteten Modellen, Programmen und Unterrichtskonzeptionen, die präskriptiven Charakter haben, gleichgesetzt. Dagegen handelt es sich bei Mikroadaptationen in der Regel um "intuitive" (Cronbach & Snow, 1981) oder "implizite" (Hunt, 1976; 1981) Adaptationen.

Präskriptive Ansätze zum adaptiven Unterricht umfassen verschiedene Unterrichtskonzeptionen und -modelle, die allesamt durch eine Variation des Unterrichtsangebots für Schüler mit unterschiedlichen Lernvoraussetzungen und Interessen gekennzeichnet sind. Beispiele für solche didaktischen Konzeptionen sind das Modell Zielerreichenden Lernens (mastery learning; Bloom, 1976a), Konzepte wie diagnostic teaching (Reisman, 1982), programmierte Unterweisung und computerunterstützer Unterricht sowie verschiedene in den USA entwickelte schulische Programme wie Individually Prescribed Instruction, Keller's Personalized System of Instruction, Individually Guided Education, Adaptive Learning Environmental Model, Program for Learning in Accordance with Needs (vgl. Corno & Snow, 1986).

Drei grundlegende Anpassungsleistungen können dabei unterschieden werden: (1) Aktivitäten zur Schaffung fehlender Lernvoraussetzungen für eine Unterrichtsmaßnahme (Weinert, 1978b, bezeichnet dies als "vorhelfende" Bemühungen); (2) die Differenzierung und Individualisierung des Unterrichts durch die Anpassung der Schwierigkeit des Unterrichtsstoffes, des Tempos der Stoffdurchnahme und des Einsatzes unterschiedlicher Vermittlungsmethoden an unterschiedliche Schüler und Schülergruppen; (3) die Beseitigung von Lernlücken im Anschluß an die Vermittlung neuen Stoffes durch gezielte Fördermaßnahmen ("nachhelfende" Bemühungen im Sinne von Weinert).

Im folgenden soll ausschließlich auf Unterrichtsformen eingegangen werden, die im Rahmen des üblichen Klassenunterrichts praktiziert werden können, also auf Unterrichtsmaßnahmen, die in der pädagogischen Fachliteratur unter dem Stichwort "Innere Differenzierung" diskutiert werden (siehe etwa Herber, 1983). Ausgearbeitete Unterrichtsmodelle betreffen in erster Linie die Beseitigung von Lernlücken bzw. die Förderung leistungsschwächerer Schüler, also das remediale Lernen und Lehren.

Als Prototyp eines solchen förderungsorientierten Unterrichts kann das Modell Zielerreichenden Lernens (Bloom, 1976a) angesehen werden. Wesentliches Kennzeichen dieses in sehr unterschiedlichen Varianten vorkommenden Unterrichtsansatzes ist die Festlegung von Erfolgskriterien im Hinblick auf klar definierte Lernziele, der Einsatz formativer Tests im Anschluß an eine Unterrichtseinheit und der Einsatz von Fördermaßnahmen (Slavin, 1987a). Dadurch wird versucht, allen Schülern das Erreichen der Lernziele einer Unterrichtseinheit zu ermöglichen. Kernstück der Strategie Zielerreichenden Lernens ist der regelmäßige unterrichtsbegleitende Einsatz von Lernerfolgskontrollen, die ausschließlich der Feststellung von Lernlücken und -schwierigkeiten dienen und keine bewertende Funktion haben. Auf der Basis solcher formativer Diagnosen werden dann remediale Maßnahmen für diejenigen Schüler eingesetzt, die die Lernziele nicht erreicht haben. Darüberhinaus werden oft noch besondere Anstrengungen unternommen, den Unterrichtsstoff aufzubereiten und zu strukturieren, indem das Stoffgebiet in systematisch aufeinander aufbauende Unterrichtseinheiten aufgegliedert wird. Die Schliessung der Lernlücken erfolgt dabei nach Möglichkeit nicht durch bloße Wiederholung des Unterrichtsstoffs, sondern durch speziell auf die diagnostizierten Mängel zugeschnittene Lernhilfen und Fördermaßnahmen. Durch möglichst unmittelbar im Anschluß an die Erarbeitung neuen Stoffs eingesetzte Remedialmaßnahmen wird dem Entstehen kumulativer Lerndefizite vorgebeugt. Flankierend werden oftmals spezielle Anreichungsmaßnahmen für leistungsstärkere Schüler, die die Lernziele bereits bei der erstmaligen Durchnahme erreicht haben, eingesetzt (vgl. Eigler & Straka, 1978).

Das Modell Zielerreichenden Lernens zeichnet sich dadurch aus, daß die den Schülern zugestandene Lernzeit entsprechend den vorliegenden Lernvoraussetzungen variiert wird, um allen Schülern das Erreichen der Lernziele zu ermöglichen. Dagegen wird im herkömmlichen Unterricht die Lernzeit für alle Schüler konstant gehalten, so daß sich die Schüler in der Regel im Hinblick auf die erreichte Lernleistung unterscheiden (Slavin, 1987a). Theoretische Grundlage des Zielerreichenden Lernens ist das Lehr-Lern-Modell von Carroll (1963), wonach sich Schüler vor allem in der für die Aneignung eines Lehrstoffs benötigten Lernzeit unterscheiden. Damit verbunden ist die Annahme, daß bereichsspezifische Vorkenntnisse für nachfolgende Lernprozesse von größerer Bedeutung sind als allgemeine intellektuelle Fähigkeiten (Bloom, 1976a). Es sollte daher möglich sein, durch Beseitigung von Vorkenntnisunterschieden für alle Schüler ähnliche Lernvoraussetzungen zu schaffen und dadurch nicht nur kurzfristig, sondern auch langfristig zur Verringerung von Leistungsunterschieden zwischen den Schülern beizutragen.

Verschiedene Übersichtsarbeiten belegen die positive Wirkung des Zielerreichenden Lernens (Block & Burns, 1976; Bloom, 1976a, 1984a, 1984b). Unklar ist dabei allerdings, inwieweit die Überlegenheit einer Zielerreichenden Unterrichtsorganisation durch zusätzliche Ressourcen und zeitliche Kosten erkauft ist, ob und inwieweit suboptimale Ergebnisse für leistungsstärkere Schüler befürchtet werden müssen (Arlin, 1984a, 1984b; Arlin & Webster, 1983) und inwieweit sich ein höherer Erfolg Zielerreichenden Lernens über die engen und explizit definierten Lernziele hinaus verallgemeinern läßt (Slavin, 1987a; vgl. auch Anderson & Burns, 1987; Guskey, 1987; Slavin, 1987b).

Das Modell des Zielerreichenden Lernens ist ein Beispiel für die Realisierung eines diagnosegestützten Unterrichts. Bei der Umsetzung der Diagnosen in unterrichtliche Maßnahmen wird jedoch lediglich ein Teilaspekt adaptiven Unterrichtens in den Blickpunkt gerückt, nämlich die Anpassung des Unterrichts an die Leistungsdefizite schwächerer Schüler durch eine remediale Unterrichtsorganisation und die Bereitstellung zusätzlicher Lernzeit für diese Schüler. Für andere Aspekte wie die Wahl eines angemessenen Unterrichtstempos und einer angemessenen Stoffschwierigkeit sowie eine angemessene Individualisierung der Stoffvermittlung existieren keine theoretisch und empirisch ähnlich gut fundierten Ansätze wie das Modell Zielerreichenden Lernens. Gerade was die Regulierung des Unterrichtstempos und die Gestaltung der Unterrichtsschwierigkeit anbetrifft, ist der Lehrer meistens auf seine eigenen informellen Diagnose- und Steuerungskompetenzen angewiesen. Darauf soll im folgenden Abschnitt näher eingegangen werden.

2.2.2 Die Rolle des Lehrerverhaltens innerhalb des adaptiven Unterrichtens

Die Anpassung des Unterrichts an die Lernvoraussetzungen der Schüler erfolgt im Rahmen des herkömmlichen Klassenunterrichts sowohl durch Makro- wie durch Mikroadaptationen. Makroadaptationen beziehen sich auf die langfristigen Strategien des Lehrers zur gezielten und planmäßigen Variation der didaktisch-methodischen Behandlung von Schülern mit unterschiedlichen Lernvoraussetzungen (dies betrifft Maßnahmen zur Förderung und inneren Differenzierung in Verbindung mit einer entsprechenden Unterrichtsorganisation). Mikroadaptationen beziehen sich demgegenüber auf Prozesse der kurzfristigen Anpassung des Unterrichtsverhaltens an die aktuellen Kenntnisse und Fertigkeiten der Schüler (Corno & Snow, 1986).

Aufschluß über adaptive Prozesse im unterrichtlichen Handeln von Lehrern und ihre Bedeutung für den Lernerfolg der Schüler geben Forschungsansätze zur Unterrichtseffektivität. Doyle (1977b) unterscheidet drei grundlegende Ansätze: das Prozeß-Produkt-Paradigma, das Mediating-Processes-Paradigma und das Classroom-Ecology-Paradigma.

Das *Prozeß-Produkt-Paradigma*, das die Forschungen zur Unterrichtsqualität in den letzten Jahren weitgehend beherrscht hat, ist durch die Suche nach korrelativen Beziehungen zwischen niedrig-inferenten Beobachtungsmaßen des Lehrerverhaltens und dem testmäßig erfaßten Lernerfolg der Schüler gekennzeichnet. (Brophy & Good, 1986; Dunkin & Biddle, 1974; Rosenshine, 1979). Das *Mediating-Processes- oder Cognitive-Mediational-Paradigm* beschäftigt sich mit der Erforschung der Vermittlungsprozesse zwischen dem Unterrichtsangebot des Lehrers und den Lernergebnissen auf Schülerseite (Leinhardt, 1983b; Peterson, Swing, Braverman & Buss, 1982; Winne, 1985a, 1985b; Winne & Marx, 1977, 1980); dabei wird vor allem versucht, kognitive und motivationale Prozesse während des Unterrichtsgeschehens zu erfassen. Im Rahmen des *Classroom-Ecology-Paradigma* (Doyle, 1977a, 1986) wird erforscht, wie die von der Unterrichtssituation an die beteiligten Personen herangetragenen Anforderungen aussehen und wie diese bewältigt werden.

Neuere integrative Ansätze beschäftigen sich damit, die mit den verschiedenen Lehrerverhaltensweisen verbundenen Funktionen (Rosenshine & Stevens, 1986) beziehungsweise die damit verfolgten unterrichtlichen Aufgabenstellungen (Burns, 1982, 1984) herauszuarbeiten. Insbesondere der Ansatz von Burns eignet sich gut als allgemeiner Bezugsrahmen für die Charakterisierung mikro- und makroadaptiver Prozesse im unterrichtlichen Planen und Handeln von Lehrern. Aufschluß über die Effizienz von Unterrichtsverhaltensweisen, die als Träger mikroadaptiver Prozesse angesehen werden können, geben Forschungen zum Prozeß-Produkt-Paradigma, während das Mediating-Processes-Paradigm und das Classroom-Ecology-Paradigma hauptsächlich zur theoretischen Interpretation bestimmter Unterrichtsformen und -verhaltensweisen beitragen.

Dem Ansatz von Burns (1982, 1984) zufolge, der sich an einer arbeitswissenschaftlichen Betrachtungsweise orientiert, ist die Unterrichtstätigkeit von Lehrern durch verschiedene Aufgaben charakterisiert, denen sich verschiedene Typen von Entscheidungen zuordnen lassen.

Langfristig präaktive Entscheidungen, die auf der Ebene des Schuljahres erfolgen, betreffen grundlegende curriculare und methodisch-didaktische Überlegungen wie Auswahl von Lernzielen, Lehrstoffen, Materialien und Unterrichtsmethoden, die zeitliche Planung, den Einsatz von Differenzierungs- und Förderungsmaßnahmen und den Aufbau von Regeln und Routinen. *Kurzfristig präaktive Entscheidungen* beziehen sich auf die für die Realisierung einer konkreten Unterrichtseinheit, Unterrichtsstunde oder eines Stundensegments erforderliche Planung, also im wesentlichen auf die tagtägliche Unterrichtsvorbereitung. *Interaktive Entscheidungen* beziehen sich auf die zur Realisierung einzelner Unterrichtsabschnitte oder -episoden erforderlichen Instruktions- und Klassenführungsaufgaben. Zu den Instruktionsaufgaben zählen die Strukturierung von Unterrichtsstoff und Unterrichtsverlauf, die Stoffvermittlung im engeren Sinne, die Überwachung und Evaluation des Lernfortschritts, die Rückmeldung an die Schüler und remediale Aktivitäten. Zu den ständig zu leistenden Klassenführungsaufgaben zählen die Klärung von Verhaltensregeln, die Aufrechterhaltung des Unterrichtsflusses und Disziplinierungsaktivitäten.

Von zentraler Bedeutung sind dabei zunächst die Klassenführungs- und Managementaufgaben, deren kompetente Ausführung einen störungsfreien, geordneten und zügigen Unterrichtsablauf gewährleisten soll (Kounin, 1976). Darin muß eine wichtige Rahmenbedingung für den Einsatz effektiver leistungsförderlicher Unterrichtsmethoden gesehen werden (Brophy, 1979, 1983a). Solange Unterricht im Klassenverband stattfindet, sind Managementaufgaben ein wesentlicher Bestandteil der Lehrertätigkeit; werden diese Aufgaben vernachlässigt, so zieht dies massive negative Konsequenzen nach sich (Doyle, 1979, 1986). Indikatoren einer geordneten Klassenführung haben sich in Untersuchungen zur Effektivität des Unterrichts als eine der zentralen Bedingungen für einen hohen Lernerfolg erwiesen (Brophy, 1986). Die Sicherstellung einer geordneten Klassenführung kann als eine notwendige Voraussetzung für die erfolgreiche Ausführung der eigentlichen Instruktionsaufgaben angesehen werden.

Effektiver leistungsförderlicher Unterricht resultiert aus der kompetenten Ausführung der Instruktionsaufgaben (Burns, 1982) und ihrer Optimierung. Bestimmte Funktionen oder Aufgaben können dabei durch ganz unterschiedliche Verhaltensweisen realisiert werden. Effektive Lehrer führen die entsprechenden Verhaltensweisen nicht nur häufiger aus - auf Kosten weniger effektiver Verhaltensweisen - sondern unterscheiden sich vor allem auch in der Art und Weise der Ausführung ("... an effective teacher can be recognized not so much by what he does as by when he does it ...", Medley, 1973, p.44; ähnlich auch Brophy, 1979). Von besonderer Bedeutung ist dabei die Situationsspezifität und -angemessenheit (appropriateness) des Lehrerverhaltens. "... it is not sufficient to merely ascertain wether particular teacher behaviors occur or how often. Information is needed on the setting, the situation, the students, and the timing of that behavior..." (Burns, 1982, p.37). Laut Brophy & Evertson (1980) ist eine erfolgreiche Anpassung des Unterrichtsverhaltens an den jeweiligen Schüler und die jeweilige Situation die entscheidende Voraussetzung für eine hohe Unterrichtseffektivität: "Die meisten der verlangten Verhaltensweisen sind für sich genommen nicht besonders schwierig auszuführen; der schwierigste Teil scheint darin zu bestehen, sie richtig abzustimmen; d.h. einen Schüler in einer Situation auf eine bestimmte Weise zu behandeln und einen anderen Schüler in einer anderen Situation anders zu behandeln - je nach den situativen Erfordernissen" (S. 149). Der effektive Lehrer verfügt offenbar über ein hinreichendes Repertoire von funktional äquivalenten Verhaltensweisen, die er ziel- und situationsgerecht und flexibel einsetzen kann. Nach Gage & Berliner (1979) besteht die "Kunst des Unterrichtens" (Gage, 1979) darin, eine große Zahl von Maßnahmen und Verhaltensweisen in optimaler Weise zu "orchestrieren". Die Aufgaben und Funktionen, die für effektiven Unterricht erforderlich sind, stimmen weitgehend mit denen überein, die für erfolgreichen adaptiven Unterricht charakteristisch sind (Anderson & Jones, 1981; Block & Burns, 1976; Wang & Lindvall, 1984).

Makroadaptationen erfolgen auf der Basis präaktiver Entscheidungen, während Mikroadaptationen durch kurzfristige interaktive Entscheidungen realisiert werden. Empirische Untersuchungen zur Unterrichtseffektivität, die meistens auf der Grundlage des Prozeß-Produkt-Paradigmas durchgeführt wurden, erlauben allenfalls indirekte Rückschlüsse auf Makroadaptationen; sie geben vor allem Aufschluß über die Oberflächenstruktur mikroadaptiver Prozesse. Nach Corno & Snow (1986) lassen sich Mikroadaptationen anhand des Bellack'schen "Rezitationszyklus" charakterisieren, der aus einer wiederholten Abfolge verschiedener "Züge" besteht und ein fast universell anzutreffendes Interaktionsmuster umschreibt (Bellack, Kliebard, Hyman & Smith, 1966):

"Strukturieren" (structuring): Strukturierung des Unterrichtsverlaufs und möglicher Schülerreaktionen durch Vorgabe des Themas, Präsentation von Information und Organisation des Lernverhaltens;
"Auffordern" (soliciting): Provozierung von Schülerreaktionen durch Anweisungen, Fragen, Arbeitsaufträge zum Zwecke der Auslösung, Überwachung und Bewertung von Lernprozessen;
"Reagieren" (reacting): Reaktion der Schüler auf Anweisungen und Fragen des Lehrers und die in ihnen zum Ausdruck kommenden Erwartungen;
"Fortführen" (responding): Rückmeldung des Lehrers auf die Schülerreaktionen; Aufnehmen und Weiterführen von Schülerantworten.

Der Lehrer kann sein Verhalten an die Lernvoraussetzungen der Klasse und einzelner Schüler anpassen, indem er einzelne Bestandteile dieses Zyklus je nach Lernvoraussetzungen der Schüler variiert und den gesamten Zyklus durch wiederholtes Durchlaufen sukzessive modifiziert. Ein typisches Beispiel ist die sogenannte "Rezitationsmethode", bei der das Wechselspiel zwischen Lehrerfragen und Schülerfragen im Mittelpunkt steht (Gage & Berliner, 1979). Die trotz gelegentlich geäußerter didaktisch-methodischer Vorbehalte (Gage & Berliner, 1979) weite Verbreitung dieser Methode dürfte darauf zurückzuführen sein, daß sie für den Lehrer wichtige Funktionen erfüllt, vor allem die Aufrechterhaltung einer hohen Aufmerksamkeit und damit die Sicherstellung einer geordneten und reibungslosen Klassenführung. Die auf dem Hintergrund des Prozeß-Produkt-Paradigmas durchgeführten Beobachtungsstudien arbeiten mit Beobachtungssystemen, in denen die einzelnen Bestandteile dieses Unterrichtszyklus näher ausdifferenziert sind (z.B. verschiedene Formen des Darstellens und Erklärens, verschiedene Arten von Fragen und Rückmeldungen). Einen Überblick über den Forschungsstand geben verschiedene Übersichtsarbeiten (insbesondere Brophy & Good, 1986; Dunkin & Biddle, 1974).

Ähnlich wie bei ausgearbeiteten Modellen adaptiven Unterrichtens lassen sich auch im alltäglichen Unterrichtsverhalten der Lehrer drei grundlegende Anpassungsleistungen identifizieren: (1) die Regulierung des Unterrichtstempos, (2) die Gestaltung der Unterrichtsschwierigkeit und (3) die Individualisierung des Lehrerverhaltens gegenüber unterschiedlichen Schülern und Schülergruppen.

Das Unterrichtstempo bezieht sich auf die Menge des pro Zeiteinheit durchgenommenen Stoffes. Untersuchungen von Dahlöff (1971) und Lundgren (1972) deuten darauf hin, daß Lehrer sich insbesondere bei der Entscheidung, eine Unterrichtseinheit zu beenden und zur nächsten überzugehen, an den Leistungen einer bestimmten Schülergruppe (Steuerungsgruppe; steering group) orientieren, deren Leistung etwa im Bereich zwischen dem 10. und 25. Perzentil der Leistungsverteilung der Klasse zu lokalisieren ist (siehe auch Arlin & Westbury, 1976; Barr, 1973-74, 1975; Baumert, Schmitz, Sang & Roeder, 1987). Über das Zustandekommen dieser Entscheidungen und die ihnen zugrundeliegenden Mechanismen und Prozesse ist bislang allerdings kaum etwas bekannt. Das Unterrichtstempo hat Auswirkungen auf den Lernerfolg; insbesondere leistungsstarke Schüler erzielen bei selbstbestimmter Lerngeschwindigkeit bzw. hohem Unterrichtstempo höhere Lernerfolge (Arlin & Westbury, 1976; Barr, 1973-74). Theoretisch gesehen kann das Unterrichtstempo auch zu hoch sein; in der Unterrichtspraxis zeigt sich aber, daß Lehrer, die ein relativ hohes Unterrichtstempo realisieren und somit eine große Stoffmenge abdecken, bessere Unterrichtserfolge erzielen (Brophy, 1979).

Vom Unterrichtstempo abzugrenzen ist die Schwierigkeit von Aufgabenstellungen (Brophy, 1979). Hier hat sich gezeigt, daß bessere Lernergebnisse erzielt werden, wenn der Lernende Aufgaben bearbeiten kann, die er erfolgreich lösen kann (Brophy, 1979; Jorgenson, 1977). Fisher, Berliner et al. (1980) benutzen den Terminus 'Academic Learning Time' (ALT) zur Kennzeichnung des Zeitumfangs, den Schüler mit der Bearbeitung von Aufgaben zubringen, bei denen ihr Lösungserfolg hoch ist. In ihrer Studie konnten positive Zusammenhänge zwischen dem ALT-Maß und dem Lernerfolg der Klasse nachgewiesen werden. Befunde wie diese widersprechen der verbreiteten Auffassung, daß schwierige und komplexe Stoffe, insbesondere schwierige und komplexe kognitive Verarbeitungsleistungen erfordernde Fragen, besonders lernförderlich sind (Brophy, 1979). Brophy (1979, 1986) leitet aus den Befunden zum Unterrichtstempo und zur Unterrichtsschwierigkeit die Empfehlung ab, den Unterricht so zu gestalten, daß die Schüler mit hohem Tempo durch nicht allzu schwierigen Stoff geführt werden.

Was die Individualisierung des Unterrichtstempos anbetrifft, so gibt es eine Vielzahl von Belegen, daß sich Lehrer in ihrem Verhalten gegenüber unterschiedlich leistungsstarken Schülern unterscheiden. Detaillierte Auflistungen über Verhaltensunterschiede von Lehrern gegenüber einzelnen Schülern finden sich bei Brophy & Good (1974) und Brophy (1983b). Individualisierendes Lehrerverhalten kann aber nur teilweise als bewußte und planmäßige Variaton des didaktisch-methodischen Vorgehens gegenüber einzelnen Schülern angesehen werden. Ein Großteil der schülerspezifischen Variation des Lehrerverhaltens dürfte rein reaktiv erfolgen. Nach Brophy & Good (1974) unterscheiden sich Lehrer darin, ob und inwieweit sie auf vorgefundene Schülerunterschiede passiv reagieren, die vorgefundenen Unterschiede durch ihr Verhalten verstärken oder ihnen aktiv entgegenzuwirken versuchen.

Der *proaktive* Lehrer läßt sich bei seinem Unterrichtsverhalten von festen Zielvorstellungen leiten, die an den Verhaltens- und Leistungsmöglichkeiten der Schüler ausgerichtet sind. Das unterrichtliche Handeln erfolgt auf der Basis von eigenen Beobachtungen und Diagnosen des aktuellen Verhaltens- und Leistungsbildes der Schüler. Oft wird dem proaktiven Lehrer auch eine Tendenz zugeschrieben, leistungsschwache Schüler besonders zu fördern und so vorhandenen Leistungsunterschieden in der Klasse entgegenzuwirken. Der *reaktive* Lehrer orientiert sein Verhalten weniger stark an aktiv zu erreichenden Zielvorstellungen, sondern reagiert eher passiv auf vorhandene Schülerunterschiede; das heißt, er läßt sein Verhalten von diesen Schülerunterschieden bestimmen. Ebenso wie der proaktive Lehrer bildet er jedoch flexible, am aktuellen Leistungsstand der Schüler orientierte Erwartungen aus. Der *überreaktive* Lehrer entwickelt dagegen aufgrund flüchtiger Eindrücke oder aufgrund von fremdvermittelten Informationen rigide und stereotype Erwartungen. Sein Verhalten erfolgt auf der Basis von stereotypen Ansichten darüber, welche Leistungen bestimmte Schülertypen erreichen können (vgl. Brophy, 1983b).

Ein proaktives, durch die aktive Verfolgung pädagogisch sinnvoller und günstiger Zielvorstellungen gekennzeichnetes Unterrichtsverhalten kann als eine günstige Voraussetzung für hohen Unterrichtserfolg gesehen werden. Erfolgreiche Lehrer verfügen laut Brophy (1979, p.736) sowohl gegenüber ihren Schülern als auch sich selbst gegenüber über eine "can-do"-Einstellung, das heißt, sie halten sowohl ihre Schüler für fähig, den Unterrichtsstoff zu bewältigen, als auch sich selbst für in der Lage, den Unterrichtsstoff erfolgreich zu vermitteln. Erfolgreiche Lehrer haben zudem ein professionelles Rollenverständnis; sie halten sich für verpflichtet und in der Lage, alle Schüler bestmöglich zu fördern und bei allen Schülern nachhaltige Lernfortschritte zu erzielen (Brophy & Evertson, 1980; Good & Brophy, 1984).

Der Prozeß-Produkt-Ansatz stellt dadurch, daß er sich auf klar definierte, mittels niedrig-inferenter Beobachtungen erfaßbare Unterrichtsverhaltensweisen stützt und Testleistungen als hartes Effektivitätskriterium verwendet, gegenüber älteren Ansätzen einen bedeutenden Fortschritt dar (Medley, 1973). Kritisch gewertet wird jedoch zunehmend, daß bei diesem Forschungsansatz die Bedingungen, unter denen bestimmte Unterrichtsverhaltensweisen wirksam sind, vernachlässigt werden (Brophy, 1979, 1986; Burns, 1982, 1984; Medley, 1973, 1979); dies gilt insbesondere für globale Kontextbedingungen wie Alterstufe oder Fähigkeitsniveau, aber auch für den eigentlichen Unterrichtskontext, der durch Funktionseinheiten wie Stoffvermittlung, Übung usw. charakterisiert ist. Zudem kann der Prozeß-Produkt-Ansatz wenig dazu beitragen, die Wirkung von Unterricht theoretisch aufzuhellen. Ihm liegt implizit die Annahme zugrunde, daß das nominale Unterrichtsangebot des Lehrers von den Schülern unverkürzt genutzt wird, so daß Verarbeitungsprozesse auf Schülerseite und diesbezügliche individuelle Unterschiede zwischen den Schülern vernachlässigt werden können (Treiber & Weinert, 1984).

Um den Erklärungsabstand zwischen dem Unterrichtsangebot des Lehrers und den testmäßig erfaßten Lernergebnissen der Schüler zu verringern, bietet sich die Möglichkeit, Mediationsvariablen auf Schülerseite einzubeziehen. Das dabei wohl am meisten verwendete Konstrukt ist die aktive Lernzeit (time-on-task; engaged time; academic learning time), also die Zeit, die der Schüler dem Unterrichtsgeschehen aufmerksam folgt (Anderson, 1984a, 1984c, 1984d; Denham & Lieberman, 1980; Treiber, 1982). Die aktive Lernzeit, die meistens durch einfache Beobachtungsindikatoren erfaßt wird, wird gemeinhin als wesentliche Voraussetzung für erfolgreiches Lernen angesehen. Wichtiger als eine bloß quantitative Betrachtung der aktiven Lernzeit erscheint dabei allerdings die Art und Weise der Lernzeitnutzung durch den Schüler und die differentielle Bedeutung der Lernzeitnutzung für verschiedene Schüler und Schülergruppen (Helmke, 1986).

Neuere Entwicklungen der Lehr-Lern-Forschung (Wittrock, 1986; Winne, 1985a, 1985b; Winne & Marx, 1977; Leinhardt, 1983b, Peterson et al., 1983; vgl. bereits Rothkopf, 1970) gehen noch einen entscheidenden Schritt weiter und bemühen sich, die aktuellen kognitiven und affektiven Prozesse der Schüler während des Unterrichts aufzuhellen. Die dabei untersuchten Vermittlungsprozesse umfassen Wahrnehmungen, Erwartungen, Aufmerksamkeitsprozesse, motivationale Prozesse, Attribuierungen, Gedächtnisleistungen, Verstehens- und Denkprozesse, Überzeugungen, Einstellungen, Lernstrategien und metakognitive Prozesse (Wittrock, 1986) und decken somit nahezu das gesamte Spektrum überhaupt in Frage kommender Prozesse ab. Im Rahmen des Cognitive-Mediational-Paradigm wird versucht, Befunde der traditionellen Unterrichtsforschung mit Modellvorstellungen zum Prozeß des Lernens, die in anderen Forschungsbereichen entwickelt wurden, zu verknüpfen (Winne, 1985a).

Lernen im und durch Unterricht erfolgt demzufolge dadurch, daß der Lehrer durch bestimmte Unterrichtsverhaltensweisen bei den Schülern lernförderliche kognitive Verarbeitungsprozesse mehr oder weniger gezielt anregt, auslöst und steuert. Entsprechend ihrer Funktion, die kognitiven Aktivitäten der Schüler zu strukturieren, sollen derartige Unterrichtsverhaltensweisen im folgenden als strukturierende Hinweise, Strukturierungsmaßnahmen oder -hilfen (instructional cues; siehe etwa Winne, 1985a, 1985b) bezeichnet werden. Die Funktion der strukturierenden Hinweise läßt sich in Anlehnung an Winne, 1985a) wie folgt beschreiben: Das zentrale Ziel schulischen Lernens besteht im Aufbau eines Netzwerks von Begriffen, Propositionen und Schemata. Dazu ist es erforderlich, eine Vielzahl von Informationen in geordneter Weise aufzunehmen, die aufgenommenen Informationen sowohl untereinander wie mit bereits vorhandenen Informationen zu verknüpfen und in geeigneter Weise zu organisieren. Um diese Aufgabe erfolgreich bewältigen zu können, benötigt der Schüler Informationen über das Ziel seiner Bemühungen und über Strategien und Handlungspläne zu seiner Erreichung. Dementsprechend können strukturierende Hinweise, die dem Schüler diese Informationen bieten, sowohl eine zielorientierende als auch eine lernprozeßbegleitende und -überwachende Funktion haben (vgl. Winne, 1985a). Zielorientierende Hinweise versehen den Lernenden mit einer Liste von Zielkriterien, anhand derer er seine Lernfortschritte überwachen kann. Lernprozeßbegleitende oder metakognitive Hinweise unterstützen den Lernenden dabei, seine Lernaktivitäten zu überwachen und seine Handlungspläne an die Erfordernisse der jeweiligen Situation anzupassen.

Damit strukturierende Hinweise wirksam sind, müssen mehrere Voraussetzungen erfüllt sein (Winne, 1985b): (1) Der Schüler muß die Strukturierungshilfen wahrnehmen; (2) er muß die damit verbundene Intention richtig verstehen, das heißt, er muß wissen, welche kognitiven Aktivitäten auszuführen sind; (3) er muß dazu fähig sein, diese kognitiven Aktivitäten und Prozesse auszuführen; (4) er muß dazu motiviert sein, diese Prozesse auch tatsächlich auszuführen. Neben diesen Grundvoraussetzungen sind laut Winne (1985a) für die Wirksamkeit von strukturierenden Hinweisen insbesondere zwei Parameter von Bedeutung. Der erste Parameter ist der angemesse Zeitpunkt des Einsatzes von Strukturierungshilfen, also das "Timing" der Lehrerhilfen. "The dynamic and interactive nature of plans logically suggests that instructional cues can be maximally useful only at particular points in executing an plan...Instructional cues that are not available when they are needed obviously cannot help" (Winne, 1985a, S.806). Der zweite Parameter betrifft den Freiheitsgrad, den die Schüler für die selbständige Strukturierung einer Aufgabenstellung haben. Sofern ein hinreichender Spielraum für selbständige Strukturierungen gegeben ist, muß ein zu einem bestimmten Zeitpunkt gegebener Hinweis des Lehrers für verschiedene Schüler in unterschiedlichem Maße hilfreich sein. Daraus folgt, daß nur eine weitgehende Individualisierung der strukturierenden Hilfen den Bemühungen aller Schüler gerecht werden kann.

Zusammenfassend kann man also davon ausgehen, daß Strukturierungshilfen erst dann optimal wirksam sein können, wenn sie die aktuellen Strukturierungsbemühungen der einzelnen Schüler unterstützen. Das ist nur dann der Fall, wenn sie hochgradig adaptiv eingesetzt werden. Damit findet die generelle Forderung, daß eine Optimierung des Unterrichtsverhaltens vor allem durch eine bessere Abstimmung auf die Lernvoraussetzungen der Schüler erfolgen sollte, auch aus der Perspektive einer solchen Mikroanalyse schulischer Lernprozesse Unterstützung. Deutlich wird allerdings bei einer solchen Betrachtungsweise, daß es weniger um eine Anpassung an allgemeine dispositionale Lernvoraussetzungen geht, sondern um die Anpassung von Lernhilfen an die aktuelle Informationsverarbeitung des Schülers.

Strukturierende Maßnahmen (cues) im Sinne des Cognitive-Mediational-Paradigm sind aufgrund ihrer Funktion definiert; sie lassen sich daher nicht direkt mit spezifischen Unterrichtsverhaltensweisen, wie sie etwa im Rahmen des Prozeß-Produktansatzes untersucht werden, gleichsetzen. Man kann davon ausgehen, daß diese Strukturierungsfunktion von einer ganzen Reihe von fachbezogenen Unterrichtsverhaltensweisen des Lehrers (Anregungen, Hilfen, Fragen) wahrgenommen wird. Dafür spricht auch die große Bandbreite von Variablen (sie reichen von Beobachterratings der Klarheit, Stimulanz und Schwierigkeit bis hin zur Häufigkeit von Rückmeldungen), die Bloom (1976a; S. 288) in seiner Übersicht als Indikatoren für Strukturierung verwendet. Es überrascht dann auch nicht, daß der Zusammenhang zwischen dem Ausmaß der Strukturierung und dem Lernzuwachs der Schüler sehr heterogen ausfällt. Die von Bloom berichteten Korrelationen liegen zwischen .87 und -.59, wobei sich in der Gesamttendenz ein positiver Zusammenhang zeigt (Median: .53). Eine ausgeprägte Strukturierung scheint demnach überwiegend günstig für den Lernerfolg zu sein, wobei die lernförderliche Wirkung aber von näher zu spezifizierenden Bedingungen abhängen dürfte.

2.2.3 Die Funktion der Schülerdiagnosen im adaptiven Unterricht

Grundlegendes Merkmal aller einschlägigen Modellvorstellungen des adaptiven Unterrichtens ist, daß unterrichtliche Aktivitäten als fortlaufender Prozeß von Soll-Ist-Vergleichen aufzufassen sind, wobei Diagnosen der fortlaufenden Registrierung des Ist-Zustands und dem Aufdecken von Soll-Ist-Diskrepanzen dienen.[2] Diagnosen im Rahmen des adaptiven Unterrichtens basieren in der Regel nicht auf empirisch abgesicherten Aptitude-Treatment-Interaktionen. Meistens wird nur versucht, den Unterricht an die unterschiedliche Lerngeschwindigkeit der Schüler als der hervorstechendsten Manifestation unterschiedlicher Lernvoraussetzungen anzupassen (Corno & Snow, 1986). Dies geschieht meist nur rein quantitativ im Hinblick auf Unterrichtstempo, zugestandene Lernzeit und/oder Unterrichtsschwierigkeit, nicht dagegen im Hinblick auf die Art der Unterrichtsmethode (Tobias, 1976).

Lehrerdiagnosen können offenbar auf sehr unterschiedliche Weise zustande kommen. Die verwendeten Methoden können von testtheoretisch fundierten Erhebungsverfahren bis hin zu informellen Beobachtungen reichen. Die diagnostische Urteilsbildung kann das Ergebnis eines sehr gezielt und reflektiert durchgeführten Prozesses der Hypothesenbildung und -prüfung sein, entsprechend dem Vorgehen des professionellen Diagnostikers. Die Urteilsbildung kann aber auch in weitgehend intuitiver, wenig kontrollierter Weise erfolgen, wie dies für die alltägliche Eindrucksbildung charakteristisch ist. Dieses wenig elaborierte alltagsnahe Diagnostizieren (siehe Wahl, Weinert & Huber, 1984) ist, wie noch genauer herauszuarbeiten sein wird, für das unterrichtliche Handeln des Lehrers, insbesondere für Mikroadaptationen, unverzichtbar. Vermutlich sind aber Lehrer in unterschiedlichem Maße bereit und in der Lage, diese informellen Diagnoseleistungen durch gezieltere, reflektiertere und methodisch besser fundierte Vorgehensweisen zu ergänzen und zu verbessern.

Ob und inwieweit gezieltere und systematischere diagnostische Bemühungen unternommen werden, hängt offenbar auch von situativen Faktoren ab. Über die Bedingungen, unter denen dies geschieht, ist bislang allerdings kaum etwas bekannt. Man kann aber vermuten, daß besondere diagnostische Bemühungen vor allem in Situationen folgender Art erfolgen: wenn der Lehrer sich seiner Rolle als Diagnostiker und der Konsequenzen seiner Diagnosen besonders bewußt ist (vor allem im Zusammenhang mit der Leistungsbewertung) oder wenn er einen erhöhten Informationsbedarf hat (z.B. bei zweifelhaften Leistungen eines Schülers, bei ausbleibendem Unterrichtserfolg oder in bestimmten Unterrichtsphasen wie Einführung und Beendigung eines größeren Stoffgebiets).

Aber auch in seinem unterrichtlichen Handeln kann der Lehrer sich je nach Situation entweder von einer eher passiven, weitgehend automatisierten Informationsaufnahme und -verarbeitung leiten lassen, oder er kann sehr gezielte hypothesenprüfende Beobachtungen anstellen. Wie später noch genauer darzustellen sein wird, treten bewußte Denk- und Entscheidungsprozesse vor allem dann auf, wenn der Lehrer bei der Realisierung seines geplanten Vorgehens auf Schwierigkeiten stößt (sie-

---

[2]Im Unterschied zu einfachen Regelkreisvorstellungen dienen aber unterrichtliche Diagnosen vermutlich nicht nur dazu, das Erreichen der Sollgrößen, sondern auch deren Angemessenheit zu prüfen.

he etwa Shavelson & Stern, 1981). Phasen des gezielten Diagnostizierens dürften auch hier vor allem dann zu erwarten sein, wenn der Lehrer erhöhten Informationsbedarf hat (wie etwa bei auftretenden Schwierigkeiten; bei Übergängen von einer Unterrichtsphase zur nächsten).

Auf wissenschaftlichen Methoden (insbesondere Tests) basierende Diagnosen sind in erster Linie für Makroadaptationen bedeutsam. Informelle diagnostische Einschätzungen sind dagegen sowohl für Makro- wie für Mikroadaptationen von Bedeutung. Während es aber für Makroadaptationen möglich ist, die informellen Einschätzungen durch wissenschaftlich fundierte Diagnosen zu ergänzen oder gar zu ersetzen, sind Mikroadaptionen praktisch nur auf der Basis informeller Diagnoseleistungen möglich. Im folgenden soll eine nähere Charakterisierung wissenschaftlich fundierter (testgestützter) und informeller Diagnosen und ihrer Funktion für Unterrichtsgestaltung und -durchführung vorgenommen werden.

Testgestützte Diagnosen und Unterricht. Auf wissenschaftlichen Methoden basierende Diagnosen spielen vor allem im Zusammenhang mit ausgearbeiteten Modellen adaptiven Unterrichtens eine Rolle. Dabei bestehen die zu erreichenden Sollgrößen im Idealfall aus klar definierten Lern- oder Lehrzielen. Die Durchführung und Planung von Unterricht auf der Grundlage klar definierter Lernziele hat den offenkundigen Vorteil, daß die zur Erreichung dieser Ziele erforderlichen Lernschritte klar herausgearbeitet werden können, der zu vermittelnde Lehrstoff entsprechend ausgewählt und sequenziert werden kann und der Unterricht damit zielgerecht aufgebaut und gestaltet werden kann.

Die explizite Festlegung von Lernzielen hat den weiteren Vorteil, daß das Erreichen der Ziele besser geprüft werden kann. Zur Messung der Zielerreichung sind breit angelegte, instruktionsunspezifische Leistungstests natürlich nur bedingt geeignet. Die eingesetzten Verfahren müssen sich vielmehr an den im Unterricht vermittelten Lerninhalten und Lernzielen orientieren. Dieser Zweck wird von lern- oder lehrzielorientierten Tests (Klauer, Fricke, Herbig, Rupprecht & Schott, 1972) erfüllt.

Dabei wird die Testleistung nicht primär mit einer sozialen Bezugsnorm (Realnorm) verglichen, sondern mit einem inhaltlich definierten Qualitätsstandard (Idealnorm), dem Kriterium. Für derartige Verfahren wird daher auch die Bezeichnung 'kriteriumsorientiert' verwendet (Fricke, 1975). Anders als bei den meisten herkömmlichen Testverfahren wird das Kriterium, das heißt der Verhaltensbereich, über den Aussagen getroffen werden sollen, direkt erfaßt. Der Test ist also inhaltlich valide. Das Kriterium wird durch eine Klasse von Aufgaben repräsentiert, deren Beherrschung als Ziel des Unterrichts, also als Lern- oder Lehrziel angesehen werden kann (Fricke, 1975; Klauer, 1972). Lern- oder lehrzielorientierte Tests bestehen aus einer möglichst repräsentativen Stichprobe derjenigen Aufgaben, über deren Beherrschung eine Aussage gemacht werden soll. Definiert man als Lehr- oder Lernziel die Fähigkeit, bestimmte Aufgabenklassen zu lösen, so dienen solche Tests dazu, den individuellen Fähigkeitsgrad eines Schülers mit dem gewünschten Fähigkeitsgrad zu vergleichen (Fricke, 1975).

Der Vorteil solcher Verfahren kann nicht nur darin gesehen werden, einen quantitativen Kennwert der Fähigkeitsausprägung einzelner Schüler zu liefern, sondern auch darin, den Lehrer detailliert über aufgabenbezogene "Fähigkeits-" und "Defizitprofile" (Biermann, Bussmann & Niedworok, 1977, S. 104) der einzelnen Schüler zu informieren. Das heißt, der Lehrer bekommt Informationen darüber, welche Aufgabenklassen von welchen Schülern noch nicht vollständig beherrscht werden und welche Lernlücken demzufolge bei einzelnen Schülern noch vorhanden sind. Diese Informationen sind eine wichtige Voraussetzung für eine gezielte Stoffvermittlung, insbesondere auch für gezielte remediale Maßnahmen. Die Testergebnisse der Schüler geben dem Lehrer also detaillierte Hinweise und Empfehlungen im Hinblick auf den zu vermittelnden Stoff und haben dadurch eine wichtige Steuerungsfunktion für das unterrichtliche Handeln. In hierarchisch aufgebauten Stoffgebieten, in denen mangelnde Vorkenntnisse eine wesentliche Ursache für Lerndefizite darstellen, erlauben in geeigneter Weise konstruierte Tests eine genauere Analyse von Vorkenntnislücken (Eigler & Straka, 1978). Theoretische Grundlage dafür ist das Lernhierarchiekonzept (Gagne, 1976; Eigler, 1976), bei dem versucht wird, komplexe Fähigkeiten in Teilfähigkeiten aufzugliedern und dadurch die für die Bewältigung eines Lernfortschritts erforderlichen Vorkenntnisse klar herauszuarbeiten.

Diagnosen auf der Basis lernzielorientierter Tests helfen dem Lehrer damit vor allem bei der Stoffauswahl und der Gestaltung entsprechender Maßnahmen. Dies gilt sowohl dann, wenn die Testverfahren als Eingangsmessungen vor einer größeren Unterrichtseinheit eingesetzt werden, als auch dann, wenn sie zur Erfolgskontrolle bereits durchgeführter Unterrichtsmaßnahmen benutzt werden.

Informelle diagnostische Einschätzungen und Unterricht. Um ein Stoffgebiet erfolgreich zu vermitteln, ist eine ganze Kette von einzelnen Maßnahmen, Verhaltensweisen und Interaktionen notwendig. Eine solche Abfolge ist vorab nur sehr grob planbar; die Realisierung erfordert ständige Anpassungen und Korrekturen des geplanten Vorgehens. Um Lernprozesse der Schüler wirksam zu unterstützen, müssen die Unterrichtsmaßnahmen des Lehrers fortlaufend auf die aktuellen Lernbemühungen und -ergebnisse der Schüler abgestimmt werden. Dies erfordert eine sehr feinmaschige Prozeßdiagnostik. Es liegt auf der Hand, daß testgestützte oder testähnliche Diagnosen dafür nur bedingt geeignet sind. Da testartige Diagnosen immer einen Eingriff in das gerade laufende Unterrichtsgeschehen erfordern, läßt sich der Abstand zwischen zwei Messungen nicht beliebig verkürzen, ohne den Unterrichtsablauf zu stören oder gar zu zerstören. Geht man davon aus, daß die Anpassungsleistungen des Lehrers vielfach auf der Ebene einzelner Handlungen oder Verhaltensweisen erfolgen müssen, so können dafür nur solche diagnostischen Informationen von Nutzen sein, die zum Zeitpunkt der Handlungsauswahl und -ausführung bereits vorliegen und somit unmittelbar umgesetzt werden können. Dies bedeutet fast zwangsläufig, daß die handlungssteuernden Diagnosen auf der Basis von Beobachtungen erfolgen müssen, da nur so eine fortlaufende und unverzügliche Aktualisierung der zugrundeliegenden Wissensbasis möglich ist. Wahl, Weinert & Huber (1984) charakterisieren solche handlungssteuernden Prozesse als informelles, alltägliches Diagnostizieren.

In Modellen unterrichtlichen Handelns wird leistungsbezogenen Informationen eine erhebliche Bedeutung beigemessen (Clark & Peterson,

1986; Peterson & Clark, 1978). Zur Reduzierung von Ist-Soll-Diskrepanzen und zur Feststellung der Zielerreichung ist eine Diagnose des Ist-Zustands auf den maßgeblichen Zieldimensionen erforderlich (Hofer, 1986). Hofer (S.116) bezeichnet Wahrnehmungsleistungen, mit deren Hilfe eine Diagnose auf den für die Handlungsausführung wichtigen Zieldimensionen vorgenommen werden kann, als "kriterial funktional". Wahrnehmungsleistungen können für den Handelnden darüber hinaus "prognostisch funktional" (wenn sie auf die zur Erreichung des Ziels dienlichen oder abträglichen Umstände gerichtet sind), "konditional funktional" (wenn sie auf Merkmale gerichtet sind, die den Einsatz verfügbarer Maßnahmen erleichtern oder erschweren) und "instrumental funktional" (wenn sie auf Zwischenziele gerichtet sind) sein (vgl. Hofer, 1986). Sieht man die Vermittlung von Lehrstoff als die eigentliche und zentrale Aufgabe des Lehrers an (siehe auch Burns, 1982, 1984), so folgt daraus, daß die Leistungsdimension für den Lehrer von zentraler Bedeutung sein müßte. Sie ist für den Lehrer kriterial bedeutsam, weil die Verbesserung von Leistungen vorrangiges Unterrichtsziel ist. Sie kann aber bis zu einem gewissen Grade auch als prognostisch funktional (weil die Lernzielerreichung je nach Leistungsstand mehr oder weniger wahrscheinlich ist), konditional funktional (weil je nach Leistungsstand unterschiedliche Maßnahmen erforderlich sein können) oder instrumental funktional (weil bestimmte Leistungsstände Zwischenziele für das endgültige Lernziel darstellen können) angesehen werden.

Die Auffassung, daß für die Unterrichtsdurchführung und das unterrichtliche Handeln vor allem *leistungsbezogene* diagnostische Einschätzungen bedeutsam sind, findet allerdings nicht nur Zustimmung. Doyle (1979) hält die Sichtweise, wonach Leistungsziele für den Lehrer unmittelbar handlungsleitend sind, für verkürzt. Laut Doyle ist der Lehrer vielmehr ganz unmittelbar und vorrangig mit dem Problem konfrontiert, einen geordneten Unterrichtsablauf sicherstellen, Schüler zur Mitarbeit an geeigneten Aktivitäten bewegen und diese Mitarbeit über längere Zeiträume hinweg aufrechterhalten zu müssen. Dafür sind Diagnoseleistungen wie das rechtzeitige Erkennen von Anzeichen für nachlassende Mitarbeit oder von Anzeichen für Disziplinschwierigkeiten erforderlich.

Daß für den Lehrer klassenführungsbezogene Diagnoseleistungen wichtig, unter Umständen sogar vorrangig sind, bedeutet aber nicht, daß leistungsbezogene Diagnosen unwichtig sind. Wie das Verhältnis zwischen beiden Arten von Diagnoseleistungen ist, ist ungeklärt. Eine plausible Annahme ist jedoch, daß beide unter unterschiedlichen Bedingungen wirksam werden. Es ist eines der Hauptergebnisse der neueren Unterrichtsforschung, daß effektiver leistungsförderlicher Unterricht eine geordnete Klassenführung voraussetzt (siehe etwa Brophy, 1979, 1986). Auf diesem Hintergrund kann man vermuten, daß Prozesse der diagnostischen Feinabstimmung einschließlich der dazu erforderlichen Diagnoseaktivitäten vor allem dann stattfinden, wenn eine geordnete Klassenführung gewährleistet und der Lehrer von diesbezüglichen Diagnoseaufgaben entlastet ist. Klassenführungsbezogene Diagnoseaufgaben nehmen dagegen den Lehrer vor allem dann in Anspruch, wenn Mitarbeit und Disziplin akut gefährdet sind.

Die informellen diagnostischen Beobachtungen des Lehrers sind hochkomplexe Wahrnehmungs- und Verarbeitungsleistungen, von denen seit langem bekannt ist, daß sie keine unvoreingenommene und vollständige Abbildung der objektiv gegebenen Umwelt leisten. Wahrnehmungen haben stark selektiven Charakter und unterliegen dem Einfluß von Erwartungen, Voreinstellungen und Hypothesen. Dies gilt insbesondere für die soziale Wahrnehmung (siehe etwa Irle, 1975). Für Diagnoseleistungen im Unterricht gilt überdies: Das im Unterricht erkennbare Leistungsbild der Klasse und einzelner Schüler ist nur ein kleiner Ausschnitt der für das Lehrerhandeln maßgeblichen Gesamtsituation. Es handelt sich um eine vermutlich recht unsystematische und verzerrte Stichprobe auf der Basis von Indikatoren, deren Validität ziemlich unklar ist. Der Lehrer ist dadurch bis zu einem gewissen Grade immer gezwungen, aufgrund einzelner Beobachtungen Schlußfolgerungen auf nicht direkt beobachtete Sachverhalte vorzunehmen, das heißt spezifische Leistungsergebnisse eines Schülers auf umfassendere Leistungsmöglichkeiten oder -fähigkeiten dieses Schülers oder anderer Schüler zu verallgemeinern. Insbesondere die Heterogenität des Leistungsbildes in der Klasse stellt den Lehrer vor erhöhte Anforderungen.

Corno & Snow (1986) diskutieren die sehr viel geringeren diagnostischen Anforderungen einer hypothetischen Situation, in der die Schüler bezüglich aller relevanten Lernvoraussetzungen völlig identisch sind. Für die Kontrolle des Lernfortschritts wäre unter den Bedingungen vollständiger Homogenität ein einziger, zufällig ausgewählter Schüler ausreichend; die Überprüfung der Lernleistung und des Verständnisses bei einem einzigen Schüler gäbe vollständigen und sicheren Aufschluß über Leistungsniveau und Verständnisgrad aller Schüler der Klasse. Zum Unterrichten wären keine Kenntnisse über individuelle Unterschiede zwischen den Schülern erforderlich; die Wirkung von Unterrichtsmaßnahmen hinge ebenfalls nicht mehr von individuellen Leistungsvoraussetzungen ab. Unterricht wäre auf der Basis genereller Prinzipien möglich; erforderlich wäre nur eine minimale Kontrolle des Lernerfolgs.

Im Normalfall sind dagegen die Anforderungen an das Diagnostizieren sehr viel höher, selbst wenn man davon ausgeht, daß sich durch eine Schülertypisierung (Hofer, 1981) der kognitive Verarbeitungsaufwand reduziert. Hinzu kommt, daß Unterricht im Klassenverband Anforderungen an die Informationsverarbeitung stellt, die Doyle (1979; S.44) durch Merkmale wie "multidimensionality, simultaneity, immediacy, unpredictability, and history" charakterisiert. Das heißt, Unterricht ist gekennzeichnet durch eine Vielzahl von Ereignissen, Zielen und Personen, die Gleichzeitigkeit vieler Ereignisse, die Notwendigkeit sofortigen Reagierens, die Unvorhersagbarkeit von Ereignissen und die stets zu bedenkende Gefahr, durch eine Entscheidung Präzedenzfälle für spätere Entscheidungen zu schaffen. Von daher ist anzunehmen, daß der Lehrer ein gewisses Expertentum entwickeln muß, um unter den gegebenen Bedingungen effektive handlungssteuernde Beobachtungs- und Diagnoseleistungen realisieren zu können.

Mit dem zuletzt Gesagten ist der Kompetenzaspekt unterrichtlicher Diagnoseleistungen angesprochen worden und damit ein Punkt, der für die Logik des in dieser Arbeit verfolgten Ansatzes von zentraler

Bedeutung ist: Während an der handlungssteuernden Funktion informeller Diagnoseleistungen kaum Zweifel bestehen dürften, ist offen, ob Unterschiede in der Qualität solcher Diagnoseleistungen von Bedeutung sind. Gage (1968, S.224) verdeutlicht dies sehr anschaulich am Beispiel der Sehschärfe:

"For example, visual acuity is necessary to teacher effectiveness, but individual differences in such acuity are negligible as sources of variance in teacher effectiveness. Most teachers have enough visual acuity to do their job. In the same way, perhaps, teachers may understand their pupils well enough for the ordinary requirements of classroom activity."

Im folgenden Kapitel werden zunächst Überlegungen zur Konzeptualisierung diagnostischer Kompetenz angestellt. Sodann wird auf die Frage eingegangen, welche Implikationen sich aus empirischen Studien für die Nutzung diagnostischer Kompetenz im Unterricht ergeben. Schließlich wird auf Arbeiten eingegangen, die die diagnostische Kompetenz unmittelbar zum Gegenstand haben.

2.3 Diagnostische Kompetenz und Diagnosen von Lehrern

2.3.1 Allgemeine Einleitung zum Verhältnis von Diagnosekompetenz und Diagnoseleistungen

Wie in den vorigen Abschnitten dargelegt, spielen informelle Diagnoseleistungen für die Steuerung des unterrichtlichen Handelns, insbesondere für kurzzeitige Anpassungsvorgänge, eine wichtige Rolle. Die Fähigkeit, solche handlungssteuernden Diagnoseleistungen in angemessener Weise zu erbringen, kann als eine Form der diagnostischen Kompetenz angesehen werden.

Ganz allgemein soll unter diagnostischer Kompetenz von Lehrern die Fähigkeit (beziehungsweise die Gesamtheit verschiedener Teilfähigkeiten) verstanden werden, die zur Optimierung pädagogischer Entscheidungen erforderlichen Diagnoseaufgaben sach- und zielgerecht auszuführen. Das Spektrum möglicher Diagnoseaufgaben reicht dabei von den formellen Beurteilungsaufgaben (Zensurengebung) des Lehrers, die im Idealfall auf methodisch kontrolliert erhobenen und sorgfältig reflektiert verarbeiteten Informationen beruhen, bis zu den im Rahmen des unterrichtlichen Handelns unter Zeit- und Handlungsdruck kurzfristig zu erbringenden Urteilsleistungen. Wie immer der diagnostische Prozeß im einzelnen aussieht, seinen Abschluß bildet meistens irgendeine Form der diagnostischen Urteilsbildung. Die Angemessenheit oder Qualität dieser Urteilsbildung bemißt sich letztlich an ihrem Beitrag zur Optimierung des jeweiligen Entscheidungsproblems. Geht man davon aus, daß die Effektivität des Handelns vom Vorliegen bestimmter Bedingungen abhängt und daß das Handeln in Abhängigkeit vom Urteil über das Vorliegen dieser Bedingungen gesteuert werden kann, so muß die Genauigkeit dieses Urteils für den Handelnden von zentraler - wenn auch nicht alleiniger - Bedeutung sein (andere, damit nur teilweise vereinbare Aspekte sind Schnelligkeit der Urteilsbildung und Kosten der Informationsbeschaffung). Unter diagnostischer Kompetenz von Lehrern kann dementsprechend auch deren Fähigkeit verstanden werden, unter den für die zu treffenden pädagogischen Entscheidungen maßgeblichen Rahmenbedingungen (z.B. Nutzen und Kosten der Entscheidungsfolgen, verfügbare Zeit) genaue Urteile über die der Entscheidung zugrundeliegenden Faktoren abgeben zu können. Dabei handelt es sich im Zusammenhang mit Lehrerdiagnosen in der Regel um Schülermerkmale und ihre Ausprägung. In der vorliegenden Arbeit sollen nur die Aspekte diagnostischer Kompetenz betrachtet werden, die für Entscheidungen im Rahmen der Planung und Durchführung von Unterricht bedeutsam sind; also insbesondere die Fähigkeit, die aktuellen Leistungen der Schüler zutreffend einzuschätzen.

Neben den für Lehrerurteile bedeutsamen Teilbereichen der Urteilsforschung (siehe dazu etwa Slovic & Lichtenstein, 1971; Shulman & Elstein, 1975) gibt es noch eine ganze Reihe von Forschungsansätzen, die mehr oder wenigen engen Bezug zur diagnostischen Urteilsbildung von Lehrern haben. Dies sind insbesondere Erwartungsbildung (Brophy & Good, 1974; Weinert, Knopf & Storch, 1981), Attribuierung (Hofer &

Dobrick, 1981), implizite Persönlichkeitstheorien (Hofer, 1969), subjektive Theorien (Wahl, Schlee, Krauth & Murek, 1983), soziale Wahrnehmung und Eindrucksbildung (Warr & Knapper, 1968; Ulich & Mertens, 1974). Im Hinblick auf die Fragestellung dieser Arbeit muß es jedoch als Nachteilaller dieser Ansätze angesehen werden, daß sie dem Kompetenzaspekt der Lehrerdiagnosen nur in sehr unzureichendem Maße gerecht werden, da sie die Qualität der Urteilsleistungen unberücksichtigt lassen. Den eben dargestellten Überlegungen zufolge erscheint dies für eine angemessene Konzeptualisierung diagnostischer Kompetenz aber unverzichtbar.

Mit der Erforschung der Genauigkeit von Wahrnehmungen, Eindrücken und Urteilen hat sich bis zu Beginn der 60er Jahre ein Teilgebiet der sozialen Wahrnehmung befaßt: die sogenannte Judgment-Accuracy-Forschung (vgl. Cook, 1979; Herkner, 1975; Irle, 1975; Jahnke, 1975; Wiggins, 1973). Dabei ging es um Fragestellungen wie: (1) Ist die Wahrnehmungsgenauigkeit eine allgemeine Fähigkeit, das heißt, kann die in bestimmter Hinsicht genau urteilende Person auch insgesamt als "guter Menschenkenner" angesehen werden, oder handelt es sich um spezifische Teilfähigkeiten, die von der zu beurteilenden Person, den zu beurteilenden Merkmalen, dem Urteilskontext usw. abhängen? (2) Mit welchen anderen Merkmalen hängt die Urteilsgenauigkeit zusammen und was macht den guten Menschenkenner aus? (3) Ist die Wahrnehmungskompetenz für effektives Handeln bedeutsam? (vgl. als Übersicht etwa Taft, 1955; Tagiuri, 1969).

Die Judgment-Accuracy-Forschung hat sich seit den 60er Jahren stark rückläufig entwickelt und ist heute zumindest im Bereich der Grundlagenforschung - im Gegensatz zum angewandten Bereich, in dem nach wie vor einschlägige Forschungsaktivitäten zu verzeichnen sind (vgl. etwa Borman, 1977, 1979; Cardy & Kehoe, 1984) - ohne Bedeutung. Eine Hauptursache für die rückläufige Entwicklung waren methodische Probleme, die vor allem in einer einflußreichen Arbeit von Cronbach (1955; siehe auch Cronbach, 1958; Gage & Cronbach, 1955) aufgezeigt wurden. Die Kritik von Cronbach bezog sich auf die mit der Verwendung von Differenzmaßen als Diagnosekennwerten verbundenen Probleme, die in der Konfundierung ganz unterschiedlicher Aspekte diagnostischer Kompetenz und den daraus resultierenden Interpretationsschwierigkeiten zu sehen sind. Obwohl diese Probleme durch die von Cronbach entwickelte Komponentenanalyse gelöst wurden, war die Wirkung seiner Kritik offenbar so stark, daß viele Forscher sich von diesem Gebiet abgekehrt haben. Gegenwärtig mehren sich aber die Stimmen, die für eine Neubelebung dieses Forschungsansatzes plädieren (Cook, 1979; 1984; Funder, 1987; Ross, 1977).

Eine Aufarbeitung der im Rahmen der Judgment-Accuracy-Forschung gewonnenen Ergebnisse kann und soll nicht Gegenstand der vorliegenden Arbeit sein; schon allein deshalb nicht, weil ein Großteil der einschlägigen Befunde aus heutiger Sicht als methodisch problematisch angesehen werden muß. Der methodische Ansatz und die damit verbundenen Schwierigkeiten werden an späterer Stelle (siehe Abschnitt 3.3.) in Form eines Exkurses kurz dargestellt.

Vermeidet man die von Cronbach (1955) aufgezeigten methodischen Probleme bei der Kennwertbildung, so spricht nichts dagegen, die Genauigkeit von diagnostischen Urteilen als Grundlage für eine Indikatorisierung diagnostischer Kompetenz zu verwenden. Die diagnostische Kompetenz wird dabei als ein der unmittelbaren Beobachtung nicht zugängliches Personenmerkmal betrachtet. Von diagnostischer Kompetenz als Konstrukt abzugrenzen ist die Diagnosegenauigkeit als beobachtbare und meßbare Leistung, also gewissermaßen als diagnostische Performanz.

Theoretische Vorstellungen zu den Grundlagen diagnostischer Kompetenz und ihrem Verhältnis zu bestimmten Diagnoseleistungen lassen sich in Anlehnung an allgemeinere theoretische Überlegungen zu Determinanten von Leistungen entwickeln. So geht etwa Ackerman (1987) davon aus, daß Leistungen von allgemeinen Fähigkeiten, bereichsspezifischen Fähigkeiten, spezifischen Fertigkeiten und speziellen Kenntnissen abhängen. Es liegt daher nahe anzunehmen, daß Diagnoseleistungen von Lehrern sowohl auf sehr allgemeinen, stabilen und vom Kontext weitgehend unbeeinflußten Fähigkeiten beruhen als auch von bereichsspezifischen, lern- und erfahrungsabhängigen und vom Kontext beeinflußten Faktoren abhängen. Es erscheint dabei sinnvoll, die folgenden Teilaspekte zu unterscheiden:

(a) *Allgemeine Fähigkeiten* wie Intelligenz und allgemeine Merkmale der kognitiven Struktur wie kognitive Komplexität dürften eine wesentliche Grundlage diagnostischer Kompetenz sein. Sie können in diesem Zusammenhang als weitgehend stabil und wenig beeinflußbar angesehen werden.

(b) Weiterhin spielen stärker erfahrungsabhängige *bereichsspezifische Fähigkeiten und Wissensstrukturen* eine Rolle. Dazu gehören fachliches und didaktisch-methodisches Wissen und entsprechende Fähigkeiten (siehe etwa Leinhardt & Smith, 1985) sowie spezifische Fähigkeiten der Informationsaufnahme und -verarbeitung (Wang & Lindvall, 1984), aber auch implizite Theorien und schematisch organisierte Wissensbestände.

Relevante Schemata dürften vor allem das allgemeine Wissen von Lehrern über Schulkinder bestimmter Altersstufen, die Bandbreite der bei ihnen zu erwartenden Kenntnisse und Fähigkeiten, die typischerweise zu erwartenden Verständnisschwierigkeiten usw. betreffen (Clark & Peterson, 1986). Implizite Theorien betreffen insbesondere das Wissen des Lehrers darüber, welche Merkmale bei Schülern zusammenhängen und Vorhersagen auf andere Merkmale erlauben (Hofer, 1969, 1986). Spezifische Fähigkeiten der Informationsaufnahme und -verarbeitung bestehen vor allem in der Fähigkeit zur Überwachung des Unterrichtsablaufs und der Registrierung von cues sowie der Fähigkeit zur Integration des dabei gewonnenen Wissens über Schüler und Stoffbereiche (Wang & Lindvall, 1984).

(c) *Spezifische Kenntnisse* beziehen sich auf die aktuelle Wissensbasis, also auf die Kenntnis der eigenen Schüler (z.B. das Wissen über typische Stärken und Schwächen einzelner Schüler, über die Schwierigkeit und Beliebtheit einzelner Unterrichtsstoffe für die Klasse).

(d) *Spezifische Fertigkeiten* umfassen verschiedene Techniken und Praktiken, sich bestimmte Informationen zu verschaffen und das diagnostische Wissen zu erweitern. Dies betrifft etwa die effektive Gestaltung diagnostisch aufschlußreicher Unterrichtsphasen (z.B. geeignete Frage-Antwort-Sequenzen), aber auch die Ausarbeitung aussagekräftiger schriftlicher Prüfungen.

Diagnostische Kompetenz ist nicht isoliert zu sehen, sondern dürfte als Bestandteil eines ganzen Musters von Personen- und Unterrichtsmerkmalen zu sehen sein. Ein Grund dafür dürfte sein, daß diagnostische Kompetenz von kognitiven Fähigkeiten abhängt, die auch für andere unterrichtliche Fähigkeiten und Fertigkeiten bedeutsam sind. Ein anderer Grund dürfte sein, daß bestimmte Zielvorstellungen, Einstellungen und Orientierungen eine wichtige motivationale Basis sowohl für die Ausbildung hoher Diagnosefähigkeit als auch für die Entwicklung anderer unterrichtsbezogener Kompetenzen bilden. Als Determinanten kommen insbesondere Faktoren wie ein professionelles Rollenverständnis (Brophy & Evertson, 1980) oder eine hohe Genauigkeitsorientierung (Good & Brophy, 1984; Crocker, Fiske & Taylor, 1984) in Frage.

Abgesehen von allgemeinen Fähigkeiten und Strukturmerkmalen sind die verschiedenen Aspekte der Diagnosekompetenz mehr oder weniger lern- und erfahrungsabhängig. Spezifische Fähigkeiten und allgemeine Wissensstrukturen verbessern sich vermutlich durch allgemeine Integrations- und Umstrukturierungsprozesse, die nur schwer gezielt beeinflußt werden können. Der Aufbau und die Weiterentwicklung der aktuellen Wissensbasis dürfte dagegen durch spezifischere Prozesse des Wissenserwerbs erfolgen, die durch bestimmte Aktivitäten des Lehrers innerhalb wie außerhalb des Unterrichts beeinflußt werden.

Wichtige Voraussetzungen für die Verbesserung seiner Wissensbasis kann der Lehrer bereits in prä- und postinteraktiven Phasen des Unterrichts, also während der Vor- und Nachbereitung des Unterrichts, schaffen. Durch eine genaue Durchdringung des Stoffs, etwa den Versuch, mögliche Verständnis- und Vermittlungsschwierigkeiten zu antizipieren, kann der Lehrer indirekt auch bessere Voraussetzungen für eine differenzierte Informationsaufnahme und damit für eine genaue Leistungsbeurteilung schaffen. Eine sorgfältige Kontrolle schriftlicher Arbeiten, etwa mit Hilfe von Fehleranalysen (vgl. z.B. Radatz, 1980), ermöglicht ebenfalls eine genauere Beurteilung des Wissens- und Leistungsstands. Während des Unterrichts kann der Lehrer durch gezielte und systematische Beobachtungen versuchen, bestimmte Hypothesen zu prüfen und dadurch seine schülerbezogene Wissensbasis erweitern (siehe Wahl, Weinert & Huber, 1984, für entsprechende Vorschläge).

Der zuvor entwickelten Konzeptualisierung zufolge schließt Diagnosefähigkeit als komplexes Merkmal bestimmte Diagnosefertigkeiten ein. Diese Fertigkeiten können, soweit sie unterrichtliches Handeln betreffen, auch als Bestandteil der generellen Unterrichtskompetenz des Lehrers angesehen werden. Es kann davon ausgegangen werden, daß ein erfolgreicher Einsatz solcher Diagnosepraktiken im Unterricht nur möglich ist, wenn eine geordnete Klassenführung sichergestellt ist. Nur dann dürfte der Lehrer in der Lage sein, im Unterricht erfolgreich gezielte subtile Beobachtungen vorzunehmen.

Der Aufbau der aktuellen Wissensbasis hängt schließlich von verschiedenen *Kontextmerkmalen* (wie etwa Klassengröße) ab. Von Bedeutung sind vor allem Faktoren, die die Diagnostizierbarkeit der Schüler erleichtern oder erschweren. Eine gute Diagnostizierbarkeit dürfte etwa dann gegeben sein, wenn sich die Schüler bezüglich der festzustellenden Merkmale deutlich unterscheiden. Weiterhin könnten bestimmte Schülermerkmale (z.B. Ängstlichkeit) die Diagnostizierbarkeit beeinflussen.

Nachdem in diesem Abschnitt Überlegungen zu den kognitiven Grundlagen von diagnostischen Lehrerurteilen angestellt worden sind, stellt sich nun die Frage, wie die zugrundeliegenden diagnostischen Kompetenzen für den Unterricht und das unterrichtliche Handeln genutzt werden. Laut Wang & Lindvall (1984) ist die Fähigkeit des Lehrers, das erworbene diagnostische Wissen in aktuelle unterrichtliche Entscheidungen umzusetzen, eine der Kompetenzen, die für adaptives Unterrichten von grundlegender Bedeutung sind. Forschungsansätze und Untersuchungsergebnisse, die die dem unterrichtlichen Handeln zugrundeliegenden Faktoren und Prozesse zum Gegenstand haben, sollen im folgenden Abschnitt beschrieben werden.

2.3.2 Die Bedeutung diagnostischer Kompetenz für die Planung und Gestaltung des Unterrichts

Aufschluß über Prozesse der diagnostischen Informationsverarbeitung und die Nutzung diagnostischer Kompetenzen für die Planung und Gestaltung des Unterrichts geben Forschungen zu Lehrerkognitionen. Als Lehrerkognitionen werden in der neueren Forschung vor allem die im Stadium der Vor- und Nachbereitung sowie während der Durchführung von Unterricht ablaufenden (präaktiven, postaktiven und interaktiven) Denk- und Entscheidungsprozesse sowie implizite Theorien und Überzeugungen bezeichnet (Clark & Peterson, 1986; siehe Hofer, 1986, für ein breiteres Begriffsverständnis). Für die vorliegende Fragestellung bietet sich der entscheidungstheoretische Ansatz als allgemeiner Bezugsrahmen an (Borko, Cone, Russo & Shavelson, 1979; Calderhead, 1981, 1984; Shavelson, 1973, 1976). Planung und Durchführung von Unterricht lassen sich zumindest oberflächlich betrachtet als fortlaufendes Treffen von Entscheidungen auffassen. Die Optimierung unterrichtsbezogener Entscheidungen wird als "basic teaching skill" (Shavelson, 1973) angesehen und betrifft vor allem die Frage, wann und unter welchen Bedingungen bestimmte Maßnahmen einzusetzen sind. Aus entscheidungstheoretischer Sicht können optimale Entscheidungen nur dann getroffen werden, wenn der Entscheidende über das Vorliegen bestimmter "Zustände", Bedingungen oder Merkmale, unter denen die Maßnahme zu dem gewünschten Ergebnis führt, zutreffend orientiert ist.

Entscheidungstheoretische Modellvorstellungen können als Kernbestandteil umfassenderer Handlungsmodelle (Hofer, 1986; Hofer & Dobrick, 1978; 1981) angesehen werden. Die Grundannahme solcher Modelle ist, daß sich die Entscheidenden rational verhalten und ihre Entscheidungen bewußt und reflektiert treffen. Ein Großteil des Lehrerverhaltens erfolgt aber rein reaktiv oder auf der Basis weitgehend automatisierter Routinen (Clark & Yinger, 1979; Weinert, 1978a). Eingeschliffene Handlungsmuster und automatisierte Handlungsroutinen können jedoch als Niederschlag ehemals reflektiert eingesetzter Handlungen angesehen werden (Hofer, 1986; siehe auch Anderson, 1982, zum Erwerb kognitiver Fertigkeiten). Im Hinblick auf Lehrerentscheidungen wird der Entscheidungsbegriff zudem meistens recht weit ausgelegt (e.g. Clark & Yinger, 1979; Borko, Cone, Russo & Shavelson, 1979). So unterscheidet etwa Calderhead (1984) von vornherein zwischen reflektierten, kurzfristig-reaktiven ("immediate") und routinehaften Entscheidungen, wobei letztere hier von besonderer Bedeutung sind.

Eine entscheidungstheoretische Sichtweise legt es nahe, die Durchführung von Unterricht rein sequentiell als eine Abfolge von Einzelentscheidungen aufzufassen, über deren Bezug zu einem übergreifenden Plan und den damit verbundenen Zielen nichts ausgesagt wird. Neuere theoretische Ansätze machen aber deutlich, daß unterrichtliches Handeln in der Regel auf der Grundlage eines impliziten Plans erfolgt (Leinhardt & Greeno, 1986; Morine-Dershimer, 1978-79b). Handlungsmöglichkeiten und Entscheidungen werden durch den Plan vorstrukturiert, was ein wesentliches Merkmal für Routinebildung ist (Hammersley, 1979). Entscheidungsprozesse können somit routinehaft und teilweise automatisiert ablaufen. Diese Einbindung in übergeordnete Plan- und Zielstrukturen ist folglich stets mitzubedenken, wenn im folgenden von Entscheidungen im Unterricht die Rede ist.

Präaktive Denk- und Entscheidungsprozesse beziehen sich auf die Unterrichtsplanung. Die dazu durchgeführten Untersuchungen vermitteln folgendes Bild (zusammenfassend etwa Clark, 1984; Clark & Peterson, 1986; Clark & Yinger, 1979; Shavelson & Stern, 1981):

Die Unterrichtsplanung erfolgt in der Regel nicht auf der Basis eines zielorientierten präskriptiven Modells, das folgende Ablaufschritte umfaßt: (a) Aufstellung von objektivierbaren Lernzielen, (c) Diagnose der Eingangsvoraussetzungen, (c) Auswahl darauf abgestimmter Lernaktivitäten und (d) Evaluation der erreichten Ergebnisse. Stattdessen orientiert sich der Lehrer bei seiner Unterrichtsplanung vorrangig an den einzusetzenden Unterrichtsaktivitäten, was damit zu erklären ist, daß die Beschäftigung der Schüler mit geeigneten Lernaktivitäten und die Aufrechterhaltung des Unterrichtsflusses dasjenige Problem (general teaching dilemma) ist, mit dem der Lehrer am unmittelbarsten konfrontiert ist (Burns, 1984; Doyle, 1979; Shavelson & Stern, 1981).

Unterrichtsplanung erfolgt auf verschiedenen zeitlichen Ebenen (von der Jahresplanung bis hin zur Planung einer Unterrichtsstunde), die nicht zusammenhangslos nebeneinander stehen, sondern hierarchisch organisiert sind (Burns, 1984; Shavelson & Stern, 1981). Dies dürfte auch der Grund dafür sein, daß Planungsvorgänge sehr viel mehr umfassen, als explizite Aufzeichnungen und die im Rahmen von Untersuchungen spontan verbalisierten Denkprozesse vermuten lassen. Durch Nachfragetechniken läßt sich herausfinden, daß spontan nicht verbalisierte Planungselemente wie Lernziele, Unterrichtsstrategien, Sitzordnungen usw. durchaus als implizites Hintergrundwissen in die Planung eingehen (Morine-Dershimer, 1978-79b). Explizit werden solche Faktoren jedoch meistens nur in bestimmten Planungsphasen, z.B. am Schuljahresbeginn).

Für eine Analyse der kognitiven Bedingungen adaptiven Unterrichtsverhaltens ist die Frage von Bedeutung, ob und inwieweit Informationen, die für adaptive Prozesse relevant sind (speziell also Informationen über Leistungen und Fähigkeiten von Schülern) bei der Unterrichtsplanung berücksichtigt werden. Dazu ist zu sagen, daß Schülermerkmale in einschlägigen Untersuchungen nur relativ selten spontan thematisiert werden (Peterson, Marx & Clark, 1978). Doch läßt sich auch hier auf indirektem Wege belegen, daß solche Informationen impliziter Bestandteil des mentalen Plans sind, den Lehrer vom Stundenverlauf haben (Morine-Dershimer, 1978-79b; vgl. auch Shavelson & Stern, 1981). Im Rahmen der Unterrichtsplanung erfolgende Entscheidungen erfordern unter anderem Abschätzungen hinsichtlich Menge und Schwierigkeit des durchzunehmenden Stoffs und Eignung der zu verwendenden Materialien. Informationen über Schülermerkmale gehen dabei meistens in Form genereller, das heißt schülerunspezifischer und auf die Klasse als Ganzes bezogener Erwartungen in die Unterrichtsplanung ein (Brophy, 1983b). Dabei orientieren sich Lehrer zwar stark an den curricularen Vorgaben und den in ihnen zum Ausdruck kommenden Erwartungen, doch dürften diese Vorgaben in der Regel zu allgemein sein, um auf klassen- und schülerspezifische Informationen verzichten zu können.

Die Hauptfunktion der Unterrichtsplanung besteht offenbar darin, den Lehrer mit einem mentalen Abbild (Morine- Dershimer, 1978-79b) des Unterrichts- bzw. Stundenverlaufs zu versehen, das seinerseits in umfassendere Planungsstrukturen (activity flow; Joyce, 1978-79; vgl. Clark & Peterson, 1986) integriert ist und das unterrichtliche Handeln steuert.

Untersuchungen zu Lehrerkognitionen während interaktiver Phasen, also während des Unterrichtens selbst, beschäftigen sich aus methodischen Gründen mit bewußten Denk- und Entscheidungsprozessen, da

Lehrer hierzu vergleichsweise leicht befragt werden können. Verwendet wird dabei meistens die Methode des Stimulated Recall, die darin besteht, dem Lehrer Tonband- oder Videoaufzeichnungen aus einer Unterrichtsstunde vorzuspielen und ihn zu den während des Unterrichts abgelaufenen Denk- und Entscheidungsprozessen zu befragen (Clark & Peterson, 1986).

Was ist Gegenstand bewußter Denk- und Entscheidungsvorgänge von Lehrern während des Unterrichts? Clark & Peterson (1986) kommen in ihrer Übersicht über die sechs Studien, die dieser Frage gewidmet sind, zu folgendem Ergebnis: In allen sechs Untersuchungen bezieht sich der größte Prozentsatz (zwischen 39% und 50%) der vom Lehrer berichteten interaktiven Denkvorgänge auf den Lernenden, während sich der Rest auf Kategorien wie Unterrichtsziele (14%), Fachinhalte (5% - 14%) und Unterrichtsmethoden, Vorgehensweisen oder Strategien (20% - 30%) verteilt. Auch wenn eine genauere Charakterisierung der auf den Lernenden gerichteten Lehrerkognitionen nicht möglich ist, scheint die Schlußfolgerung vertretbar, daß ein nicht unerheblicher Teil der bewußten Denkaktivitäten des Lehrers im Unterricht Bezug zu Prozessen der diagnostischen Informationsverarbeitung im weitesten Sinne haben dürfte.

Fogarty, Wang & Creek (1983) untersuchen speziell die Wahrnehmung und Nutzung von leistungsbezogenen Schülerinformationen (performance cues) im Unterricht, worin sie für das adaptive Unterrichten wichtige informelle Diagnoseleistungen sehen. Dabei zeigte sich vor allem zweierlei: Erfahrene Lehrer verknüpfen die aufgenommenen Schülerinformationen in komplexerer Weise mit verschiedenen Unterrichtshandlungen als unerfahrene Lehrer; die Wahrnehmung dieser cues führt bei erfahrenen Lehrern häufiger als bei unerfahrenen Lehrern dazu, daß schülerspezifisches Wissen aus dem Gedächtnis abgerufen wird.

Der Übersicht von Clark & Peterson (1986) zufolge finden bewußte Entscheidungsprozesse, die als bewußte Auswahlvorgänge zwischen mindestens zwei Handlungsmöglichkeiten - der Entscheidung, den Unterricht wie bisher fortzusetzen oder das Unterrichtsverhalten zu ändern - definiert werden, mit einer geschätzten Häufigkeit von .5 bis .7 pro Minute, das heißt im Durchschnitt etwa alle zwei Minuten statt. In neueren Modellvorstellungen unterrichtlichen Handelns (Peterson & Clark, 1978; Shavelson & Stern, 1981) wird davon ausgegangen, daß bewußte Entscheidungen vor allem dann stattfinden, wenn bei der Realisierung des geplanten Vorgehens unvorhergesehene Schwierigkeiten auftreten. Lehrer tendieren dazu, den ursprünglich geplanten Unterricht so weit wie möglich beizubehalten, und ziehen radikale Änderungen ihrer Vorgehensweise nur in Ausnahmefällen in Betracht. Den Modellen von Peterson & Clark und Shavelson & Stern zufolge überwachen die Lehrer den Unterrichtsverlauf, indem sie fortlaufend registrieren, ob sich bestimmte Indikatoren des Schülerverhaltens (vor allem Mitarbeit und Verständnis) innerhalb gewisser Toleranzgrenzen befinden. Ist dies der Fall, so wird der Unterricht unverändert fortgesetzt. Liegen sie außerhalb des Toleranzbereichs, so wird nach alternativen Maßnahmen gesucht (siehe

Peterson & Clark, 1978, und Shavelson & Stern, 1981, für nähere Einzelheiten). Ob sich der Lehrer vorwiegend an management-bezogenen Cues oder an leistungsbezogenen Cues orientiert, ist dabei ungeklärt.

Auf dem Hintergrund derartiger Untersuchungen und Konzeptualisierungen kann die Bedeutung diagnostischer Kompetenz offenbar vor allem darin gesehen werden, die im Unterrichtsablauf anfallenden bewußten Entscheidungsvorgänge zu optimieren. So gesehen hätten informelle Diagnoseleistungen eine zweifellos wichtige, aber begrenzte Bedeutung. Es ist aber zu vermuten, daß wesentliche Abstimmungsleistungen des Lehrers unterhalb der Ebene bewußt reflektierten Entscheidens erfolgen. Es ist hier nicht der Ort, das Problem der Bewußtheit von Denk- und Entscheidungsprozessen oder Handlungsvollzügen zu behandeln (siehe dazu etwa Bargh, 1984; Mandler, 1975; Posner & Snyder, 1975). Fest steht jedenfalls, daß im Zuge der Routinebildung wiederholt in ähnlicher Weise ablaufende Prozesse automatisiert werden und dann in müheloser Weise ohne bewußte Aufmerksamkeit ablaufen können.

Kaum Zweifel dürfte es auch daran geben, daß ein so hochkomplexes Verhalten wie das des Lehrers im Unterricht nicht wie einfache Handlungsgewohnheiten vollständig automatisiert werden kann. Weitgehend automatisierbar sind aber einzelne Verhaltensweisen und Handlungsvollzüge. Diese werden mitunter als Routinen bezeichnet (Bromme, 1985; Leinhardt, Weidman & Hammond, 1987). Die Verhaltensweisen des Lehrers sind mit eindeutigen Erwartungen hinsichtlich des zu zeigenden Schülerverhaltens verbunden, wobei das erwartete Schülerverhalten meistens ebenfalls hochgradig überlernt ist. Dadurch wird der Unterricht für den Lehrer, aber auch für die Schüler in hohem Maße vorhersagbar (Leinhardt, Weidman & Hammond, 1987). Insgesamt gesehen führt diese Teilautomatisierung des unterrichtlichen Handelns dazu, daß der Lehrer mental entlastet wird.

Eine zusätzliche kognitive Entlastung erfolgt dadurch, daß Entscheidungen durch Planungsprozesse vorstrukturiert werden und Entscheidungsvorgänge dadurch ebenfalls weitgehend routinisiert werden. Entscheidungen erfordern damit ein sehr viel geringeres Maß an bewußter Aufmerksamkeit und Kontrolle, als dies etwa in regelrechten Problemsituationen der Fall ist. Wie hoch der Grad der dafür notwendigen bewußten Aufmerksamkeit tatsächlich ist und wieviel der gesamten kognitiven Kapazität beansprucht wird, läßt sich auf so allgemeine Weise kaum angeben (Bargh, 1984).

Welche Implikationen haben diese Ausführungen für unterrichtliche Diagnoseleistungen? Diagnosen im Rahmen von kurzfristigen Entscheidungen können in der Regel offenbar nicht auf der Basis ausgedehnter Informations- und Verarbeitungsprozesse erfolgen, sondern nur durch unverzügliche Nutzung aktueller Beobachtungen und durch schnellen Abruf handlungsgerecht aufgearbeiteten Wissens. Diagnoseleistungen dieser Art dürften ebenfalls in weitgehend automatisierter Form erfolgen. Laut Doyle (1979) besteht die Routinisierung von Wahrnehmungsprozessen vor allem darin, die Aufmerksamkeit des Handelnden auf die Indikatoren (cues) zu lenken, die im Hinblick auf die Aufgabenerfüllung maximale

Information versprechen. Die Informationsverarbeitung des guten Diagnostikers kann in Anlehnung an Doyle (1977a) durch Schnelligkeit der Einschätzung (rapid judgment), handlungsgerechte Klassifizierung von Information (chunking) und Differenzierung (differentiation) von Schülern, Verhaltensweisen und Ereignissen gekennzeichnet werden (siehe auch Corno, 1981; Clark & Peterson, 1986).

Die kognitiven Grundlagen unterrichtlichen Handelns werden in den Arbeiten von Leinhardt (1983b, 1983c; Leinhardt & Greeno, 1986) untersucht. Entsprechende Grundlagen sind neben fachlich-inhaltlichen Kenntnissen (siehe dazu Leinhardt & Smith, 1985) vor allem Schemata für verschiedene Unterrichtsaktivitäten, die das Wissen des Lehrers über strukturelle Elemente des Unterrichts (lesson structure) repräsentieren. Die Schemata haben einen unterschiedlichen Allgemeinheitsgrad, der von Schemata für globale Aktivitäten (wie Hausaufgabenkontrolle) bis zu Schemata für sehr spezifische Handlungsvollzüge (wie Papierausteilen) reicht. In diesem Zusammenhang sind insbesondere Schemata für fachliche Aktivitäten wie Präsentation oder angeleitete Übung von Interesse. Für die Fragestellung dieser Arbeit besonders wichtig ist, daß die Schemata auch bestimmte Strukturen umfassen, die Aufschluß darüber geben, welche Arten von Informationen für die erfolgreiche Durchführung verschiedener Unterrichtsaktivitäten erforderlich sind. Leinhardt & Greeno bezeichnen solche Strukturen als Informationsschemata. In den Handlungsschemata für bestimmte Unterrichtsaktivitäten sind darüber hinaus Möglichkeiten vorgesehen, die für die spätere Handlungsausführung nötigen Informationen in ökonomischer Weise zu sammeln und zu speichern. Leinhardt & Greeno (1986) beschreiben etwa Möglichkeiten, wie sich der erfahrene Lehrer im Rahmen der Hausaufgabenkontrolle sehr schnell einen Überblick über Vollständigkeit der Bearbeitung, Schwierigkeit des Stoffs und Probleme einzelner Schüler verschaffen kann. Für spätere Unterrichtsphasen oder in anderem Zusammenhang (etwa die spätere Leistungsbewertung) wichtige Informationen werden auf einer Art "cognitive blackboard" (Leinhardt & Greeno, S.76) festgehalten. Leinhardt & Greeno umreißen die Anforderungen an unterrichtliche Diagnoseleistungen wie folgt:

> "Skilled teaching requires decisions about whether to proceed with the next component of a lesson, based on students' readiness for new material and the likelihood that students will succeed in solving instructional problems, or involving selection of students to ask questions or give special help" (S.76).

Leinhardt & Greeno (1986) gehen dabei davon aus, daß sich der erfahrene Lehrer diese Informationen eher beiläufig im Rahmen von Aktivitäten verschafft, die vorrangig anderen Zielen dienen.

Die in diesem Abschnitt dargestellten Ansätze und Befunde haben die Bedeutung informeller leistungsbezogener Diagnosen für das unterrichtliche Handeln noch einmal bestätigt und zum Teil auch empirisch untermauert. Sie haben darüber hinaus auch Hinweise auf prozeßnahe Kompetenzen gegeben, die für unterrichtliche Diagnoseleistungen wichtig sein könnten.

2.3.3 Spezielle Formen der Nutzung diagnostischer Kompetenzen im Unterricht

Untersuchungen zur Rolle von Lehrerkognitionen haben wichtige Hinweise auf die Bedeutung von Diagnoseleistungen für die Planung und Durchführung des Unterrichts geben können. Da es sich dabei jedoch ausschließlich um prozeßorientierte Ansätze ohne systematische Berücksichtigung des Kompetenzaspekts von Diagnosen und ohne Berücksichtigung der individuellen Unterschiede zwischen Lehrern gehandelt hat, gibt es keinen direkten Aufschluß über die Bedeutung diagnostischer Kompetenz. Erkenntnisse darüber sind von Arbeiten zur Diagnosegenauigkeit von Lehrern zu erwarten. Obwohl sich eine ganze Reihe von Untersuchungen mit der Genauigkeit, Validität oder Vorhersagekraft von Lehrerurteilen befassen, gibt es nur wenige Arbeiten, die in theoretischer und empirischer Hinsicht für die Fragestellung dieser Arbeit direkt einschlägig sind. Angesichts der besonderen Bedeutung von leistungsbezogenen Diagnosen für das adaptive Unterrichten soll im folgenden ausschließlich auf Arbeiten zur Diagnosegenauigkeit bei kognitiven Schülermerkmalen eingegangen werden (vgl. die Übersicht von Hoge, 1983; für den nicht-kognitiven Bereich vgl. Helmke & Fend, 1981, 1982).

Die Güte von Lehrerurteilen ist unter dem Stichwort "Fragwürdigkeit der Zensurengebung" (Ingenkamp, 1971) seit langem Gegenstand der Debatte um den Wert von Zensuren als Mittel einer objektiven und gerechten Leistungsbewertung. Eine Hauptkritik ist, daß gemessen an den Ergebnissen objektiver Leistungstests der gleiche Leistungsstand je nach Klassenzugehörigkeit völlig unterschiedlich bewertet werden kann. Der Grund dafür dürfte sein, daß sich Lehrer an einem klasseninternen Bezugssystem orientieren und Schwierigkeiten haben, klassenübergreifende Urteilskriterien zu entwickeln. Sieht man einmal davon ab, daß es systematische Fächerunterschiede im Hinblick auf das mittlere Niveau der Zensierung gibt (siehe etwa Roeder, Baumert, Sang & Schmitz, 1986), so deutet dies vor allem darauf hin, daß Lehrer das Niveau ihrer Klasse nur schwer einschätzen können. Weniger problematisch ist dagegen die Genauigkeit der Rangordnung der Zensuren innerhalb einer Klasse; die Korrelationen zwischen Noten und Testleistungen innerhalb von Klassen liegen im mittleren Bereich (Ingenkamp, 1971). Darüber hinaus ist die prädiktive Validität von Schulnoten mitunter sogar höher als die von Tests (Amelang, 1982). Daß klassenspezifische Korrelationen zwischen Zensuren und Testleistungen nicht höher ausfallen, liegt zum einen daran, daß Lehrerurteil und Test nur teilweise übereinstimmende Sachverhalte messen (Roeder et al., 1986), zum anderen daran, daß Lehrer mit ihrer Zensurengebung unterschiedliche Zielsetzungen verfolgen (Zielinski, 1974). Die Übereinstimmung der Schulnoten mit den Ergebnissen standardisierter Tests kann deshalb kein optimaler Indikator für die Diagnosegüte sein. Um die Diagnosegenauigkeit oder -kompetenz möglichst verzerrungsfrei zu messen und damit die Validitätsproblematik von Zensuren zu entschärfen, ist daher eine Einschätzung der Schüler in Bezug auf ganz spezifische Merkmalsdimensionen nötig (Hoge & Butcher, 1984).

Die Zensurengebung als Mittel der Leistungsbewertung stellt eine Form der Nutzung diagnostischer Kompetenzen dar, die für das unterrichtliche Handeln weitgehend bedeutungslos ist. Dies gilt nicht für die Erwartungsbildung, deren unterrichtliche Bedeutung allerdings vorwiegend in motivationaler Hinsicht, nämlich unter dem Stichwort "Erwartungseffekte" untersucht wurde. Von Erwartungseffekten kann gesprochen werden, wenn der Lehrer die Schüler auf der Basis von Erwartungen, die den tatsächlichen Leistungsmöglichkeiten der Schüler nicht entsprechen, behandelt und dabei die Leistungsentwicklung der Schüler im Sinne dieser Erwartungen beeinflußt (siehe dazu im einzelnen Brophy, 1983b; Brophy & Good, 1974; Cooper & Good, 1983; zu vermittelnden Mechanismen auf Schülerseite siehe Hofer et al., 1982, sowie Meyer, 1984). Der mögliche Spielraum für Erwartungseffekte wird durch die diagnostische Kompetenz oder Diagnosegenauigkeit des Lehrers abgesteckt, da diese nur dann auftreten können, wenn die Erwartungen des Lehrers stark verzerrt, zumindest aber sehr ungenau sind (Dusek & O'Connell, 1973). Verschiedene Arbeiten versuchen zu belegen, daß die meisten Lehrer als professionell handelnde Experten auch hinreichend kompentente Diagnostiker sind, deren Urteil keinen groben Verzerrungstendenzen unterliegt (Egan & Archer, 1985; Hoge & Butcher, 1984) und auch durch genaue Informationen zum Leistungsstand nicht mehr wesentlich verbessert werden kann (Airasian, Kellaghan, Madaus & Pedulla, 1977).

Untersuchungen zur Genauigkeit von Erwartungen können in methodischer Hinsicht als Spezialfall von Studien zur Vorhersagekraft von Lehrerurteilen angesehen werden. Verschiedene Untersuchungen belegen, daß Lehrer ihre diagnostische Kompetenz auch für Prognoseleistungen erfolgreich nutzen können. So zeigt sich etwa, daß durch Lehrerurteile die spätere Leistung auch über mehrere Jahre hinweg vorhergesagt werden kann, zum Teil sogar besser als durch psychometrische Maße (Feshbach, Adelman & Fuller, 1977). Genaue Vorhersagen sind nicht nur auf der Basis von umfassenden Ratingsystemen (z.B. Stevenson, Parker, Wilkinson, Hegion & Fish, 1976a, 1976b) möglich, sondern auch durch einfaches globales Lehrerrating der fachlichen Kompetenz (Perry, Guidubaldi & Kehle, 1979). In den genannten Arbeiten werden Korrelationen im Bereich von .36 und .54 zwischen im Vorschulalter erhobenen Lehrereinschätzungen verschiedener Aspekte der fachlichen Leistungsfähigkeit und Testleistungen bis hinauf zur dritten Klassenstufe berichtet. Morine-Dershimer (1978, 1978-79a, 1978-79c) berichtet Kontingenzkoeffizienten im Bereich von .42 und .80 zwischen einer Gruppierung nach erwarteter Leistung und der ein halbes Jahr später erfaßten Testleistung. Egan & Archer (1985) zeigen, daß Leistungsratings die ein Jahr später erhobenen Testleistungen nur unwesentlich schlechter vorhersagen als es die ein Jahr früher mit demselben Test erhobenen Ergebnisse tun (Die Ratings korrelieren .65 bzw. .58 mit den Testleistungen ein Jahr später, während die entsprechenden Test-Retest-Korrelationen .74 und .75 betragen).

Maße der prädiktiven Validität von Lehrerurteilen sind aber nur sehr bedingt als Indikatoren der diagnostischen Kompetenz interpretierbar, da die Diagnosegenauigkeit zum Teil auf die Stabilität des zu beurteilenden Merkmals zurückgeführt werden kann. Idealerweise sollten Lehrereinschätzungen und Kriteriumsleistungen gleichzeitig erhoben werden (Coladarci, 1986). Außerdem sollte sich das Urteil auf exakt dasjenige Merkmal beziehen, das als Urteilskriterium herangezogen wird, damit Unterschiede im Merkmalsverständnis der Beurteiler nicht genauigkeitsmindernd wirken (Hoge & Butcher, 1984).

In Tabelle 2.1 wird eine Übersicht über Untersuchungen zur Genauigkeit leistungsbezogener Einschätzungen gegeben, bei denen die Genauigkeit der Einschätzung mit einiger Berechtigung als Indikator für diagnostische Kompetenz interpretiert werden kann, weil Lehrerurteile und Testleistungen in etwa zeitgleich erhoben wurden. Bei den Einschätzungen handelt es sich um personenbezogene, aufgabenbezogene und aufgabenspezifische Urteile.

Bei *personenbezogenen* Leistungseinschätzungen geht es darum, einzelne Personen (hier: Schüler) im Hinblick auf die Ausprägung leistungsbezogener Merkmale zu beurteilen.

Bei *aufgabenbezogenen* Urteilen geht es dagegen um die Einschätzung der Schwierigkeit von Aufgaben. Solche Einschätzungen erfolgen oft in Form von Prozenteinschätzungen,das heißt durch Angabe des Prozentsatzes der Schüler einer bestimmten Bezugsgruppe (etwa der eigenen Klasse), die eine Aufgabe lösen können. In dieser Form abgegebene Aufgabenschwierigkeitseinschätzungen können auch als Einschätzung der mittleren Leistung der jeweiligen Bezugsgruppe angesehen werden. Dabei wird mitunter zwischen absoluter und relativer Schwierigkeit unterschieden (Flügge, 1954; Gage, Leavitt & Stone, 1955; Lorge & Diamond, 1954a). Die absolute Schwierigkeit bezieht sich auf die Zahl oder den Anteil der Schüler, die eine Aufgabe richtig lösen können und entspricht damit der globalen Urteilsgenauigkeit; die relative Schwierigkeit bezieht sich dagegen auf die Rangordnung der Aufgabenschwierigkeiten, deren Genauigkeit als ein Teilaspekt der globalen Urteilsgenauigkeit angesehen werden kann. Lorge & Diamond (1954a, 1954b) zeigen, daß sich die Genauigkeit absoluter Schwierigkeitsurteile steigern läßt, wenn man den Urteiler mit Ankerinformationen zur Aufgabenschwierigkeit versieht.

Als *aufgabenspezifische* Urteile werden hier die Einschätzungen der Leistung einzelner Schüler bei einzelnen Aufgaben bezeichnet. Im Unterschied zu personenbezogenen Urteilen, wo oft nur eine einzige Merkmalsdimension verwendet wird, erfolgt bei aufgabenspezifischen Urteilen die Einschätzung immer im Hinblick auf mehrere verschiedene Aufgaben. Während bei personenbezogenen Urteilen eine quantitative Einschätzung (etwa ein Rating) erfolgt, ist für aufgabenspezifische Urteile in der Regel eine binäre Einschätzung (kann Aufgabe lösen/nicht lösen) verlangt. Engen Bezug zu aufgabenspezifischen Urteilen haben die von Leinhardt verwendeten Urteile zum "overlap" zwischen Testinhalt und Unterricht (Einschätzung, ob die zur Lösung einer Aufgabe erforderlichen Kenntnisse und Fähigkeiten bei einem bestimmten Schüler in hinreichendem Maße vermittelt wurden), die als eine Kombination aus Lerngelegenheitseinschätzung und aufgabenspezifischer Kompetenzeinschätzung angesehen werden können (Leinhardt, 1983a; Leinhardt & Seewald, 1981).

Es ist ungeklärt, ob und inwieweit zur Bewältigung dieser Urteilsaufgaben unterschiedliche Fähigkeiten erforderlich sind. Zumindest für personen- und aufgabenbezogene Einschätzungen liegt die Annahme unterschiedlicher Kompetenzen aber nahe. In der theoretisch und methodisch grundlegenden Arbeit von Bronfenbrenner, Harding & Gallwey (1958) zur Urteilsgenauigkeit wurden zwei unterschiedliche Fähigkeiten

Tabelle 2.1

Übersicht über Untersuchungen zur Diagnosegenauigkeit von Lehrern

Autoren	Methode	Ergebnisse
Brennan & Redding (1985)	Landesweite Umfrage bei Lehrern der 4., 8. und 11. Klassenstufe *	In Mathematik werden die Lösungsprozentsätze für die drei Klassenstufen um einen Differenzbetrag von 3% - 11% überschätzt; in Geometrie in einem Fall um den Betrag von 9% unterschätzt, in dem anderen Fall um die Beträge von 6% und 9% überschätzt
	Einschätzung der Schwierigkeit von Testaufgaben auf einer neunstufigen Skala (sehr leicht - sehr schwer); Einschätzung des Prozentsatzes der Schüler, die diese Aufgabe korrekt lösen **	Hohe Streung der Lehrereinschätzungen (Spannweite zwischen 10% und 90% bei den meisten Items)
	Leistungstest in Mathematik (ohne Geometrie) und Geometrie ***	Die Korrelationen zwischen Lehrerangaben und Schülerleistungen pro Aufgabe liegen im Bereich zwischen .48 und -.12
	keine Angabe zum Zeitintervall zwischen Testung und Urteil ****	
	Differenz zwischen mittlerer Prozenteinschätzung und mittlerem Lösungsprozentsatz; Korrelation zwischen Lehrereinschätzungen und Schülerleistungen pro Aufgabe *****	
Colardarci (1986)	8 Lehrer der 3. und 5. Klassenstufe; pro Klasse 6 ausgewählte Schüler (je 2 oberhalb, unterhalb und im Mittelbereich des Jahrgangsniveaus)	Prozentsatz der richtigen Urteile (über alle Lehrer und Schüler berechnet) liegt für die einzelnen Untertests zwischen 70.02% und 76.56%
	Testleistung jedes einzelnen Schülers für einzelne Items (gelöst/nicht gelöst)	der Prozentsatz richtiger Urteile streut für einzelne Schüler zwischen 35% und 100%
	Curricular valider Leistungstest für Lesen und Mathematik (Untertests Vokabular, Leseverständnis, mathematische Begriffe und Rechnen des SRA-Achievement Series)	für den Untertest mathematische Begriffe treten signifikante Lehrerunterschiede auf
	Urteil 1 - 2 Wochen nach Testung erhoben	die Korrelationen (gemittelt über alle Lehrer; keine Lehrerunterschiede berichtet) liegen im Bereich zwischen .67 (Vokabular) und .85 (Gesamttest)
	Prozentsatz der richtigen Urteile; Korrelation zwischen Zahl der vom Schüler gelösten Aufgaben und Zahl der für den Schüler vorhergesagten Lösungen	die Urteilsgenauigkeit (Prozentsatz der richtigen Urteile) korreliert hoch positiv mit Testleistungen der Schüler (zwischen .61 und .91) und mit einer globalen Leistungseinschätzung des Lehrers (zwischen .68 und .92)

Cooper, Findley & Good (1982)	13 Lehrer der 3. - 6. Klassenstufe; jeweils alle Schüler der Klasse	Fähigkeitseinschätzungen korrelierten .72 mit gleichzeitig erhobenen Testergebnissen und .66 mit den später erhobenen Testergebnissen
	Rangordnung der Schüler der Klasse nach Lesefähigkeit und nach zu erwartender Leistungsverbesserung	erwartete Leistungsverbesserung hängt weder mit den beiden Leistungsmessungen noch mit der residualisierten Leistungsveränderung zusammen
	Leistungstest der Lesefähigkeit (Reading Comprehension Test des Iowa Test of Basic Skills für 3. - 5. Klassenstufen; Mastery Reading Subtest of the Missouri Statewide Testing Program für 6. Klassenstufe); erhoben im Januar und Mai	
	Urteile zum Zeitpunkt der ersten Testung im Januar erhoben	
	klassenweise berechnete Korrelationen; Mittelwertsbildung nach z-Transformation	
Doherty & Conolly (1985)	7 Lehrer der 3. und 4. Klassenstufe; jeweils alle Schüler der Klasse (N = 145)	In Mathematik und Englisch wird die Leistung in 60% aller Fälle überschätzt und in ca. 30% der Fälle unterschätzt. Im Lesen gibt es 20% Überschätzungen und 75% Unterschätzungen
	Testleistung jedes einzelnen Schülers (Vorhersage der vom Schüler erreichten Punktzahl) für drei Leistungstests	
	Leistungstests in Mathematik (The Mathematics Attainment Test, C1), English (English Progress Tests, C2) und Lesen (The Reading Test AD)	Korrelationen zwischen Lehrereinschätzungen und Leistung liegen bei .67 (Mathematik), .72 (Englisch) und .68 (Lesen)
	Leistung kurz nach Urteil erhoben	bester Prädiktor für die Leistungseinschätzung ist die tatsächliche Leistung; Einfluß auf die Leistungseinschätzung hat aber auch die Beziehung des Schülers zum Lehrer (Schülerselbsteinschätzung) und die "Ordentlichkeit" des Schülers (Lehrereinschätzung); der Effekt verstärkt sich bei Auspartialisierung der tatsächlichen Leistung
	Prozentsatz der Über-, Unterschätzungen und korrekten Einschätzungen; Korrelation zwischen Lehrereinschätzungen und tatsächlicher Leistung	
Farr & Roelke (1971)	9 Lehrer der 5.Klassenstufe; jeweils alle Schüle der Klasse (N = 143)	Mittlere Korrelationen zwischen Ratings und Leistung betragen .48 (Wortanalyse), .92 (Vokabular) und .59 (Verständnis)
	Rating jedes einzelnen Schülers in Hinblick auf die getesteten Fertigkeiten (die in möglichst großer Anlehnung an die testmäßige Erfassung definiert waren)	
	Standardisierte Leistungstests für drei Teilfertigkeiten des Lesens: Wortanalyse (Mc Cullough Word Analysis); Vokabular (Gates-Mc Ginitie Reading Test, Survey D); Verständnis (California Reading Test, Elementary)	
	Urteil am Tage der Testung erhoben	
	Korrelation zwischen Rating und Leistung pro Lehrer; Mittelwertbildung nach z-Transformation	

Fisher, Filby et al. (1978)	47 Lehrer (25 der 2. Klassenstufe im Fach Lesen; 22 der 5. Klassenstufe im Fach Mathematik); pro Klasse 6 ausgewählte Schüler im mittleren Leistungsbereich Testleistung jedes einzelnen Schülers für 4 Items (repräsentativ für den Gesamttest); Einschätzungen zu Beginn und Ende einer halbjährigen Studie zur Leistungsentwicklung Leistungstest für Lesen (10 Subskalen) bzw. Mathematik (11 Subskalen) (BTES Reading and Mathematik Test Battery) Urteil und Leistungen im selben Zeitraum erhoben Prozentsatz der richtigen Urteile (getrennt für beide Erhebungszeitpunkte); Absolutwert der Differenz zwischen Zahl der richtig beantworteten Items und der Zahl der für den Schüler vorhergesagten richtigen Lösungen (über beide Erhebungszeitpunkte zusammengefaßt); das in weiteren Analysen verwendete Maß ist eine Kombination dieser drei Einzelmaße	Reliabilität der Genauigkeitsmaße liegen zwischen .77 und .62; deskriptive Statistiken nur für standardisierte Werte (M = 50; SD = 10) Signifikante Korrelationen zwischen dem Genauigkeitsmaß und dem residualisierten Lernzuwachs von .19 für Lesen und .33 für Mathematik (jeweils für den Gesamttest)
Flügge (1954)	11 Lehrer und eine Psychologin; nicht aus Schülern der eigenen Klasse bestehende Eichstichprobe (N = 167) Einschätzung der Schwierigkeit von 100 Testaufgaben für 12jährige Schüler (fünfstufiges Rating von sehr leicht bis sehr schwer; die Kategorien sind an Lösungsprozentsätzen verankert) Wortschatztest Leistung nach dem Urteil erhoben absolute Übereinstimmung (Prozentsatz der Übereinstimmungen); relative Übereinstimmung (Korrelation zwischen objektiven Schwierigkeiten und Einschätzungen)	In 26.75% der Fälle stimmen eingeschätzte und tatsächliche Schwierigkeit überein (maximal 39%, minimal 15%) durchschnittliche tatsächliche Schwierigkeit beträgt 35%, durchschnittliche Einschätzung 54% (interpoliert aufgrund der Angaben der Verfasserin) die mittlere Korrelation zwischen eingeschätzter und tatsächlicher Schwierigkeit beträgt .71 (maximal .75, minimal .68)
Gage, Leavitt & Stone (1955)	103 Lehrer der 4., 5. und 6. Klassenstufe Rangordnung von 10 Testaufgaben nach ihrer Schwierigkeit für Schüler der o.a. Altersstufe; Paarvergleiche der Schwierigkeit für 60 Itempaare; Nicht-kognitive Einschätzungen (hier nicht berücksichtigt) landesweit standardisierter Leistungstest (Stanford Achievement-Test) mit verfügbaren Itemschwierigkeitsnormen Zeitintervall zwischen Erfassung von Urteil und Kriteriumsleistung hier bedeutungslos Genauigkeitsindex pro Lehrer (keine genaueren Angaben)	Nur das auf der Paarvergleichsmethode basierende Genauigkeitsmaß erreicht eine gerade noch vertretbare Reliabilität von .45 keine signifikanten Zusammenhänge zwischen dem Genauigkeitsmaß und klassenweise aggregierten Schülereinschätzungen für verschiedene Aspekte effektiven Unterrichtens

Hoge & Butcher (1984)	12 Lehrer der 3. bis 8. Klassenstufe; jeweils alle Schüler der Klasse Einschätzung der Testleistung jedes Schülers der Klasse durch ein notenähnliches Rating (estimated grade equivalent score) Test der Leseleistung (Gates-McGinitie Test) Einschätzung etwa 2 Wochen vor Testung standardisierter Regressionskoeffizient des Leistungstests in der Vorhersagegleichung für die Leistungseinschätzung als Funktion von Leistungstestergebnis, Intelligenz und Geschlecht (sowohl klassenspezifisch wie über alle Klassen berechnet)	Der standardisierte Regressionskoeffizient für das Leistungstestergebnis (über alle Klassen) beträgt .71; für die einzelnen Klassen liegen die Werte im Bereich zwischen .87 und .40 es gibt keinen Hinweis darauf, daß die Leistungseinschätzungen durch die Geschlechtszugehörigkeit der Schüler beeinflußt werden; die Intelligenz der Schüler wirkt sich dagegen auf das Urteil aus
Hopkins, Dobson & Oldridge (1962)	502 Schüler der Klassenstufen 1 - 5 und deren Lehrer Rangordnung der Schüler jeder Klasse durch den Lehrer in Hinblick auf die Lesefähigkeit Testleistung im Lesen (Subtest 'Lesen' des Wide Range Achievement Tests) Einschätzung etwa 1 Woche vor Testung Korrelation zwischen Einschätzungen (nach vorheriger Normalisierung) und Testleistung)	Korrelationen zwischen .74 und .86 für die einzelnen Klassenstufen
Hopkins, George & Williams (1985)	42 Lehrer der 4. und 5. Klassenstufe; alle Schüler der Klasse Einschätzung der Leistung jedes Schülers auf einer 5-stufigen Ratingsskala in folgenden fünf Bereichen: Lesen, Mathematik, Literatur, Sozialkunde, Naturwissenschaften Subskalen aus allgemeinen Leistungstests (Comprehensive Tests of Basic Skills) Einschätzungen etwa 2 Wochen vor Testung klassenweise Korrelation zwischen Lehrereinschätzungen und Testergebnissen; Mittelung nach z-Transformation	Die mittleren Korrelationen zwischen Leistungen und Einschätzungen liegen für die einzelnen Stoffgebiete zwischen .74 und .60 Lehrerunterschiede (über alle Stoffgebiete gemittelt) liegen zwischen .44 und .88

Irvine (1985)	9 Lehrer der 5., 6. und 7. Klassenstufe; jeweils alle Schüler der Klasse Rangordnung der Schüler der Klasse durch den Lehrer im Hinblick auf die allgemeine fachliche Leistungsfähigkeit Testleistung (California Achievement Test) Einschätzung in der 2., 10. und letzten Schuljahreswoche; Testung am Ende des Schuljahres Korrelationen zwischen Einschätzungen und Leistungen pro Lehrer	Mittlere Korrelationen zwischen Einschätzungen während der 2., 10. und letzten Schuljahreswoche und der Leistung betragen der Reihe nach .60, .65 und .69 individuelle Lehrerunterschiede liegen im Bereich zwischen .92 und .11
Leinhardt (1983a, 1983b)	11 Lehrer (Experten) und 11 Beobachter (Novizen); jeweils alle Schüler der Klasse Schätzung für jedes Testitem und jeden Schüler der Klasse, ob der Unterricht für den betreffenden Schüler ausreichend war, um das Item lösen zu können (overlap task) Testleistung im Lesen keine Angabe zum Zeitintervall zwischen Urteil und Testung Prozentsatz der Items, bei denen Lehrereinschätzung und Schülerleistung übereinstimmt (Trefferquote)	Experten erzielen um knapp eine halbe Standardabweichung höhere Trefferraten als Novizen (64.30% vs. 59.98%)
Lerner, Lerner & Zabski (1985)	9 Lehrer der 4. Klassenstufe; jeweils alle Schüler der Klasse Einschätzung der allgemeinen fachlichen Leistungsfähigkeit auf einer 7-stufigen Likert-Skala (Fähigkeit extrem unter - über dem Durchschnitt) Allgemeiner Leistungstest (Comprehensive Test of Basic Skills); Test der Leseleistung (Subtest des Stanford Achievement Test) Einschätzung während der Testung erhoben Korrelationen zwischen Einschätzungen und Leistungen	Einschätzungen der allgemeinen Leistungsfähigkeit korrelieren mit .59 mit dem allgemeinen Leistungstest und .64 mit dem Lesetest

Lorge & Kruglov (1953); Lorge & Diamond (1954a, 1954b)	14 Urteiler (in Weiterbildung befindliche Lehrer); Eichstichprobe von 370 Schülern der 8. und 9. Klassenstufe	Die tatsächlichen Lösungsprozentsätze werden um 23% bis 24% überschätzt, wenn keine Ankerinformation gegeben wird, und nur um 2.1% bis 12.2%, wenn Ankerinformation gegeben wird
	Einschätzung der Schwierigkeit von 45 Testaufgaben durch 7 Urteiler (erst Rangordnung der Schwierigkeiten, dann Prozentschätzungen); die anderen 7 Urteiler werden nach der Rangordnungsschätzung über die Schwierigkeit von 10 Items informiert; bei einer anderen Menge von 45 Testaufgaben werden die beiden Gruppen vertauscht	Streuungen der Itemschwierigkeiten werden leicht unterschätzt
	Testleistung Arithmetik	Korrelationen auf der Basis der Rangeinschätzungen liegen zwischen .53 und .84; Korrelationen auf der Basis der Prozenteinschätzungen zwischen .40 und .85; im letzteren Fall sind die Korrelationen bei Vorgabe von Ankerinformationen etwas höher
	keine Angabe zum Zeitintervall zwischen Urteil und Testung	
	Differenz zwischen geschätzter und tatsächlicher Schwierigkeit; Rangkorrelation zwischen geschätzter und tatsächlicher Schwierigkeit	
Luce & Hoge (1978)	6 Lehrer in 5 Klassen der 3. und 4. Klassenstufe; jeweils alle Schüler der Klasse (N = 104)	Korrelationen zwischen Rangposition und Testleistungen liegen bei .40 und .41 für zwei Leseteiltests und bei .29 und .28 bei zwei Mathematikteiltests
	Rangordnung aller Schüler der Klasse im Hinblick auf die Leseleistung und Mathematikleistung	
	Test für Lese- und Mathematikleistung (Canadian Test of Basic Skills)	
	Einschätzungen und Tests nach einer längeren Beobachtungsphase	
	Korrelation zwischen Einschätzungen und Testleistungen	
Marx (1978)	12 Lehrer; jeder Lehrer unterrichtet 3 zufällig für die Untersuchung zusammengestellte Gruppen von je 8 Schülern (Junior High School Students) während drei Schulstunden; jeweils alle Schüler der Gruppe	Die Genauigkeitskennwerte liegen im Bereich zwischen -.18 und .68 für die einzelnen Lehrer
	Einschätzung des Lernerfolgs der einzelnen Schüler nach der 2. und 3. Stunde durch ein Paarvergleichsverfahren	kein Zusammenhang mit Genauigkeitskennwerten für Einstellungen (rho = .09 bzw. rho = .00)
	Lernkontrolltests für den unterrichteten Stoff (Sachkunde)	
	Lehrereinschätzungen nach der 2. und 3. Stunde; Testung nach der 3. Stunde (am selben Tag)	
	Korrelationen zwischen den durch das Paarvergleichsverfahren gewonnenen Rangplätzen und der Leistung	

Mayfield (1979)	19 Lehrer der 3. Klassenstufe; jeweils alle Schüler der Klasse (N = 573) Einschätzung von Intelligenz, Leistung und Kreativität im Vergleich zur Alterspopulation; Q-Sort-ähnliche Einschätzung der Schüler im Vergleich zur Klasse Testleistung in Lesen und Mathematik (Comprehensive Test of Basic Skills), Intelligenz (Cognitive Abilities Test), Kreativität (Torrance Tests of Creative Thinking, Figural Form B) Keine Angabe Korrelation zwischen allen Variablen	Signifikante Korrelationen zwischen Intelligenz und Leistungsrating mit den zugehörigen Testleistungen; Kreativitätsratings korrelieren nur mit einer Skala des Kreativitätstests signifikant; (genauere Angaben nicht möglich, da Tabelle nicht abgedruckt)
Mellon & Crano (1977)	Schüler der 2.-4. Klassenstufe und ihre Lehrer Einschätzung aller Schüler der Klasse im Hinblick auf Lesenfähigkeit und Rechenfähigkeit (3-Punkt-Rating-Skalen) sowie allgemeine Fähigkeit (5-Punkt-Rating-Skala) Testleistung Arithmetik, Lesen und allgemeine Fähigkeit Testleistung und Einschätzungen am Ende des Jahres Korrelationen zwischen Testleistungen und Einschätzungen	Korrelationen zwischen Testleistung und Einschätzungen liegen im Bereich zwischen .43 und .72
Morine-Dershimer (1978-1979a; 1978-1979b)	10 Lehrer; jeweils alle Schüler der Klasse Gruppierung der Schüler in Hinblick auf den zu erwartenden Erfolg im Lesen Testleistung in Lesen (Metropolitan Achievement Test) Einschätzung in September und November; Testleistung im April Kontingenztest zwischen Lehrergruppierung und Schülerleistung	Kontingenzkoeffizienten liegen im Bereich zwischen .42 und .80 spätere Einschätzungen sind genauer Lehrer neigen eher dazu, bei Schülern mit niedrigen Testleistungen Erfolg vorherzusagen, als bei Schülern mit hohen Testleistungen Mißerfolg vorherzusagen

Pedulla, Airasian & Madaus (1980)	170 Lehrer der 5. Klassenstufe; jeweils alle Schüler der Klasse	Die Korrelationen betragen .65 für Englisch und .63 für Mathematik
	Einschätzung der Leistung aller Schüler der Klasse in Mathematik und Englisch auf einer 5-Punkt-Ratingskala	Ergebnisse einer Faktoranalyse zeigen, daß Lehrerurteile zur Leistung mit anderen leistungsrelevanten Urteilen (wie Aufmerksamkeitsspanne, Persistenz) konfundiert sind, nicht dagegen die Testleistungen
	Leistungstests in Mathematik und Englisch (mit landesweiten Normen)	
	Testung unmittelbar vor Ratings	
	Korrelationen zwischen Einschätzungen und Testleistungen	
Schnotz (1971)	15 Lehrer (8 für die Deutschaufgaben; 7 für die Mathematikaufgaben); Analysestichprobe von Schülern der 5. Klassenstufe (N = 341 für Deutsch, N = 360 für Mathematik)	Lehrer neigen dazu, die Aufgabenschwierigkeit zu unterschätzen (87% der Mathematikaufgaben, 67% der Deutschaufgaben werden in ihrer Schwierigkeit unterschätzt)
	Schätzung, wieviel Prozent der Schüler einer 5. Klasse die vorgegebenen Aufgaben lösen würden (279 Deutsch- und 279 Mathematikaufgaben für Vorselektion; für die endgültigen Analysen 71 Mathematikaufgaben und 117 Deutschaufgaben)	
	Empirische Schwierigkeit der Aufgaben aufgrund der Testleistungen der Analysestichprobe	
	Testleistung nach Schwierigkeitseinschätzung erhoben	
	Selbstentwickelte testtheoretische Kennwerte (Homogenitätsindex für Abweichung der Schwierigkeitseinschätzungen voneinander; Abweichungsindex für Abweichung der durchschnittlichen Schwierigkeitseinschätzung von der durchschnittlichen empirischen Schwierigkeit)	
Silverstein, Brownlee, Legutski & MacMillan (1983)	54 mental retardierte Kinder (mittleres Alter etwa 12 Jahre) aus 24 Klassen	Die Korrelationen zwischen Leistung und Einschätzungen liegen in drei aufeinanderfolgenden Jahren zwischen .61 und .13.
	Beurteilung der Rechen- und Leseleistung der Schüler durch Quartilsbildung	
	Testleistung in Rechnen und Lesen (Teiltests des Wide Range Achievement Test)	
	Urteile und Testleistungen etwa gleichzeitig erhoben	
	Korrelation zwischen Leistung und Einschätzung	

Stoner & Purcell (1985)	43 Kinder einer Tagesstätte (mittleres Alter etwa 4 1/2 Jahre) und ihre Lehrer Lehrereinschätzung der Fähigkeit zur Ausführung verschiedener Aufgaben Durchführung entsprechender Ratings mit einem Ratingssystem (Daberon) durch professionelle Diagnostiker Kriteriumseinschätzungen eine Woche nach Lehrereinschätzungen Korrelationen zwischen Einschätzungen der Lehrer und der Untersucher	Korrelationen zwischen Lehrereinschätzungen und Expertenurteile betragen .97
Tokar & Holthouse (1977)	41 Kinder aus drei Elementarschulen Lehrereinschätzungen von 6 allgemeinen Schulreifekategorien Leistungen in 5 Teilbereichen des Metropolitan Readiness Test keine Angabe zum Zeitintervall Korrelationen zwischen Einschätzungen und Testleitungen	Korrelationen zwischen Einschätzungen und Testleistungen im Bereich zwischen .24 und .75
Wang (1973)	2 Lehrer aus dem Vorschulbereich; jeweils alle Schüler der Klasse (N = 25); Unterricht im Rahmen eines individualisierten Lernprogramms Einschätzung der Testleistung aller Schüler der Klasse; insgesamt 6mal; davon 2mal mit sofortiger Rückmeldung über die tatsächlichen Leistungen kriteriumsorientierte Plazierungstests für ein individualisiertes Lernförderungsprogramm Urteil unmittelbar nach Testung Prozentsatz korrekter Urteile	Prozentsätze korrekter Urteile liegen zwischen 50.0% und 88.9% die beiden Lehrer unterscheiden sich im Hinblick auf die Genauigkeitsmaße signifikant voneinander (Chi-Quadrat-Test) die Genauigkeitsmaße für die Messungen mit und ohne Feedback unterscheiden sich signifikant voneinander (Chi-Quadrat-Test), wobei Genauigkeit nach Feeback höher ist

Anmerkungen. * Stichprobe; ** Urteilsform; *** Zeitpunkt der Erfassung; **** Zeitintervall zwischen Testung und Urteil; ***** Genauigkeitsmaß der sozialen Wahrnehmung unterschieden: (a) die Sensitivität gegenüber dem "Generalisierten Anderen", das heißt die Kenntnis der typischen Reaktion oder Merkmalsausprägung einer Gruppe oder Grundgesamtheit; (b) die Sensitivität gegenüber individuellen Differenzen zwischen den Angehörigen der Gruppe. Zur empirischen Klärung der Frage, ob verschiedene Formen der Diagnosegenauigkeit oder diagnostischen Kompetenz unterschieden werden müssen oder ob von einer generellen diagnostischen Kompetenz ausgegangen werden kann, können die dargestellten Untersuchungen aber keinen Beitrag leisten, weil sie sich jeweils nur mit einem einzigen Aspekt diagnostischer Kompetenz beschäftigen. Die Frage der Generalität oder Spezifität diagnostischer Kompetenz bleibt daher offen.

Als Genauigkeitsmaß werden für die personenbezogenen Urteile fast ausschließlich Korrelations- und Regressionskoeffizienten verwendet. Klassenunterschiede im Mittelwert und in der Streuung von Urteilen und Kriteriumsleistungen bleiben dabei unberücksichtigt, obwohl sie Hinweise auf grundlegende Urteilstendenzen und dabei auf Quellen der globalen Diagnosegenauigkeit liefern. Systematische Berücksichtigung finden solche Urteilstendenzen nur in den frühen Arbeiten von Varner (1922, 1923) zur Genauigkeit der Intelligenzeinschätzung sowie bei Doherty & Conolly (1985). Entgegen der ursprünglichen Intention von Cronbach (1955) werden Urteilstendenzen als irrelevante Faktoren bzw. Artefakte des Antwortverhaltens betrachtet, um die die eigentlichen Genauigkeitsscores bereinigt werden müssen (Deusinger, 1980). Eine Komponentenanalyse der Genauigkeitswerte sensu Cronbach wird im Unterschied zu neueren Arbeiten aus dem Bereich der angewandten Psychologie (Borman, 1977; Murphy, Garcia, Kerkar, Martin & Balzer, 1982) in keiner der Untersuchungen zur Genauigkeit von Lehrerurteilen vorgenommen. Voraussetzung dafür wäre, daß für Urteil und Urteilsform das gleiche Erhebungsformat gewählt worden wäre (direkte Vorhersage der im Test erzielten Leistungen statt eines globalen Ratings oder einer Rangbildung). Dies ist jedoch nur bei wenigen der aufgeführten Arbeiten der Fall.

Die in Tabelle 2.1 dargestellten Ergebnisse zeigen, daß Lehrer zumindest unter bestimmten Bedingungen in der Lage sind, relativ genaue Einschätzungen abzugeben. Allerdings dürfte es zum Teil eine Frage der persönlichen Wertung sein, ob man ein Ergebnis, demzufolge Lehrerurteile etwa 50% der Leistungsvarianz erklären, als Hinweis auf eine bemerkenswerte Diagnosefähigkeit der Lehrer oder als Hinweis auf erhebliche Defizite in der diagnostischen Kompetenz betrachten will. Für die erste Möglichkeit spricht, daß Faktoren wie die nie völlig perfekte Reliabilität des Kriteriums als genauigkeitsmindernd in Rechnung gestellt werden müssen, und daß ein Teil der unerklärt gebliebenen Varianz auf das Konto von Unterscheidungen geht, die für alle praktischen Zwecke irrelevant sein dürften.

Im Hinblick auf die Genauigkeit der personenbezogenen Lehrerurteile sind zum Teil recht deutliche Unterschiede zwischen den verschiedenen Untersuchungen zu verzeichnen. Gründe dafür können in der Art der Erhebung, im einzuschätzenden Leistungsmerkmal oder -aspekt, in der Güte des Urteilskriteriums, in Umfang und Dauer der Bekanntschaft zwischen Lehrer und Schülern usw. liegen. Der Frage nach den Gründen soll hier allerdings nicht weiter nachgegangen werden.

Wichtiger erscheint in diesem Zusammenhang die Frage, ob und inwieweit sich individuelle Unterschiede zwischen Lehrern nachweisen lassen. Dabei muß jedoch für die neueren Arbeiten die Einschränkung gemacht werden, daß die Urteilsgenauigkeit nicht explizit als ein in individuell unterschiedlichen Ausprägungen vorliegendes Lehrermerkmal betrachtet wird. Die Erforschung individueller Unterschiede wird zwar gelegentlich als wichtiges Forschungsziel angesehen (Irvine, 1985), doch erfolgen Angaben über Lehrerunterschiede in den einzelnen Arbeiten - wenn überhaupt - nur beiläufig oder indirekt (z.B. in Tabellen). Wo entsprechende Daten verfügbar sind (Fisher, Filby et al., 1978; Hoge & Butcher, 1984; Hopkins, George & Williams, 1985; Irvine, 1985; Wang, 1973), lassen sich deutliche Lehrerunterschiede erkennen. Zwangsläufige Konsequenz dieser Vernachlässigung individueller Unterschiede in neueren Arbeiten ist, daß kaum etwas über Korrelate der Diagnosegenauigkeit bekannt ist. Grundlage systematischer Analysen waren individuelle Lehrerunterschiede nur in den frühen Arbeiten von Gage (Gage, 1953a; Gage & Suci, 1951; Gage, Leavitt, & Stone, 1955; zusammenfassend Gage, 1968) und in der Arbeit von Fisher, Filby et al., 1978), die allerdings so gut wie keinen Aufschluß über Zusammenhänge mit anderen Personen- und Unterrichtsmerkmalen brachten.

Nur wenige Arbeiten befassen sich explizit mit der unterrichtlichen Bedeutung von diagnostischer Kompetenz. Dazu gehören zwei ältere Arbeiten der Gage-Gruppe (Gage & Suci, 1951; Gage, Leavitt & Stone, 1955), die im schulischen Kontext durchgeführt wurden und methodisch unproblematisch sind. Es handelt sich dabei allerdings nicht um Effektivitätsstudien im heutigen Sinne, da die "Effektivität" des Lehrers ausschließlich durch klassenweise aggregierte Schülereinschätzungen erfaßt wurde. Bei Gage & Suci wurden zudem keine leistungsbezogenen Diagnosen untersucht, bei Gage, Leavitt & Stone nur klassenunabhängige Schwierigkeitseinschätzungen. Während Gage & Suci eine Korrelation von .50 zwischen Diagnosegenauigkeit und Effektmaß berichten, haben Gage, Leavitt & Stone keine systematischen Beziehungen gefunden.

Sieht man von den im Zusammenhang mit dieser Arbeit entstandenen Untersuchungen (Helmke & Schrader, 1987; Schrader, 1987; Schrader & Helmke, 1987) ab, so wurde der Zusammenhang zwischen der Diagnosekompetenz des Lehrers und dem Lernerfolg der Schüler meines Wissens nur in einer einzigen Untersuchung analysiert. Sie ist Bestandteil einer der großen Studien zur Unterrichtseffektivität, der Beginning Teachers Evaluation Study (BTES) (Fisher, Filby et al., 1978). Theoretischer Hintergrund dieser Untersuchung ist ein Lernzeit-Modell (academic learning time model; ALT-Model), das in der aktiven Lernzeit des Schülers - also der Zeit, die der Schüler mit fachbezogenen Tätigkeiten zubringt - die entscheidende Determinante des Lernerfolgs sieht. Das ALT-Modell geht ferner davon aus, daß die lernförderliche Wirkung der aktiven Lernzeit von der Schwierigkeit der zu bearbeitenden

Aufgaben abhängt. Eine lernförderliche Wirkung wird vor allem bei leichten Aufgaben erwartet, die der Schüler mit einer geringen Fehlerrate lösen kann. Je mehr Zeit der Schüler mit der aktiven Bearbeitung solcher Aufgaben verbringt, umso höher sollte sein Lernerfolg sein. Ein Lehrer mit hoher Diagnosekompetenz sollte besser in der Lage sein, den Unterricht so zu planen und zu gestalten, daβ die Lernmöglichkeiten der Schüler optimiert werden. Im Einklang mit diesen theoretischen Überlegungen konnten Fisher et al. einen Zusammenhang zwischen diagnostischer Kompetenz und dem residualisierten Lernerfolg der Schüler nachweisen. Das Ergebnis dieser Arbeit deutet darauf hin, daβ hohe diagnostische Kompetenz vor allem für eine angemessene Gestaltung von Aufgabenstellungen (appropriateness) wichtig ist.

Damit ergibt sich ein erster klarer Hinweis auf die unterrichtliche Bedeutung diagnostischer Kompetenz und ein Beleg dafür, daβ nicht nur unterrichtliche Diagnoseleistungen als solche eine wichtige Funktion für das unterrichtliche Handeln erfüllen, sondern daβ auch Unterschiede in der Qualität solcher Diagnoseleistungen von Belang sind. Insgesamt gesehen muβ aber der Forschungsstand zur Diagnosegenauigkeit von Lehrern noch als zu wenig entwickelt angesehen werden, um hinlänglich gesicherte Informationen zur unterrichtlichen Bedeutung diagnostischer Kompetenz zu liefern. Eine Reihe von Fragen ist noch völlig ungeklärt. In Abschnitt 3.1. werden die Forschungsdefizite noch einmal zusammenfassend dargestellt, um Hinweise auf vorrangig zu behandelnde Fragestellungen zu erhalten.

3. PLANUNG EINER STUDIE ZUR UNTERSUCHUNG DES ZUSAMMENHANGS VON DIAGNOSEKOMPETENZ, UNTERRICHTSVERHALTEN UND UNTERRICHTLICHEN WIRKUNGEN

3.1 Zusammenfassung der gegenwärtigen Forschungslage und Entwicklung der eigenen Fragestellung

Zur Charakterisierung von Lehrerdiagnosen und diagnostischen Lehrerkompetenzen bieten Modellvorstellungen der entscheidungs- und maßnahmeorientierten Diagnostik einen ersten Zugang. Der Lehrer wird dabei als pädagogisch-psychologischer Diagnostiker gesehen, der die Lerndefizite seiner Schüler fortlaufend diagnostiziert und auf der Basis seiner Diagnosen geeignete Korrekturmaßnahmen einsetzt. Nachteil einer derartigen Konzeptualisierung ist jedoch, daß die spezifischen Merkmale des Unterrichts und des unterrichtlichen Handelns zu wenig berücksichtigt werden. Auf der Basis solcher allgemeiner Modellvorstellungen des Diagnostizierens ist deshalb kaum Aufschluß über den tatsächlichen Stellenwert von Diagnoseleistungen für den Unterricht zu erhalten.

Erfolgversprechender erscheint es, vom Unterricht und dem unterrichtlichen Handeln auszugehen und zu analysieren, welche Diagnoseleistungen für eine wirkungsvolle Unterrichtsgestaltung und die Optimierung unterrichtlichen Handelns erforderlich sind. Dabei ist das Konzept des adaptiven Unterrichts von zentraler Bedeutung. Zutreffende Diagnosen müssen als eine wichtige Voraussetzung für die Anpassung des Unterrichts an die Lernvoraussetzungen der Schüler betrachtet werden. In einer solchen Anpassung wird heute eine wesentliche Bedingung effektiven Unterrichts gesehen. Die Anpassung kann sowohl auf der Ebene langfristiger Maßnahmen und Strategien (Makroadaptationen) als auch auf der Ebene kurzfristiger regulativer Prozesse (Mikroadaptationen) erfolgen. Es liegt auf der Hand, daß die für das alltägliche Unterrichten besonders charakteristischen kurzfristigen Anpassungsleistungen nur auf der Basis informeller diagnostischer Einschätzungen möglich sind. Leistungsbezogene Einschätzungen sind dabei von besonderer Bedeutung.

Untersuchungen zu Denk- und Entscheidungsprozessen von Lehrern unterstreichen zwar die wichtige Rolle diagnostischer Einschätzungen, machen aber nicht deutlich, welche Bedeutung solche Diagnoseleistungen für die Qualität und Effektivität des Unterrichts haben. Dazu ist ein Wechsel von einer prozeßorientierten zu einer kompetenz- und kriterienorientierten Betrachtungsweise erforderlich. Es liegt nahe, in der Qualität der diagnostischen Urteile denjenigen Aspekt informeller Diagnoseleistungen zu sehen, der für die Effektivität des Unterrichts bedeutsam ist. Die Fähigkeit, genaue diagnostische Urteile abzugeben, kann als wesentlicher Teilaspekt der diagnostischen Kompetenz von Lehrern betrachtet werden.

Obwohl es zur Genauigkeit von Lehrerurteilen mittlerweile eine Reihe von Untersuchungen gibt, sind nur wenige dieser Arbeiten für die Beantwortung der Frage relevant, wie die zugrundeliegenden diagnostischen Kompetenzen für die Unterrichtsgestaltung genutzt werden und welchen Effekt dies hat. Vor dem Hintergrund dieser Fragestellung sind insbesondere folgende Defizite zu verzeichnen:

- Individuellen Unterschieden in der Diagnosegenauigkeit von Lehrern ist bislang nur wenig Beachtung geschenkt worden. Das heißt, die Diagnosegenauigkeit wird überwiegend nicht als Indikator für ein interindividuell variierendes Lehrermerkmal gesehen und entsprechend analysiert.
- Zwangsläufige Konsequenz dieser Vernachlässigung individueller Unterschiede ist, daß so gut wie gar nichts über Korrelate der Diagnosegenauigkeit von Lehrern bekannt ist; es liegen damit auch keine Angaben zur Einbettung diagnostischer Kompetenz in ein Netzwerk von Persönlichkeits- und Unterrichtsmerkmalen vor.
- Obwohl insgesamt ganz unterschiedliche Aspekte der Diagnosegenauigkeit von Lehrern untersucht wurden, fehlen Untersuchungen, in denen mehrere Teilaspekte leistungsbezogener diagnostischer Kompetenz gleichzeitig analysiert werden. Es ist somit nicht bekannt, ob verschiedene Aspekte der Diagnosegenauigkeit als Indikator einer allgemeinen und globalen diagnostischen Kompetenz angesehen werden können oder ob ganz spezifische Formen der Diagnosefähigkeit unterschieden werden müssen.
- Schließlich - und dies erscheint in diesem Zusammenhang am bedeutsamsten - gibt es kaum Wissen zu Folgen und Auswirkungen diagnostischer Kompetenz. Es gibt bislang noch keine gesicherten Erkenntnisse darüber, ob Unterschiede in der diagnostischen Kompetenz von Lehrern überhaupt schulisch bedeutsame Konsequenzen haben oder ob solche Unterschiede weitgehend folgenlos bleiben.

Vorrangig klärungsbedürftig erscheint somit die Frage, ob sich Lehrer hinsichtlich ihrer diagnostischen Kompetenz unterscheiden und welche Bedeutung dies für bestimmte Zielkriterien des Unterrichts hat. Mögliche Zielkriterien können fachliche (kognitive) und/oder erzieherische (affektive/motivationale) Wirkungen des Unterrichts sein (Fend, 1980). Vor dem theoretischen Hintergrund, daß Lehrerdiagnosen vor allem als Instrument einer erfolgreichen adaptiven Unterrichtsgestaltung zu sehen sind, und der Erfolg adaptiven Unterrichtens an der Optimierung von Lernprozessen und damit an der Maximierung der fachlichen Kompetenz auf Schülerseite zu messen ist, muß der Lernerfolg der Schüler als zentrales Zielkriterium angesehen werden.

Wie läßt sich die Bedeutung diagnostischer Kompetenz für dieses Zielkriterium im einzelnen charakterisieren? Plausibilitätsüberlegungen legen nahe, daß die diagnostische Kompetenz auf dem Weg über spezifische diagnostische Urteile das Unterrichtsverhalten des Lehrers und dadurch die Lernerfahrungen der Schüler beeinflußt und auf diese Weise zu deren Lernerfolg beiträgt (vgl. dazu auch Medley, 1982): Um einen erfolgreichen adaptiven Unterricht zu realisieren, benötigt der Lehrer bestimmte diagnostische Kompetenzen, die ihm eine zutreffende Beurteilung der für eine effektive Unterrichtsgestaltung zu berücksichtigenden Lernvoraussetzungen seiner Schüler erlauben. Er muß dann, entsprechend seinen diagnostischen Urteilen, geeignete Unterrichtsmaßnahmen einsetzen und auf die diagnostizierten Lernvoraussetzungen abstimmen, um das Lernverhalten der Schüler und damit auch ihre Lernergebnisse zu optimieren.

Aufgabe empirischer Forschung muß es sein, die Auswirkungen diagnostischer Kompetenz auf der Grundlage derartiger Modellvorstellungen möglichst umfassend zu rekonstruieren. Die Sichtung des gegenwärtigen Forschungsstandes zur Diagnosegenauigkeit von Lehrern hat deutlich gemacht, daß dazu bislang erst wenige verwertbare Ergebnisse vorhanden sind. Die vorliegende Arbeit will dazu beitragen, die gegenwärtig noch sehr große Kluft zwischen theoretisch begründbaren Aussagen zur Funktion von Diagnoseleistungen für den Unterricht und der empirischen Befundlage zur Diagnosegenauigkeit und diagnostischen Kompetenz von Lehrern zu verringern.

3.2 Ziele und Fragestellungen der Studie

Bei dem Versuch, das im vorigen Abschnitt angedeutete Wirkungsmodell diagnostischer Kompetenz zur Grundlage einer empirischen Untersuchung zu machen, stößt man schnell auf grundlegende Probleme der Urteilsbildung und der Nutzung von Urteilen für die Steuerung komplexen menschlichen Handelns. Die damit verbundenen Fragen können auf sehr unterschiedliche Weise zum Gegenstand von Untersuchungen gemacht werden. Es sind also zunächst Restriktionsentscheidungen zu treffen. Diese ergeben sich vor allem dadurch, daß die vorliegende Arbeit Bestandteil eines größeren Forschungsprojekts zur Effektivität von Unterricht ist, das in der Tradition der Prozeß-Produkt-Forschung durchgeführt wurde.

Während für das theoretische Wirkungsmodell die Verknüpfung situationsübergreifender dispositionaler Kompetenzmerkmale (wie Diagnosefähigkeit) mit situationsabhängigen Prozeßmerkmalen (wie diagnostische Urteile) kennzeichnend ist, geht der Einbezug solcher Prozeßmerkmale weit über das klassische Prozeß-Produkt-Paradigma hinaus. Die Untersuchung solcher Merkmale erfordert letztlich einen Wechsel des theoretischen Bezugssystems, wie er in der neueren Lehr-Lern-Forschung bereits ansatzweise vollzogen wurde (Stichwort: Cognitive-Mediational-Paradigm). Die Beschränkung auf das Prozeß-Produkt-Paradigma bedeutet demzufolge, daß neben Produktmaßen (wie Lernerfolg) nur relativ situationsunabhängige dispositionelle Merkmale herangezogen werden. Dies sind neben diagnostischer Kompetenz in erster Linie Unterrichtsmerkmale. Hochaggregierte Unterrichtsverhaltensweisen, wie sie im Rahmen der Prozeß-Produkt-Forschung untersucht werden, können - obwohl nicht völlig kontextunabhängig - als Indikatoren für bestimmte Unterrichtskompetenzen angesehen werden (siehe Medley, 1984, zur Unterscheidung von Unterrichtskompetenz und unterrichtlicher Performanz). So gesehen wird sich die empirische Untersuchung im wesentlichen auf der Ebene allgemeiner Kompetenzmerkmale bewegen. Situationsabhängige Prozeßmerkmale werden nicht direkt erfaßt, sondern lediglich hypothetisch zur Erklärung von Zusammenhängen herangezogen.

Das allgemeine Ziel der Arbeit ist die Analyse der unterrichtlichen Bedeutung diagnostischer Kompetenz. Ausgehend von der theoretischen Position, daß diagnostische Kompetenzen vor allem für die adaptive Unterrichtsgestaltung wichtig sind und sich der Erfolg adaptiver Bemühungen am Kriterium 'Lernerfolg' messen läßt, wird zu prüfen sein, ob und unter welchen Bedingungen Zusammenhänge zwischen diagnostischen Kompetenzen und Indikatoren des Lernerfolgs nachweisbar sind.

Notwendige Voraussetzung für alle dazu erforderlichen Analysen ist die Existenz individueller Unterschiede in der Diagnosekompetenz von Lehrern. Dies läuft auf den Nachweis der Reliabilität von Lehrerunterschieden hinaus. Bei einem Merkmal, dessen empirischer Status noch vergleichsweise ungesichert ist, ist eine solche Aufgabe sicher mehr als eine rein routinemäßige Kontrolle der Qualität des verwendeten Meßinstruments, da Fragen der Konzeptualisierung und der Existenz diesbezüglicher Merkmalsunterschiede berührt werden.

Eine grundlegende Annahme des im vorigen Abschnitt skizzierten Modells ist, daß Diagnosekompetenz nur dann wirksam werden kann, wenn sie in ein geeignetes Unterrichtsverhalten umgesetzt wird. Es wird deshalb zu prüfen sein, welche Unterrichtsmerkmale für das Wirksamwerden diagnostischer Kompetenzen eine Rolle spielen. Darüberhinaus ist der Stellenwert allgemeiner Personen-, Unterrichts- und Kontextmerkmale zu analysieren. Die Überprüfung des Zusammenhangs solcher Merkmale mit der diagnostischen Kompetenz dient nicht nur dazu, ganz allgemein Aufschluß über die Einbettung diagnostischer Kompetenzen in das Netzwerk verschiedener relevanter Variablen zu bekommen, sondern ist auch bis zu einem gewissen Grade unerläßlich, um ein genaueres Verständnis der Wirkungen diagnostischer Kompetenz zu erlangen. Letzteres ist nur möglich, wenn konfundierende Einflüsse anderer Variablen und die Gültigkeit von Alternativerklärungen zumindest grob abschätzbar sind.

Den dargestellten Überlegungen entsprechend wird angenommen, daß die didaktische Umsetzung diagnostischer Kompetenzen auf dem Wege über geeignete diagnostische Urteile erfolgt. Zu vermuten ist, daß zur Optimierung bestimmter didaktischer Handlungen und Maßnahmen recht spezifische Urteilsleistungen nötig sind. Unklar ist dabei allerdings, ob damit auch sehr spezifische Formen der diagnostischen Kompetenz unterstellt werden müssen oder ob die spezifischen Urteilsleistungen durch eine globale diagnostische Kompetenz erklärt werden können.

Aus theoretischer Sicht verdienen die didaktischen Auswirkungen diagnostischer Kompetenzen besonderes Interesse. Untersuchungen im Rahmen des Prozeß-Produkt-Paradigmas können darüber jedoch nur sehr bedingt Aufschluß geben. Es soll daher versucht werden, durch den Vergleich verschiedener Lehrergruppen zumindest auf indirektem Wege Hinweise auf das Zustandekommen der Wirkungen diagnostischer Kompetenz zu bekommen.

Ungeklärt ist auch, ob ein adaptiver Unterricht Schülern mit unterschiedlichen Lernvoraussetzungen in unterschiedlicher Weise zugute kommmt und ob die Effekte eines solchen Unterrichts bei verschiedenen Erfolgskriterien unterschiedlich ausgeprägt sind. Geht man davon aus, daß eine genaue Diagnose der Lernvoraussetzungen von Schülern für eine adaptive Unterrichtsgestaltung wichtig ist, so stellt sich damit also die Frage, ob die (unterschiedlich hohe) Diagnosefähigkeit von Lehrern für Schüler mit unterschiedlichen Eingangsvoraussetzungen und für unterschiedliche Erfolgskriterien differentielle Effekte hat.

Die Fragestellungen, denen im Rahmen der empirischen Studie nachgegangen werden soll, können damit folgendermaßen zusammengefaßt werden:

(1) Kann die Diagnosefähigkeit als ein Merkmal angesehen werden, hinsichtlich dessen sich Lehrer verläßlich unterscheiden? Für welche Aspekte und Komponenten gilt dies gegebenenfalls?

(2) Ist die Diagnosefähigkeit von Lehrern ein globales Merkmal, oder besteht sie aus voneinander unabhängigen Merkmalen. Anders ausgedrückt, hängen verschiedene Aspekte und Komponenten diagnostischer Kompetenz zusammen?

(3) Welche Bedeutung und welchen Stellenwert hat die diagnostische Kompetenz als Lehrermerkmal? Gibt es zu anderen Merkmalen, insbesondere Kontext-, Personen- und Unterrichtsmerkmalen, bedeutsame Beziehungen?

(4) Welche Bedeutung hat die diagnostische Kompetenz für die Effektivität des Unterrichts? Wie sieht der Zusammenhang zwischen diagnostischer Kompetenz des Lehrers und dem Lernerfolg der Schüler aus? Welche Rolle spielen dabei bestimmte Unterrichtsmerkmale?

(5) Wodurch sind wohl definierte Teilgruppen von Lehrern mit unterschiedlich hoher Diagnosekompetenz gekennzeichnet? Wie unterscheiden sich diese Lehrer von anderen Lehrern?

(6) Wie ist der Zusammenhang zwischen diagnostischer Kompetenz des Lehrers und dem Lernerfolg verschiedener Schülergruppen? Gibt es differentielle Zusammenhänge?

3.3 Exkurs: Probleme der Konzeptualisierung und Operationalisierung von Diagnosekompetenz

Zur Gewinnung von Kennwerten der Diagnosegenauigkeit werden die Einschätzungen des Urteilers mit einem *Urteilskriterium*, das die "tatsächliche" oder "wahre" Merkmalsausprägung bei den zu beurteilenden Personen möglichst gut repräsentieren soll (z.B. Testleistungen, Selbsteinschätzungen, Expertenurteile), verglichen. Die folgenden Ausführungen beziehen sich ausschließlich auf die Genauigkeit leistungsbezogener Einschätzungen.[3]

Urteilsform. Ausgegangen wird hier von direkten Einschätzungen der Testleistung (entweder der im Test erreichten Punktzahl oder den Leistungen bei bestimmten Aufgaben), bei denen die Einschätzungen dasselbe "Format" haben wie die Kriterienwerte (das heißt die gleiche Skala zugrundelegen). Jede Art der Abweichung der Einschätzungen von den Kriterienwerten kann dann als "Fehler" betrachtet werden, wodurch eine umfassende Analyse der Urteilsgenauigkeit möglich ist. Stimmt das Format von Einschätzungen und Urteilskriterium nicht überein (z.B. bei Verwendung von Ratingskalen für die Einschätzungen), dann können nur Teilaspekte der globalen Urteilsgenauigkeit erfaßt werden (wie dies etwa bei einem Korrelationsmaß der Fall ist).

Urteilskriterium. Als Kriterium werden hier Leistungen in einem standardisierten Test zugrundegelegt. Zu fordern ist eine möglichst hohe Reliabilität des Urteilskriteriums, da

---

[3]Die Einschätzung von Persönlichkeitsmerkmalen bringt zusätzliche Probleme mit sich, da Antworttendenzen auf Seiten der Beurteilten (sich erwünscht darzustellen) und der Urteiler (Tendenz, andere ähnlich wie sich selbst einzuschätzen) ins Spiel kommen (siehe Cronbach, 1955).

dadurch die Obergrenze für die Urteilsgenauigkeit festgelegt ist.[4] Die Validität des Tests ist von Bedeutung, wenn der Urteiler seine Einschätzungen ohne Kenntnis des Tests abgibt (etwa in Form globaler Fähigkeitsurteile) und sein Merkmalsverständnis dem vom Test faktisch gemessenen Konstrukt nicht entspricht. Die Urteilsgenauigkeit wird dann sowohl durch die Validität des Tests als auch durch das Merkmalsverständnis des Urteilers begrenzt.

Messung der Urteilsgenauigkeit. Ein Maß für die Urteilsgenauigkeit läßt sich aus dem Vergleich der Urteile mit den dazu korrespondierenden Kriteriumswerten gewinnen. Im folgenden wird davon ausgegangen, daß Urteile und Kriteriumswerte dasselbe Format aufweisen (mit Hilfe derselben Skala erfaßt werden). Jede Abweichung der Urteile von den Kriteriumswerten kann dann als Fehler angesehen werden. Als globaler Kennwert der Diagnosegenauigkeit und damit als Maß für die diagnostische Kompetenz bietet sich die Summe oder der Mittelwert der (absoluten oder quadrierten) Urteilsfehler an, wobei als Urteilsfehler jede Abweichung eines Urteils vom zugehörigen Kriteriumswert anzusehen ist. Dieses naheliegende und einfach erscheinende Vorgehen ist jedoch mit einer Reihe von Problemen behaftet, die erstmals in der Arbeit von Cronbach (1955) aufgezeigt wurden.

Komponentenanalyse. Die Kritik von Cronbach (1955) ist darauf gerichtet, daß in das globale Genauigkeitsmaß verschiedene Komponenten der Urteilsgenauigkeit eingehen, durch deren Vermischung die Ergebnisse von einschlägigen Untersuchungen kaum noch interpretierbar sind. Von Cronbach wurde eine Komponentenanalyse entwickelt, durch die verschiedene Aspekte oder Komponenten der Diagnosegenauigkeit separiert werden können. Ausgangspunkt dafür ist der Fall, bei dem ein Urteiler mehrere Personen anhand mehrerer Merkmale zu beurteilen hat. Als Maß für die globale Urteilsgenauigkeit des Urteilers dient die über alle beurteilten Personen und Merkmale gemittelte quadratische Abweichung zwischen den Einschätzungen des Urteilers und den dazugehörigen Kriteriumswerten. Dieses Globalmaß läßt sich varianzanalytisch in vier mathematisch voneinander unabhängige (aber nicht notwendig unkorrelierte) Komponenten zerlegen (siehe Tabelle 3.1).[5]

Elevation. Diese Komponente gibt an, inwieweit das mittlere Niveau der Urteile eines Urteilers vom Gesamtmittelwert der Kriteriumswerte abweicht. Dieses Maß bringt damit die Tendenz des Urteilers, die Urteilsskala in einer bestimmten Weise zu benutzen, zum Ausdruck, und entspricht den in der Literatur zu Ratingskalen unterschiedenen leniency- oder severity - Fehlern.

Differential Elevation. Diese Komponente entspricht dem Haupteffekt der Personen. Sie gibt an, wie sehr die um das generelle Urteilsniveau bereinigten mittleren (d.h. über alle Merkmale gemittelten) Einschätzungen jeder Person im Durchschnitt von den entsprechenden mittleren Kriteriumswerten abweichen. Die inhaltliche Interpretation dieser Komponente hängt davon ab, ob es sich um eine heterogene oder homogene Menge von Merkmalen oder Items, denen eine gemeinsame Dimension zugrundeliegt, handelt und ob die Scorebildung zu einer unterschiedlichen oder gleichsinnigen Polung der einzelnen Items führt (Richards & Cline, 1963; Danielian, 1967; vgl. auch Cline, 1964). Nur bei homogenen und gleichsinnig gepolten Items, die zu einer Gesamtskala zusammengefaßt werden können, ist die Bildung von Summen- oder Mittelwerten aus inhaltlichen und testtheoretischen Gründen sinnvoll. Ein Summenscore ließe sich in einem solchen Fall als Ausprägung des durch die Gesamtskala definierten globalen Merkmals interpretieren. Bei heterogenen und unterschiedlich gepolten Merkmalen würde ein Summenscore eine inhaltlich kaum interpretierbare personenspezifische Skalenverwendung beeinhalten.

Stereotype Accuracy. Diese Komponente entspricht dem Haupteffekt der Merkmale und ist damit das direkte Gegenstück zur Differential-Elevation-Komponente. Stereotype Accuracy gibt an, wie sehr die um das generelle Urteilsniveau bereinigten mittleren Merkmalseinschätzungen von den entsprechenden Kriteriumswerten abweichen.

---

[4]Aufgrund eines bekannten Satzes der klassischen Testtheorie kann die Korrelation zwischen zwei Variablen nicht höher sein als der Reliabilitätsindex, also die Quadratwurzel der Reliabilität (vgl. Lord & Novick, 1968).

[5]Die Ergebnisse sind auch dann gültig, wenn Einschätzungen und Kriteriumswerte nur in binärer Form vorliegen.

Tabelle 3.1

Komponentenanalyse des globalen Differenzmasses für die Urteilsgenauigkeit (nach Cronbach, 1955)

ACC_u	=	$1/k{*}N\ \Sigma\Sigma\ (y_{jiu} - x_{ji})^2$
	=	$E_u + DE_u + SA_u + DA_u$,
wobei		
E_u	=	$(\bar{y}_{..u} - \bar{x}_{..})^2$
DE_u	=	$1/N\ \Sigma\ ((\bar{y}_{j.u} - \bar{y}_{..u}) - (\bar{x}_{j.} - \bar{x}_{..}))^2$
SA_u	=	$1/k\ \Sigma\ ((\bar{y}_{.iu} - \bar{y}_{..u}) - (\bar{x}_{.i} - \bar{x}_{..}))^2$
DA_u	=	$1/k{*}N\ \Sigma\Sigma\ ((y_{jiu} - \bar{y}_{j.u} - \bar{y}_{.iu} + \bar{y}_{..u}) - (x_{jiu} - \bar{x}_{j.u} - \bar{x}_{.iu} + \bar{x}_{..u}))^2$

Anmerkungen.

ACC_u	Globale Urteilsgenauigkeit des Urteilers u
E_u	'Elevation'-Komponente
DE_u	'Differential-Elevation'-Komponente
SA_u	'Stereotype-Accuracy'-Komponente
DA_u	'Differential-Accuracy'-Komponente (jeweils für den Urteiler u)
y_{jiu}	Urteil des Urteilers u über die Person j hinsichtlich des Merkmals i
x_{ji}	Kriteriumswert der Person j im Merkmal i
k	Anzahl der zu beurteilenden Merkmale
N	Anzahl der zu beurteilenden Personen
$\bar{y}_{j.u}$, $\bar{y}_{.iu}$, $\bar{x}_{j.}$, $\bar{x}_{.i}$	Mittelwerte der Variablen y_{jiu} und x_{ji} (jeweils über die durch den Punkt indizierte Variable gemittelt)
$\bar{y}_{..u}$, $\bar{x}_{..}$	Gesamtmittelwerte der Variablen y_{jiu} und x_{ji}

DE, SA und DA lassen sich auch als Varianzen interpretieren, da die Variablen, die durch die in den äußeren Klammern stehenden Gesamtterme definiert sind, den Mittelwert 0 haben. DE und SA lassen sich ferner als Varianzen von Differenzwerten ansehen, wie durch einfache Umformungen leicht zu erkennen ist, z.B.

$$DE_u = 1/N\ \Sigma\ ((\bar{y}_{j.u} - \bar{x}_{j.}) - (\bar{y}_{..u} - \bar{x}_{..}))^2$$

Für alle vier Komponenten gilt: Je kleiner der resultierende Kennwert, umso größer die Urteilsgenauigkeit.

Differential Accuracy. Differential Accuracy bezieht sich auf die Wechselwirkung zwischen Personen und Merkmalen. Sie ist ein Maß für die Genauigkeit, die sich ergibt, wenn man zusätzlich zum generellen Niveau die Haupteffekte der Personen und Merkmale ausschaltet. Oft wird diese Komponente merkmalsspezifisch, d.h. als Abweichung zwischen dem sowohl um das generelle Niveau als auch um das unterschiedliche Niveau der einzelnen Personen bereinigten Urteils von den entsprechenden Kriteriumswerten berechnet. Der Mittelwert dieser merkmalsspezifisch gebildeten Maße entspricht der über alle Merkmale gebildeten Differential-Accuracy-Komponente.

Differential Elevation, Stereotype Accuracy und Differential Accuracy lassen sich als Varianzen von Differenzwerten ansehen und sich damit nach der für die Varianz von Differenzwerten gültigen mathematischen Beziehung auf eine Form bringen, die nur noch die Streuungen der beiden Einzelvariablen sowie die Korrelation zwischen beiden Variablen enthält (vgl. Tabelle 3.2).

Cronbach erhält auf diese Weise zusammen mit der Elevation- Komponente sieben verschiedene Komponenten, die ganz unterschiedliche Teilaspekte der globalen Urteilsgenauigkeit abdecken. Das globale Genauigkeitsmaß bringt sowohl relativ konstante, d.h. von den vorliegenden Reizen relativ unabhängige Urteilstendenzen als auch variable, von den jeweiligen Reizen abhängige Aspekte des Urteilsverhaltens zum Ausdruck (Cronbach, 1955).

In den Arbeiten von Coladarci (1986), Leinhardt (1983a) sowie Fisher, Filby et al. (1978) wird als Maß für die Diagnosegenauigkeit der Prozentsatz der Übereinstimmungen zwischen den (jeweils binären) Urteilen und Testergebnissen verwendet. Das Komplement dieses Übereinstimmungsmaßes, der Prozentsatz der Nichtübereinstimmungen, ist jedoch nichts anderes als das von Cronbach (1955) kritisch analysierte Differenzmaß, übertragen auf den Fall binärer Werte. Da bei einem solchen Maß verschiedene Aspekte der Urteilsgenauigkeit konfundiert sind, ist seine inhaltliche Interpretation schwierig.

Dies soll aus etwas anderer Sicht anhand eines Ergebnisses von Coladarci (1986, S.143-145) verdeutlicht werden. Dort beträgt in einem beliebig herausgegriffenen Fall der Prozentsatz der Übereinstimmungen zwischen Urteilen und Leistungen 74.33%. Dabei wird in 81.53% aller Fälle ein richtiges Ergebnis erzielt (durchschnittliche objektive Schwierigkeit) und in 79.90% aller Fälle wird vom Lehrer ein richtiges Ergebnis vorhergesagt. Wären die Lehrereinschätzungen (bei den gegebenen Randverteilungen) durch bloßes Raten zustandegekommen, so wäre ein Übereinstimmungsprozentsatz von 68.85% zu erwarten gewesen. Hätten die Lehrer einfach in 100% der Fälle eine richtige Lösung vorhergesagt, so hätte der zu erwartende Übereinstimmungsprozentsatz mit 81.53% sogar noch über dem tatsächlich erzielten Ergebnis von 74.33% gelegen. Bei einer Zufallsstrategie mit 50% Richtig-Vorhersagen hätte dagegen der Übereinstimmungsprozentsatz exakt 50% betragen müssen.

Der resultierende Genauigkeitswert hängt also zum Teil davon ab, welche Urteilstendenzen vorhanden sind bzw. welche Antwortstrategie verfolgt wird. Damit ist exakt die zuerst im Rahmen der Psychophysik analysierte Problematik der Konfundierung von Sensitivität und Antwortbias gegeben, für deren Separierung die Signaldetektionstheorie (Green & Swets, 1966; Velden, 1982) eine Lösung liefert. Im vorliegenden Fall können Urteilstendenzen dieser Art unter Umständen als Ausdruck bestimmter pädagogischer Haltungen angesehen werden, denen eine eigenständige unterrichtliche Bedeutung zukommt (Schrader & Helmke, 1987; Weinert & Schrader, 1986). Der Prozentsatz richtiger Vorhersagen stellt somit keinen geeigneten Indikator für die diagnostische Sensitivität dar.

Dieses Maß hängt ferner artifiziell mit dem Prozentsatz richtiger Schülerantworten zusammen, was sich anhand des folgenden Extrembeispiels verdeutlichen läßt (siehe auch Gage, 1968): Erwarten alle Lehrer in 100% aller Fälle richtige Lösungen (allgemeiner: verschwindet die Varianz der Lehrereinschätzungen), so hängt die Diagnosegenauigkeit ausschließlich von der zugrundeliegenden Schülerleistung ab. Die von Coladarci (1986, S.145) berichteten hohen Zusammenhänge von .78 bis .91 zwischen Diagnosegenauigkeit und Schülerleistung dürften zum Teil auf einen derartigen artifiziellen Einfluß zurückzuführen sein.

Das Problem artifizieller Zusammenhänge stellt sich in exemplarischer Form immer dann, wenn man Diagnosegenauigkeit durch einen einfachen Abweichungswert zwischen einer einzigen Vorhersage und dem zugehörigen Ergebnis mißt und das Urteilskriterium

Tabelle 3.2

Darstellung von 'Differential-Elevation'-, 'Stereotype-Accuracy'- und 'Differential-Accuracy'-Komponente durch die zugrundeliegenden Streuungen und Korrelationen

DE_u	=	$s^2(\bar{y}_{j.u}) + s^2(\bar{x}_{j.}) - 2*r(\bar{y}_{j.u}\bar{x}_{j.})*s(\bar{y}_{j.u})*s(\bar{x}_{j.})$
SA_u	=	$s^2(\bar{y}_{.iu}) + s^2(\bar{x}_{.i}) - 2*r(\bar{y}_{.iu}\bar{x}_{.i})*s(\bar{y}_{.iu})*s(\bar{x}_{.i})$
DA_u	=	$s^2_{y'} + s^2_{x'} - 2*r_{y'x'}*s_{y'}*s_{x'}$

Anmerkungen.

s		Standardabweichung
r		Produktmomentkorrelationskoeffizient
y'	=	$y_{jiu} - \bar{y}_{j.u} - \bar{y}_{.iu} + \bar{y}_{..u}$
x'	=	$x_{ji} - \bar{x}_{j.} - \bar{x}_{.i} + \bar{x}_{..}$

Die übrigen Bezeichnungen entsprechen den in Tabelle 3.1 eingeführten Bezeichnungen.

$s^2(\bar{y}_{j.u})$	Assumed dispersion in elevation
$r(\bar{y}_{j.u}\bar{x}_{j.})$	Elevation correlation (DEr)
$s^2(\bar{y}_{.iu})$	Predicted variation in item means
$r(\bar{y}_{.iu}\bar{x}_{.i})$	Stereotype correlation (SAr)
$s_{y'}$	Assumed dispersion on any item (Elevation held constant)
$r_{y'x'}$	Differential correlation (DAr)

gleichzeitig die relevante Drittvariable, etwa ein Effektivitätsmaß darstellt (Beispiel: Erzielen Lehrer, die den Lernerfolg eines bestimmten Schülers genau vorhersagen, auch tatsächlich einen höheren Lernerfolg bei diesem Schüler?).[6]

Formal gesehen entspricht dieser Fall der Korrelation eines Differenzwerts (Urteilsgenauigkeit) mit dem im Differenzwert enthaltenen Ausgangswert. Diese Korrelation enthält bekanntlich einen artifiziellen negativen Anteil, da es sich um eine Form der Part-Whole-Korrelation handelt (vgl. etwa Cohen/Cohen, 1983). Die tatsächlich vorgefundene Korrelation zwischen Differenz- und Ausgangswert hängt von der Korrelation zwischen den beiden in den Differenzwert eingehenden Variablen und deren Streuungen ab, wird aber stets durch den artifiziellen negativen Anteil "gedrückt" (siehe etwa Stelzl, 1982). Gage & Cronbach (1955; vgl. auch Gage, 1968) weisen darauf hin, daß solche artifizielle Zusammenhänge auch dann eine Rolle spielen, wenn das Effektmaß mit dem Urteilskriterium lediglich korreliert. Ähnliche Probleme wie bei Differenzwerten ergeben sich für Verhältniswerte; allgemein gesehen immer dann, wenn man mehrere Variablen ohne Berücksichtigung mathematischer und empirischer Zusammenhänge zu Indizes verknüpft (zum Problem der Indexkorrelation vgl. Bollen & Ward, 1980; Pendleton, Warren & Chang, 1980; Schuessler, 1974).

---

[6]Völlig analog und vermutlich realitätsnäher ist der Fall, wenn der Lernerfolg der gesamten Klasse durch ein globales Urteil vorhergesagt wird und der tatsächliche Lernerfolg der Klasse gleichzeitig das Urteilskriterium als auch das Effektmaß darstellt.

3.4 Allgemeine Annahmen und spezielle Erwartungen für die empirische Untersuchung

Ausgangspunkt für die Ableitung spezifischer theoretischer Erwartungen ist die grundlegende Annahme, daß diagnostische Kompetenz eine notwendige Voraussetzung für die Optimierung unterrichtlichen Handelns durch eine adaptive Unterrichtsgestaltung und damit eine wichtige Bedingung für eine hohe Unterrichtseffektivität ist. Damit ein erfolgreicher adaptiver Unterricht zustandekommt, müssen folgende Voraussetzungen erfüllt sein:

(a) Der Lehrer muß über hinreichende diagnostische Kompetenzen verfügen, die ihm eine zutreffende Beurteilung der unterrichtsrelevanten Lernvoraussetzungen seiner Schüler erlauben. Um die während des Unterrichtens anfallenden Informationen für eine effektive Steuerung seines Handelns nutzen zu können, muß der Lehrer insbesondere in der Lage sein, sehr schnell zu hinreichend genauen Urteilen zu kommen. Dabei ist die Einschätzung des aktuellen Leistungsstands der Schüler von besonderer Bedeutung.

(b) Er muß diese diagnostischen Kompetenzen situations- und zielgerecht einsetzen und nutzen. Dazu muß der Lehrer auf die jeweiligen Handlungserfordernisse zugeschnittene diagnostische Beurteilungen seiner Schüler vornehmen. Das heißt, er muß in der jeweiligen Situation abschätzen, ob und in welchem Maße die für den erfolgreichen Einsatz bestimmter Unterrichtsmaßnahmen erforderlichen Lernvoraussetzungen bei der Klasse und/oder einzelnen Schülern vorhanden sind.

(c) Er muß seine diagnostischen Urteile in geeignete Unterrichtshandlungen umsetzen und diese auf die aktuellen Lernvoraussetzungen der Schüler abstimmen. Das bedeutet im einzelnen: Der Lehrer muß die Schwierigkeit seiner Unterrichtsmaßnahmen auf das aktuelle Leistungsniveau der Klasse abstimmen; er muß ferner die Schwierigkeit der Maßnahmen im Hinblick auf die Lernvoraussetzungen unterschiedlicher Schüler und im Hinblick auf situative Erfordernisse variieren; schließlich muß er die Schwierigkeit seiner Maßnahmen an die sich verändernden Lernvoraussetzungen der Schüler anpassen. Dabei handelt es sich stets um kurzfristige und fortlaufend zu erbringende Anpassungsleistungen (Mikroadaptationen).

(d) Die Schüler müssen durch den Lehrer in ihrem Lernverhalten so gefördert werden, daß sie die gewünschten Lernergebnisse erzielen. Die unterrichtlichen Hilfestellungen des Lehrers müssen dazu in einer Weise erfolgen, daß sie die für das Zustandekommen von Lernprozessen und -ergebnissen erforderlichen kognitiven Schüleraktivitäten (mathemagene Prozesse im Sinne von Rothkopf, 1970) auslösen, steuern und unterstützen. Mit anderen Worten: Die lernförderlichen kognitiven Prozesse auf Schülerseite müssen durch geeignete Unterrichtsverhaltensweisen des Lehrers optimiert werden.

Auf dem Hintergrund dieser hier noch einmal zusammengefaßten theoretischen Überlegungen lassen sich zu den in Abschnitt 3.2. dargestellten Fragestellungen verschiedene Erwartungen formulieren.

(1) Zum Nachweis von Lehrerunterschieden. Ausgangspunkt und Grundlage aller weitergehenden Analysen ist die Annahme, daß sich die Lehrer hinsichtlich ihrer diagnostischen Kompetenz reliabel unterscheiden lassen. Eine solche Annahme erscheint aufgrund der in Abschnitt 2.3.1 vorgenommenen Konzeptualisierung berechtigt. Eine Reihe von Arbeiten zur Diagnosegenauigkeit von Lehrern hat zudem deutliche individuelle Unterschiede erkennen lassen.

(2) Zur unterrichtlichen Bedeutung diagnostischer Kompetenz. Dafür, daß eine hohe diagnostische mit hoher Unterrichtseffektivität einhergeht, spricht das Ergebnis der Untersuchung von Fisher, Filby et al. (1978). Grundsätzliche Überlegungen zur Bedeutung von Diagnosekompetenz für das menschliche Handeln und seine Effektivität sind aber bereits in einer

Arbeit von Gage (1956) zu finden, in der nach den Bedingungen für den Zusammenhang zwischen genauer Wahrnehmung und der Effektivität interpersonaler Beziehungen (vgl. auch Gage, 1953a, 1953b; Gage & Exline, 1953) gefragt wird.

Am Beispiel der Führung von Gruppen wird aufgezeigt, daβ eine hohe Wahrnehmungskompetenz allein nicht hinreichend für effektives Führungsverhalten ist, sondern daβ andere Faktoren hinzukommen müssen (was der Autor mit dem Slogan "accurate perception plus ..." umschreibt; Gage, 1956; S.57). Zusätzlich zur genauen Wahrnehmung ist in erster Linie erforderlich, daβ der Handelnde (a) motiviert ist, bestimmte Verhaltensweisen auszuführen, und (b) fähig ist, ein seinen Motiven und Wahrnehmungen entsprechendes Verhalten zu zeigen. Als weitere notwendige Bedingungen werden angeführt: (c) Der Handelnde muβ die Freiheit haben, im Einklang mit seinen Wahrnehmungen zu handeln, (d) er muβ ein hinreichendes Vertrauen in seine Wahrnehmungen haben, und (e) seine Wahrnehmungskompetenz muβ sich auf solche Aspekte der Umgebung beziehen, die für das Handeln auch tatsächlich relevant sein.

Die Überlegungen von Gage (1956) verweisen ebenso wie das zu Beginn skizzierte Wirkungsmodell darauf, daβ diagnostische Kompetenz nur dann wirksam wird, wenn sie in ein geeignetes Unterrichtsverhalten umgesetzt wird. Eine solche Umsetzung muβ als notwendige Bedingung für das Wirksamwerden diagnostischer Kompetenz angesehen werden. Diagnostische Kompetenz kann ihrerseits als notwendige - oder zumindest günstige - Bedingung dafür gesehen werden, daβ bestimmte Lehrerverhaltensweisen und Maβnahmen ihre volle Wirkung erzielen. Dabei wird angenommen, daβ eine leistungsförderliche Wirkung bereits dann eintritt, wenn für diagnostische Kompetenz und das jeweilige Unterrichtsmerkmal bestimmte Mindestausprägungen gegeben sind.

Die zentrale theoretische Hypothese zur lernförderlichen Wirkung diagnostischer Kompetenz besagt also, daβ ein Effekt diagnostischer Kompetenz erst in Verbindung mit der Mindestausprägung bestimmter Unterrichtsmerkmale erwartet werden kann, während hohe Diagnosekompetenz als solche keine Auswirkungen haben dürfte (siehe dazu bereits Helmke & Schrader, 1987; Schrader, 1987; Schrader & Helmke, 1987). Aus theoretischer Sicht sind demnach primär Wechselwirkungen zwischen diagnostischer Kompetenz und bestimmten Unterrichtsmerkmalen zu erwarten, ein Haupteffekt diagnostischer Kompetenz dagegen nur in Verbindung mit einer Wechselwirkung. Diese Effekterwartung ist aber in zweierlei Hinsicht zu relativieren:

(a) Denkbar ist, daβ die für das Wirksamwerden diagnostischer Kompetenz erforderliche Mindestausprägung des entsprechenden Unterrichtsmerkmals von nahezu allen Lehrern erreicht wird. In einem solchen Fall könnten mögliche Wirkungen von der bloβen Höhe der Diagnosekompetenz abhängen, was einem Haupteffekt diagnostischer Kompetenz (ohne eine damit einhergehende Wechselwirkung) entspräche. Diesen Fall scheinen frühere Arbeiten zur Urteilsgenauigkeit im Auge gehabt zu haben, wenn sie einen Haupteffekt der Diagnosekompetenz postuliert haben (Fisher, Filby et al., 1978; Gage, 1953a).

(b) Auch wenn Diagnosekompetenz für sich genommen keinerlei Wirkung haben sollte, kann sich ein Haupteffekt dieses Merkmals natürlich indirekt dadurch ergeben, daβ die Diagnosefähigkeit ihrerseits mit leistungsförderlichen Lehrer- bzw. Unterrichtsmerkmalen zusammenhängt. Um diese Möglichkeit auszuschlieβen, müβte Diagnosekompetenz statistisch oder experimentell isoliert werden.

Im Hinblick auf die lernförderliche Wirkung diagnostischer Kompetenz ist also festzuhalten, daβ sowohl ein Haupteffekt dieses Merkmals

als auch eine Wechselwirkung mit bestimmten Unterrichtsmerkmalen zu erwarten ist.

Unterrichtsmerkmale, die für die Nutzung diagnostischer Kompetenz bedeutsam sind. Eine Präzisierung dieser Kernhypothese betrifft die Frage, bei welchen Unterrichtsmerkmalen Wechselwirkungen mit Diagnosekompetenz zu erwarten sind. Einen ersten Ansatzpunkt zur Beantwortung dieser Frage bildet die von Medley (1979) getroffene Unterscheidung zwischen Verhaltenskompetenzen und Verhaltensstilen, die sich wie folgt umschreiben läßt:

"What distinguishes competencies from the stylistic patterns identified in process-product research is that a competency is used only under certain circumstances. The ability to ask higher-order questions is a competency; clarity is not. There are times when higher-order questions are inappropriate, when the teacher who can ask them should not do so; there is no time when clarity is inappropriate. Research in teacher competencies must take account not only of how teachers behave, but when and why they behave as they do" (Medley, 1979, S.15 f.).

Da der Erfolg von Verhaltenskompetenzen von bestimmten Bedingungen (die sich pauschal als zeitliche und situative Angemessenheit charakterisieren lassen) abhängt, können diese auch als "bedingt wirksam" bezeichnet werden (Helmke & Schrader, 1987). Verhaltensstile sind demgegenüber "unbedingt wirksam" (siehe auch Brophy, 1979; Vinsonhaler et al., 1983). Diagnosen und diagnostische Kompetenzen kommen nur bei bedingt wirksamen Unterrichtsmerkmalen ins Spiel. Dies gilt insbesondere für solche Merkmale, die durch die bloße Häufigkeit des Auftretens bestimmter Verhaltensweisen gekennzeichnet sind.

Von der Funktion für die Lernprozesse der Schüler her gesehen, sollte diagnostische Kompetenz vor allem bei solchen Verhaltensweisen eine Rolle spielen, die den Charakter strukturierender Maßnahmen haben. Mit solchen Maßnahmen werden die lernförderlichen kognitiven Schüleraktivitäten ausgelöst, gesteuert und unterstützt. Lehrerverhaltensweisen nehmen diese Strukturierungsfunktion in dem Maße wahr, in dem sie aktive Verarbeitungsleistungen auf Schülerseite in Gang setzen. Dies geschieht in erster Linie durch stimulierende und unterstützende Verhaltensweisen wie Anregungen, Fragen oder Hilfestellungen. Einen geringen Strukturierungsgrad haben demgegenüber Lehrerverhaltensweisen, die die kognitive Verarbeitung weitgehend der Eigeniniative und Selbststeuerung des Schülers überlassen (wie z.B. vortragsähnliche Darstellungen).

Dabei wird davon ausgegangen, daß die folgenden vier Unterrichtsverhaltensweisen besonders typische Formen strukturierender Maßnahmen sind:

Strukturierungshilfen im engeren Sinne: explizite Hinweise zur Struktur des Stoffes und dem unterrichtlichen Vorgehen sowie zur Relevanz bestimmter Informationen[7];

individuelle fachliche Hilfestellungen: fachliche Unterstützung einzelner Schüler oder Schülergruppen im Rahmen von Stillarbeitsphasen;

---

[7]Ausführlichere Beschreibungen dieser Merkmale erfolgen im Methodenteil.

Aufgabenstellungen: Fragen und Aufforderungen, mit denen eine über die unmittelbare mündliche Beantwortung hinausgehende Bearbeitungsleistung verbunden ist;
Verständnisfragen: Fragen, deren Beantwortung über den bloßen Abruf vorhandenen Wissens hinausgehende kognitive Verarbeitungsleistungen erfordert.

Verständnisfragen haben sich entgegen landläufigen Vorstellungen nicht als eindeutig leistungsförderlich erwiesen (siehe etwa Brophy, 1986). Ein Grund für diese Befundlage könnte sein, daß gerade Verständnisfragen ein hohes Maß an Adaptivität erfordern, um eine lernförderliche Wirkung zu erzielen, und darum erst bei einem Lehrer mit hoher Diagnosekompetenz wirksam sind. Ähnliches könnte auch für die Strukturierungshilfen gelten, für die sich im Rahmen unserer Studie kein Zusammenhang mit dem (allerdings nur anhand der Nachtestleistungen bestimmten) Lernerfolg der Schüler ergeben hatte (Helmke, Schneider & Weinert, 1986). Die Bedeutung von individuellen fachlichen Hilfen läßt sich aus Befunden zum aktiven Unterrichten erschließen, während Aufgabenstellungen im Rahmen angeleiteten Übens wichtig sein dürften (siehe etwa Rosenshine & Stevens, 1986).

Für alle vier Unterrichtsmerkmale wird erwartet, daß eine besondere lernförderliche Wirkung erst bei einer hinreichenden diagnostischen Kompetenz des Lehrers auftritt beziehungsweise daß die lernförderliche Wirkung dieser Merkmale durch eine hohe diagnostische Kompetenz verstärkt wird.

(3) Zum Zusammenhang zwischen Diagnosekompetenz und anderen Merkmalen. Voraussetzung für ein Wirksamwerden diagnostischer Kompetenz ist, daß sie in ein geeignetes Unterrichtsverhalten umgesetzt wird. Angenommen wird, daß die diagnostische Kompetenz die Qualität der Ausführung bestimmter Unterrichtsverhaltensweisen beeinflußt und diese dadurch in ihrer Wirkung moderiert. Eine Alternativhypothese dazu ist, daß Diagnosekompetenz mit bestimmten leistungsförderlichen Unterrichtsmerkmalen kovariiert und deshalb nur indirekt mit dem Lernerfolg der Schüler in Zusammenhang steht. Auch unter dieser Annahme ist natürlich denkbar, daß Diagnosekompetenz das mit ihr zusammenhängende Unterrichtsverhalten in seiner Qualität beeinflußt, doch wäre eine solche Interpretation ohne direkten empirischen Beleg.

Generell ist davon auszugehen, daß Diagnosekompetenz kein isoliertes Merkmal ist, sondern in ein Netzwerk verschiedener anderer unterrichtsrelevanter Merkmale eingebettet ist. Gründe dafür wurden in Abschnitt 2.3.1. angeführt. Zum einen wurde davon ausgegangen, daß der Diagnosekompetenz Fähigkeiten zugrundeliegen, die ganz allgemein für das Unterrichten bedeutsam sein könnten. Zum anderen wurde angenommen, daß Lehrer mit bestimmten Einstellungen und Orientierungen bemüht sein dürften, unterrichtsrelevante Kompetenzen verschiedener Art auszubilden. Es erscheint deshalb plausibel, von einem Prototyp des erfolgreichen Lehrers auszugehen, der über ein ganzes Bündel pädagogisch wünschenswerter Eigenschaften verfügt.

(4) Zur Charakterisierung von Lehrergruppen. Aufgrund der soeben formulierten Erwartungen zur Bedeutung von diagnostischer Kompetenz für den Lernerfolg liegt es nahe, Lehrer mit hoher Diagnosekompetenz und hoher Ausprägung strukturierender didaktischer Verhaltensweisen besonders zu betrachten und mit anderen Lehrergruppen zu vergleichen.

Aus theoretischer Sicht wird dabei vor allem erwartet, daß sich die genannte Lehrergruppe durch eine erhöhte Adaptivität ihres Unterrichts von anderen Lehrergruppen unterscheidet. Gleiches ist für Unterrichtsmerkmale zu erwarten, die als Voraussetzung oder Begleiterscheinung einer hohen Unterrichtsadaptivität angesehen werden müssen, insbesondere eine effektive Klassenführung.

(5) Zum Zusammenhang verschiedener Aspekte diagnostischer Kompetenz. Es wurde davon ausgegangen, daß die Steuerung unterrichtlichen Handelns auf der Grundlage spezifischer diagnostischer Urteile erfolgt und daß dies entsprechende diagnostische Kompetenzen voraussetzt. Das bedeutet jedoch nicht zwangsläufig, daß die diagnostischen Kompetenzen unabhängig voneinander sind. Allerdings würde die Unabhängigkeit verschiedener diagnostischer Kompetenzen für die Angemessenheit des Gesamtmodells sprechen. Über Zusammenhänge zwischen verschiedenen Aspekten leistungsbezogener diagnostischer Kompetenz von Lehrern gibt es keine direkt einschlägigen Belege. Neuere Arbeiten in der Tradition der Judgment-Accuracy-Forschung, in denen eine Komponentenanalyse im Sinne Cronbachs vorgenommen wurde (Cline & Richards, 1960; Murphy, Garcia, Kerkar, Martin & Balzer, 1982), deuten darauf hin, daß es sich bei den Komponenten um verschiedene voneinander unabhängige Aspekte der Diagnosegenauigkeit handelt. Es ist aber nicht unbedingt gesagt, daß ähnliche Ergebnisse damit auch für die leistungsbezogenen Diagnoseleistungen von Lehrern zu erwarten sind. Leistungsdiagnosen gehören mehr oder weniger zu den beruflichen Aufgaben des Lehrers. Es ist daher denkbar, daß effektive Lehrer im Unterschied zu wenig effektiven Lehrern derartige Kompetenzen relativ umfassend ausgebildet haben. Da direkt einschlägige Befunde aber fehlen und die als indirekte Befunde genannten Belege nicht unbedingt im Sinne plausibler Erwartungen ausfallen, lassen sich keine spezifischen Hypothesen zum Zusammenhang verschiedener Genauigkeitskomponenten formulieren.

(6) Zu differentiellen Zusammenhängen zwischen Diagnosekompetenz und Lernerfolg. Um hierzu theoretische Erwartungen entwickeln zu können, ist zunächst eine nähere Charakterisierung des Forschungsstands zu differentiellen Effekten von Unterricht erforderlich. Dies soll aus Gründen der Übersichtlichkeit zusammen mit den Ergebnissen der dazu durchgeführten Analysen in einem eigenen Kapitel (5.3) erfolgen.

4. METHODE

4.1 Untersuchungsrahmen

Die vorliegende Arbeit ist im Rahmen des Forschungsprojekts "Unterrichtsqualität und Leistungszuwachs bei Formen direkter Instruktion im Mathematikunterricht fünfter Hauptschulklassen", das in seinem Kern den deutschen Beitrag zur internationalen Vergleichsstudie "Classroom Environment Study: Teaching for Learning" der International Association for the Evaluation of Educational Achievement (IEA) darstellt, entstanden. Das Gesamtprojekt umfaßte drei größere Teilstudien, wobei jedoch nur ein kleiner Teil von Studie 1 Bestandteil der internationalen Vergleichsstudie war:

Studie 1: Untersuchung der langfristigen Leistungs- und Motivationsentwicklung vom Beginn der fünften bis zum Ende der sechsten Klassenstufe (Hauptstudie).

Studie 2: Untersuchung des kurzfristigen Wissenserwerbs im Rahmen eines 5-tägigen standardisierten Lehrgangs zur Einführung in den konkreten Bruchbegriff (Intensivstudie).

Studie 3: Untersuchung zu schulleistungsrelevanten Bedingungen des Elternhauses und des häuslichen Umfeldes (Elternstudie).

Ergänzend hierzu wurde eine Fragebogenstudie an einer Zufallsstichprobe von 651 bayerischen Hauptschullehrern durchgeführt, wobei Teile der in Studie 1 verwendeten Lehrerfragebögen verwendet wurden. Diese Erhebung diente in erster Linie der Feststellung der Repräsentativität der in Studie 1 untersuchten Lehrerstichprobe.

Die vorliegende Arbeit ist der Studie 1 zuzuordnen, so daß im folgenden nur noch auf die im Rahmen dieses Untersuchungsteils durchgeführten Arbeiten eingegangen wird. Ausführliche Darstellungen von Rationale, Design, Methoden, Instrumenten, Untersuchungsablauf und Ergebnissen des Gesamtprojekts und der einzelnen Teilstudien sind bei Weinert & Helmke (1984), Helmke, Schneider & Weinert (1986) sowie Helmke (1986) zu finden.

Den Kern von Studie 1 bildet eine systematische Unterrichtsbeobachtung des Lehrer- und Schülerverhaltens, eine viermalige Testuntersuchung der Mathematikleistungen (zu Beginn, gegen Mitte und am Ende der fünften Klassenstufe sowie am Ende der sechsten Klassenstufe) und eine ebenfalls viermalige Fragenbogenuntersuchung bei Schülern und Lehrern.

4.2 Stichprobe

An der Beobachtungsstudie nahmen insgesamt 39 fünfte Hauptschulklassen aus 24 verschiedenen Schulen der Landkreise München und Erding teil. Zusätzlich dazu nahmen in der Funktion von Ersatzklassen bzw. Kontroll- oder Vergleichsgruppen 23 weitere Klassen an verschiedenen

Teilerhebungen (ohne Beobachtung) teil (für Einzelheiten siehe Weinert & Helmke, 1984). Die 39 Klassen der Beobachtungsstudie umfassen (zu Untersuchungsbeginn) insgesamt 811 Schüler. Bei den Lehrern (19 männliche, 20 weibliche Lehrkräfte) handelt es sich um die regulären Mathematiklehrer der Klassen, von denen 23 gleichzeitig Klassenlehrer sind. Das Lebensalter der untersuchten Lehrer liegt zwischen 25 und 59 Jahren (Median 37 Jahre). Die Berufserfahrung variiert zwischen 3 und 27 Jahren (Median: 12 Jahre). Die Repräsentativitätsstudie zeigte, daß sich die an der Untersuchung beteiligten Lehrerstichprobe hinsichtlich wesentlicher demographischer und unterrichtsbezogener Merkmale nicht systematisch von einer repräsentativen Stichprobe bayerischer Hauptschullehrer (N = 651) unterscheidet.

4.3 Variablenbeschreibung

4.3.1 Erfassung diagnostischer Kompetenz

Von zentraler Bedeutung für die vorliegende Arbeit ist naturgemäß die Operationalisierung der diagnostischen Kompetenz. Da sie vergleichsweise komplex und mit verschiedenen methodischen Problemen behaftet ist, soll sie im folgenden sehr ausführlich dargestellt werden.

Die in dieser Arbeit verwendeten Diagnosekennwerte basieren auf drei verschiedenen Arten von Einschätzungen, deren Genauigkeit als Maß für die diagnostische Kompetenz des Lehrers betrachtet wird: (a) personenbezogene, (b) aufgabenbezogene und (c) aufgabenspezifische Leistungseinschätzungen. Die Bildung der Diagnosekennwerte erfolgt in Anlehnung an die Cronbach'sche Komponentenanalyse (Cronbach, 1955; vgl. Abschnitt 3.3.). Im Falle der personen- und aufgabenbezogenen Einschätzungen ist die Kennwertbildung ein Spezialfall des von Cronbach behandelten allgemeinen Falles, bei dem mehrere verschiedene Personen in Bezug auf mehrere verschiedene Merkmale beurteilt werden.

Personenbezogene Diagnosekennwerte
Grundlage für die Lehrereinschätzungen war der im Rahmen der Untersuchung eingesetzte Bruch- und Dezimalrechentest von Haenisch & Lukesch (1981). Der aus 37 Aufgaben bestehende Test weist eine Reliabilität von .89 (Cronbach's Alpha) auf.

Aufgabenbeispiele:
1.) 5/16 x 6/7
2.) (1/4 + 7/12) x 3/5
3.) 5 1/8 - 4 3/4
4.) 3/17, 5/11 Wie heißt der Hauptnenner?
5.) 25/48, 1/2, 7/16 Ordne der Größe nach!
6.) 0.15 : 7.5

Vom Lehrer eingeschätzt wurde, wie viele der insgesamt 37 Aufgaben dieses Tests jeder einzelne Schüler der Klasse vermutlich lösen würde.

Die Einschätzung erfolgte dabei zum selben Zeitpunkt wie die Bearbeitung des Tests durch die Schüler. Um möglichst spezifische Angaben zu erhalten, sollten die Lehrer versuchen, die Testbedingungen (begrenzte Zeit, große Aufgabenzahl, eventuelle Beeinträchtigung durch Leistungsangst usw.) ausdrücklich in Rechnung zu stellen.

Da Einschätzung und tatsächliche Leistung als Genauigkeitskriterium mit derselben Skala (Zahl gelöster Aufgaben) erfaßt wurden, lassen sich alle Abweichungen zwischen Vorhersage und Kriteriumsleistung als Fehler ansehen. Als globales Fehlermaß und damit auch als globales Maß für die Urteilsgüte kann dabei die durchschnittliche quadratische Abweichung zwischen eingeschätzten und tatsächlichen Leistungen aller Schüler der Klasse dienen.

Dieses globale Fehlermaß läßt sich durch einfache algebraische Umformungen analog zu den von Cronbach (1955) dargestellten Formeln wie folgt zerlegen, wodurch gleichzeitig verschiedene Fehlerquellen separiert werden:

$$1/N \; \Sigma \; (y_i - x_i)^2 = (\bar{y}_. - \bar{x}_.)^2 + s_y^2 + s_x^2 - 2 * r_{yx} * s_y * s_x \, ,$$

wobei

y_i die Einschätzung der Person i durch den Urteiler
x_i die tatsächliche Leistung der Person i
N die Größe der Stichprobe der Beurteilten (Klassengröße)
$\bar{y}_.$ die mittlere Einschätzung für die Stichprobe der Beurteilten (Klasse)
$\bar{x}_.$ die mittlere Testleistung in der Stichprobe der Beurteilten
s_y die Streuung der Einschätzungen in der Stichprobe der Beurteilten
s_x die Streuung der Testleistungen in der Stichprobe der Beurteilten
r_{yx} die Produktmoment-Korrelation zwischen Einschätzungen und Leistungen

bedeutet.

Personenbezogene Niveaukomponente. Der Term $(\bar{y}_. - \bar{x}_.)$ wird im folgenden als personenbezogene Niveaukomponente bezeichnet. Er gibt die Differenz zwischen der mittleren Einschätzung eines Lehrers und der mittleren Leistung der von ihm eingeschätzten Schüler an. Es handelt sich dabei um ein gerichtetes Maß: Ein Wert $>$ 0 charakterisiert eine berschätzung des Leistungsniveaus, ein Wert $<$ 0 eine Unterschätzung des Leistungsniveaus und ein Wert von 0 dementsprechend eine exakte Einschätzung des Leistungsniveaus.

Die Niveaukomponente ist kein Genauigkeitsmaß im eigentlichen Sinne, da ihre Ausprägung nicht primär von der Größe, sondern von der Richtung des Fehlers abhängt; die Niveaukomponente ist somit eher ein Maß für den Antwortbias. Ein reines Genauigkeitsmaß läßt sich durch den Absolutbetrag der Niveaukomponente definieren. Es wird in folgenden als *Niveaufehler* bezeichnet.

Personenbezogene Differenzierungskomponente. Der Quotient s_y/s_x wird als personenbezogene Differenzierungskomponente bezeichnet. Er gibt das Verhältnis zwischen der Streuung der Einschätzungen eines Lehrers und der dazu korrespondierenden Leistungstreuung bei den Schülern an. Es handelt sich auch hier wieder um ein gerichtetes Maß: Werte größer als 1 kennzeichnen eine Überschätzung, Werte kleiner als 1 eine Unterschätzung und ein Wert von 1 eine exakte Einschätzung der Leistungsstreuung.

Die Verwendung eines Quotienten anstatt eines Differenzwerts hat lediglich den Vorteil höherer Anschaulichkeit: s_y/s_x kann als Faktor gedeutet werden, um den die Einheit des Leistungskontinuums vergrößert oder verkleinert wird. Nachteilig ist, daß Über- und Unterschätzungen um den gleichen Faktor auf der resultierenden Skala ungleich behandelt werden (Zum Beispiel führt eine Überschätzung um den Faktor 2 zu einem Skalenwert 2 mit einer Differenz von 1 zum Bezugswert 1, eine Unterschätzung um den Faktor 2 dagegen zum einem Skalenwert von 0.5 mit einer Differenz von 0.5 zum Bezugswert 1). Ein reines Genauigkeitsmaß läßt sich auch hier durch den Absolutbetrag der Differenz s_y - s_x definieren. Dieses Maß wird im folgenden als *Differenzierungsfehler* bezeichnet.

Personenbezogene Rangordnungskomponente. Die Produktmoment- Korrelation r_{yx} zwischen eingeschätzten und tatsächlichen Werten wird schließlich als personenbezogene Rangordnungskomponente bezeichnet. Die Bezeichnung Rangordnungskomponente ist dadurch motiviert, daß unterschiedliche Ausprägungen dieser Komponente im wesentlichen - das heißt unter Vernachlässigung unterschiedlicher relativer Abstände - zum Ausdruck bringen, inwieweit die Rangordnung der Leistungen zutreffend eingeschätzt wird.

Aufgabenbezogene Diagnosekennwerte

Grundlage für die Einschätzungen war hier der Grundrechentest (für nähere Angaben und Aufgabenbeispiele siehe Abschnitt 4.3.5). Die Bildung der aufgabenbezogenen Diagnosekennwerte erfolgt ganz analog wie die Bildung der personenbezogenen Kennwerte. Die Lehrer schätzten die klassenspezifische Schwierigkeit von 12 Aufgaben dieses Tests ein, indem sie angaben, wie viele Schüler der Klasse die jeweilige Aufgabe vermutlich lösen würden. Auch hier erfolgte die Einschätzung zum gleichen Zeitpunkt, zu dem die Schüler den Test bearbeiteten. Verglichen wird der Anteil der Schüler, der nach Einschätzung des Lehrers die jeweilige Aufgabe löst, mit dem Anteil der Schüler, der die Aufgabe tatsächlich löst.

Aufgabenbezogene Niveaukomponente. Der Term ($\bar{y}$ - $\bar{x}$), also die Differenz zwischen der mittleren Schwierigkeitseinschätzung eines Urteilers und den über die zugrundeliegenden Aufgaben gemittelten tatsächlichen klassenspezifischen Schwierigkeiten, definiert die aufgabenbezogene Niveaukomponente. Sie gibt an, ob der Urteiler die Schwierigkeit der Aufgaben im Mittel über- oder unterschätzt. Bei Bedarf wird auch hier wieder auf den Absolutbetrag dieser Differenz (Niveaufehler) als richtungsunabhängiges Maß zurückgegriffen.

Aufgabenbezogenen Differenzierungskomponente. Der Quotient s_y/s_x definiert die aufgabenbezogene Differenzierungskomponente. Sie gibt das Verhältnis der Streuung der Schwierigkeitsurteile eines Urteilers zur Streuung der tatsächlichen klassenspezifischen Schwierigkeiten an. Die aufgabenbezogene Differenzierungskomponente gibt also an, ob und inwieweit die Schwierigkeitsanforderungen von Aufgaben vom Lehrer als homogener oder heterogener eingeschätzt werden, als dies tatsächlich der

Fall ist. Das richtungsunabhängige Maß (Differenzierungsfehler) wird auch hier als Absolutbetrag der Differenz, also durch s_y - s_x gebildet.

Aufgabenbezogene Rangordnungskomponente. Die Rangordnungskomponente ist die über alle zugrundeliegenden Aufgaben berechnete Korrelation zwischen eingeschätzen und tatsächlichen Einzelschwierigkeiten. Aus Reliabilitätsgründen wird hier der Spearman'sche Rangkorrelationskoeffizient zugrundegelegt. Die aufgabenbezogene Rangordnungskomponente gibt also an, inwieweit der Lehrer in der Lage ist, die Rangreihe der Aufgabenschwierigkeiten und damit die relative Schwierigkeit einer Aufgabe zutreffend einzuschätzen.

Aufgaben-Personen-Wechselwirkungskomponente

Grundlage der Lehrereinschätzungen sind vier ausgewählte Aufgaben des Bruch- und Dezimalrechentests von Haenisch & Lukesch (1981). Vom Lehrer erfragt wurden sogenannte aufgabenspezifische Einschätzungen der Schülerleistungen, das heißt die Einschätzung, ob bestimmte Schüler bestimmte Aufgaben lösen können oder nicht. Die Angaben wurden im Rahmen eines Interviews erhoben und beziehen sich auf die Leistungen von vier Schülern bei vier Aufgaben.

Die Schüler wurden dabei aus dem Bereich zwischen dem 75 und dem 25 Perzentil der Leistungsverteilung der Klasse ausgewählt, und zwar so, daß dieser Bereich möglichst gleichabständig abgedeckt war (das heißt entsprechend den inneren vier Oktilen der Leistungsverteilung jeder Klasse). Die Aufgaben wurden analog aus dem entsprechenden Bereich der Schwierigkeitsverteilung ausgewählt. Dies bedeutet, daß vom Lehrer relativ schwierige Diskriminationen verlangt wurden.

Man kann zeigen, daß ein einfaches Treffermaß (Anteil der richtigen Vorhersagen) lediglich das Komplement eines globales Differenzmaßes darstellt und damit der von Cronbach (1955) kritisierten Konfundierung verschiedener Fehlerkomponenten unterliegt, so daß sich auch hier die Notwendigkeit einer Komponentenanalyse stellt.

Da mehrere verschiedene Schüler gleichzeitig in Bezug auf mehrere verschiedene Aufgaben beurteilt werden, sind die bei Cronbach (1955) dargestellten Formeln, die auch für den Spezialfall binärer Werte gelten, hier unmittelbar anwendbar. Dementsprechend können hier die klassischen vier Cronbach'schen Quadratsummenterme unterschieden werden:

- Elevation (entspricht der Niveaukomponente, wobei personen- und aufgabenbezogene Niveaukomponente hier zusammenfallen);
- Differential Elevation (hier der personenbezogenen Genauigkeit entsprechend);
- Stereotype Accuracy (aufgabenbezogene Genauigkeit);
- Differential Accuracy (entspricht der Wechselwirkungskomponente).

Da die Erhebungen eine für eine reliable Erfassung personen- und aufgabenbezogener Komponenten hinreichende Zahl von Urteilen nicht zuließen, beschränkt sich die Kennwertbildung im folgenden auf die Wechselwirkungskomponente. Sie kann als Indikator für die Fähigkeit des Lehrers angesehen werden, Aufgabenprofile von Schülern zutreffend einzuschätzen (vgl. Wahl, Weinert & Huber, 1984).

Die Wechselwirkungskomponente bezieht sich auf die um die Haupteffekte von Personen und Aufgaben bereinigten Residuen der Urteile und Leistungen. Die gängige Operationalisierung wäre die Korrelation zwischen Urteils- und Leistungsresiduen. Da die Urteils- und Leistungsresiduen bei binären Variablen notwendigerweise mit einem erheblichen Fehler behaftet sind und deswegen nicht im Hinblick auf ihre Größe, sondern nur im Hinblick auf ihre Richtung miteinander verglichen werden sollen - aber auch aus Gründen der Anschaulichkeit - wird hier einem "modifizierten Treffermaß" der Vorzug gegeben.

Dazu werden die einander korrespondierenden Residuen von Leistung und Einschätzung gegenübergestellt und daraufhin verglichen, ob sie positiv oder negativ sind. Fallen zwei vorzeichengleiche Residuen zusammen, so wird dies als Treffer, andernfalls als Fehler gewertet. Formal:

$$WWK = 1, \text{ wenn } (y_{ij}' > 0 \;\&\; x_{ij}' > 0) \vee (y_{ij}' < 0 \;\&\; x_{ij}' < 0)$$
$$WWK = 0, \text{ wenn } (y_{ij}' > 0 \;\&\; x_{ij}' < 0) \vee (y_{ij}' < 0 \;\&\; x_{ij}' > 0)$$

Die Zahl der möglichen Treffer liegt zwischen 0 und 16, so daß eine anschaulich interpretierbare Skala resultiert. Eine hohe Trefferzahl bedeutet, daß der Lehrer genauere Vorhersagen des Lösungserfolgs machen kann, als sie allein schon aus einer Kenntnis der globalen Schülerleistung und Aufgabenschwierigkeit möglich sind.

Reliabilität der Diagnosekennwerte

Die Bestimmung der Reliabilität der Diagnosekennwerte dürfte nur durch ein Näherungsverfahren möglich sein, da sich die Situation zumindest bei personenbezogenen Urteilen in zwei Punkten vom testtheoretischen Standardfall (vgl. etwa Nunnally, 1978) unterscheidet:

- Da jeweils klassenspezifische Urteile und Kriteriumswerte verglichen werden, kann zumindest bei den personenbezogenen Urteilen nicht von einer für alle Urteiler gleichen Urteilsgrundlage ausgegangen werden. Die Urteilsgegenstände (die zu beurteilenden Personen), die den Items bei einem Test entsprechen, sind nicht für alle Urteiler gleich;
- Bei den Diagnosekennwerten handelt es sich nicht um einfache Summenscores (oder Mittelwerte), sondern um kompliziertere Indizes. Allenfalls die Niveaukomponente läßt sich noch als Summe (oder Mittelwert) einzelner Genauigkeitsangaben (d.h. einzelner Differenzen zwischen Einschätzung und Kriterium) deuten; für die Rangordnungskomponete ist dies nur sehr bedingt (als Mittelwert von Produkten zwischen z-Werten) und für die Differenzierungskomponente gar nicht mehr möglich. In Ermangelung eines speziell auf den vorliegenden Fall zugeschnittenen testtheoretischen Modells wurde als pragmatische Lösung ein spezielles Split-Half-Verfahren eingesetzt, wie es in ähnlicher Weise bereits in den Untersuchungen von Gage (vgl. etwa Gage & Exline, 1953; Gage, Leavitt & Stone, 1955) angewendet wurde. Dabei wurde für jeden Lehrer die Stichprobe der Beurteilungsgegenstände (Schüler, Aufgaben) halbiert, innerhalb jeder der beiden Hälften der Diagnosekennwert berechnet, die in beiden Hälften berechneten Kennwerte miteinander korreliert und mit

Hilfe der Spearman-Brown- Formel auf die Gesamtmenge der Beurteilungsgegenstände hochgerechnet.

Die Teilung der Stichprobe erfolgte dabei nicht zufällig, sondern so, daß die beiden Teilstichproben im Hinblick auf die Verteilung der Kriteriumswerte möglichst weitgehend vergleichbar waren. Der Versuch, im Rahmen der Split-Half- Methode mit möglichst äquivalenten Hälften zu arbeiten, ist durchaus üblich (vgl. etwa Allen & Yen, 1979; Lienert, 1969). Im vorliegenden Fall wird letztlich die Situation simuliert, in der geprüft wird, ob der Lehrer zwei vergleichbare Teilstichproben auch vergleichbar beurteilt, das heißt vergleichbare Genauigkeitskennwerte erzielt. Erst die Zugrundelegung äquivalenter anstatt zufällig gebildeter Teilstichproben erbrachte bei der Rangordnungskomponente zufriedenstellende Reliabilitätswerte, während Niveau- und Differenzierungskomponente relativ robust in Bezug auf das angewendete Teilungsverfahren waren. Die besondere Sensibilität der Rangordnungskomponente ergibt sich natürlich dadurch, daß der Korrelationskoeffizient selbst ein sehr sensibles Maß ist, das vor allem auf Verteilungsunterschiede empfindlich reagiert. Deshalb erschien es nicht nur vertretbar, sondern geradezu unabdingbar, durch möglichst weitgehende Angleichung der Verteilung der Kriteriumswerte in beiden Teilstichproben hinreichende Voraussetzungen für eine Reliabilitätsprüfung zu schaffen.

Die Anwendung der Spearman-Brown-Formel auf die durch Stichprobenhalbierung gewonnene Reliabilitätsschätzung beruht auf der Annahme, daß sich die Indizes bei Testverlängerung wie einfache Summenscores verhalten. Dies darf wohl zumindest für Niveau- und Rangordnungskomponente unterstellt werden.

Für die Reliabilitätsprüfung der personenbezogenen Genauigkeitswerte dürfte es kaum eine Alternative zum hier beschriebenen Verfahren geben. Bei den Aufgabenschwierigkeitsurteilen bietet sich als Alternative ein Verfahren zur Bestimmung der Reliabilität der Summe der Rangplatzdifferenzen an (vgl. etwa Gage & Exline, 1953) an.

Die Reliabilitätsbestimmung für die Wechselwirkungskomponente erfolgte dagegen direkt mit Hilfe von Cronbach's Alpha, da es sich um einen Summenscore handelt. Die Tatsache, daß die Urteilsgrundlage für die einzelnen Lehrer dabei unterschiedlich ist (unterschiedliche, wenn auch leistungsmäßig vergleichbare Schüler), erscheint dabei nicht als gravierend.

4.3.2 Erfassung von Unterrichtsmerkmalen

Zur Erfassung von Unterrichtsmerkmalen wurden vier verschiedene Erhebungsformen eingesetzt: niedrig-inferente Beobachtungen und hoch-inferente Einschätzungen durch Unterrichtsbeobachter, Schülereinschätzungen (Unterrichtsperzeption der Schüler) sowie Selbsteinschätzungen der Lehrer. Bei niedrig-inferenten Beobachtungen erfolgt die Kodierung anhand genau festgelegter, leicht beobachtbarer Merkmale und erfordert im Regelfall keine weitergehenden Schlußfolgerungen und Interpretationsleistungen. Hoch-inferente Einschätzungen verlangen dagegen vom Beobachter die Integration einer Vielzahl von Einzelinformationen. Der Grund für den Rückgriff auf vier verschiedene Datenquellen ist, daß sich eine Reihe wichtiger Unterrichtsmerkmale anhand niedrig-inferenter Beobachtungen nicht oder nur sehr unvollkommen rekonstruieren läßt und daß daher so weit wie möglich Anknüpfungspunkte für eine Mehrfachverankerung zentraler Konstrukte (Treiber & Weinert, 1982) genutzt werden sollten.

Niedrig-inferente Beobachtungen

Kerninstrument zur Erfassung von Unterrichtsmerkmalen ist das *Fünf-Minuten-Interaktionsinstrument (FMI)* (Helmke, Grommelt, Hoppe & Schrader, 1984). Es handelt sich dabei um ein auf Stallings (1977) zurückgehendes, im Rahmen der internationalen Vergleichsstudie (siehe International Association for the Evaluation of Educational Achievement, 1982) eingesetztes Verfahren, mit dem das Lehrerverhalten und die Lehrer-Schüler-Interaktion erfaßt wird. Das FMI läßt sich wie folgt charakterisieren:

(a) Es ist *lehrerzentriert*, das heißt die Beobachtungen sind auf den Lehrer und das Lehrerverhalten fokussiert (vgl. Anderson, 1984b). Im Vordergrund steht dabei das Verbalverhalten des Lehrers, wobei allerdings auch ausgewählte nicht-verbale Unterrichtsaktivitäten (z.B. nicht-verbale Darstellungen) berücksichtigt werden. Schüleräußerungen werden nur kodiert, wenn sie an den Lehrer gerichtet sind; reine Schüler-Schüler-Interaktionen werden dagegen nicht erfaßt.

(b) Das FMI ist *schülerunspezifisch*. Es wird nicht kodiert, mit welchem Schüler der Lehrer jeweils interagiert, sondern lediglich, ob es sich um einen Einzelschüler oder eine Schülergruppe handelt. Damit bleiben etwaige Unterschiede im Lehrerverhalten gegenüber einzelnen Schülern unberücksichtigt. Dies bedeutet, daß Analysen auf Individualebene, wie sie bei Benutzung eines dyadischen Beobachtungssystems (Brophy & Good, 1974; Hofer, Dobrick & Tacke, 1982) möglich wären, nicht vorgenommen werden können.

(c) Die Kodierungen erfolgen auf der Grundlage einer kombinierten *Ereignis- und Zeitstichprobe* (vgl. etwa Faßnacht, 1979; Anderson, 1984b). Der Zeitstichprobencharakter ergibt sich dadurch, daß beim FMI jeweils nach 5 Sekunden eine neue Kodierung vorzunehmen ist. Im Unterschied zu einem reinen Zeitstichprobenverfahren, bei dem während eines Zeitintervalls in der Regel nur eine einzige - der dominanten Aktivität entsprechende - Kodierung vorgenommen wird (Faßnacht, 1979), wird beim FMI immer dann neu kodiert, wenn sich das Verhalten ändert.

(d) Beim FMI handelt es sich um ein *Kategoriensystem*, das heißt jedes auftretende Verhalten wird in genau eine von mehreren Kategorien eingeordnet (Faßnacht, 1979).

Beim FMI besteht jede der für die Kodierung eines Verhaltens in Fragen kommenden Kategorien aus einer Kombination von vier Subkategorien, die allerdings nicht vollständig miteinander kombinierbar sind:

Kontext der Interaktion (z.B. Unterricht mit der gesamten Klasse, Aufsicht während Stillarbeit);

Interagierende Personen und Interaktionsrichtung ("Who to whom", z.B. Lehrer an einen einzelnen Schüler, Gruppe an Lehrer);

Gegenstand der Interaktion ("What"). Die What-Kategorien als die zentralen Beobachtungsaspekte lassen sich wie folgt unterteilen: (a) Instruktion, (b) Fragen, (c) Schülerreaktionen, (d) Rückmeldungen und Reaktionen, (e) organisatorische Äußerungen, (f) disziplinbezogene Äußerungen und (g) sozialkommunikative Äußerungen;

Nachdruck des gezeigten Verhaltens ("Emphasis") in dichotomer Ausprägung (hoch - niedrig).

Tabelle 4.1 listet die im FMI vorgesehenen Einzelkategorien sowie eine Reihe von kombinierten Kategorien, die aus Abfolgen von mindestens zwei verschiedenen Kategorien bestehen, auf.

Eine Kategorie des FMI besteht also aus einem Quadrupel der Form "Context - Who to whom - what - emphasis", das heißt für die Kategorisierung eines Verhaltens sind vier Angaben erforderlich. Die praktische Kodierung wird dadurch erleichtert, daß der über längere Unterrichtsphasen hin unveränderte Kontext nur dann registriert werden braucht, wenn er sich ändert, und daß das dichotome Emphasis-Merkmal nur bei der eher seltenen hohen Ausprägung zu kodieren ist.

Das FMI wurde in jeder Klasse in insgesamt neun Unterrichtsstunden eingesetzt. Während einer Unterrichtsstunde erfolgten dabei fünf etwa fünfminütige Kodierphasen.

Die Beobachterleistung und damit die Objektivität und Zuverlässigkeit des Beobachtungssystems wurden als prozentuale Übereinstimmung der Kodierungen eines Beobachters mit der vom Beobachtungstrainer festgelegten Kriteriumskodierung, die anhand von eigens zu diesem Zweck ausgearbeitem Skriptmaterial vorgenommen wurde, gemessen. Die dabei erreichte mittlere Übereinstimmung betrug 90.3%, wobei alle Beobachter über der geforderten Mindestübereinstimmung von 85% lagen.

In Verbindung mit dem FMI wurde mit dem *Individual Acitivity Record (IAR)* ein weiteres niedrig-inferentes Beobachtungsverfahren eingesetzt, mit dem die Aufmerksamkeit (time-on-task; engaged time) ausgewählter Schüler in Form einzelner "Momentaufnahmen" registriert wurde. Im Rahmen dieser Arbeit wurde der IAR nur zur Gewinnung der folgenden beiden Angaben herangezogen: die momentane *Unterrichtsform* (Vortrag, Unterrichtsgespräch, Stillarbeit usw.) und die *Rolle des Lehrers* für einzelne Schüler während dieser Unterrichtsphasen (interagiert, führt Aufsicht, ist unbeteiligt), die über alle Unterrichtsstunden und alle beobachteten Schüler aggregiert ebenfalls Auskunft über das Lehrerverhalten geben.

Hoch-inferente Einschätzungen

Verwendet wurde ein aus 23 Einzelskalen (siehe Tabelle 4.2) bestehendes Ratingsystem, das *Classroom-Rating Instrument (CRI)*. Mit dem Ratingsystem werden verschiedene Aspekte der Klassenführung und Unterrichtsqualität sowie sozial-emotionale Dimensionen des Lehrerverhaltens abgedeckt. Die Einschätzungen wurden vom Beobachter jeweils unmittelbar im Anschluß an die beobachtete Unterrichtsstunde vorgenommen.

Tabelle 4.1

Einfache und zusammengesetzte Beobachtungskategorien des Fünf-Minuten-Interaktions-Verfahrens (FMI)

EINFACHE KATEGORIEN		
CONTEXT		KONTEXT
L:	Large Group	Große Gruppe (gesamte Klasse)
S:	Small Group	Kleingruppe
M:	Monitoring	Beaufsichtigung
T:	Transition	Übergangsphase
P:	Private	Private Interaktion
N:	Non-involved	Keine Lehrerinteraktion
WHO/TO WHOM	WER/ZU WEM	
TG:	Teacher to Group	Lehrer zur Gruppe/Klasse
TS:	Teacher to Student	Lehrer zu einem Schüler
ST:	Student to Teacher	Schüler zum Lehrer
GT:	Group to Teacher	Gruppe/Klasse zum Lehrer
TO:	Teacher to Other	Lehrer zu anderer Person
WHAT		WAS
	Instruction (academic)	*Instruktion (fachbezogen)*
Le:	Lecture/Explain	Darstellen/Erklären
LeM:	Lecture/Explain-Materials	Darstellen/Erklären mit Material
LeN:	Lecture/Explain-Nonverbal	Darstellen/Erklären-Nonverbal
Ex:	Gives Example	Beispiel
Cu:	Cues	Strukturierungshilfe
Ch:	Can't Hear	Nicht hörbare Interaktion im fachlichen Zusammenhang
	Question (academic)	*Frage (fachbezogen)*
Rq:	Recall Question	Fakten-/Wissensfrage
Hq:	Higher Level Question	Verständnisfrage
Dr:	Directive	Aufgabenstellung
Oq:	Opinion Question	Meinungsfrage
Ef:	Effectiveness Question	Rückmeldung suchen
	Response (academic)	*Antwort (fachbezogen)*
Re:	Response	Einfache Antwort
Er:	Extended Response	Ausführliche Antwort
Rc:	Recite	Vorlesen
Dk:	Don't Know	Schüler weiß keine Antwort
Si:	Silence	keine Äußerung
St:	Statement	Spontaner Schülerbeitrag
	Feedback (academic)	*Rückmeldung (fachbezogen)*
Ac:	Acknowledgement	Positive Rückmeldung
F+-:	Mixed Feedback	Gemischtes Feedback
Wr:	Wrong	Negative Rückmeldung
Ra:	Repeat Answer	Wiederholung der Antwort
Ga:	Give Answer	Selbstbeantwortung
Pb:	Probe	Sondieren
Rd:	Redirect	Adressatenwechsel
	Non-Academic	*Nicht-fachbezogen*
Di:	Discipline	Disziplinbezogene Aussage
Pr:	Procedure	Organisatorische Interaktion
So:	Social	Sozial/Kommunikativ
QUALIFIER	WIE	
Em:	Emphasis	Mit besonderer Betonung

Tabelle 4.1 *(Fortsetzung)*

ZUSAMMENGESETZTE KATEGORIEN	
Presenting the academic information	
1.) TG/TS + Le/LeM/LeN/Cu + Em	Häufigkeit besonders nachdrücklicher Lehrerdarstellungen / Strukturierungshilfen
2.) TG/TS + Ex ST + Rq	Klarheit der Lehrerbeispiele
Questioning strategies	
3.) TG/TS + Hq/Rq/Oq/Rd	Häufigkeit von an die ganze Klasse/an einzelne Schüler gerichteten Lehrerfragen
4.) TG/TS + Hq GT/ST + Dk or TG/TS + Hq GT/ST + Re TG/TS + Wr	Angemessene Verwendung von Verständnisfragen durch den Lehrer
5.) TG/TS + Hq (ST/GT + Dk/Si) TG/TS + Ga	Häufigkeit, mit der der Lehrer Verständnisfragen selbst beantwortet
Probing	
6.) TG/TS + Hq/Rq .... TG/TS + Pb	Häufigkeit, mit der der Lehrer nach einer Verständnisfrage/Faktenfrage sondiert
7.) TG/TS + Pb	Häufigkeit, mit der der Lehrer bei der gesamten Klasse/einzelnen Schülern sondiert
Management	
8.) L/S + TG/TS + Pb/Hq/Rq/Oq/Rd/Ef TG/TS/GT/ST + Si	Häufigkeit, mit der der Lehrer auf eine Antwort wartet
9.) L + TG/TS + Ch	Häufigkeit von starkem Lärm in der Klasse
Feedback	
10.) TG + Ac/Wr + Em	Häufigkeit, mit der der Lehrer besonders positives/negatives Feedback gibt
Student contributions	
11.) L/S + ST + Hq/Rq/Oq	Häufigkeit, mit der Schüler eine Interaktion durch eigene Fragen einleitet
12.) L/S + ST/GT + Le/LeM/LeN/Rc/Er/St	Häufigkeit von Schülerbeiträgen zum Unterricht

Tabelle 4.2
Kategorien des Classroom-Rating-Instrument

1. *Effektive Regelverwendung*
Vorhandensein eines Systems von Verhaltensregeln und deren Befolgung durch die Schüler

2. *Vermeidung zeitlicher Fehleinschätzungen*
Rechtzeitiges Eingreifen bei sich anbahnenden Störungen und Disziplinproblemen

3. *Vermeidung von Adressierungsfehlern*
Erkennen der wahren Urheber einer Störung

4. *Vermeidung von Überreaktionen*
Angemessenheit der Lehrerreaktion im Verhältnis zur Schwere der Störung

5. *Aufnehmen von Schülerbeiträgen*
Verwendung von Schülerbeiträgen in weiteren Verlauf des Unterrichts

6. *Verwendung von Stützmaßnahmen*
Einsatz zusätzlicher Unterrichtsmaßnahmen im Falle von Lerndefiziten

7. *Verständlichkeit von Lehreräußerungen*
Ausmaß, in dem Lehrerdarstellungen von den Schülern verstanden werden

8. *Lehrerengagement*
Ausmaß, in dem der Lehrer Interesse, Engagement und eine innere Beziehung zu Fach und Unterricht erkennen läßt

9. *Unterrichtsorganisation*
Schaffung günstiger Lernbedingungen durch eine Vorstrukturierung und Kontrolle des Unterrichtsgeschehens

10. *Lehrstofforientierung*
Akzentuierung fachlicher Inhalte und Zielsetzungen

11. *Verteilung der Antwortgelegenheiten*
Ausmaß, in dem die Schüler der Klasse in den Unterricht einbezogen werden

12. *Beschäftigung nach einer Aufgabenstellung*
Ausmaß, in dem die Schüler unmittelbar nach einer Aufgabenstellung aktiv mit der Aufgabe beschäftigt sind

13. *Hausaufgabenkontrolle*
Umfang und Gründlichkeit der Hausaufgabenkontrolle

14. *Aufrufen der Schüler nach einem festen Schema*
Tendenz, Schüler in einer vorhersagbaren Reihenfolge aufzurufen

15. *Bemühung des Lehrers, die Schüler durch interessante Beispiele zu motivieren*
Förderung von Mitarbeit und Verständnis durch interessante Beispiele

16. *Unterrichtsengagement der Schüler*
Ausmaß, in dem die Schüler im Unterricht Interesse, Energie und innere Beteiligung erkennen lassen

17. *Negative oder herabsetzende Lehrerreaktion bei Schülerantworten*
Tendenz, auf Schülerantworten mit Tadel oder herabsetzenden Kommentaren zu reagieren

18. *Zeit lassen zum Überlegen*
Ausmaß, in dem Schülern in Anschluß an die Stoffdarstellung oder an eine Frage Zeit zum Überlegen gelassen wird

19. *Sprechweise des Lehrers*
Deutlichkeit und akustische Verstehbarkeit der Lehrersprache

20. *Ausdrucksweise des Lehrers*
Gliederung und Prägnanz der Lehrerdarstellungen

21. *Wärme, Herzlichkeit*
Ausmaß von Freundlichkeit, Einfühlung, Herzlichkeit und Wärme im Umgang mit den Schülern

22. *Humor*
Durch Humor gekennzeichneter Umgang mit den Schülern

23. *Lärmpegel in der Klasse*
Geräuschpegel während des Unterrichts

Schülerperzeption des Unterrichts
Angaben zur Unterrichtsperzeption der Schüler waren Bestandteil eines Schülerfragebogens, der nach etwa einem halben Jahr Unterrichtsszeit eingesetzt wurde. Zur Erfassung der Unterrichtsperzeption wurden insgesamt 40 Einzelitems verwendet, die verschiedene Aspekte wie Effizienz der Klassenführung, Zeitnutzung durch den Lehrer, Strukturiertheit und Klarheit des Unterrichts, Unterstützung, Individualisierung und Diagnosefähigkeit betreffen (Beispielitem: "Der Lehrer bekommt alles mit, was in der Klasse passiert." Antwortmodus: so gut wie nie/selten/manchmal/oft/so gut wie immer).

Selbsteinschätzung der Lehrer
Mit Hilfe eines nach etwa einem halben Jahr Unterrichtszeit eingesetzten Lehrerfragenbogens (siehe auch Abschnitt 4.3.4.) wurden unter anderem folgende Punkte erfragt: (a) Häufigkeit individueller Diagnosen (verschiedene Formen von Klassenarbeiten) (3 Items); (b) Häufigkeit, mit der der Lehrer während Stillarbeitsphasen in der Klasse umhergeht und einzelnen Schülern Fragen stellt (1 Item); (c) Freude am Unterrichten (1 Item).

Bildung von Variablen
Verschiedene zentrale Unterrichtsmerkmale - insbesondere solche, bei denen ein moderierender Einfluß diagnostischer Kompetenz angenommen wird - basieren ausschließlich auf niedrig-inferenten Beoachterangaben (FMI-Angaben). Die Quantifizierung erfolgt dabei stets als über alle Unterrichtsstunden aggregierte relative Häufigkeit der entsprechenden Verhaltensweisen, gemessen an der Gesamtzahl aller kodierten Interaktionen.

Strukturierungshilfen. Die Gesamtheit der Strukturierungshilfen läßt sich den folgenden Unterkategorien zuordnen, die aber nicht separat kodiert wurden: (1) einführende Bemerkungen zu neuem Lehrstoff, (2) zusammenfassende Bemerkungen; (3) Bemerkungen, die den Übergang zu neuem Stoff signalisieren; (4) aufmerksamkeitsregulierende Bemerkungen; (5) Bemerkungen zum weiteren Verlauf des Unterrichts; (6) Betonung und Hervorhebung wichtiger Informationen; (7) Einteilung des Lehrstoffs in kleinere Teile; (8) Hinweise auf die Selbstverantwortung der Schüler, (9) Anmerkungen zur Art und Weise einer Aufgabe.

Für spezielle Auswertungen wurde die Häufigkeit von Strukturierungshilfen nicht nur global (bezogen auf die Gesamtheit aller Interaktionen) ausgewertet, sondern zusätzlich auch kontextspezifisch (bezogen auf die Gesamtheit aller Interaktionen in den Kontexten 'Unterricht mit der gesamten Klasse' sowie 'Aufsicht in Stillarbeitsphasen') und adressatenspezifisch (Häufigkeit der an eine Gruppe von Schüler und an Einzelschüler gerichteten Strukturierungshilfen, bezogen auf die Gesamtheit aller Interaktionen) aufgeschlüsselt.

Individuelle fachliche Hilfestellungen. Häufigkeit, mit der sich der der Lehrer in Stillarbeitsphasen an einzelne Schüler oder kleinere Gruppen von Schüler wendet und diesen in einer von der übrigen Klasse in der Regel nicht hörbaren Weise kurze zusätzliche Erklärungen und andere Formen der Hilfestellungen gibt. Nicht kodiert wurde dieses Verhalten, wenn der Beobachter Anzeichen dafür bemerkte, daß sich die Interaktion nicht auf fachliche Inhalte bezog.

Aufgabenstellungen. Häufigkeit, mit der Lehrer Schüler auffordert, eine fachliche Aufgabe auszuführen oder eine im Rahmen einer Aufgabenstellung erarbeitete Antwort auf eine Frage zu geben. Dabei handelt es sich in der Regel um Arbeitsaufträge, die Stillarbeitsphasen einleiten oder um Fragen, die im Klassenverband unter Zuhilfenahme von Material wie Arbeitsblättern, Lehrbuch oder anhand schriftlicher Aufzeichnungen zu bearbeiten sind.

Verständnisfragen. Dabei handelt es sich um Fragen, die vom Schüler weitergehende kognitive Verarbeitungsleistungen verlangen als reine Wissensfragen, bei denen lediglich bereits im Gedächtnis vorhandene Informationen abgerufen werden müssen. Vorhandene Information muß in irgendeiner Weise kombiniert, transformiert oder sonstwie weiterverarbeitet werden. Sie beziehen sich im Gegensatz zu einfachem Wissen auf Verständnis, Anwendung, Analyse, Synthese oder Bewertung im Sinne der Bloom'schen Taxonomie (Bloom, 1976b).

Darstellen/Erklären. Häufigkeit, mit der der Lehrer fachlichen Stoff präsentiert oder darstellt.

Adressatenwechsel. Häufigkeit, mit der der Lehrer nach einer nicht zufriedenstellenden Antwort durch einen Schüler einen anderen Schüler oder die ganze Klasse aufruft, um eine bessere Antwort zu bekommen.

Für eine Reihe komplexer Unterrichtsmerkmale wurde versucht, auf der Grundlage inhaltlich vergleichbarer Indikatoren übergreifende Konstrukte zu bilden. Dabei wurde nach Möglichkeit eine mehrperspektivische Verankerung angestrebt, bei der Angaben aus der niedrig-inferenten Unterrichtsbeobachtung (FMI), hoch-inferente Unterrichtsbeobachtungen (Classroom-Rating) und auf Klassenebene aggregierte Schülerangaben (Schülerfragebogen t3) kombiniert wurden. Die in das Konstrukt eingehenden Einzelangaben wurden dabei standardisiert und anschließend gemittelt. Bis auf Lehrerengagement entsprechen die ersten fünf Konstrukte den von Helmke (1988a) verwendeten Unterrichtsmerkmalen.

Klassenführung. (1) Anteil der Unterrichtszeit, in dem keine disziplinbezogenenen Aktivitäten vorkommen (FMI); (2) Ausmaß, in dem der Unterricht durch ein System von klaren und von den Schülern akzeptierten Verhaltensregeln geprägt ist (CRI); (3) Effizienz der Klassenführung aus Schülersicht (Schülerfragebogen, Skala mit 5 Items).

Lehrstofforientierung. (1) Anteil der Unterrichtszeit, in dem keine prozeduralen Aktivitäten vorkommen (FMI); (2) Ausmaß, in dem der Lehrer dafür sorgt, daß im Unterricht fachliche Inhalte und Lehrziele vermittelt werden (CRI); Lehrstofforientierung aus Schülersicht (Schülerfragebogen; Skala mit 6 Items).

Klarheit und Verständlichkeit. (1) Anteil der Unterrichtszeit, in dem keine Äußerungen vorkommen, die mangelndes Verständnis der Schüler anzeigen (Ausdrückliche Bekundungen des Nicht-Wissens durch die Schüler, Selbstbeantwortung von Fragen und negatives Feedback durch Lehrer) (FMI); (2) Verständlichkeit der Lehrerdarstellung (CRI); (3) Verständlichkeit aus Schülersicht (Schülerfragebogen; 2 Items).

Affektive Qualität der Lehrer-Schüler-Beziehung. (1) Einschätzung des Lehrers im Hinblick auf seinen Humor durch die Schüler (Schülerfragebogen, 1 Item); (2) Ausmaß der dem Lehrer entgegengebrachten Sympathie (Schülerfragebogen, 1 Item).

Lehrerengagement. (1) Ausmaß, in dem Lehrer besonderes Interesse an seinem Fach und seinem Unterricht erkennen läßt und mit besonderer Energie und innerer Beteiligung unterrichtet (CRI); (2) Ausmaß, in dem sich der Lehrer bemüht, die Schüler durch interessante Beispiele zu motivieren (CRI); (3) Freude des Lehrers am Unterrichten (Lehrerfragebogen, 1 Item).

Für spezifische Fragestellungen werden eine Reihe weiterer Unterrichtsmerkmale, die überwiegend ebenfalls auf dem FMI basieren, herangezogen.

Kleingruppenunterricht. Hierbei handelt es sich um eine Kontextkategorie des FMI, die angibt, wie häufig der Lehrer mit einer kleinen Gruppe von Schülern (2-8) interagiert. Die Kleingruppe ist dabei in der Regel räumlich zusammengefaßt und von der Restklasse abgetrennt. Der Lehrer steht mit dem Rest der Klasse nicht direkt in Verbindung, überwacht und beobachtet ihn aber.

Lehrer-Schüler-Interaktionen außerhalb des Unterrichtskontexts. Häufigkeit, mit der der Lehrer mit einem einzelnen Schüler außerhalb des Gruppenkontext (z.B. am Lehrertisch) interagiert. Die Interaktionen können den Charakter von regelrechtem Individualunterricht haben.

Sachbezogene Schülerbeiträge. Häufigkeit von aufgabenbezogenen, an den Lehrer gerichteten Schülerbemerkungen (keine Fragen). Es handelt sich dabei nicht um Antworten auf Lehrerfragen, sondern die Schülerbeiträge erfolgen spontan und unaufgefordert.

Zeitlassen für Antworten. Häufigkeit, mit der der Lehrer nach einer Frage auf eine Antwort wartet, das heißt mindestens 5 Sekunden vergehen läßt, ehe er wieder aktiv wird (z.B. durch Wiederholen der Frage, Aufforderung an die Klasse usw.).

Nachfragen und Hilfestellungen. Häufigkeit, mit der der Lehrer Schülern hilft, nach einer falschen, unvollständigen oder gar nicht gegebenen Antwort zu einer richtigen, verbesserten oder erweiterten Antwort zu gelangen. Der Lehrer kann die Frage wiederholen, umformulieren, eine andere Frage stellen oder zusätzliche Erklärungen geben.

Formelle Diagnosepraktiken. Selbsteinschätzung der Häufigkeit, mit der der Lehrer verschiedene Formen der Leistungskontrolle zum Zwecke der Diagnose individueller Leistungsschwächen einsetzt (Lehrerfragebogen; 3 Items).

Verschiedene Aspekte der Adaptivität von Unterricht werden wie folgt definiert:

Individualisierungsförderliche Unterrichtsorganisation. Ausmaß, in dem der Lehrer (1) Überwachungs- und Aufsichtsphasen einsetzt und Unterricht mit der gesamten Klassen entsprechend einschränkt (Kontextkategorien FMI und Rollenkategorie IAR), wobei (2) die Schüler mit schriftlichen Aufgaben oder sonstigem Arbeitsmaterial beschäftigt werden (Unterrichtsformkategorie IAR).

Individualisierender Interaktionsstil. Häufigkeit, mit der sich der Lehrer (1) an einzelne Schüler wendet (FMI), (2) insbesondere Fragen an einzelne Schüler stellt (FMI) und (3) während Stillarbeitsphasen in der Klasse umhergeht und einzelnen Schüler Fragen stellt (Lehrerfragebogen, 1 Item).

Variation des Unterrichtsangebots. Häufigkeit, mit der der Lehrer (1) guten Schülern besonders schwierige und (2) schlechten Schülern besonders leichte Fragen stellt, aus Schülersicht (Schülerfragebogen, 2 Items).

Feinabstimmung von Fragen. Häufigkeit, mit der der Lehrer nach (1) Verständnisfragen und (2) Wissensfragen die Frage wiederholt, umformuliert,erweitert oder Hilfen gibt (FMI).

Remediales Verhalten. Häufigkeit, mit der der Lehrer zusätzliche Hilfen gibt und sich um den Schüler kümmert, wenn dieser etwas nicht verstanden hat (Schülerfragebogen, 3 Items).

Passung. Realisierung einer angemessenen Unterrichtsschwierigkeit, insbesondere das Vermeiden von Überforderung, aus Schülersicht (Schülerfragebogen, 3 Items).

4.3.3 Erfassung sonstiger Lehrermerkmale

In den im Rahmen des Gesamtprojekt eingesetzten Lehrerfragebögen (Helmke & Schrader, 1985) wurden hauptsächlich folgende Punkte thematisiert:

- allgemeine Lehrermerkmale (Geschlecht, Alter, Ausbildung, Berufserfahrung usw.);
- grundlegende pädagogische Einstellungen und Orientierungen (Bezugsnormorientierung, erzieherische Einstellungen);
- Angaben zu Rahmenbedingungen des Unterrichts, Realisierungsformen des Unterrichts, Unterrichtspraktiken;
- Lerngelegenheiten und Aufgabenschwierigkeitseinschätzungen;
- Ursachenerklärungen und Anforderungen;
- Beurteilung von Schülern im Hinblick auf verschiedene Merkmale.

Für die vorliegende Arbeit wurde auf folgende Variablen zurückgegriffen:

Klassengröße. Zahl der zu Beginn des Schuljahrs in der Klasse befindlichen Schüler.
In der Klasse verbrachte Unterrichtszeit. Frage, ob zusätzlich zu Mathematik noch mindestens ein weiteres Fach in der Klasse unterrichtet wird.
Ausländeranteil. Zahl ausländischer Schüler in der Klasse, relativiert auf die Gesamtzahl aller Schüler der Klasse.
Allgemeine Berufserfahrung. Dauer der bisherigen Lehrertätigkeit.
Jahrgangsspezifische Unterrichtserfahrung. Häufigkeit, mit der bislang in der fünften Jahrgangsstufe in Mathematik unterrichtet wurde.
Fach- und stoffspezifische Kompetenz. Art der Ausbildung in Mathematik.

Neben diesen Rahmendaten wurden mittels Lehrerfragebogen folgende zwei pädagogische Orientierungen erfaßt:

Individuelle Bezugsnormorientierung. Fragebogen von Rheinberg (1980) mit den Subskalen Individualisierung, Kausalattribuierung, Leistungsvergleich, Sanktionsstrategie und Erwartung (37 Items).
Attribuierung auf unzureichende Begabung. Bedeutung, die unzureichende Begabung als Ursache für Verständnisschwierigkeiten der leistungsschwachen Schüler der Klasse aus Lehrersicht hat (3 Items).

4.3.4 Erfassung von Schülereingangsmerkmalen

Eingangsleistungen. Die Erfassung der Eingangsleistungen im Fach Mathematik erfolgte mit Hilfe zweier Tests, die zu Beginn, in der Mitte und gegen Ende des fünften Schuljahrs eingesetzt wurden, um die Leistungsentwicklung der Schüler und Klassen zu ermitteln. Das zugrundeliegende Instrument wird im nächsten Abschnitt näher beschrieben. Das Verfahren wurde nicht nur zur Erfassung der individuellen Eingangsleistungen verwendet, sondern auch zur Bildung der Variable *Leistungsheterogenität* der Klasse, die als Streuung der Mathematikeingangsleistungen in der Klasse indikatorisiert wurde.

Intelligenz. Zur Anwendung kamen drei Subskalen des kognitiven Fähigkeitstests (KFT) von Heller, Gaedike & Weinläder (1976), die sich den von Treumann (1974) als relevant für Mathematikleistungen herausgearbeiteten Fähigkeitsmerkmalen "Sprachverständnis", "Raumvorstellung" und "Schlußfolgerndes Denken" zuordnen lassen: Wortbedeutung (V1), Fortsetzung von Zahlenreihen (Q3), Figurenanalogien (N2).

Auch die Intelligenztestergebnisse dienten nicht nur zur Ermittlung der individuellen Eingangsvoraussetzungen, sondern auch der Feststellung der *Intelligenzheterogenität* der Klasse, die als Streuung der Intelligenztestleistungen der Klasse indikatorisiert wurde.

Im Rahmen eines zu Beginn der Untersuchung eingesetzten Schülerfragebogens (Helmke, 1985) wurden unter anderem die folgenden Schülermerkmale erhoben:

Selbstkonzept der Fähigkeit. Verschiedene Aspekte der Begabung für das Fach Mathematik. Beispielitem: Was wir in Mathematik durchnehmen, verstehe ich meistens (Skala mit 6 Items).

Positive Einstellung zum Fach Mathematik. Wertschätzung, die das Fach Mathematik beim jeweiligen Schüler genießt. Beispielitem: Ich freue mich darauf, in Mathematik noch viel dazuzulernen (Skala mit 6 Items).

Positive Einstellung zur Schule. Einstellung zur Schule und zum schulischen Lernen. Beispielitem: Das einzige, was ich an der Schule gut finde, ist, daβ ich dort meine Freunde und Freundinnen treffe (Skala mit 6 Items).

Leistungsangst. Häufigkeit aufgabenirrelevanter Kognitionen in einer schulischen Leistungssituation. Beispielitem: Ich dachte, es hat ja doch keinen Zweck, ich schaffe die Aufgaben nie (Skala mit 13 Items).

4.3.5 Erfassung von Unterrichtseffekten

Die Erfassung der Leistungsentwicklung im Fach Mathematik erfolgte mit Hilfe zweier Mathematikleistungstests, die zu Beginn, in der Mitte und gegen Ende der fünften Klassenstufe eingesetzt wurden. Bei diesen Mathematiktests (Helmke, Grommelt, Hoppe & Schrader, 1985) handelt es sich um im Rahmen des Projekts mit dem Ziel entwickelte Verfahren, curricular valide und instruktionssensitive Instrumente zu erhalten. Die Stoffauswahl erfolgte auf der Grundlage des für den Mathematikunterricht in bayerischen fünften Hauptschulklassen verbindlichen "Curricularen Lehrplans".

Test 1 (29 Aufgaben) bezog sich auf das Stoffgebiet "Grundrechenarten" und umfaβte Aufgaben der Teilgebiete Addition, Subtraktion, Multiplikation, Division und Verbindung der Grundrechenaufgaben.

Aufgabenbeispiele:
1.) 96442 + 5294 + 98
2.) 68454
- 4321
3.) 32884 : 4
4.) 560079 x 78
5.) 18 + 9 x 2
6.) (4 + 3) x (11 - 7)

Test 2 (23 Aufgaben) umfaβte das Gebiet Sach- und Textaufgaben und enthielt darüberhinaus auch auf der Anwendung von Grundrechenarten basierende Aufgaben mit Problemlösecharakter wie Platzhalteraufgaben und Textgleichungen.

Aufgabenbeispiele:
1.) Claudia bekommt 10 DM Taschengeld im Monat. Sie hat ihr Taschengeld 1 Jahr lang gespart. Von dem Geld kauft sie sich einen Plattenspieler zu 100 DM und eine Platte zu 10 DM. Wieviel Geld bleibt ihr übrig?
2.) 32667 + ______ = 77666
3.) Zählt man zum Fünffachen einer Zahl noch 12 dazu, so erhält man 42. Wie heiβt die Zahl?

Beide Testverfahren waren als Speedtest angelegt. Ferner waren beide Instrumente so konstruiert, daβ ein weiter Bereich des Aufgabenschwierigkeitsspektrums abgedeckt war. Dabei wurde bei Test 1 eine zyklische Anordnung der Aufgaben gewählt, bei der sich die Gesamtabfolge der Aufgaben aus einzelnen Aufgabengruppen zusammensetzte, innerhalb derer die Aufgaben jeweils nach aufsteigender Schwierigkeit geordnet waren. Im Hinblick auf die ökologische Validität und die Möglichkeit weiterführender fehleranalytischer Auswertungen wurde die Form der offenen Beantwortung gewählt. Test 1 und 2 wurden zum ersten, zweiten und dritten Meßzeitpunkt eingesetzt. Die Reliabilitäten der beiden Teiltests liegen für die einzelnen Meßzeitpunkte im Bereich zwischen .78 und .84 (Cronbach's Alpha).

4.4 Durchführung der Untersuchung

Die längsschnittlich angelegte Untersuchung umfaßte vier Meßzeitpunkte: Beginn, Mitte und Ende der fünften Klassenstufe sowie Ende der sechsten Klassenstufe.

Test- und Fragebogenuntersuchungen. Die Testuntersuchungen zur Mathematikleistung zum ersten, zweiten und dritten Meßzeitpunkt erfolgten auf der Grundlage der vom Projekt entwickelten Tests zu Grundrechenaufgaben und Sachaufgaben (für jeden Teiltest eine Schulstunde) in zwei aufeinander folgenden Schulstunden. Die Testuntersuchung zum vierten Meßzeitpunkt erfolgte ebenfalls in zwei aufeinander folgenden Schulstunden mit den Tests zum Verständnis des Bruchbegriffs (vom Projekt entwickelt) und dem Bruch- und Dezimalrechentest (Haenisch & Lukesch, 1981). Auf alle Testuntersuchungen folgte außer zum ersten Meßzeitpunkt (zum zweiten, dritten und vierten Meßzeitpunkt stets genau einen Tag später, zum vierten Meßzeitpunkt etwa vier Wochen später) eine ebenfalls zwei Schulstunden umfassende Fragebogenuntersuchung der Schüler. Zum ersten Meßzeitpunkt wurde drei Wochen nach der Mathematiktestung der Intelligenztest vorgegeben und anschließend ein Schülerfragebogen eingesetzt (jeweils eine Schulstunde).

Die Test- und Fragebogenuntersuchungen erfolgten aus Disziplingründen immer im Beisein eines Lehrers, meistens des an der Untersuchung beteiligten Lehrers, durch einen Testleiter aus dem Projekt. Dabei wurde streng darauf geachtet, daß der Lehrer nicht in die Untersuchung eingriff und auch keinen Einblick in die Testhefte oder Fragebögen seiner Schüler nahm. Der Lehrer konnte sich zwar (anhand eines leeren Exemplars) über den Inhalt des Tests oder Fragebogens informieren; er durfte aber weder ein Testheft oder einen Fragebogen behalten noch wurde er vor Ablauf des ersten Untersuchungsjahres über Test- und Fragebogenergebnisse (letztere nur als Klassenmittelwerte) informiert (für detaillierte Ausführungen vgl. Weinert & Helmke, 1984).

Die schriftlichen Lehrerbefragungen fanden in der Regel zur selben Zeit statt, in der die Schüler ihre Tests oder Fragebögen bearbeiteten. Das heißt der Lehrer wurde gebeten, den Lehrerfragebogen bereits in den Untersuchungsstunden zu bearbeiten.

Unterrichtsbeobachtungen. Die Beobachtungsstudie wurde zwischen dem ersten und zweiten Meßzeitpunkt in insgesamt 9 Mathematikstunden pro Klasse durchgeführt. Dabei wurden sechs trainierte Beobachter eingesetzt, denen im Durchschnitt fünf bis acht Klassen zugeordnet waren. Die Beobachtungen erfolgten (bis auf das erste Mal) grundsätzlich unangemeldet, so daß die Gefahr, einen speziell vorbereiteten und damit unrepräsentativen Unterricht präsentiert zu bekommen, weitgehend ausgeschaltet war. Die Beobachter waren (trotz methodischer Nachteile, die im Verzicht auf die Möglichkeit zur Berechnung von Generalisierbarkeitsmaßen liegen) den Klassen über die gesamte Untersuchungsdauer fest zugeordnet, um durch persönlichen Kontakt und eine kontinuierliche Betreuung die Bereitschaft der Lehrer zur weiteren Mitarbeit aufrechtzuerhalten und eventuellen Ausfällen vorzubeugen. Auch hier bekamen die Lehrer vor Ablauf des ersten Schuljahrs keinerlei Rückmeldung über das Ergebnis der Untersuchung.

4.5 Datenanalyse

Eingesetzt werden die üblichen Methoden der Regressions- und Korrelationsrechnung (siehe etwa Cohen & Cohen, 1983; Pedhazur, 1982). Soweit nötig, werden nähere Einzelheiten der eingesetzten Verfahren "an Ort und Stelle" beschrieben. Dies gilt auch für die Frage der angemessensten Analyseebene und der Problematik von Veränderungsmessungen.

Im folgenden soll daher lediglich auf die folgenden beiden Punkten eingegangen werden: (1) die besondere Problematik kausaler Interpretationen und (2) den allgemeinen Stellenwert statistischer Überprüfungen für die vorliegende Arbeit.

Zur kausalen Interpretierbarkeit. Ein Hauptziel der vorliegenden Arbeit ist es, die "Wirkung" bestimmter Formen diagnostischer Kompetenz von Lehrern auf die Leistungsentwicklung von Schülern zu untersuchen. Die dabei zugrundeliegenden Überlegungen beziehen sich zumindest teilweise ganz eindeutig auf kausale Interpretationen.[8] Es ist hier nicht der Ort, um die Frage der Berechtigung kausaler Hypothesen im Rahmen von experimentellen und nicht-experimentellen Untersuchungen im einzelnen zu untersuchen (siehe dazu vor allem Cook & Campbell, 1979), geschweige denn, den wissenschaftstheoretischen Stellenwert von Kausalaussagen auszuleuchten (siehe dazu etwa Essler, 1979). Im folgenden soll lediglich auf zwei Punkte hingewiesen werden, die die Berechtigung kausaler Interpretationen, wie sie üblicherweise in der empirischen Forschung vorgenommen werden, fraglich erscheinen lassen müssen:

(1) die fehlende Möglichkeit, diagnostische Kompetenz als Merkmal zu isolieren und von konfundierten Einflußfaktoren zu "entkoppeln"; diese Beschränkung ist im Rahmen eines nicht-experimentellen Ansatzes prinzipiell nicht überwindbar.

---

[8]Man kann dabei eine globale Wirkungshypothese (Diagnostisch kompetente Lehrer erzielen bessere Lernerfolge, weil sie ganz allgemein über höhere Kompetenzen verschiedener Art verfügen) und eine spezifische Wirkungshypothese (Diagnosekompetenz führt zu besseren Lernergebnissen, weil sie ganz bestimmte Maßnahmen und Verhaltensweisen optimiert) unterscheiden. Der globalen Wirkungshypothese unterliegt allenfalls eine "schwache" Kausalannahme, weil eine exakte Eingrenzung der verursachenden Variablen gar nicht beansprucht wird. Problematisch sind daher kausale Interpretationen in erster Linie im Fall der spezifischen Wirkungshypothese.

(2) der Umstand, daß die personenbezogene diagnostische Kompetenz nicht zeitlich vor dem Effektkriterium (der um den Einfluß der Vortestleistung bereinigten Nachtestleistung) erfaßt werden konnte.

Beim zweiten Punkt ist damit eine ähnliche Situation wie in Querschnittsuntersuchungen gegeben, wo Zusammenhänge kausal gedeutet werden, obwohl die Variablen zum gleichen Zeitpunkt erhoben worden sind. Die Sachlage ist hier in einer Hinsicht sogar noch ungünstiger, da die im Hinblick auf das Zusammenwirken mit bestimmten Unterrichtsmerkmalen untersuchte personenbezogene Diagnosekompetenz erst zum vierten Meßzeitpunkt erhoben wurde, die als die eigentlichen Determinanten des Lernerfolgs anzusehenden Unterrichtsmerkmale aber bereits zwischen dem ersten und zweiten Meßzeitpunkt erfaßt wurden, während die für die Lernerfolgsmessung verwendete Nachtestleistung zum dritten Meßzeitpunkt erfaßt wurde.[9]

Eine kausale Interpretation in der Weise, wie sie hier beabsichtigt ist, ist nur möglich, wenn man zumindest für die personenbezogene Diagnosefähigkeit bestimmte Stabilitäts- und Konstanzannahmen macht. Es muß unterstellt werden, daß es sich bei der diagnostischen Kompetenz zumindest im Kontext einer bestimmten Klasse um ein stabiles, über einen langen Zeitraum hinweg unveränderliches Merkmal handelt. Betrachtet man diagnostische Kompetenz als ein intelligenzähnliches Fähigkeitsmerkmal, so erscheinen hohe Stabilitätswerte gerechtfertigt (vgl. etwa Amelang & Bartussek, 1981, zur Stabilität von Intelligenz im Erwachsenenalter). Stabilitätsannahmen sind im Rahmen groß angelegter Makrostudien nichts Ungewöhnliches; sie sind nicht zuletzt Grundlage des gesamten Prozeß-Produkt-Ansatzes in der Lehr-Lern-Forschung, wo das Lehrerverhalten über einen längeren Zeitraum hinweg beobachtet wird und die Ergebnisse einzelner Messungen zu einem Kennwert aggregiert werden.

Die Berechtigung derartiger Stabilitätsannahmen erscheint realistischer, wenn man Stabilität nicht im Sinne einer absoluten Merkmalskonstanz interpretiert, sondern im Sinne einer Konstanz der relativen Position eines Individuum innerhalb einer Bezugsgruppe oder Population (vgl. Wohlwill, 1973, für eine Darstellung verschiedener Formen der Verhaltensstabilität). Eine solche "schwache" Stabilitätsannahme, die lediglich eine weitgehende Stabilität der Rangordnung von Personen bezüglich eines Merkmals unterstellt, erscheint im vorliegenden Fall vertretbar und ausreichend.

Obwohl die Berechtigung einer kausalen Interpretation fraglich ist - dies wird am Ende der Arbeit noch einmal kritisch zu diskutieren sein -, werden aus sprachlichen Gründen Formulierungen wie "x bewirkt y", "x hat y zur Folge" vorerst beibehalten.

---

[9]Der Umstand, daß nicht die Nachtestleistungen zum vierten Meßzeitpunkt für die Erfassung der Leistungsentwicklung herangezogen wurden, erklärt sich daraus, daß dann derselbe Test sowohl als Urteilskriterium als auch als Effektkriterium benutzt würde. Dabei wäre die Gefahr artifizieller Zusammenhänge gegeben (Gage, 1968).

Stellenwert statistischer Prüfungen. Im Hinblick auf den Einsatz statistischer Prüfverfahren wird hier eine eher liberale Position eingenommen. Nach Auffassung von Rosenthal & Rubin (1985) dienen statistische Überprüfungen nicht der Etablierung von wissenschaftlichen Tatsachen, sondern als Mittel, den Unsicherheitsgrad eines Ergebnisses ("inferential uncertainty due to sampling errors", p.527) abzuschätzen. Wissenschafliche Tatsachen sind nie das Ergebnis einer einzelnen Studie, sondern ergeben sich erst aus einer Kumulation von Befunden durch eine hinreichende Zahl von Replikationen. Die Ergebnisse statistischer Prüfungen dienen also nicht als letztgültige Entscheidungskriterien, sondern in begrenzterem Sinne als Gradmesser für die "Vertrauenswürdigkeit" von Zusammenhängen.

Damit wird eine Position vertreten, in der auf strikte statistische Prüfkriterien zugunsten einer größeren Offenheit gegenüber potentiell wichtigen und theoretisch interessanten Ergebnistendenzen verzichtet wird. Dies bedeutet unter anderem, daß Fehler zweiter Art, die der gängigen Forschungspraxis zufolge oft als um ein Mehrfaches gravierender angesehen werden als Fehler erster Art (Cohen, 1977), weniger schwer gewichtet werden. Die Position von Rosenthal & Rubin (1985) deckt sich mit den in der Lehr-Lern-Forschung anzutreffenden Bestrebungen, angesichts der in der Regel sehr kleinen Stichproben (Zahl der Klassen) die Signifikanzgrenzen auf ein Alpha von .10 oder gar .20 zu erhöhen (vgl. Treiber, 1980).

Für Analysen auf Klassenebene wird daher auch im Rahmen dieser Arbeit ein Alpha von .10 für ausreichend angesehen. Gemäß dem eher explorativen Charakter solcher Überprüfungen wird für Post-Hoc-Vergleiche ein Alpha von .10 bis .20 zugrundegelegt. Mitunter wird dabei auch von einem kontrastweisen Fehlerrisiko ausgegangen, wie es zumindest bei geplanten orthogonalen Kontrasten üblich ist (vgl. Kirk, 1968).

5. ERGEBNISSE EINER EMPIRISCHEN UNTERSUCHUNG ZUR BEDEUTUNG VON DIAGNOSTISCHEN KOMPETENZEN FÜR DEN LEHRER, SEINEN UNTERRICHT UND DEN LERNERFOLG DER SCHÜLER

5.1 Diagnostische Kompetenz als Lehrermerkmal

5.1.1 Vorbemerkung

Die Ergebnisdarstellung soll mit einem deskriptiven Teil (Kapitel 5.1) beginnen, in dem den ersten der drei in 3.2. formulierten Fragestellungen nachgegangen wird: (1) der Frage nach der Existenz von Lehrerunterschieden, (2) der Frage nach dem Zusammenhang zwischen verschiedenen Aspekten diagnostischer Kompetenz und (3) der Frage nach dem Zusammenhang von diagnostischer Kompetenz mit verschiedenen Kontext-, Personen- und Unterrichtsmerkmalen. Begonnen wird mit der Darstellung von deskriptiven Statistiken der Diagnosekennwerte, die vor allem Aufschluß über das Vorliegen von Lehrerunterschieden geben sollen. Um näheren Aufschluß über die Beschaffenheit der Diagnosekennwerte zu bekommen, soll zusätzlich der Zusammenhang dieser Genauigkeitskennwerte mit den in sie eingehenden Urteils- und Leistungskennwerten analysiert werden. Sodann wird die sowohl aus theoretischen Gründen wie auch für den weiteren Fortgang der Arbeit bedeutsame Frage des Zusammenhangs verschiedener Aspekte der Diagnosegenauigkeit untersucht. Ergänzend soll geprüft werden, ob sich die diagnostische Kompetenz von Lehrern in der Wahrnehmung der Schüler niederschlägt, was als eine mögliche Form der Validierung für dieses Unterrichtsmerkmal angesehen werden kann. Ein Schwerpunkt dieses Kapitels sind schließlich Versuche, Zusammenhänge zwischen diagnostischer Kompetenz und Merkmalen des Kontexts, der Lehrerperson und des Unterrichts zu ermitteln. Angesichts der begrenzten Zielsetzung, die mit diesem Teil der Arbeit verfolgt wird, werden jedoch nur recht einfache und naheliegende theoretische Erwartungen geprüft. Insbesondere wird darauf verzichtet, komplexere Zusammenhangsmuster zu untersuchen oder vermittelnde Zwischenglieder für die betrachteten Zusammenhänge aufzuhellen.

5.1.2 Deskriptive Statistiken der Diagnosekennwerte

Die im folgenden dargestellten Diagnosekennwerte basieren auf personenbezogenen, aufgabenbezogenen und aufgabenspezifischen Leistungseinschätzungen des Lehrers und den ihnen jeweils entsprechenden Kriteriumswerten. Entsprechend dem in Abschnitt 4.3.1 dargestellten Rationale werden für die personenbezogenen Leistungseinschätzungen und die Aufgabenschwierigkeitseinschätzungen jeweils Komponentenanalysen vorgenommen, anhand derer insgesamt sechs Komponenten der Urteilsgenauigkeit unterschieden werden können. Schließlich wird nach dem ebenfalls in Abschnitt 4.3.1 dargestellten Verfahren auch für die aufgabenspezifischen Leistungseinschätzungen ein Kennwert entwickelt. Insgesamt können auf diese Weise die folgenden sieben Komponenten der Diagnosegenauigkeit unterschieden werden:

(a) personenbezogene Rangordnungskomponente;
(b) personenbezogene Niveaukomponente;
(c) personenbezogene Differenzierungskomponente;
(d) aufgabenbezogene Rangordnungskomponente;
(e) aufgabenbezogene Niveaukomponente;
(f) aufgabenbezogene Differenzierungskomponente;
(g) Aufgaben-Personen-Wechselwirkungskomponente.

Die wichtigsten deskriptiven Statistiken dieser sieben Diagnosekennwerte sind in Tabelle 5.1 dargestellt.

Personenbezogene Rangordnungskomponente. Sie gibt an, wie gut der Lehrer in der Lage ist, die Leistungsposition einzelner Schüler und damit die relativen Unterschiede in den Schülerleistungen (in erster Linie ihre Rangordnung) in der Klasse einzuschätzen. Gemessen wird diese Komponente durch die Produktmoment-Korrelation zwischen den vom Lehrer eingeschätzten und den tatsächlichen Leistungen der Schüler in der jeweiligen Klasse. Die auf diese Weise gemessene Diagnoseleistung liegt bei der Mehrzahl der Lehrer (etwa 75%) zwischen .60 und .90. Ein Viertel der Lehrer erzielt dagegen nur Werte zwischen .00 und .60. Das Spektrum unterschiedlicher Diagnosekompetenz reicht also von Lehrern, die die Leistungsposition ihrer Schüler nahezu perfekt einschätzen können, bis hin zu einem Lehrer, dessen Einschätzungen keinen Zusammenhang mit den tatsächlichen Leistungen aufweisen.

Abgesehen von diesem Extremfall liegen die Ergebnisse im Rahmen dessen, was aufgrund der in der Literatur berichteten Befunde erwartet werden kann (Hoge & Butcher, 1984; Hopkins et al., 1985; Irvine, 1985). Bedeutsam ist in diesem Zusammenhang vor allem die Tatsache, daß die Kennwerte zwischen den Lehrern deutlich variieren, und daß die individuellen Unterschiede hinreichend reliabel sind. Damit sind die Voraussetzungen gegeben, um diese Diagnosekomponente im Rahmen von Analysen verwenden zu können.

Da die Höhe der Produktmomentkorrelation sowohl davon abhängt, wie gut die Rangreihen der Meßwerte übereinstimmen, als auch davon, wie gut die relativen Unterschiede auf beiden Meßwertkontinua übereinstimmen, dürften auch in die durch die Produktmoment-Korrelation gemessene Diagnoseleistung zwei Faktoren eingehen: zum einen die Fähigkeit, die reine Rangposition einzelner Schüler innerhalb der Klasse zutreffend einzuschätzen, zum anderen die Fähigkeit, über die bloße Rangposition hinaus auch den relativen Leistungsabstand zu anderen Schülern zutreffend einzuschätzen. Langer & Schulz von Thun (1974) unterscheiden dementsprechend, bezogen auf die Gütemerkmale von Ratings, zwischen *Relations-* und *Ranggüte*. Wir selbst (Schrader & Helmke, 1987) haben aus demselben Grund für den durch den Produktmoment-Korrelationskoeffizienten gebildeten Kennwert den Terminus 'Vergleichskomponente' verwendet.

Tabelle 5.1

Deskriptive Statistiken der Diagnosekennwerte

	N	*M*	*SD*	*Min*	*Max*	*Reliabilität*[a]
Personen						
Rangordnung	32	0.64	0.20	0.02	0.88	.76
Niveau	32	8.22	5.19	-4.98	15.74	.96
Differenzierung	32	1.36	0.49	0.56	2.58	.91
Aufgaben						
Rangordnung	33	0.33	0.46	-0.74	0.90	.75
Niveau	33	0.24	0.17	-0.17	0.61	.92
Differenzierung	33	1.07	0.34	0.36	1.58	.73
Aufgaben x Personen						
Wechselwirkung	27	7.04	2.99	0.00	13.00	.54

Anmerkungen. [a] Für die ersten sechs Komponenten wurde eine der Testhalbierungsmethode entsprechende Reliabilitätsschätzung eingesetzt, für die Aufgaben-Personen-Wechselwirkungskomponente wurde die Reliabilitätsschätzung auf der Basis von Cronbach's Alpha vorgenommen (siehe Abschnitt 4.3.1).

Damit sollte deutlich gemacht werden, daß der durch diesen Koeffizienten gemessene Diagnosekennwert angibt, wie gut der Lehrer abschneidet, wenn er 'Vergleiche' zwischen Schülern vornimmt, also die relativen Unterschiede zwischen ihnen beurteilt. Da später für die entsprechende Komponente bei Aufgabenschwierigkeitsurteilen aus Reliabilitätsgründen der Rangkorrelationskoeffizient verwendet wird, soll aus sprachlichen Gründen in beiden Fällen die Bezeichnung 'Rangordnungskomponente' gewählt werden.

Personenbezogene Niveaukomponente. Sie gibt an, um wieviel Punkte der Lehrer die Leistungen seiner Schüler im Mittel über- (= positive Werte) oder unterschätzt (= negative Werte). Der Einschätzung lag dabei eine Skala von 0 bis 37 zugrunde (Zahl der von jedem Schüler im Test gelösten Aufgaben). Die Ausprägung der Niveaukomponente hängt nicht primär von der Fehlergröße, sondern von der Fehlerrichtung ab. Obwohl sie deshalb kein Maß für die Urteilsgenauigkeit im eigentlichen Sinne, sondern eher ein Maß für die Urteilsfehlerrichtung ist, wird ihr für rein deskriptive Zwecke gegenüber einem richtungsunabhängigen Maß der Vorzug gegeben, da sie gerade wegen der Unterscheidung beider Fehlerrichtungen ein differenzierteres Beschreibungsinstrument ist.

Die Verteilung der personenbezogenen Niveaukomponente macht zunächst deutlich, daß das Leistungsniveau der Klasse von den meisten Lehrern deutlich überschätzt wird, im Mittel um etwa 8 Punkte. Da die mittlere Testleistung bei 10.5 Punkten liegt, bedeutet dies eine Überschätzung von etwa 75%. Die höchste aufgetretene Ausprägung der Niveaukomponente, also die höchste Überschätzung, beträgt 15.7 Punkte; das heißt, der betreffende Lehrer nimmt an, daß die Klasse im Durchschnitt 15 (von insgesamt 37) Aufgaben mehr lösen kann, als dies tatsächlich der Fall ist. Nur vier Lehrer unterschätzen das Leistungsniveau der

Klasse, im extremen Fall um knapp 5 Punkte. Durch das seltene Vorkommen von Unterschätzungen wird die Möglichkeit von Analysen, bei denen Unterschätzungen eine Rolle spielen, ganz nachhaltig reduziert; möglich sind eigentlich nur noch Extremgruppenvergleiche. Auch bei der Niveaukomponente treten beträchtliche Lehrerunterschiede auf, wobei die Reliabilität als sehr hoch bezeichnet werden kann.

Bemerkenswert ist die durch eine hohe Dominanz von Überschätzungen gekennzeichnete Verteilung. Vereinzelte Befunde aus der Literatur (Egan & Archer, 1985; Shavelson, 1983) deuten darauf hin, daß Lehrer eher zu einer Überschätzung statt einer Unterschätzung des Leistungsniveaus neigen. Mögliche Erklärungen für die Dominanz von Überschätzungstendenzen könnten sein (vgl. Schrader & Helmke, 1987):

(a) In die Lehrerurteile fließen vermutlich normative Vorstellungen darüber ein, welche Schülerleistungen aufgrund von Lehrplan und Unterricht zu erwarten sind. Möglicherweise kommt solchen normativen Vorstellungen ein stärkeres Gewicht zu als einschlägigen Unterrichtsbeobachtungen.

(b) Bei der Urteilsabgabe spielen selbstwertdienliche Faktoren eine Rolle (eine niedrige Einschätzung disqualifiziert die eigenen Unterrichtsbemühungen).

(c) Die Lehrerurteile haben möglicherweise eher kompetenz- als performanzorientierten Charakter. Das heißt: Sie werden an Optimalbedingungen der Leistungserbringung festgemacht, wobei leistungsmindernde Bedingungen wie Vergessen, Zeitbegrenzung des Tests, große Aufgabenzahl, Rechen- und Flüchtigkeitsfehler, Streßbelastung usw. nicht hinreichend in Rechnung gestellt werden.

(d) Die Lehrer sind sich vermutlich darüber im klaren, daß Unterschätzungen in der Regel für die Schüler ungünstigere Folgen haben. Im Zweifel werden daher höhere Einschätzungen abgegeben (Egan & Archer, 1985).

Welche dieser Erklärungen zutrifft, kann anhand der vorliegenden Daten nicht geklärt werden.

Personenbezogene Differenzierungskomponente. Die Differenzierungskomponente gibt an, inwieweit die Streuung der Leistungen innerhalb der Klasse über- oder unterschätzt wird. Ein Wert von 1 bedeutet eine exakte Einschätzung der Streuung, ein Wert > 1 eine Überschätzung und ein Wert < 1 eine Unterschätzung der Streuung. Zu bedenken ist dabei, daß die Leistungsstreuung nicht direkt beurteilt wurde, sondern daß sich die Urteilsstreuung indirekt als Merkmal der Urteilsverteilung ergibt. Die Ergebnisse zeigen, daß auch bei der personenbezogenen Differenzierungskomponente von einer Dominanz der Überschätzungstendenzen ausgegangen werden muß. Die Ergebnisse entsprechen damit Befunden, wonach Urteiler ganz allgemein eher zu einer Akzentuierung als zu einer Abschwächung von Unterschieden neigen (vgl. Cronbach, 1955; Nisbett & Ross, 1980). Auch bei der Differenzierungskomponente gibt es deutliche Lehrerunterschiede, die hinreichend reliabel sind.

Aufgabenbezogene Rangordnungskomponente. Die aufgabenbezogene Rangordnungskomponente gibt an, wie zutreffend der Lehrer die Rangordnung der Aufgabenschwierigkeiten beurteilt, das heißt wie genau die Rangordnung seiner Schwierigkeitsurteile mit der Rangordnung der tatsächlichen Aufgabenschwierigkeiten in seiner Klasse übereinstimmt. Hierbei zeigte sich, daß der auf der Basis von 12 Aufgaben des zweiten Meßzeitpunkts gebildete Diagnosekennwert mit einem Wert von .52 keine zufriedenstellende Reliabilität erreichte.

Im vorliegenden Fall war aber die Gelegenheit gegeben, die Datenbasis durch Hinzunahme der Daten einer in kurzem Abstand erfolgten Meßwiederholung zu erweitern und damit zu zuverlässigeren Schätzungen zu kommen, da jetzt für jede Aufgabe zwei Angaben vorlagen. Zur Erzielung einer hinreichenden Reliabilität wurden aus diesem Aufgabenpool die 10 im Hinblick auf die Urteilsgenauigkeit trennschärfsten Aufgaben ausgewählt. Der auf dieser Grundlage errechnete Diagnosekennwert erwies sich mit einem Wert von .75 als hinreichend reliabel. Die Tatsache, daß der neu gebildete Diagnosekennwert mit .57 - minderungskorrigiert sogar mit .92 - mit dem ursprünglichen Kennwert korreliert, spricht dafür, daß mit dem neu gebildeten Maß im wesentlichen eine testtheoretisch verbesserte Version des ursprünglichen Maßes gefunden wurde.

Auffallend ist die außerordentlich hohe Spannweite der Diagnosekennwerte, die von .90 bis -.74 reicht (beim ursprünglichen Maß von .94 bis -.02). Neben Lehrern, die die Rangordnung der Aufgabenschwierigkeiten nahezu perfekt einschätzen, gibt es also auch solche, die die Rangordnung völlig falsch wiedergeben. In Arbeiten, denen Hinweise auf interindividuelle Unterschiede in der Ausprägung der aufgabenbezogenen Rangordnungskomponente zu entnehmen sind (Flügge, 1954), treten nur sehr viel geringere Lehrerunterschiede auf. Ein wesentlicher Grund dafür dürfte sein, daß dort keine klassenspezifischen Genauigkeitskennwerte gebildet wurden. Es ist offensichtlich, daß im Falle klassenspezifischer Einschätzungen mit urteilserleichternden oder -erschwerenden Kontextbedingungen eine wesentliche Varianzquelle für Lehrerunterschiede hinzukommt.

Aufgabenbezogene Niveaukomponente. Die aufgabenbezogene Niveaukomponente ist als Differenz zwischen der mittleren Einschätzung der Aufgaben und der mittleren Aufgabenschwierigkeit definiert. Wie bei der personenbezogenen Niveaukomponente dominieren auch hier Überschätzungen des Leistungsstandes. Die Erklärung dafür dürfte der für die personenbezogene Niveaukompenente formulierten Begründung entsprechen. Zu beachten ist, daß eine Überschätzung des aufgabenbezogenen Leistungsstands der Klasse, wie er in der Niveaukomponente zum Ausdruck kommt, einer Unterschätzung der Schwierigkeit entspricht. Der Maximalwert von 0.61 bedeutet, daß die Differenz zwischen geschätztem und tatsächlichem Lösungsprozentsatz 61% beträgt.

Aufgabenbezogene Differenzierungskomponente. Die aufgabenbezogene Differenzierungskomponente gibt an, inwieweit die Streuung der Aufgabenschwierigkeiten über- oder unterschätzt wird. Hier zeigt sich, daß die Mehrzahl der Lehrer die Streuung zwar überschätzt, daß es aber ebenfalls eine beträchtliche Zahl von Lehrern gibt, die zur Unterschätzung neigt. Es dürfte schwer sein, dieser Komponente eine eigenständige psychologische Bedeutung zuzuschreiben. Prinzipiell müßte es zwar möglich sein, eine inhaltliche Beziehung zur personenbezogener Differenzierungskomponente herzustellen, doch erscheinen die damit verbundenen Überlegungen zu spekulativ, um sie im Rahmen dieser Arbeit weiter zu verfolgen.

Aufgaben-Personen-Wechselwirkungskomponente. Diese Komponente wurde als ein modifiziertes Treffermaß konstruiert. Der auf einer Skala von 0 bis 16 variierende Kennwert gibt an, in wievielen Fällen der Lehrer genauere Vorhersagen macht, als schon allein aus der Kenntnis der globalen Personenleistung und der globalen Aufgabenschwierigkeit vorhersagbar sind. Die Bandbreite der erzielten Werte deckt fast vollständig den gesamten theoretisch möglichen Bereich ab. Die Reliabilität ist allerdings mit einem Cronbach's Alpha von .54 sehr niedrig.

Fazit. Als Hauptergebnis dieses Abschnitts kann festgehalten werden, daß alle Diagnosekennwerte bis auf die Aufgaben-Personen-Wechselwirkungskomponente, bei der der Wert an der unteren Grenze des Vertretbaren liegt, eine hinreichende Reliabilität aufweisen. Damit kann die Ausgangsfragestellung dieser Arbeit, ob sich Lehrer hinsichtlich verschiedener Aspekte diagnostischer Kompetenz verläßlich unterscheiden, als hinreichend beantwortet angesehen werden. Es kann mit einiger Berechtigung davon ausgegangen werden, daß verschiedene Aspekte diagnostischer Kompetenz den Charakter von Merkmalen haben, hinsichtlich derer sich Lehrer reliabel unterscheiden lassen. Dadurch, daß hinreichende Lehrerunterschiede nachweisbar sind, sind zugleich die Voraussetzungen für nachfolgende Analysen erfüllt.

5.1.3 Diagnosekennwerte und in sie eingehende Urteils- und Leistungskennwerte

Als problematisch war bei Niveau- und Differenzierungskomponente angesehen worden, daß beide als einfache Indexgrößen zwischen einem Urteilskennwert und einem Leistungskennwert (beide Male entweder der Mittelwert oder die Streuung) definiert sind. Mögliche Beziehungen zwischen Index und Drittvariablen hängen davon ab, wie der empirische Zusammenhang zwischen den Indexbestandteilen (sowie deren Streuungen) aussieht (vgl. Abschnitt 3.3.). Es muß aber als wenig wünschenswert angesehen werden, wenn der Zusammenhang zwischen dem als einfachen Index gebildeten Diagnosekennwert und Drittvariablen in erheblichem Umfang vom jeweils zugrundeliegenden Kennwert der Kriteriumsleistung abhängt. Auch die Indizes selbst korrelieren in der Regel mit den in sie eingehenden Kennwerten der Kriteriumsleistung, was die Interpretation der Diagnosekennwerte als reine Lehrermerkmale problematisch macht. Im folgenden sollen die Zusammenhänge zwischen den Indexgrößen und den in sie eingehenden Bestandteilen sowie zwischen den Indexbestandteilen untereinander geprüft werden, um

Ausmaβ und Stellenwert möglicher interpretativer Probleme abschätzen zu können und um Aufschluβ über ihre Eignung als Diagnosekennwerte zu bekommen.

Personenbezogene Kennwerte. Die Niveaukomponente korreliert hoch positiv mit dem in sie eingehenden Urteilsmittelwert und deutlich negativ mit dem Leistungsmittelwert (siehe Tabelle 5.2). Das heiβt: Eine hohe Ausprägung der Niveaukomponente geht sowohl auf eine hohe Einschätzung des Leistungsniveaus (also ein Charakteristikum des urteilenden Lehrers) als auch auf ein tatsächlich niedriges Leistungsniveau (also ein auβerhalb des Lehrers liegendes Merkmal) zurück. Die Tatsache, daβ die Niveaukomponente höher mit dem Urteils- als mit dem Leistungskennwert korreliert, spricht dafür, daβ dieses Maβ überwiegend durch in der Lehrerperson liegende Faktoren erklärt werden kann. Dies läβt sich jedoch für die Differenzierungskomponente nicht in gleicher Weise sagen: hier korreliert der Leistungskennwert sogar etwas höher mit dem Diagnosemaβ als der Urteilskennwert.

Tabelle 5.2

Rangkorrelation zwischen personenbezogener Niveau- und Differenzierungskomponente und den in sie eingehenden Urteils- und Leistungskennwerten (Mittelwerte, Streuungen)

	Mittelwert		Streuung	
	Urteil	Leistung	Urteil	Leistung
Niveaukomponente	.75***	-.49**	.14	-.28
Differenzierungs-komponente	-.08	-.69***	.41*	-.58**

Anmerkungen. Mittelwert und Streuung jeweils klassenspezifisch. * $p < 0.05$; ** $p < 0.01$; *** $p < 0.001$.

Die Interkorrelationen der in die personenbezogene Niveau- und Differenzierungskomponente eingehenden Urteils- und Leistungskennwerte sind in Tabelle 5.3 dargestellt.

Tabelle 5.3

Rangkorrelation zwischen personenbezogenen Urteils- und Leistungskennwerten (Mittelwerte, Streuungen)

	(1)	(2)	(3)	(4)
Urteil				
(1) Mittelwert	-	.23	.10	.20
(2) Streuung		-	-.05	.36**
Leistung				
(3) Mittelwert			-	.69***
(4) Streuung				-

Anmerkungen. Mittelwert und Streuung jeweils klassenspezifisch. ** $p < 0.01$; *** $p < 0.001$.

Erstaunlicherweise gibt es keinen Zusammenhang zwischen dem Urteilsmittelwert des Lehrers und dem Leistungsniveau der Klasse. Das heißt: der Urteilsmittelwert des einzelnen Lehrers ist vom tatsächlichen Leistungsniveau der Klasse nahezu unabhängig. Er kann damit nicht als Ergebnis veridikaler diagnostischer Informationsverarbeitung angesehen werden, sondern muß eher als eine Form von Antwortvoreingenommenheit gedeutet werden. Dagegen reflektiert die Urteilsstreuung die tatsächliche Leistungsstreuung zumindest tendenziell. Der hochsignifikante Zusammenhang zwischen mittlerer Leistung und Leistungsstreuung der Klasse dürfte eine teilweise Erklärung für die positive Korrelation zwischen Niveau- und Differenzierungskomponente sein.

Aufgabenbezogene Kennwerte. Die entsprechenden Beziehungen zwischen den aufgabenbezogenen Diagnosekennwerten sehen wie folgt aus (Tabelle 5.4).

Der Zusammenhang der aufgabenbezogenen Niveaukomponente mit dem Urteils- und Leistungsmittelwert entspricht etwa dem bei der personenbezogenen Niveaukomponente gefundenen Muster und ist hier sogar noch etwas stärker ausgeprägt. Dagegen korreliert die aufgabenbezogene Differenzierungskomponente extrem hoch positiv mit der Urteilsstreuung und nur schwach negativ mit der Leistungsstreuung. Dies zeigt, daß die aufgabenbezogene Differenzierungskomponente relativ unproblematisch als Lehrermerkmal gedeutet werden kann.

Tabelle 5.4

Rangkorrelation zwischen aufgabenbezogener Niveau- und Differenzierungskomponente und den in sie eingehenden Urteils- und Leistungskennwerten (Mittelwerte, Streuungen)

	Mittelwert		Streuung	
	Urteil	Leistung	Urteil	Leistung
Niveaukomponente	.87**	-.44**	-.26	.09
Differenzierungs-komponente	-.19	.09	.90***	-.26

Anmerkungen. Mittelwert und Streuung jeweils klassenspezifisch. ** $p < 0.01$; *** $p < 0.001$.

Was die Interkorrelation der in die aufgabenbezogene Niveau- und Differenzierungskomponente eingehenden Leistungs- und Urteilskennwerte anbetrifft, so gibt es hier keine signifikanten Zusammenhänge (vgl. Tabelle 5.5). Insbesondere bestätigt sich auch hier, daß zwischen dem Urteilsniveau des Lehrers und dem Leistungsniveau der Klasse offenkundig kein Zusammenhang besteht.

Tabelle 5.5

Rangkorrelation zwischen aufgabenbezogenen Urteils- und Leistungskennwerten (Mittelwerte, Streuungen)

	(1)	(2)	(3)	(4)
Urteil				
(1) Mittelwert	-	.18	.02	.26
(2) Streuung		-	.28	.08
Leistung				
(3) Mittelwert			-	.28
(4) Streuung				-

Anmerkungen. Mittelwert und Streuung jeweils klassenspezifisch.

Fazit. Die Ergebnisse dieses Abschnitts belegen den aus methodischer Sicht eher trivialen Sachverhalt, daβ einfache Indizes wie Verhältnis- oder Differenzmaβe mit den in sie eingehenden einfachen Variablen zusammenhängen. Im vorliegenden Fall heiβt das, daβ die Urteilsgenauigkeit des Lehrers von Leistungskennwerten der Klasse (Mittelwert und Streuung von Einzelleistungen oder Aufgabenschwierigkeiten) abhängt. Das heiβt, die Urteilsgenauigkeit ist nicht allein ein Charakteristikum der Person des Urteilers, sondern auch von den objektiven Urteilsgegebenheiten abhängig. Diese Abhängigkeit ist zumindest teilweise artifiziell, das heiβt mathematisch zwangsläufig. Welche Konsequenzen dies für die Interpretation der Indizes hat und welche Analysen deshalb am angemessensten sind, ist umstritten (siehe etwa Bollen & Ward, 1980; Pendleton, Warren & Chang, 1980; Schuessler, 1974). Darüberhinaus stellt sich bei einfachen Indizes jedoch das grundsätzliche Problem, ob und inwieweit das durch den Index definierte komplexe Merkmal überhaupt als eigenständiges Konstrukt angesehen werden kann, das "mehr" umfaβt als die "Summe seiner Teile", das heiβt mehr als eine lediglich additive Verknüpfung der einzelnen Indexbestandteile darstellt. Die Eignung derartiger einfacher Indizes als Maβ für die Diagnosekompetenz ist daher mit gewissen Vorbehalten zu sehen. Im Unterschied hierzu läβt sich ein durch einen Korrelationskoeffizienten definierter Kennwert als ein interaktives Maβ ansehen, das die zugrundeliegenden Variablen in einer nicht-additiven Weise verknüpft.

5.1.4 Zusammenhänge zwischen den Diagnosekennwerten

Angesichts des Fehlens unmittelbar einschlägiger Forschungsbefunde zur Frage des Zusammenhangs zwischen verschiedenen Aspekten diagnostischer Kompetenz konnten keine spezifischen Erwartungen formuliert werden. Da es bei dieser Frage ausschlieβlich um den Genauigkeitsaspekt geht, ohne daβ die Richtung der Fehleinschätzung eine Rolle spielt, wird anstelle von Niveau- und Differenzierungskomponente auf die entsprechenden richtungsunabhängigen Fehlermaβe, bei denen keine Unterscheidung zwischen Über- und Unterschätzung getroffen wird, zurückgegriffen. Die Polung ist dabei (durch einfache Vorzeichenumkehr bei den Differenzmaβen) jeweils so, daβ hohe Ausprägungen der Maβe hohe Genauigkeit anzeigen. Wenn es eine allgemeine Diagnosefähigkeit gibt, müβten damit also positive Zusammenhänge zwischen allen Kennwerten resultieren.

Wie Tabelle 5.6 jedoch zeigt, müssen die verschiedenen Aspekte diagnostischer Kompetenz als nahezu vollständig unabhängig voneinander angesehen werden. Das heiβt: Die verschiedenen Genauigkeitskomponenten können nicht als Ausdruck einer allgemeinen diagnostischen Kompetenz angesehen werden, sondern beziehen sich offenbar auf ganz unterschiedliche diagnostische Fähigkeiten.

Tabelle 5.6

Interkorrelationen zwischen verschiedenen Komponenten der Diagnosegenauigkeit (Spearman's Rangkorrelation)

	(2)	(3)	(4)	(5)	(6)	(7)
Personenbezogen						
(1) Rangordnung	.08	.17	-.16	-.10	.11	.17
(2) Niveau		.12	-.04	-.13	-.12	-.23
(3) Differenzierung			.07	.04	-.09	.29
Aufgabenbezogen						
(4) Rangordnung				-.18	.05	-.07
(5) Niveau					.13	.00
(6) Differenzierung						.02
Aufgaben x Personen						
(7) Wechselwirkung						

Anmerkungen. Alle Diagnosekennwerte sind so gepolt, daß hohe Werte hohe Diagnosegenauigkeit bedeuten.

Daß sich kein Hinweis auf eine allgemeine diagnostische Kompetenz ergibt, bedeutet aber nicht, daß damit die Existenz separater und spezifischer Diagnosefähigkeiten nachgewiesen ist.

(1) Eine statistische Aussage, wonach zwischen verschiedenen Variablen kein Zusammenhang besteht, hat den Charakter einer Nullhypothese. Die nicht gelungene Zurückweisung eine Nullhypothese kann bekanntlich nicht als Nachweis für deren Gültigkeit angesehen werden. Da derartige Interpretationen an späterer Stelle noch öfter naheliegend erscheinen, soll auf die Berechtigung solcher Deutungen hier etwas ausführlicher eingegangen werden.

Eine logisch und statistisch angemessene Formulierung für das Problem, die Nullhypothese zu "beweisen", ist aufgrund von Überlegungen möglich, die auf dem Teststärkekonzept basieren (Cohen, 1977).

Danach gibt man einen hinreichend kleinen Wert als Schranke an, unterhalb der man Abweichungen von der Nullhypothese als unerheblich ansieht, und betrachtet diesen Wert als maximal tolerierbare Effektgröße. Man kann nun den für die statistische Überprüfung des zugrundeliegenden Stichprobenkennwerts erforderlichen Cutoff-Wert so wählen, daß dieser bei Vorliegen der maximal zu erwartenden Effektgröße nur noch mit einer vorgegebenen Wahrscheinlichkeit 1-b überschritten wird. Bleibt das Ergebnis unterhalb des Cutoff-Punkts, so wird die Nullhypothese wie üblich beibehalten; man kann nun aber unter Inkaufnahme eines Fehlerrisikos b (Fehler 2. Art) schließen, daß die maximal tolerierbare Effektgröße nicht überschritten wird, daß also die festgestellte Effektgröße bis auf das Fehlerrisiko b kleiner ist als die maximal tolerierbare Effektgröße. Die Teststärke 1-b gibt demnach die Sicherheitswahrscheinlichkeit dafür an, daß die maximal tolerierbare Effektstärke nicht überschritten wird. Gemäß der Logik des statistischen Hypothesentestens wird man bestrebt sein, b (entsprechend dem konventionellen Signifikanzniveau von 5% oder 1% für den Alpha-Fehler) durch geeignete Wahl der Schranke und/oder der Stichprobengröße möglichst klein zu wählen, damit ein Überschreiten der maximal tolerierbaren Effektgröße nur mit einer sehr geringen Wahrscheinlichkeit vorkommt.

Da Alpha- und Beta-Fehler nicht unabhängig voneinander sind, ist eine gleichzeitige Festlegung beider Größen bei einer gegebenen maximal tolerierbaren Effektgröße nur dann möglich, wenn man die Stichprobengröße variiert. Setzt man im vorliegenden Fall die maximal tolerierbare Effektgröße, bei der man noch eine Unabhängigkeit der Kennwerte anzunehmen bereit ist, mit r = .10 an, so benötigt man bei Zugrundelegung eines Alpha-Fehlers von 10% eine Stichprobe von knapp N = 700, wenn man ein Überschreiten der maximal tolerierbaren Effektgröße mit einer Sicherheitswahrscheinlichkeit von 90% ausschließen will. Bei einer maximal tolerierbaren Effektgröße von r = .20 wäre ein N von 160 erforderlich; bei einem r von .30 ein N von 72; bei einem r von .40 ein N von 38 und bei einem r = .50 ein N von 24 - wenn man den Alphafehler jeweils mit 10% ansetzt.

Anders gesagt: Im vorliegenden Fall kann mit einer Sicherheitswahrscheinlichkeit von 90% davon ausgegangen werden, daß ein nicht auf dem 10%-Niveau signifikantes Ergebnis (r kleiner als etwa .24 bei N = 32) unterhalb einer maximal tolerierbaren Effektgröße von etwa r = .45 liegt. Ist man also bereit, bei einer Effektgröße dieser Größenordnung noch von Unabhängigkeit zu sprechen - was angesichts der Tatsache, daß ein r von .10 üblicherweise noch als kleine Effektstärke angesehen wird (Cohen, 1977), als ziemlich abwegig erscheinen muß - dann kann die so definierte Unabhängigkeit durch ein mindestens auf dem 10%-Niveau signifikantes Ergebnis mit einem Fehlerrisiko von ebenfalls 10% als nachgewiesen angesehen werden.

(2) Da die Erhebung personen- und aufgabenbezogener Diagnosekompetenz zu zwei verschiedenen Zeitpunkten erfolgte, ist denkbar, daß sich die Lehrer aufgrund unterschiedlicher Entwicklungsverläufe beim Aufbau ihrer diagnostischen Kompetenz in unterschiedlichen Aufbauphasen befunden haben. Aus Forschungen zur Entwicklung von Expertise ist bekannt, daß Leistungen aufgrund kognitiver Umstrukturierungsvorgänge nicht nur stagnieren, sondern sich zeitweise sogar verschlechtern können (Chi, Glaser, & Rees, 1982). Nimmt man an, daß Lehrer ihre diagnostische Kompetenz unterschiedlich schnell entwickeln, so ist daher denkbar, daß Lehrer, die langfristig eine hohe Diagnosefähigkeit erreichen, zeitweilig schlechtere Diagnoseleistungen erbringen als Lehrer mit langfristig gesehen niedrigerer Diagnosekompetenz. Dies erscheint vor allem für die Fälle plausibel, bei denen sich für die zuerst erhobenen Diagnosekompetenzmerkmale (Aufgabenschwierigkeitseinschätzung) relativ niedrige Werte, für die später erhobenen Merkmale dagegen hohe Leistungen ergeben haben. Weniger plausibel erscheint die Erklärung für die umgekehrt gelagerten Fälle (zu Beginn relativ hohe, später niedrige Diagnoseleistungen). Hier müßte man annehmen, daß leistungsmindernde

Umstrukturierungsvorgänge auch noch zu einem späteren Zeitpunkt stattfinden können.

Fazit. Die vorliegende Arbeit liefert somit zwar einen Hinweis auf spezifische Urteilerfähigkeiten, weist diese jedoch nicht in einem strengen Sinne nach. Da von einer allgemeinen Diagnosefähigkeit nicht weiter ausgegangen werden kann, ist es aber jedenfalls nicht möglich, verschiedene Kennwerte zu umfassenderen Konstrukten (latente Variablen) zusammenzufassen. Analysen müssen vielmehr auf die spezifische theoretische Bedeutung der einzelnen Komponenten zugeschnitten werden. Da sich schon allein aus ökonomischen Gründen eine erschöpfende Behandlung aller möglichen Aspekte diagnostischer Kompetenz verbietet, sind Restriktionsentscheidungen nötig.

Besser als eine notgedrungen sehr oberflächliche Behandlung aller sieben Komponenten erscheint es, die Analysen auf eine Teilmenge der insgesamt verfügbaren Komponenten zu beschränken. Dabei sollten diejenigen Komponten ausgewählt werden, die aus theoretischen und methodischen Gründen am ergiebigsten erscheinen. Die Auswahl erfolgt aufgrund folgender Überlegungen. In einem ersten Schritt sind zunächst diejenigen Komponenten auszuscheiden, die eine Untergrenze der Reliabilität nicht erreichen. Dies ist bei der Aufgaben-Personen-Wechselwirkungskomponente der Fall. Aus theoretischer Sicht sind die Komponenten zu bevorzugen, die den Fähigkeitsaspekt der Diagnosegenauigkeit am besten zum Ausdruck bringen. Dies sind (neben der Aufgaben-Personen-Wechselwirkungskomponente) die beiden Rangordnungskomponenten. Sie können als biasfreie Maße für die diagnostische Kompetenz im engeren Sinne, das heißt für den von globalen Urteilsvoreingenommenheiten freien Kompetenzaspekt angesehen werden. Die Fähigkeit, Schülerleistungen und Aufgabenschwierigkeiten zu unterscheiden, dürfte ein für die Adaptivität von Unterricht zentraler Aspekte diagnostischer Kompetenz sein. In Niveau- und Differenzierungskomponente können dagegen globale Urteilsvoreingenommenheiten eingehen, die zumindest im Falle personenbezogener diagnostischer Kompetenz als Ausdruck grundlegender pädagogischer Einstellungen und Haltungen gedeutet werden können (Schrader & Helmke, 1987). Eine Interpretation dieser beiden Komponenten im Sinne diagnostischer Kompetenzen kann daher nicht voll überzeugen. Auch aus methodischer Sicht sind die Rangordnungskomponenten schließlich zu favorisieren, da bei ihnen die statistischen Probleme einfacher Indizes und die daraus resultierenden Interpretationsschwierigkeiten nicht gegeben sind.

Für die weiteren Analysen werden von nun an nur noch die beiden durch die jeweilige Rangordnungskomponente operationalisierten diagnostischen Fähigkeiten berücksichtigt, die im folgenden als *personenbezogene* und *aufgabenbezogene* diagnostische Kompetenz bezeichnet werden. Sie bringen die Fähigkeit des Lehrers, Schülerleistungs- und Aufgabenschwierigkeitsunterschiede zutreffend einzuschätzen, zum Ausdruck.

5.1.5 Zur Validierung diagnostischer Kompetenz durch Schülerperzeptionen

Eine Kernannahme der vorliegenden Arbeit ist, daß es sich bei diagnostischen Lehrerkompetenzen um Fähigkeiten handelt, die zur Gestaltung von Unterricht und zur Steuerung unterrichtlichen Handelns eingesetzt werden. Dabei wird unterstellt, daß der Lehrer im Rahmen der Vorbereitung und Durchführung seines Unterrichts ähnliche diagnostische Einschätzungen vornimmt, wie sie hier zur Operationalisierung diagnostischer Kompetenz verwendet wurden (vgl. Coladarci, 1986; Fogarty, Wang & Creek, 1983). Diese Annahme, so plausibel sie auch erscheinen mag, ist allerdings anhand der vorliegenden Daten nicht direkt prüfbar. Zumindest als indirekte Stützung dieser Annahme könnte es aber gesehen werden, wenn sich zeigen würde, daß es sich bei der diagnostischen Kompetenz um ein Merkmal handelt, das sich auch in der Unterrichtsperzeption der Schüler niederschlägt. In einem solchen Ergebnis könnte dann eine Validierung diagnostischer Kompetenz gesehen werden.

Tabelle 5.7 zeigt, daß die personenbezogene Diagnosekompetenz mit allen drei betrachteten Aspekten der Unterrichtsperzeption der Schüler leicht positiv zusammenhängt, wobei allerdings nur einer der Werte signifikant ausfällt. Dagegen zeigen sich bei der aufgabenbezogenen Diagnosekompetenz in allen drei Fällen negative, wenn auch (bis auf eine Ausnahme) nicht signifikante Zusammenhänge. Da die Itemformulierung nahezu völlig auf verschiedene Erscheinungsformen personenbezogener Diagnosekompetenz zugeschnitten ist, verwundert diese Asymmetrie des Ergebnismusters nicht allzusehr.

Mit der nötigen Vorsicht kann man das Ergebnis als Hinweis darauf sehen, daß eine unterschiedlich hohe personenbezogene Diagnosekompetenz von den Schülern registriert wird. Das heißt: Mit der hier vorgenommenen Operationalisierung diagnostischer Kompetenz wird ein Merkmal erfaßt, das tatsächlich auch für den Unterricht selbst eine Rolle zu spielen scheint. Darin kann eine Form der Validierung diagnostischer Kompetenz gesehen werden. Unklar bleibt allerdings, welche Aspekte des Lehrerverhaltens von den Schülern als Hinweise auf die Diagnosefähigkeit des Lehrers wahrgenommen werden. Diese Frage läßt sich anhand der vorliegenden Daten nicht zufriedenstellend beantworten.

Das Ergebnis deutet darauf hin, daß sich zumindest Teilaspekte der diagnostischen Kompetenz von Lehrern in irgendeiner Weise in der Schülerwahrnehmung niederschlagen. Offen bleibt dabei sowohl, in welcher Form und aufgrund welcher Mechanismen dies im einzelnen geschieht, als auch, ob und in welcher Hinsicht die Unterrichtsperzeption eine funktionaler Bedeutung für die Vermittlung möglicher unterrichtlicher Wirkungen hat.

Tabelle 5.7

Rangkorrelationen zwischen den beiden zentralen Komponenten diagnostischer Kompetenz und Variablen der Unterrichtsperzeption

	Diagnostische Kompetenz	
Items	personenbezogen	aufgabenbezogen
Unser Mathematiklehrer ...		
weiß genau, bei welchen Aufgaben ich Schwierigkeiten habe	.37*	-.22
weiß genau, ob ich mich in Mathematik verbessere oder verschlechtere	.19	-.08
weiß genau, wieviel ich leisten kann, wenn ich mich nur anstrenge	.21	-.29(*)

Anmerkungen. Die Schülerantworten auf die Fragen wurden vor der Berechnung der Korrelationen klassenweise aggregiert. (*) $p < 0.10$; * $p < 0.05$.

5.1.6 Zusammenhänge der Diagnosekennwerte mit Kontextmerkmalen

Sicherlich ist die Diagnoseleistung kein reines Personenmerkmal. Unterschiede im diagnostischen Wissen von Lehrern hängen offensichtlich nicht nur von kognitiven, metakognitiven und motivationalen Faktoren der Lehrerperson ab, sondern auch von der Verfügbarkeit eines ausreichenden Informationsangebots beziehungsweise von Bedingungen, die die Verarbeitung dieses Informationsangebots begünstigen oder erschweren, also von urteilserleichternden oder -erschwerenden Kontextmerkmalen. Als Kontextmerkmale werden hier alle nicht in der Person des Lehrers liegenden (und auch durch sein Verhalten nicht beeinflußten) Faktoren des Umfeldes bezeichnet, die für das Lehrerverhalten bedeutsam sein könnten; dies sind neben allgemeinen Rahmenbedingungen vor allem Merkmale der Klasse und der Klassenzusammensetzung.

Im Sinne des Brunswik'schen Linsenmodell-Ansatzes handelt es sich um Bedingungen, die es dem Lehrer erleichtern oder erschweren, die für eine genaue Einschätzung des distalen Merkmals erforderlichen validen Indikatoren (cues) wahrzunehmen (vgl. etwa Kleber 1976), - Bedingungen also, die eine gute Beobachtbarkeit des einzuschätzenden Merkmals sowie ausreichende Beobachtungsgelegenheiten für die zugrundeliegenden proximalen Merkmale gewährleisten (Helmke & Fend, 1981). Neben einer guten Unterscheidbarkeit der Schüler im Hinblick auf das zu beurteilende Merkmal sollten vor allem Bedingungen, die gute Kommunikationsmöglichkeiten mit den Schülern begünstigen, urteilserleichternd wirken. Demzufolgen könnten vor allem folgende Kontextmerkmale von Bedeutung sein: Klassengröße, in der Klasse verbrachte Unterrichtszeit, Ausländeranteil sowie Leistungs- und Intelligenzheterogenität der Klasse. Auf eine detailliertere Begründung für die Bedeutung dieser Merkmale soll verzichtet werden, da die Überlegungen dazu zwar eine gewisse Plausibilität haben, aber gegenüber möglichen Alternativinterpretationen kaum einen Erklärungsvorteil aufweisen, wie sich auch bei der Diskussion der Befunde zeigen wird.

Tabelle 5.8 zeigt den Zusammenhang dieser Kontextmerkmale mit den beiden Formen diagnostischer Kompetenz.

Klassengröße. Obwohl kleinere Klassen den Vorteil haben, daß sich der Lehrer intensiver mit einzelnen Schülern beschäftigen kann, daß er stärker von unterrichtsorganisatorischen Aufgaben entlastet wird und daher quantitativ und qualitativ bessere Beobachtungsgelegenheiten hat, zeichnen sich die Lehrer solcher Klassen nicht durch höhere diagnostische Kompetenz aus. Eher ist das Gegenteil der Fall. Möglicherweise fallen speziell schülerunspezifische Einschätzungen in großen Klassen genauer aus, weil der Lehrer auf eine größere Menge von Indikatoren zurückgreifen kann.

In der Klasse verbrachte Unterrichtszeit. Auch die Gelegenheit, durch zusätzlichen Unterricht in anderen Fächern die Schüler der eigenen Klasse besser kennenzulernen, hat offenbar keinen eindeutig fördernden Einfluß auf das diagnostische Wissen. Es könnte sein, daß eine bloße quantitative Vermehrung der Beobachtungsgelegenheiten nur wenig zur Verbesserung des diagnostischen Wissens beiträgt oder daß Beobachtungsgelegenheiten außerhalb des eigentlichen Faches für fachbezogene Diagnoseleistungen nur von begrenztem Nutzen sind.

Ausländeranteil. Zwischen der Diagnoseleistung des Lehrers und dem Anteil von Ausländerkindern in der Klasse besteht ebenfalls kein Zusammenhang. Zu befürchten war, daß ein hoher Ausländeranteil wegen möglicher Defizite dieser Kinder (Sprachschwierigkeiten, Vorkenntnismängel) zu einer generellen Verlangsamung des Unterrichts führen und besondere unterrichtliche Bemühungen nötig machen könnte, was auf Kosten einer intensiveren, gerade für diagnostische Zwecke wichtigen Beschäftigung mit den Schülern gehen könnte. Dafür gibt es aber keinen Hinweis. Denkbar ist, daß die unterstellte Unterrichtserschwerung gar nicht gegeben ist, daß sie von den Lehrern relativ problemlos bewältigt wird oder daß sie für den Aufbau eines genauen diagnostischen Wissens ohne Bedeutung ist.

Leistungs- und Intelligenzheterogenität der Klasse. Je heterogener die Leistungs- und Fähigkeitszusammensetzung der Klasse ist, umso leichter müßte es für den Lehrer sein, die Schüler hinsichtlich ihrer Leistungen und Fähigkeiten zu unterscheiden und damit ein differenziertes diagnos-

Tabelle 5.8

Rangkorrelationen zwischen den beiden zentralen Komponenten diagnostischer Kompetenz und ausgewählten Kontextvariablen

	Diagnostische Kompetenz	
	personenbezogen	aufgabenbezogen
Klassengröße	.05	.37*
In der Klasse verbrachte Unterrichtszeit	-.13	.25
Ausländeranteil	-.01	.04
Leistungsheterogenität	.48**	.05
Intelligenzheterogenität	.25	-.15

Anmerkungen. (*) $p < 0.10$; * $p < 0.05$.

tisches Wissen über das Leistungsbild der Klasse aufzubauen. Als Maß für die Leistungsheterogenität wird die Streuung der Eingangsleistungen - statt der denDiagnosekennwerten unmittelbar zugrundeliegenden Leistungen - herangezogen, da nur die erstere ein vom Lehrerverhalten unbeeinflußtes Kontextmerkmal darstellt.[10] Ein signifikanter Zusammenhang in der erwarteten Richtung zeigt sich dabei nur zwischen der personenbezogener Diagnoseleistung und der Leistungsheterogenität der Klasse. Die personenbezogene Diagnosegenauigkeit kann damit zwar definitiv nicht im Sinne eines reinen Personenmerkmals gedeutet werden, doch ist die Kontextabhängigkeit nicht so hoch, daß eine Interpretation als Personenmerkmal gänzlich ausgeschlossen werden müßte.

Zur weiteren Klärung dieser Frage soll, anknüpfend an die Ergebnisse zur Schülerperzeption diagnostischer Kompetenz, geprüft werden, ob der zuvor berichtete Zusammenhang zwischen der Diagnosegenauigkeit des Lehrers und ihrer Wahrnehmung durch die Schüler nicht einfach durch Rückgriff auf den Urteilskontext erklärt werden kann. Zur Prüfung dieser Frage wurde auf der Grundlage des am stärksten mit der Diagnosegenauigkeit

[10]Da in der Beeinflussung der Leistungsstreuung ein wichtiges vom Lehrer steuerbares und faktisch auch so benutztes Zielkriterium von Unterricht gesehen werden muß (Treiber & Weinert, 1984), ist die zu einem späteren Zeitpunkt erfaßte Leistungsstreuung zumindest teilweise immer schon ein für den unterrichtenden Lehrer charakteristisches Ergebnis des Unterrichts.

zusammenhängenden Unterrichtsperzeptionsmerkmals und der Leistungsheterogenität als dem gewichtigsten Kontextmerkmal eine Kommmunalitätenanalyse (Kerlinger & Pedhazur, 1973) gerechnet. Dabei zeigte sich: Diagnosegenauigkeit und Leistungsheterogenität erklären zusammen 23.6% der Varianz des zugrundegelegten Unterrichtsperzeptionsmerkmals, Diagnosegenauigkeit für sich genommen (d.h. ihre spezifische Varianz) 8.2%, Leistungsheterogenität für sich genommen 3.7%, während der konfundierte Varianzanteil 11.7% beträgt. Diese Analyse bestätigt, daß die Diagnoseleistung zwar zu einem erheblichen Teil untrennbar mit Kontexteinflüssen verbunden ist, daß aber ein nicht unbeträchtlicher Anteil der insgesamt erklärten Varianz auf die Diagnosegenauigkeit selbst (und damit auf mögliche Persönlichkeitseinflüsse) und nur ein vergleichsweise unbedeutender Anteil auf den Urteilskontext zurückführbar ist.

Daß eine signifikante Streuungsabhängigkeit nur bei Leistung, nicht dagegen bei Intelligenz festzustellen ist, erscheint plausibel. Es ist fast schon als selbstverständlich anzusehen, daß der Zusammenhang dann am stärksten ist, wenn sich Urteil und Urteilskriterium auf exakt dasselbe Merkmal beziehen. Im übrigen hängt die aufgabenbezogene Diagnoseleistung nicht von der Leistungsstreuung ab. Da die Diagnose von Aufgabenschwierigkeiten nicht an die Unterscheidung einzelner Schüler gebunden ist, ist auch dieses Ergebnis plausibel und unterstreicht den Charakter aufgabenbezogener Diagnosefähigkeit als eigenständiger Urteilskompetenz.

Fazit. Insgesamt gesehen sprechen die Ergebnisse für eine weitgehende Unabhängigkeit der Diagnosegenauigkeit von solchen Kontextmerkmalen, die sich nur in indirekter und vermittelter Form auf die Urteilsbildung auswirken können. Darin, daß sich derartige Kontextfaktoren nur über eine Reihe von Zwischenprozessen der Informationsaufnahme und -verarbeitung auf die Urteilsbildung auswirken können, liegt vermutlich auch die Erklärung für die weitgehende Kontextunabhängigkeit. Immerhin zeigt sich so zumindest für solche Kontextmerkmale, die einen relativ hohen Erklärungsabstand zum diagnostischen Urteil aufweisen, daß die Diagnoseleistung nicht im Sinne einer oberflächlichen - weil weitgehend durch äußere Gegebenheiten determinierten - Informiertheit verstanden werden können. Etwas anders ist die Sachlage bei der aus einer hohen Leistungsheterogenität der Klasse resultierenden Unterscheidbarkeit der Schüler, die eine unmittelbar urteilserleichternde Wirkung hat. Daß eine hohe Leistungsstreuung - ansatzweise auch eine hohe Intelligenzstreuung - in der Klasse die korrekte Unterscheidung von Schülerleistungen in ganz elementarer Weise erleichtert, kommt bereits in der fast schon regelhaften Abhängigkeit eines Korrelationsmaßes von der Streuung der Stichprobe zum Ausdruck. Ein entsprechender Zusammenhang kann daher sicher nicht einfach als Zufallsergebnis betrachtet werden.

5.1.7 Zusammenhang der Diagnosekennwerte mit Personenmerkmalen des Lehrers

Aus theoretischer Sicht sollten neben Intelligenzfaktoren vor allem solche Personenmerkmale mit Diagnosekompetenz zusammenhängen, die einen Einfluß auf die Wahrnehmung und Verarbeitung einschätzungsrelevanter Informationen haben oder die diagnostische Bemühungen des Lehrers in besonderer Weise motivieren. Solche Personenmerkmale sind Berufs- und Unterrichtserfahrung, fach- und stoffbezogene Kompetenz, Bezugsnorm-orientierung und Attribuierungsvoreingenommenheiten. Der Zusammenhang dieser Merkmale mit diagnostischer Kompetenz ist in Tabelle 5.9 dargestellt. Was die Begründung dieser Zusammenhänge betrifft, so handelt es sich auch hier mehr um einfache Plausibilitätsannahmen als um theoretisch zwingende Erwartungen.

Allgemeine Berufserfahrung. Eine hohe Berufserfahrung sollte ein gewisses Expertentum im Hinblick auf die zutreffende Beurteilung von Schülern, die ja zu den beruflichen Aufgaben von Lehrern gehört, einschließen. Der berufserfahrene Lehrer sollte zum einen hinreichend elaborierte kognitive Strukturen für seine Urteilsbildung ausgebildet haben. Zum anderen sollte der erfahrene Lehrer über eine hinreichende Unterrichtsroutine verfügen, die es ihm möglich macht, einen geordneten Informationsfluß herzustellen und diagnostisch relevante "Daten" zu produzieren, die ihn darüberhinaus aber auch kognitiv entlastet, so daß er zu genaueren Beobachtungen in der Lage ist. Diese Überlegungen werden allerdings durch die Ergebnisse nicht gestützt. Eine naheliegende Erklärung dafür ist auch hier, daß die potentiell günstigen Auswirkungen einer hohen Berufserfahrung durch andere Faktoren überlagert werden. Eine hohe Routinebildung geht möglicherweise mit abnehmender Motivation und geringer werdendem Engagement, aber auch mit verstärkten Stereotypisierungstendenzen einher.

Jahrgangsspezifische Unterrichtserfahrung. Es gibt keinen Anhaltspunkt dafür, daß Lehrer, die eine hohe Unterrichtserfahrung in Klassen dieses Altersbereichs aufweisen und daher mit der spezifischen Leistungsfähigkeit und den spezifischen Schwierigkeiten von Schülern dieses Alters besser vertraut sein sollten, genauere Diagnosen abgeben können. Die Gründe hierfür dürften dieselben sein wie im Falle der allgemeinen Berufserfahrung. Möglicherweise trägt eine hohe jahrgangsspezifische Berufserfahrung aber auch nur wenig dazu bei, zutreffende generelle Leistungserwartungen für bestimmte Altersstufen zu entwickeln, oder solche generellen Erwartungen sind zu unspezifisch, um den Aufbau eines genauen diagnostischen Wissens zu fördern.

Fach- und stoffbezogene Kompetenz. Ebenfalls nicht nachgewiesen werden kann, daß eine besondere fach- und stoffbezogene Kompetenz, die mit einer besseren Durchdringung des Stoffs und einer besseren Kenntnis von Anforderungen verbunden sein sollte, den Aufbau differenzierten diagnostischen Wissens fördert. Dies könnte im einfachsten

Tabelle 5.9

Rangkorrelationen zwischen den beiden zentralen Komponenten diagnostischer Kompetenz und ausgewählten Lehrermerkmalen

	Diagnostische Kompetenz	
	personenbezogen	aufgabenbezogen
Allgemeine Berufserfahrung	-.10	.03
Jahrgangsspezifische Unterrichtserfahrung	-.12	-.03
Fach- und stoffspezifische Kompetenz	-.20	.06
Individuelle Bezugsnormorientierung	-.07	-.15
Attribuierung auf unzureichende Begabung	-.32*	-.03

Anmerkungen. * $p < 0.05$.

Fall daran liegen, daß durch die benutzte Indikatorisierung (Art der Mathematikausbildung des Lehrers) fachspezifische Fähigkeiten nur unzureichend erfaßt werden.

Bezugsnormorientierung. Ein Lehrer mit einer sozialen Bezugsnormorientierung ist dadurch gekennzeichnet, daß er stärker auf Leistungsunterschiede zwischen Schülern achtet als auf intraindividuelle Leistungsveränderungen. Beim Lehrer mit einer individuellen Bezugsnormorientierung ist es umgekehrt. Sowohl dafür, daß hohe Diagnosekompetenz mit sozialer Bezugsnormorientierung einhergeht, als auch für die umgekehrte Zusammenhangsrichtung lassen sich plausible Gründe angeben. Die Ergebnisse zeigen aber, daß überhaupt kein signifikanter Zusammenhang zwischen Diagnosekompetenz und Bezugsnormorientierung besteht, so daß keine der beiden Zusammenhangsrichtungen favorisiert werden kann. Sieht man einmal davon ab, daß die Lehrer unserer Stichprobe gegenüber den Befunden von Rheinberg (1980) durch eine im Durchschnitt sehr viel geringere individuelle Bezugsnormorientierung und eine etwas geringere Streuung gekennzeichnet sind, mithin also die Lehrer mit sozialer Bezugsnormorientierung hier deutlich überrepräsentiert sind, so bietet sich auch hier eine Gegenläufigkeit von Wirkungen als Erklärung an. Lehrer mit individueller Bezugsnormorientierung sind vermutlich durch eine stärkere Individualisierung ihres Unterrichts und eine intensivere Förderung ihrer Schüler charakterisiert, während Lehrer mit sozialer Bezugsnormorientierung zu einer Unterrichtsgestaltung neigen, die soziale Vergleiche erleichtert. Beides könnte auf seine Weise diagnoseförderlich sein.

Attribuierungsvoreingenommenheiten. Lehrer, die Lernschwierigkeiten auf unzureichende Begabung zurückführen und daher für wenig beeinflußbar halten, dürften kaum zu einer besonderen Förderung ihrer Schüler und den dazu nötigen diagnostischen Bemühungen motiviert sein. Lehrer mit einem derartigen Attribuierungsmuster sollten also durch eine eher niedrige Diagnosekompetenz gekennzeichnet sein. Diese Hypothese bestätigt sich zumindest für die personenbezogene diagnostische Kompetenz. Angesichts der Tatsache, daß von den zehn geprüften Korrelationen diese als einzige signifikant ausgefallen ist, kann ein solches Ergebnis natürlich nur mit großer Zurückhaltung interpretiert werden.

Fazit. Zusammenhänge zwischen diagnostischer Kompetenz und verschiedenen von uns erfaßten Personenmerkalen des Lehrers haben sich praktisch nicht nachweisen lassen. Die Erklärung für diese negative Befundlage dürfte letztlich im relativ großen Erklärungsabstand zwischen verhaltensfernen Merkmalen der Lehrerperson und der Diagnosekompetenz zu suchen sein. Die Annahme eines Zusammenhangs zwischen diesen Merkmalen läßt sich nur begründen, wenn zum Teil recht spezifische Zwischenprozesse und -glieder angenommen werden. Dabei ist die Wahrscheinlichkeit hoch, daß gegenläufige Einflußgrößen wirksam sind und den vermuteten Wirkungsmechanismus überlagern (siehe etwa Krug, 1985). Dies kann als Indiz dafür angesehen werden, daß einfache bivariate Zusammenhänge eine unangemessene Vereinfachung der in Wirklichkeit sehr komplexen, durch vielfältige Kompensations- und Substitutionsmöglichkeiten gekennzeichneten Beziehungen darstellen dürften. Für die vorliegende Arbeit wird daraus die Konsequenz gezogen, verhaltensferne Merkmale der Lehrerperson für weitere Analysen nicht mehr zu verwenden.

5.1.8 Zusammenhang der Diagnosekennwerte mit Unterrichtsmerkmalen

Rein intuiv würde man sicher vermuten, daß "gute" Lehrer über hohe Diagnosekompetenz verfügen, und umgekehrt. Die Annahme, daß sich Lehrer mit hoher leistungsbezogener Diagnosekompetenz durch einen besonders leistungsförderlichen Unterricht auszeichnen, läßt sich auch über eine solche einfache Plausibilitätserwartung hinaus begründen. Diagnostische Kompetenz und Merkmale effektiven Unterrichtens können als Bestandteil eines ganzen Bündels von Merkmalen angesehen werden, dessen Kern vermutlich bestimmte pädagogische und unterrichtliche Ziel- und Wertvorstellungen bilden: ein durch Professionalität gekennzeichnetes Berufsverständnis, eine ausgeprägte Leistungsorientierung - das heißt die Orientierung an Zielkriterien, die auf die Förderung und Optimierung von Lernergebnissen ausgerichtet sind -, aber auch eine hohe Genauigkeitsorientierung - das heißt ein Bewußtsein für die Notwendigkeit exakter diagnostischer Informationen zum Zwecke effektiven unterrichtlichen Handelns (Brophy & Evertson, 1980; Good & Brophy, 1984). Auf der Basis eines solchen Merkmalsmusters müßten sich diagnostische Kompetenz und bestimmte Unterrichtsmerkmale in enger gegenseitiger Verflechtung ausbilden. Zum Teil dürfte die Ausbildung diagnostischer Kompetenz aber auch direkt davon abhängen, inwieweit es dem Lehrer gelingt, durch sein unterichtliches Handeln geeignete Voraussetzungen für eine effektive diagnostische Informationsverarbeitung zu schaffen.

Aus diesen Überlegungen heraus läßt sich zunächst folgern, daß beim Lehrer mit hoher Diagnosekompetenz wesentliche Bestimmungsstücke eines leistungseffektiven Unterrichts, wie er etwa dem Modell Direkter Instruktion (vgl. etwa Peterson, 1979; Rosenshine, 1979) entspricht, besonders hoch ausgeprägt sein müßten. Der gute Diagnostiker sollte sich dementsprechend vor allem durch eine effektive Klassenführung, eine hohe Lehrstofforientierung, eine hohe Klarheit und Verständlichkeit und ein hohes Unterrichtsengagement auszeichnen. Unterstellt man das Idealbild des guten Lehrers, kann darüberhinaus das Vorhandensein einer positiven affektiven Qualität des Unterrichts und der Lehrer-Schüler-Beziehung erwartet werden. Betrachtet man ferner die Bedeutung bestimmter Verhaltensmerkmale für den Aufbau diagnostischer Kompetenz, so sollten beim guten Diagnostiker Unterrichtskontexte und -verhaltensweisen, mit deren Hilfe Aufschluß über leistungsrelevante Schülermerkmale gewonnen werden kann, sowie formellere Diagnosetechniken häufiger vorkommen.

Tabelle 5.10 zeigt den Zusammenhang dieser Unterrichtsmerkmale mit beiden Formen diagnostischer Kompetenz.

Allgemeine Unterrichtsmerkmale. Für keines der fünf allgemeinen Unterrichtsmerkmale läßt sich ein Zusammenhang mit Diagnosekompetenz nachweisen. Damit kann die Annahme, daß diagnostische Kompetenz Bestandteil eines Bündels von Merkmalen ist, die den effektiven Lehrer kennzeichnen, nicht bestätigt werden. Auch die einfache Plausibilitätsannahme, daß diagnostisch kompetente Lehrer gleichzeitig auch die "besseren" Lehrer sind, erfährt keine Unterstützung. Dies deutet darauf hin, daß es sich bei der diagnostischen Kompetenz um ein sehr spezifisches Lehrermerkmal handelt, daß deutlich von globalen Unterrichtsqualitätsmerkmalen abgegrenzt werden muß.

Besonders bemerkenswert erscheint der fehlende Zusammenhang im Falle der Klassenführung. Eine effektive Klassenführung ist nicht nur ein Kernbestandteil effektiven Unterrichtens, sondern kann darüberhinaus auch als eine wesentliche Grundvoraussetzung dafür angesehen werden, daß der Lehrer durch sein Verhalten einen diagnostisch aufschlußreichen "Informationsfluß" produzieren kann. Den Ergebnissen zufolge hängen Unterschiede in der diagnostischen Kompetenz aber nicht mit der Fähigkeit des Lehrers zusammen, durch eine geordnete Klassenführung

Tabelle 5.10

Rangkorrelationen zwischen den beiden zentralen Komponenten diagnostischer Kompetenz und ausgewählten Unterrichtsaspekten

	Diagnostische Kompetenz	
	personenbezogen	aufgabenbezogen
Klassenführung	.06	-.03
Lehrstofforientierung	.05	.09
Klarheit und Verständlichkeit	-.11	.11
Lehrerengagement	-.02	.06
Affektive Qualität der Lehrer-Schüler-Beziehung	-.06	-.15
Präferenz diagnostisch relevanter Unterrichtskontexte u. -verhaltensweisen		
Kleingruppenunterricht	.09	.17
Lehrer-Schüler-Interaktionen außerhalb des Unterrichtskontexts	.35*	.08
Sachbezogene Schülerbeiträge	.35*	-.13
Zeitlassen für Antworten	.25	-.20
Nachfragen und Hilfestellungen	-.09	.04
Formelle Diagnosepraktiken	.28	-.09

Anmerkungen. * $p < 0.05$.

günstige Voraussetzungen für eine effektive Informationsaufnahme und -verarbeitung im Unterricht zu schaffen. Eine teilweise Erklärung dafür könnte sein, daß für den Aufbau diagnostischer Kompetenzen gewisse Mindestkompetenzen im Management-Bereich ausreichen und daß über diesen Schwellenwert hinausgehende Unterschiede ohne Bedeutung sind. Das wäre jedoch nur dann eine zufriedenstellende Erklärung für das Fehlen eines Zusammenhangs, wenn alle Lehrer über diese Mindestfähigkeiten entweder verfügen oder unter dieser Mindestausprägung bleiben - was angesichts der stark streuenden Ausprägungen sehr unwahrscheinlich ist. Erhebungsmängel scheiden bei diesem Merkmal mehr als bei jedem anderen als Erklärung aus, da eine umfassende mehrperspektivische Operationalisierung benutzt werden konnte, bei der die aus verschiedenen Informationsquellen stammenden Messungen deutlich zusammenhängen.

Spezielle Unterrichtsmerkmale. Der Aufbau einer effektiven diagnostischen Wissensbasis könnte ferner davon abhängen, in welchem Maße der Lehrer Gelegenheit hat beziehungsweise sich verschafft, im Unterricht durch Beobachtungen und intensivere Kontakte mit einzelnen Schülern näheren Aufschluß über den Leistungsstand zu bekommen. Für solche unterschiedlichen Beobachtungsgelegenheiten dürften zunächst einmal Unterschiede im globalen Unterrichtskontext eine Rolle spielen: Lehrer, die relativ viel Zeit mit Kleingruppenunterricht oder im Gespräch mit Schülern außerhalb des eigentlichen Unterrichts verbringen, sollten besser über ihre Schüler informiert sein. Dies bestätigt sich nicht für Kleingruppenunterricht, wohl aber zumindest teilweise für Interaktionen außerhalb des eigentlichen Unterrichts.

Je besser der Lehrer in der Lage ist, im Unterricht diagnostisch aussagekräftige Informationen (cues) zu produzieren, das heißt vor allem, seine Schüler zu diagnostisch aufschlußreichen Verhaltensweisen und Reaktionen zu veranlassen, umso genauer sollte letztendlich seine aktuelle Wissensbasis sein. Bestimmte Unterrichtsverhaltensweisen sollten diesen Zweck besser erfüllen als andere: Je mehr Gelegenheit Schüler zu ausführlicher Antwort und zu eigenen sachbezogenen Beiträgen haben, je mehr sich der Lehrer bemüht, durch Nachfragen, Umformulieren einer Frage oder Hilfestellungen ausführlichere Antworten zu provozieren und so den Wissenstand des Schülers zu erschließen, und je mehr er bereit ist, auf eine Antwort zu warten, umso bessere Voraussetzungen für den Aufbau diagnostischen Wissens sollte er haben. Dies bestätigt sich allenfalls tendenziell und nur im Falle der personenbezogenen Diagnosekompetenz.

Schließlich sollte ein Lehrer, der häufiger bestimmte formellere Diagnosepraktiken (verschiedene Formen von Klassenarbeiten oder Tests, mündliche Prüfungsphasen, Hausaufgabenkontrolle) einsetzt, eine höhere diagnostische Kompetenz entwickeln. Auch dies bestätigt sich allenfalls tendenziell für personenbezogene Diagnosekompetenz.

Fazit. Alles in allem kann die vergleichsweise geringe Zahl signifikanter Zusammenhänge als Hinweis darauf gesehen werden, daß "gute" Lehrer nicht unbedingt auch gute pädagogische Diagnostiker sein müssen. Insbesondere ist dadurch deutlich geworden, daß das Unterrichtsverhalten offenbar nur eine sehr begrenzte Rolle beim Aufbau diagnostischen Wissens spielt. Auch hier gilt die bereit in den letzten beiden Abschnitten eingeführte Einschränkung, daß zur Erklärung von Zusammenhängen zwischen Diagnosekompetenz und möglichen Determinanten dieses Merkmals eine Reihe von Zwischenschritten unterstellt werden müssen, über die wenig bekannt ist, die aber Ansatzpunkte für gegenläufige Einflußfaktoren darstellen können.

5.1.9 Zusammenfassung und Diskussion

Ziel dieses Abschnitts war es, näheren Aufschluß über Beschaffenheit und Bedeutung diagnostischer Kompetenz als Lehrermerkmal zu erhalten. Zu diesem Zweck wurden zunächst die deskriptiven Statistiken verschiedener Komponenten diagnostischer Kompetenz dargestellt. Näher analysiert wurden dabei die Diagnosekennwerte, die als einfache Indizes definiert waren. Eine Frage von zentraler Bedeutung für die vorliegende Arbeit war schließlich, ob die verschiedenen Aspekte diagnostischer Kompetenz zusammenhängen und als Ausdruck eines umfassenden Konstrukts angesehen werden können. Ergänzt wurden diese Analysen zur Beschaffenheit des Merkmals 'Diagnosefähigkeit' durch den Versuch einer Validierung mit Hilfe von Schülerperzeptionen. Schließlich wurden Zusammenhänge zwischen diagnostischer Kompetenz und grundlegenden Kontext-, Personen- und Unterrichtsmerkmalen untersucht. Dies geschah zum einen, um ein besseres Verständnis für die Bedeutung des Merkmals 'Diagnosefähigkeit' zu erhalten, zum anderen aber auch, um die Geltung von Alternativhypothesen im Hinblick auf spätere Fragestellungen zu Wirkungen diagnostischer Kompetenz abzuschätzen.

Zunächst zeigte sich, daß sich die Lehrer im Hinblick auf verschiedene Einzelaspekte diagnostischer Kompetenz nicht nur deutlich unterscheiden, sondern daß diese Unterschiede auch hinreichend reliabel sind. Die Existenz reliabler Lehrerunterschiede ist notwendige Voraussetzung dafür, um das Merkmal 'Diagnosefähigkeit' im Rahmen von Analysen verwenden zu können. Insbesondere ist es damit sinnvoll, nach den Gründen für die vorhandenen Lehrerunterschiede zu fragen und der Frage nach etwaigen damit verbundenen Folgen und Wirkungen nachzugehen. Die Abklärung individueller Unterschiede war Bestandteil älterer Arbeiten zur Urteilsgenauigkeit von Lehrern (siehe Gage, 1968, als Übersicht), wurde aber in den neueren Arbeiten allenfalls beiläufig behandelt. Insofern leistet die vorliegende Arbeit einen Beitrag zur Wiederbelebung einer differentiell-psychologischen Betrachtungsweise der Urteilsgenauigkeit.

Niveau- und Differenzierungskomponente sind als einfache Indizes definiert, bei denen zwei Variablen durch Bildung von Differenz- und Verhältniswerten zu einer Maßzahl verknüpft werden. Zwangsläufige Folge dieser Art der Verknüpfung sind artifizielle Zusammenhänge zwischen Index- und Indexbestandteilen. Die Höhe des Zusammenhangs zwischen dem Index und seinen Bestandteilen hängt natürlich von der Höhe des Zusammenhangs der Indexbestandteile untereinander ab. Die dargestellten Analysen haben zum Teil recht deutliche Zusammenhänge zwischen den Indizes und den in sie eingehenden Leistungskennwerten aufgezeigt. Dies läßt es problematisch erscheinen, die Indizes im Sinne von Personenmerkmalen zu deuten.

Ein zentrales Ergebnis dieses Kapitels ist die weitgehende Unabhängigkeit verschiedener Aspekte diagnostischer Kompetenz. Dies deutet darauf hin, daß die verschiedenen Diagnoseleistungen als Indikatoren spezieller diagnostischer Kompetenzen angesehen werden können. Dieses Ergebnis ist allerdings in zweifacher Hinsicht zu relativieren. Zum einen sind Aussagen, die den Charakter einer statistischen Nullhypothese haben, stets mit einem Beta-Fehler behaftet, der sich nur in sehr großen Stichproben hinreichend klein halten läßt. Zum anderen läßt sich durch den unterschiedlichen Erhebungszeitpunkt für personen- und aufgabenbezogene Einschätzungen nicht ausschließen, daß die festgestellte Unabhängigkeit teilweise auf das Konto von Merkmalsinstabilität geht. Zur Lösung dieses Problems mußte eine Konstanz- oder Stabilitätsannahme gemacht werden, die durch den fähigkeitsähnlichen Charakter diagnostischer Kompetenzen gerechtfertigt wurde, an deren Berechtigung aber selbstverständlich Zweifel erhoben werden können.

Weiterhin kann man mit einiger Berechtigung die Auffassung vertreten, daß nur drei der Genauigkeitskomponenten eine voll befriedigende Operationalisierung diagnostischer Kompetenz darstellen, von denen zudem nur zwei hinreichend reliabel waren. So gesehen erscheint es angemessener, die Ergebnisse als vorläufigen Beleg für die Existenz von lediglich zwei grundlegenden voneinander unabhängigen Aspekten der Diagnosefähigkeit zu sehen, nämlich für eine personen- und eine aufgabenbezogene Diagnosefähigkeit, die beide durch die jeweilige Rangordnungskompontente definiert sind. Trotzdem ist ein solches Ergebnis insofern bemerkenswert, als es allzu vereinfachte Vorstellungen vom guten pädagogischen Diagnostiker, der durch ein einziges globales Fähigkeitsmerkmal gekennzeichnet werden kann, korrigiert. Diagnostische Kompetenz setzt sich offenbar aus mehreren spezifischen Einzelkompetenzen (mindesten den zwei hier untersuchten) zusammen. Die Frage der Generalität versus Spezifität von Urteilskompetenzen war ein zentrales Thema der älteren Forschungen zur Urteilsgenauigkeit, das aber nie definitiv geklärt werden konnte (Taft, 1955; Tagiuri, 1969). Betrachtet man diagnostische Einschätzungen als Urteilsaufgaben, zu deren Bewältigung eine Reihe von kognitiven Prozessen erforderlich ist (siehe etwa Feldman, 1981), so wird rasch klar, daß die Annahme genereller Fähigkeiten in diesem Zusammenhang nicht unbedingt als sehr realistisch anzusehen ist.

Bei diagnostischen Einschätzungen handelt es sich im Unterschied zu vielen künstlichen Urteilsaufgaben um hochgradig gedächtnisabhängige Urteilsleistungen, für die Prozesse wie Speicherung, Organisation und Abruf von Wissen eine bedeutsame Rolle spielen (Feldman, 1981). Der Urteilsprozeß ist dadurch gekennzeichnet, daß im Gedächtnis vorhandenes Wissen in Hinblick auf die Erfordernisse der jeweiligen Urteilsaufgabe abgesucht und strukturiert wird. Urteiler dürften sich in Bezug auf Art, Ausmaß und Organisation des zugrundeliegenden Wissens unterscheiden. Es ist zu vermuten, daß bei personen- und aufgabenbezogenen Einschätzungen auf unterschiedliche Wissensbestände zurückgegriffen wird. Das Wissen, das der Lehrer über die Schüler der eigenen Klasse hat, ist vermutlich eingebettet in allgemeinere Wissensbestände oder Schemata. Beispiele dafür sind etwa das Wissen über Schüler im allgemeinen wie etwa Art, Umfang und Bandbreite der von Schülern bestimmter Altersstufen zu erwartenden Kenntnisse und Fähigkeiten (Clark & Peterson, 1986). In entsprechender Weise ist das Aufgabenwissen des Lehrers vermutlich zu einem erheblichen Teil Bestandteil größerer fach- und lehrstoffspezifischer Wissensbestände (Leinhardt & Smith, 1985). Inwieweit das Wissen über Schüler und das Wissen über Aufgaben miteinander verknüpft sind, etwa in Form von Verknüpfungen zwischen bestimmten Schüler- und Aufgabentypen, ist unklar. Die dargestellten Ergebnisse deuten eher darauf hin, daß es sich um relativ separate Wissensbestände handelt. Die weitgehende Unhängigkeit beider Wissensformen schließt aber nicht aus, daß das Wissen über Personen und Aufgaben bei einzelnen Lehrer stärker integriert ist. Möglicherweise sind dies gerade die Lehrer, die im Hinblick auf effizientes Unterrichten eine umfassende Expertise entwickelt haben. Möglicherweise unterscheiden sich Lehrer auch in dem Grade, in dem bestimmte Urteilserfordernisse mit dafür geeigneten Wissensbeständen verknüpft sind, und damit in der Geläufigkeit bestimmter Urteilsprozesse.

Eine Kernannahme dieser Arbeit besteht darin, daß es im Unterricht situative Urteilserfordernisse gibt, die den im Rahmen der Untersuchung benutzten Urteilsaufgaben in etwa entsprechen dürften. Im Unterschied zur Urteilsabgabe außerhalb der Unterrichtssituation sind Einschätzungen während des Unterrichts natürlich weniger gedächtnisabhängig, sondern beruhen auf einer Kombination von wahrgenommener und im Gedächtnis verfügbarer Information.

Gezeigt hat sich ferner, daß die Diagnoseleistung zwar nicht durchweg, aber doch in einzelnen Fällen von Merkmalen des Urteilskontexts abhängt. Dies zeigt zum einen, daß Kontextmerkmale nur einen begrenzten Einfluß auf die Diagnoseleistung haben, insbesondere wenn der Erklärungsabstand relativ hoch ist. Es verdeutlicht zum anderen aber noch einmal die Notwendigkeit, zwischen Diagnoseleistung und Diagnosefähigkeit zu unterscheiden. Diagnosefähigkeit ist dabei als ein nicht direkt beobachtbares Personenmerkmal zu verstehen, das sich mit Hilfe bestimmter Diagnoseleistungen erfassen läßt. Die Diagnoseleistung oder diagnostische Performanz hängt dabei jedoch nicht nur von der Diagnosekompetenz, sondern auch von urteilserleichternden oder -erschwerenden Kontextbedingungen ab.

Was die Erfassung der Diagnosefähigkeit anbetrifft, so wirken sich Kontexteinflüsse validitätsmindernd aus. Es ist aber durchaus möglich, daß die direkt gemessene, Kontexteinflüsse widerspiegelnde Diagnoseleistung ein besserer Indikator für das im Unterricht bedeutsame aktuelle diagnostische Wissen ist als ein reiner Fähigkeitsindikator. Ob die durch Bereinigung um Kontexteinflüsse indikatorisierbare Diagnosekompetenz oder die direkt gemessene Diagnoseleistung für die Erklärung von Unterrichtseffekten von größerer Bedeutung ist, ist eine empirisch zu beantwortende Frage.

Weitgehend negativ war der Versuch, die Diagnoseleistung mit Personenmerkmalen des Lehrers und Unterrichtsmerkmalen in Zusammenhang zu bringen. Dies spricht ebenfalls für die Annahme der Spezifität von diagnostischen Kompetenzen. Die Kenntnis der Diagnosegenauigkeit von Lehrern läßt keinen Rückschluß auf die Ausprägung zentraler Unterrichtsmerkmale bei diesen Lehrern zu. Ebensowenig ist - zumindest was die hier untersuchten Merkmale angeht - ein Rückschluß auf bestimmte Personenmerkmale des Lehrers möglich. Diagnostische Kompetenzen sind somit jedenfalls kein einfaches Korrelat von Merkmalen, die den "guten" Lehrer charakterisieren.

Insgesamt gesehen sprechen die Ergebnisse also dafür, daß diagnostische Kompetenzen Merkmale sind, die eher spezifisch als global sind, und denen Informationsverarbeitungsprozesse zugrundeliegen, die vermutlich nur unter bestimmten Bedingungen wirksam werden.

5.2 Diagnosekompetenz und Lernerfolg

5.2.1 Vorbemerkung

Dieser Teil der Arbeit (Kapitel 5.2) beschäftigt sich mit der Frage nach der unterrichtlichen Bedeutung diagnostischer Kompetenz und dabei insbesondere mit deren Bedeutung für den Lernerfolg der Schüler. Die theoretischen Überlegungen dazu wurden bereits ausführlich in Abschnitt 3.4. behandelt. Danach kann die diagnostische Kompetenz des Lehrers in zweifacher Hinsicht als bedeutsam für den Lernerfolg der Schüler angesehen werden:

- Zunächst läßt sich ein einfacher Zusammenhang zwischen Diagnosekompetenz und Lernerfolg postulieren (*Haupteffektsannahme*).
- Zusätzlich wird angenommen, daß das Zusammenwirken von Diagnosekompetenz mit bestimmten didaktischen Verhaltensweisen zur Erklärung von Unterschieden im Lernerfolg beiträgt (*Wechselwirkungsannahme*).

Zur Überprüfung dieser Kernhypothese und den damit verbundenen theoretischen Implikationen wird im einzelnen wie folgt vorgegangen:

(1) Zunächst wird geprüft, ob sich einfache Zusammenhänge zwischen den beiden diagnostische Lehrerkompetenzen und dem Lernerfolg der Klasse nachweisen lassen. Außerdem wird geprüft, ob und inwieweit die Unterrichtsmerkmale, die später auf ihr Zusammenwirken mit diagnostischer Kompetenz hin untersucht werden, bereits für sich genommen zum Lernerfolg beitragen.

(2) Im Mittelpunkt steht dann die Überprüfung von Wechselwirkungen zwischen diagnostischer Kompetenz und verschiedenen Unterrichtsmerkmalen. Um den Geltungsbereich der in Frage kommenden Unterrichtsmerkmale näher einzugrenzen, sollen zwei Teilfragen beantwortet werden: (a) Lassen sich Wechselwirkungen für Unterrichtsmerkmale, bei denen sie aufgrund theoretischer Überlegungen zu erwarten sind, nachweisen? (b) Läßt sich umgekehrt für Unterrichtsmerkmale, bei denen keine Wechselwirkungen mit diagnostischer Kompetenz vorhergesagt werden, zeigen, daß solche Wechselwirkungen erwartungsgemäß nicht auftreten? Diese Fragen werden für die personenbezogene Diagnosekompetenz relativ ausführlich, für die aufgabenbezogene Diagnosekompetenz entsprechend knapper untersucht.

(3) Anschließend wird geprüft, ob sich Lehrer mit unterschiedlich hoher Diagnosekompetenz und Unterrichtsstrukturierung hinsichtlich wichtiger Merkmale ihrer Klassen und ihres Unterrichts unterscheiden.

(4) Schließlich werden Einzelvergleiche von Lehrern, die eine hohe Diagnosekompetenz aufweisen und gleichzeitig hohe Unterrichtserfolge erzielen, vorgenommen. Diese Analysen sollen näheren Aufschluß über Bedingungen geben, unter denen die Umsetzung diagnostischen Wissens besonders leistungsförderlich ist.

Bevor diesen Fragen nachgegangen wird, sollen zunächst abhängige und unabhängige Variablen näher beschrieben werden.

5.2.2 *Effektvariablen*

Analysen, bei denen Unterrichtsmerkmale von Lehrern mit Schülermerkmalen in Beziehung gesetzt werden, können prinzipiell auf Klassenebene oder auf Schülerebene erfolgen. Während gegenüber Analysen auf Schülerebene - obwohl weit verbreitet - statistische Bedenken angemeldet werden können (siehe etwa Burstein, 1981; Stelzl, 1982), sind Analysen auf Klassenebene unproblematisch. Die folgenden Analysen, bei denen die Wirkung bestimmter Unterrichtsmerkmale am Lernerfolg der Schüler gemessen wird, werden daher auf Klassenebene durchgeführt. Als Maß für den Lernerfolg einer Klasse wird der um den Einfluß der mittleren Vortestleistung der Klasse bereingte Mittelwert der Nachtestleistung der Klasse verwendet. Das heißt: Zunächst werden Klassenmittelwerte im Vor- und Nachtest berechnet, anschließend wird die Regression der mittleren Nachtestleistung der Klasse auf die mittlere Vortestleistung berechnet. Das Residuum, also die Differenz zwischen tatsächlichem und regressionsanalytisch vorhergesagten Nachtestwert einer Klasse kann als Maß für den Lernerfolg angesehen werden (Helmreich, 1977).

Fragen der Veränderungsmessung werden bekanntlich kontrovers diskutiert (siehe etwa Corder-Bolz, 1978; Cronbach & Furby, 1970; Helmreich, 1977; Linn, 1986; Reichardt, 1979), ohne daß sich daraus so etwas wie ein allseits akzeptiertes Vorgehen ergeben hätte. Weitgehende Übereinstimmung herrscht lediglich darin, daß die Verwendung einfacher Differenzwerte wegen der damit verbundenen Schwächen (Korrelation zwischen Differenz- und Eingangswerten, Regressionseffekte) vermieden werden sollte (siehe aber Corder-Bolz, 1978). Die Benutzung von Residualwerten kann als eine einfache, häufig praktizierte Methode angesehen werden, mit der die offenkundigen Schwächen einfacher Differenzmaße vermieden werden können.

Tabelle 5.11 zeigt die deskriptiven Statistiken für Vor- und Nachtestleistung der Klassen sowie für verschiedene daraus gebildete Lernerfolgsmaße, von denen die letzten drei statistisch völlig äquivalent sind und nur zu Veranschaulichungszwecken unterschieden wurden:

- Der Vollständigkeit halber - und weil er eine anschauliche Vergleichsgröße darstellt - ist zunächst der bereits kritisierte einfache Lernzuwachs (Differenzwert zwischen Nachtest- und Vortestleistung) angeführt;
- der residualisierte Lernzuwachs als Differenz der tatsächlichen Nachtestleistung zu der regressionsanalytisch aus der Vortestleistung geschätzten Nachtestleistung (Residuum) stellt ein um Unterschiede in der Eingangsleistung bereinigtes Maß dar;
- die vortestadjustierte Nachtestleistung ist der zur mittleren Nachtestleistung der Gesamtstichprobe addierte residualisierte Lernzuwachs; sie entspricht konzeptuell und - wie sich in vergleichenden Analysen ergeben hat - empirisch weitgehend kovarianzadjustierten Werten;
- der vortestadjustierte Lernzuwachs ist, ganz entsprechend, der zum mittleren Lernzuwachs addierte residualisierte Lernzuwachs.

Tabelle 5.11

Deskriptive Statistiken von Vortestleistung, Nachtestleistung und verschiedenen Lernerfolgsmassen (zugrundeliegende Testleistungen sind klassenweise aggregiert)

	M	*SD*	*Min*	*Max*
Vortestleistung	35.25	6.73	18.41	50.43
Nachtestleistung	49.28	10.38	17.30	66.51
Lernzuwachs				
einfach	14.03	7.29	-13.47	26.13
residualisiert	0.00	7.25	-27.04	11.92
vortestadjustiert	14.03	7.25	-13.01	25.95
vortestadjustierte Nachtestleistung	49.28	7.25	22.24	61.20

Anmerkungen. Zugrundeliegende Skala: Prozent gelöster Aufgaben, bezogen auf die Gesamtzahl der Testaufgaben.

Da die zugrundeliegende Punkteskala eine Prozentskala (Prozentsatz gelöster Aufgaben) darstellt, bedeutet die mittlere Vortestleistung von 35.25, daβ zu Beginn der Untersuchung im Durchschnitt ein gutes Drittel der Testaufgaben von den Schüler gelöst werden konnte (siehe Tabelle 5.11). Im Nachtest werden im Durchschnitt etwa 50% der Aufgaben gelöst, so daβ der Test auch in dieser Untersuchungsphase noch als hinreichend schwer angesehen werden muβ. Im Durchschnitt verbessern sich die Schüler um etwa 14 Prozentpunkte, also - bezogen auf die mittlere Vortestleistung - etwa um 40%. Um einen noch etwas höheren Prozentsatz (54%) vergröβert sich auch die Streuung der Klassenmittelwerte. Der mittlere residualisierte Lernzuwachs ist definitionsgemäβ gleich Null; mittlere vortestadjustierte Nachtestleistung und mittlerer vortestadjustierter Lernzuwachs sind demzufolge mit der mittleren einfachen Vortestleistung beziehungsweise dem mittleren einfachen Lernzuwachs identisch. Identisch sind natürlich auch die Streuungen von residualisiertem Lernzuwachs, vortestadjustierter Nachtestleistung und vortestadjustiertem Lernzuwachs.

Die Interkorrelationen dieser verschiedenen Maβe sind in Tabelle 5.12 dargestellt.

Tabelle 5.12

Interkorrelationen von Vortestleistung, Nachtestleistung und verschiedenen Lernerfolgsmassen

	(2)	(3)	(4)	(5)	(6)
(1) Vortestleistung	.72***	.10	.00	.00	.00
(2) Nachtestleistung		.76***	.70***	.70***	.70***
(3) einfacher Lernzuwachs			.99***	.99***	.99***
(4) residualisierter Lernzuwachs				1.00	1.00
(5) vortestadjustierter Lernzuwachs					1.00
(6) vortestadjustierte Nachtestleistung					

Anmerkungen. *** $p < 0.0001$.

Der einfache Lernzuwachs der Klasse korreliert leicht positiv mit der mittleren Vortestleistung der Klasse. Der bei Korrelation eines Differenzwerts mit seinem Eingangswert vorhandene artifizielle negative Anteil (siehe etwa Cohen & Cohen, 1983), der oft zu negativen Zusammenhängen zwischen Differenz- und Eingangswert führt, wird hier also - bei Analysen mit Klassenmittelwerten nicht ungewöhnlich - durch positive Zusammenhänge überlagert. Notwendige Voraussetzung dafür, daß keine negative Korrelation zwischen Differenz- und Eingangswert auftritt, ist die Vergrößerung der Streuung vom Vor- auf den Nachtest, wie man sich anhand der entsprechenden Rechenformel leicht klarmacht (vgl. etwa Stelzl, 1982). Das residualisierte Zuwachsmaß und die beiden darauf aufbauenden Maße weisen konstruktionsbedingt eine Korrelation von exakt Null mit der Vortestleistung auf.

Bemerkenswert ist die nahezu bei 1.00 liegende Korrelation zwischen einfachem und residualisierten Lernzuwachs, so daß trotz der prinzipiellen statistischen Bedenken gegenüber dem einfachen Lernzuwachs beide Maße im vorliegenden Fall als praktisch austauschbar angesehen werden können. Ebenfalls recht hoch - aber immerhin noch niedrig genug, um beträchtliche Varianzanteile unerklärt zu lassen - sind die Korrelationen der Lernerfolgsmaße mit der Nachtestleistung.

5.2.3 Unterrichtsvariablen

Unterrichtsmerkmale, für die ein moderierender Einfluß diagnostischer Kompetenz zu erwarten ist, sind ausnahmslos durch die Auftretenshäufigkeit bestimmter eng umgrenzter Unterrichtsverhaltensweisen charakterisiert (z.B. Häufigkeit von Strukturierungshilfen). Bei Unterrichtsmerkmalen, für die diagnostische Kompetenz keine Rolle spielen sollte, kann es sich dagegen auch um Stilmerkmale handeln, die durch eine Qualitätsangabe gekennzeichnet sind (z.B. Effizienz der Klassenführung). Deskriptive Statistiken der hier verwendeten Unterrichtsvariablen sind in Tabelle 5.13 dargestellt.

Bei Unterrichtsmerkmalen, die durch die relative Häufigkeit ihres Auftretens operationalisiert sind, gibt der in Tabelle 5.13 aufgeführte Mittelwert an, wieviel Prozent aller kodierten Lehrer-Schüler-Interaktionen im Durchschnitt aller Klassen auf das entsprechende Unterrichtsverhalten fallen. So handelt es sich z.B. bei 5.91% aller kodierten Interaktionen um Strukturierungshilfen. Die Klassen unterscheiden sich im Hinblick auf die Häufigkeit der verschiedenen Unterrichtsverhaltensweisen hinlänglich. In einzelnen Fällen kann die Spannweite der Auftretenshäufigkeiten sogar als außerordentlich groß angesehen werden; so beim Merkmal 'Individuelle fachliche Hilfestellungen', das im einen Extremfall überhaupt nicht auftritt, im anderen Extremfall mehr als 25% des Unterrichts ausmacht. Bei den beiden Stilmerkmalen, die durch eine mehrperspektivische Verknüpfung mehrerer Variablen gebildet wurden, entziehen sich die deskriptiven Statistiken einer anschaulichen Interpretation. Infolge der Standardisierung der zugrundeliegenden Einzelvariablen ist auch der Mittelwert der Gesamtvariablen jeweils Null.

Tabelle 5.14 zeigt die Zusammenhänge der Unterrichtsmerkmale untereinander und mit den beiden Diagnosekompetenzmerkmalen.

Zunächst zeigt sich, daß die verschiedenen Unterrichtsmerkmale unabhängig von den beiden Diagnosekompetenzmerkmalen sind. Damit kann - bei einem nicht-experimentellen Versuchsplan nicht selbstverständlich - von einer näherungsweisen Orthogonalität beider Klassen von Variablen ausgegangen werden, so daß die Möglichkeit besteht, die Effekte beider Variablenklassen voneinander separieren zu können. Aus inhaltlicher Sicht bestätigt sich damit auch hier der bereits in Abschnitt 5.1.7. konstatierte Befund, daß sich diagnostisch kompetente Lehrer nicht unbedingt durch eine höhere Ausprägung potentiell leistungsförderlicher Unterrichtsmerkmale auszeichnen.

Was den Zusammenhang der verschiedenen Unterrichtsmerkmale untereinander anbetrifft, so zeichnet sich kein klar interpretierbares Muster ab. Insbesondere hängen die Unterrichtsmerkmale, bei denen ein Zusammenwirken mit Diagnosekompetenz erwartet wird, nicht so hoch zusammen, daß es möglich - oder sogar notwendig - würde, die Einzelvariablen zu einem übergeordneten Konstrukt zusammenzufassen. Selbst im Falle des hoch-signifikanten Zusammenhangs zwischen Aufgabenstellungen und individuellen fachlichen Zuwendungen weisen die beiden

Tabelle 5.13

Deskriptive Statistiken verschiedener Unterrichtsmerkmale

	M	*SD*	*Min*	*Max*
Strukturierungshilfen [a]	5.91	3.41	1.12	16.86
Individuelle fachliche Hilfestellungen [a]	3.36	4.91	0.00	27.64
Aufgabenstellungen [a]	4.15	1.96	1.44	9.43
Verständnisfragen [a]	1.94	1.05	0.13	4.28
Darstellen/Erklären [a]	5.29	2.79	1.54	13.80
Adressatenwechsel [a]	1.76	0.88	0.69	4.83
Klarheit [b]	0.00	0.63	-1.68	1.01
Klassenführung [b]	0.00	0.83	-1.53	1.95

Anmerkungen. [a] Relative Häufigkeit, bezogen auf die Gesamtzahl aller Interaktionen; [b] mehrperspektivische Verknüpfung verschiedener Informationsquellen.

Unterrichtsmerkmale noch hinreichende Spezifität auf, um getrennte Analysen zu rechtfertigen.

Obwohl immerhin ein Viertel aller Korrelationen signifikant ist und damit das Ergebnis deutlich über der Zufallsrate liegt, kann im Hinblick auf die dominierende Fragestellung der Arbeit darauf verzichtet werden, einzelne Zusammenhänge zu interpretieren.

Tabelle 5.14

Rangkorrelationen zwischen personenbezogener Diagnosekompetenz, aufgabenbezogener Diagnosekompetenz und verschiedenen Unterrichtsmerkmalen

	(2)	(3)	(4)	(5)	(6)	(7)	(8)	(9)	(10)
(1) Personenbezogene Diagnosekompetenz	-.16	-.12	.22	.16	-.04	.04	.08	-.11	.06
(2) Aufgabenbezogene Diagnosekompetenz		.05	.20	.16	.09	.14	-.12	.11	-.03
(3) Strukturierungshilfen			-.05	.32*	.02	-.22	.09	.29(*)	.15
(4) Individuelle fachliche Hilfestellungen				.54***	.17	-.23	-.22	-.03	-.04
(5) Aufgabenstellungen					.15	-.31*	.02	.02	.08
(6) Verständnisfragen						.13	.09	.27(*)	.40**
(7) Darstellen/Erklären							-.01	-.01	.20
(8) Adressatenwechsel								-.18	-.02
(9) Klarheit									.50**
(10) Klassenführung									

Anmerkungen. (*) $p < 0.10$; * $p < 0.05$; ** $p < 0.01$; *** $p < 0.001$.

5.2.4 Einfache Zusammenhänge von Unterrichts- und Diagnosekompetenzmerkmalen mit Effektvariablen

Bevor das Ergebis der Analysen zum Zusammenwirken von Unterrichts- und Diagnosevariablen dargestellt wird, sollen zunächst die einfachen bivariaten Zusammenhänge der beiden Klassen von Variablen mit dem Lernerfolg untersucht werden. Tabelle 5.15 gibt darüber Aufschluß.

Es zeigt sich zunächst, daß die beiden Diagnosekompetenzmerkmale nicht mit dem Lernerfolgsmaß zusammenhängen. Damit kann die Hypothese, wonach sich diagnostisch kompetente Lehrer durch einen

Tabelle 5.15

Rangkorrelationen der Unterrichtsvariablen mit Vortestleistung, Nachtestleistung und Lernzuwachs

	Lernzuwachs[1.)]	Vortest	Nachtest
Personenbezogene Diagnosekompetenz	-.01	.03	.10
Aufgabenbezogene Diagnosekompetenz	.11	.05	.05
Strukturierungshilfen	.07	-.02	.12
Individuelle fachliche Hilfestellungen	.20	.17	.30(*)
Aufgabenstellungen	.35*	-.01	.32*
Verständnisfragen	.14	.42**	.44**
Darstellen/Erklären	.03	-.05	-.09
Adressatenwechsel	-.05	-.09	-.05
Klarheit	.09	.51***	.53***
Klassenführung	.21	.50**	.52***

Anmerkungen. [1.)] vortestadjustierter Lernzuwachs;
(*) $p < 0.10$; * $p < 0.05$; ** $p < 0.01$; *** $p < 0.001$.

besonders leistungseffektiven Unterricht auszeichnen, nicht bestätigt werden. Es gibt also auch hierdurch keinen Anhaltspunkt dafür, daß diagnostische Kompetenz als ein einfaches Korrelat der für effektiven Unterricht erforderlichen Person- und Handlungsvoraussetzungen angesehen werden könnte. Was sich bereits für den Zusammenhang zwischen Diagnosekompetenz und explizit erfaßten Personen- und Unterrichtsmerkmalen gezeigt hat, findet hier also seine Entsprechung. Damit verliert auch die als Erklärung für die schwachen Zusammenhänge zwischen Diagnosekompetenz und anderen Lehrermerkmalen denkbare Erklärung, daß die erfaßten Lehrermerkmale wenig repräsentativ sind oder nicht optimal erfaßt wurden, weiter an Plausibilität.

Erfreulich ist, daß keinerlei Zusammenhang zwischen der Vortestleistung der Schüler und der Diagnosekompetenz der Lehrer besteht. Dies erleichtert die Interpretation möglicher Effekte von diagnostischer

Kompetenz. Überraschend unergiebig fällt der Versuch aus, Zusammenhänge zwischen den Unterrichtsmerkmalen und dem Lernerfolg der Klasse nachzuweisen. Dies verwundert nicht so sehr im Falle derjenigen Unterrichtsmerkmale, deren Wirksamkeit durch diagnostische Kompetenz optimiert werden sollte. Der niedrige Zusammenhang zwischen Strukturierungshilfen und Lernerfolg (siehe Helmke, Schneider & Weinert, 1986) war schließlich einer der Ausgangspunkte für die vorliegende Arbeit.

Dagegen wären für die an anderer Stelle als besonders qualifizierungsförderlich nachgewiesenen Unterrichtsmerkmale 'Klarheit/Verständlichkeit' und 'Klassenführung' deutlich positive Zusammenhänge mit dem Lernerfolg zu erwarten gewesen (Helmke, 1988a).

Trotz teilweise substantieller Korrelationen mit Vor- und Nachtestleistung, läßt sich ein eindeutiger Zusammenhang mit dem Lernerfolg jedoch nur für das Merkmal 'Aufgabenstellungen' nachweisen: Ein Unterricht, der durch häufige "Aufgabenstellungen" gekennzeichnet ist, trägt also in besonderem Maße zum Lernerfolg der Schüler bei. Dies kann als Beleg für die besondere Bedeutung von konsolidierenden und sichernden Maßnahmen für den Lernerfolg angesehen werden.

Für die niedrigen Zusammenhänge dürften folgende Gründe maßgeblich sein:

(1) Zunächst erbringt der im Falle der Diagnosekennwerte am besten geeignete, aber aus Gründen der Vergleichbarkeit auch für die Unterrichtsmerkmale herangezogene Rangkorrelationskoeffizient gegenüber dem Produktmoment-Korrelationskoeffizienten eine recht konservative Abschätzung der Zusammenhänge.

(2) Darüberhinaus sind die Ergebnisse offenbar recht sensibel gegenüber dem verwendeten Effektmaß. So zeigen sich für das von Helmke (1988a) verwendete Maß (auf Individualebene vorgenommene Bereinigung der Nachtestergebnisse um Eingangsleistungen *und* Intelligenz und anschließende klassenweise Aggregierung) bei allen Unterrichtsmerkmalen außer 'Darstellen/Erklären' und 'Adressatenwechsel' signifikante positive Zusammenhänge mit dem Lernerfolg (von *rho* = .30 für individuelle fachliche Hilfestellungen bis *rho* = .49 für Klassenführung).

(3) Ein weiterer Grund für die niedrigen Zusammenhänge könnte die im Rahmen des Prozeß-Produkt-Forschungsansatzes übliche Aggregierung der Unterrichtsmerkmale über verschiedene Kontexte sein, innerhalb der sich möglicherweise gegenläufige Beziehungen zum Lernerfolg ergeben. So scheint es dem Lernerfolg abträglich zu sein, wenn der Lehrer in Stillarbeitsphasen häufig in einer für alle Schüler hörbaren Weise agiert. In besonders starkem Maße gilt dies für das Unterrichtsmerkmal 'Darstellen/Erklären' (Helmke & Schrader, 1988).

(4) Schließlich könnten die niedrigen Korrelationen dadurch zustandekommen, daß kurvilineare Zusammenhänge vorhanden sind. Dies ist aber nicht der Fall.

Bemerkenswert ist, daß im Falle von 'Verständnisfragen', 'Klarheit/Verständlichkeit' und 'Klassenführung' die Merkmalsausprägung in starkem Maße vom Leistungsniveau der Klasse abhängt. Dies zeigt, daß

Unterrichtsvariable nicht unbedingt und nicht ausschließlich in der Lehrerperson liegende Kompetenzmerkmale zum Ausdruck bringen, sondern daß effektives Unterrichten zum Teil das Ergebnis unterschiedlicher Eingangs- und Kontextbedingungen ist. Der Grund dafür liegt offenbar nicht allein darin, daß unterschiedliche Eingangs- und Kontextbedingungen handlungserleichternd oder -erschwerend wirken können, sondern daß sie auch die Bereitschaft des Lehrers beeinflussen können, Anstrengung in seinen Unterricht zu investieren (Evertson, 1982). Dies gilt besonders für die Merkmale 'Klarheit' und 'Klassenführung'. Die Abhängigkeit der Verständnisfragen vom Leistungsniveau der Klasse könnte darüberhinaus daraufhin deuten, daß der Lehrer den Einsatz von Verständnisfragen mehr oder weniger gezielt auf das Leistungsniveau der Klasse abstimmt.

5.2.5 Interaktive Beziehungen zwischen personenbezogener Diagnosekompetenz und verschiedenen Unterrichtsmerkmalen

Vorüberlegungen
Nachdem sich die Annahme eines einfachen Zusammenhangs zwischen Diagnosekompetenz und Lernerfolg bereits als nicht haltbar erwiesen hat, konzentriert sich nunmehr das Interesse auf die Prüfung von Wechselwirkungen zwischen Diagnosekompetenz und den einzelnen Unterrichtsmerkmalen. Erwartet wird, daß diagnostische Kompetenz vor allem solche Unterrichtsverhaltensweisen in ihrer Effektivität steigert, die lernförderliche kognitive Eigenaktivitäten der Schüler gezielt anregen und unterstützen. In Anlehnung an Winne (1985a; 1985b) sollen entsprechende Unterrichtsbemühungen des Lehrers unter das Konzept 'strukturierende Hilfen' (cues) subsumiert werden. Dabei hat sich allerdings bereits gezeigt, daß es empirisch nicht gerechtfertigt ist, die zugrundegelegten Einzelmerkmale durch ein übergeordnetes Konstrukt zu repräsentieren.

Erwartet wird dabei, daß der Lernerfolg dann am größten ist, wenn hohe diagnostische Kompetenz mit hoher Ausprägung des jeweiligen Unterrichtsmerkmals zusammentrifft.

Zur Überprüfung der Wechselwirkungsannahme bieten sich zwei Spezialfälle des allgemeinen linearen Modells an:

(1) Zweifaktorielle Varianzanalysen mit den Faktoren 'Diagnosekompetenz' und 'Unterricht', wobei die ursprünglich quantitativen unabhängigen Variablen in zwei- oder mehrstufige qualitative Faktoren überführt werden.

(2) Multiple Regressionsanalysen, bei denen zusätzlich zu den beiden unabhängigen Variablen 'Diagnosekompetenz' und 'Unterricht' ein multiplikativer Term für die Wechselwirkung zwischen beiden aufgenommen wird.

Aus den folgenden Gründen wird der Varianzanalyse mit zweistufigen Faktoren der Vorzug gegeben:

- Im Rahmen theoretischer Überlegungen wurde bislang lediglich zwischen hoher und niedriger Ausprägung beider unabhängiger Variablen unterschieden. Dabei wurde implizit ein Schwellenkonzept zugrundegelegt: Für ein Zusammenwirken werden bestimmte Mindestausprägungen beider Variablen als notwendig angesehen; für darüberhinausgehende Ausprägungen bestehen keine theoretisch begründbaren Erwartungen zur Art des Zusammenwirkens. Insbesondere wird nicht von kompensatorischen Beziehungen zwischen Diagnosekompetenz und den entsprechenden Unterrichtsmerkmalen, wie sie das Regressionsmodell impliziert, ausgegangen.

- Varianzanalysen bieten neben einer höheren Anschaulichkeit den Vorteil, daß ein Vergleich unterschiedlicher Gruppen leichter möglich ist.

Gemäß der Schwellenannahme wird dabei lediglich zwischen hoher und niedriger Ausprägungen beider Faktoren unterschieden. Dazu werden beide unabhängigen Variablen durch Aufspaltung am Median dichotomisiert. Vor allem von Verfechtern von Regressionsmethoden wird allerdings an einem solchen Vorgehen die Beliebigkeit und Willkürlichkeit des Median als Cut-off-Punkt, die unvollständige Nutzung verfügbarer quantitativer Information sowie der Umstand, daß beiderseits des Cut-off-Punkts in verschiedenen Gruppen liegende Untersuchungseinheiten einander ähnlicher sein können als innerhalb derselben Gruppe liegende (siehe etwa Cohen & Cohen, 1983; Cronbach & Snow, 1981; Kerlinger & Pedhazur, 1973), kritisiert.

Die letzten beiden Kritikpunkte sind dann berechtigt, wenn das der Regressionsanalyse mit quantitativen Prädiktoren zugrundeliegende Kompensationsmodell als gültig unterstellt wird. Im vorliegenden Fall erscheint jedoch ein Koppelungsmodell, bei dem erst eine Kombination von Mindestausprägungen beider Faktoren zu bestimmten Effekten führt, angemessener.

Der erste Kritikpunkt - die Willkürlichkeit und Beliebigkeit des Median als Cut-off-Punkt - ist dadurch allerdings nicht ausgeräumt. Die Wahl des Median kann nur als Näherungs- und Ersatzlösung für ein aufwendigeres Verfahren angesehen werden, bei dem Schwellenwerte in geeigneter Weise bestimmt werden: Die Schwellenwerte könnten dabei etwa so bestimmt werden, daß Effektgrößen maximiert werden. Auf diesen Punkt wird an späterer Stelle noch ausführlicher einzugehen sein.

Wechselwirkungen zwischen Diagnosekompetenz und Unterricht

Abbildung 1 zeigt die Ergebnisse für das Zusammenwirken von personenbezogener Diagnosekompetenz und verschiedenen Unterrichtsmerkmalen. Abhängige Variable ist jedesmal der vortestadjustierte Lernzuwachs, das heißt die zum mittleren Lernzuwachs der Gesamtstichprobe addierte residualisierte Nachtestleistung.

Ergänzend dazu sind in Tabelle 5.16 Mittelwerte und Standardabweichungen des Lernerfolgsmaßes sowie der Vor- und Nachtestleistungen

Abbildung 1

Lernerfolg der Schüler in Abhängigkeit von der personenbezogenen Diagnosekompetenz des Lehrers und verschiedenen Unterrichtsmerkmalen (jeweils hohe und niedrige Ausprägung)

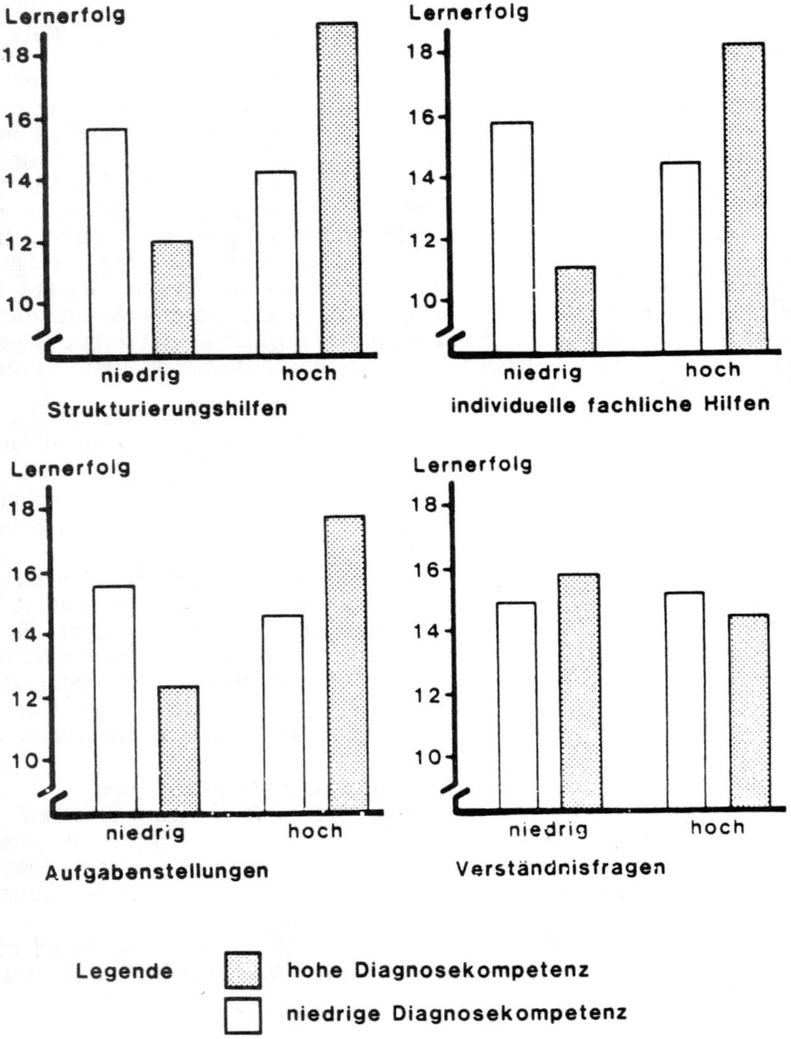

Tabelle 5.16

Lernerfolg sowie Vor- und Nachtestleistung der Klasse in Abhängigkeit von der personenbezogenen Diagnosekompetenz und der Häufigkeit von Strukturierungshilfen, individuellen fachlichen Hilfestellungen, Aufgabenstellungen und Verständnisfragen

			Lernerfolg		Vortest		Nachtest	
Strukturierungshilfen	Diagnosekompetenz	*N*	*M*	*SD*	*M*	*SD*	*M*	*SD*
niedrig	niedrig	9	15.58ab*	4.97	34.09	6.47	49.46	7.85
niedrig	hoch	9	12.01b	4.81	35.77	5.69	47.87	8.78
hoch	niedrig	7	14.24b	1.81	35.46	11.51	49.74	14.03
hoch	hoch	7	18.79a	5.83	36.93	2.68	56.03	4.85
Individuelle fachl. Hilfen	Diagnosekompetenz							
niedrig	niedrig	8	15.73abc	4.23	32.05	9.85	47.19	12.37
niedrig	hoch	7	10.95	4.77	34.50	5.69	45.32	8.02
hoch	niedrig	8	14.26bc	3.58	37.33	7.07	51.97	8.55
hoch	hoch	9	18.11a	5.38	37.65	3.04	56.20	4.58
Aufgabenstellungen	Diagnosekompetenz							
niedrig	niedrig	8	15.45ab	4.63	33.28	10.19	48.37	12.65
niedrig	hoch	8	12.34b	4.42	34.76	5.32	47.01	7.70
hoch	niedrig	8	14.54ab	3.18	36.10	7.35	50.79	8.71
hoch	hoch	8	17.62a	6.78	37.79	3.21	55.87	6.45
Verständnisfragen	Diagnosekompetenz							
niedrig	niedrig	8	14.93a	5.27	31.93	8.62	46.25	11.53
niedrig	hoch	8	15.68a	6.17	34.95	4.85	50.58	8.47
hoch	niedrig	8	15.06a	2.06	37.45	8.41	52.91	9.00
hoch	hoch	8	14.28a	6.50	37.60	4.04	52.31	8.50

Anmerkungen. * mit dem gleichen Buchstaben gekennzeichnete Mittelwerte unterscheiden sich nicht signifikant voneinander (Scheffe-Test für paarweise Vergleiche, $p < 0.10$). Die kritischen Differenzen betragen (jeweils für 10% und 20%-Niveau): Strukturierungshilfen: 3.95/3.05; individuelle fachliche Hilfestellungen: 3.88/2.99; Aufgabenstellungen: 4.17/3.22; Verständnisfragen: 4.50/3.47.

für die vier Bedingungskombinationen dargestellt, worauf an späterer Stelle noch genauer zurückzukommen sein wird.

Tabelle 5.16 zeigt, daß die Zellbesetzungen zwar im Regelfall nicht gleich groß sind, daß aber von einer näherungsweisen Orthogonalität ausgegangen werden kann. Die gerechneten Varianzanalysen lösen das Problem ungleicher Zellbesetzungen durch eine wechselseitige Auspartialisierung (jede Variable wird um den Einfluß aller übrigen Variablen bereinigt; siehe etwa Gaensslen & Schubö, 1976; Kerlinger & Pedhazur, 1973). Da keine theoretisch begründbaren Annahmen über eine kausale Priorität der Haupteffekte besteht, wird einem solchen Vorgehen der Vorzug gegenüber einem schrittweisen Verfahren gegeben.

Für die Unterrichtsmerkmale 'Strukturierungshilfen', 'individuelle fachliche Hilfestellungen' und 'Aufgabenstellungen' zeigt sich dabei jeweils das Muster einer disordinalen Wechselwirkung (siehe etwa Henning & Muthig, 1979).

Erwartungsgemäß ist dabei der Lernerfolg beim Zusammentreffen von hoher Diagnosekompetenz mit hoher Ausprägung des Unterrichtsmerkmals (im folgenden kurz als *'Optimalbedingung'* bezeichnet) am höchsten. Der Lernerfolg in den drei anderen Bedingungsgruppen ist deutlich niedriger, eindeutig am niedrigsten dann, wenn hohe Diagnosekompetenz mit niedriger Ausprägung des Unterrichtsmerkmals einhergeht (im folgenden kurz als *'Negativbedingung'* bezeichnet). Die statistische Überprüfung mit Hilfe zweifaktorieller Varianzanalysen erbringt für die vier Unterrichtsmerkmale die folgenden Ergebnisse:

Strukturierungshilfen. Zunächst läßt sich für Diagnosekompetenz kein signifikanter Haupteffekt nachweisen, $F(1,28) = 0.09$. Ob also der Lehrer durch hohe oder niedrige Diagnosekompetenz gekennzeichnet ist, erlaubt keinerlei Rückschluß auf die Leistungsentwicklung der Schüler. Ebenfalls nicht signifikant ist der Haupteffekt für das Unterrichtsmerkmal, $F(1,28) = 2.70$, der allerdings das 10%-Signifikanzniveau nur sehr knapp verfehlt. Dies entspricht den in Abschnitt 5.2.3. berichteten Ergebnisse zum einfachen Zusammenhang beider unabhängiger Variablen mit dem Lernerfolg. Unterschiede zu Abschnitt 5.2.3., die hier und im folgenden berichtet werden, gehen natürlich auf das Konto der unterschiedlichen Methoden. Im Unterschied zu den beiden Haupteffekten ist die Wechselwirkung zwischen Unterricht und Diagnosekompetenz auf dem 5%-Niveau signifikant, $F(1,28) = 5.99$. Dies läßt sich in zweierlei Weise interpretieren:

(1) Der Zusammenhang zwischen Diagnosekompetenz des Lehrers und Lernerfolg der Klasse hängt davon ab, ob der Unterricht des Lehrers durch hohe oder niedrige Strukturierung gekennzeichnet ist. Bei hoher Strukturierung ist der Zusammenhang zwischen Diagnosekompetenz und Lernerfolg positiv, bei niedriger Strukturierung überraschenderweise negativ.

(2) Diagnosekompetenz moderiert den Zusammenhang zwischen Strukturierung und Lernerfolg. Dieser Zusammenhang ist sehr stark ausgeprägt, wenn der Lehrer über hohe Diagnosekompetenz verfügt. Keinerlei Zusammenhang zwischen Strukturierung und Lernerfolg besteht

dagegen, wenn die Diagnosekompetenz des Lehrers niedrig ist. Hohe oder niedrige Unterrichtsstrukturierung bleibt also - die Berechtigung einer kausalen Interpretierbarkeit vorerst unterstellt - ohne Einfluß auf den Lernerfolg, wenn der Lehrer nicht über ein Mindestmaß an diagnostischer Kompetenz verfügt.

Etwa 16% der Unterschiede im Lernerfolg der Klassen lassen sich auf die Wechselwirkung zurückführen, nur 7% auf das Unterrichtsmerkmal, während die Diagnosekompetenz für sich genommen überhaupt nicht zur Varianzaufklärung beiträgt, $R^2 = 0.00$.

Individuelle fachliche Hilfestellungen. Für Diagnosekompetenz muß sich hier natürlich wieder das gleiche Bild ergeben. Der F-Wert beträgt $F(1,28) = 0.08$. Unterschiedliche F-Werte für Diagnosekompetenz in verschiedenen zweifaktoriellen Varianzanalysen mit derselben abhängigen Variablen sind das Ergebnis eines unterschiedlich hohen Fehlerterms (Gesamtvarianz minus Summe der von allen Faktoren aufgeklärten Varianz, wobei im Falle eines nicht-orthogonalen Designs mit wechselseitiger Auspartialisierung aller Faktoren zusätzlich noch die konfundierten Varianzanteile zu berücksichtigen sind). Für das Unterrichtsmerkmal zeigt sich hier ein schwacher Haupteffekt, $F(1,28) = 3.08$, $p < 0.10$. Die Wechselwirkung fällt mit einem Wert von $F(1,28) = 7.09$, $p < 0.05$ recht deutlich aus. Damit bestätigt sich für individuelle fachliche Zuwendungen das für Strukturierung gefundene Ergebnis. Wie Abbildung 1 zeigt, sind die Ergebnismuster einander sehr ähnlich. Dies ist vor allem deshalb bemerkenswert, als beide Unterrichtsmerkmale mit einem $rho = -.05$ völlig unabhängig voneinander sind. Der Anteil erklärter Varianz liegt bei $R^2 = .19$ für die Wechselwirkung und $R^2 = .08$ für das Unterrichtsmerkmal, während sich für Diagnosekompetenz auch hier ein $R^2 = .00$ ergibt.

Aufgabenstellungen. Für Diagnosekompetenz ergibt sich ein Wert von $F(1,28) = 0.00$, n.s. Der Haupteffekt für das Unterrichtsmerkmal bleibt mit einem $F(1,28) = 1.57$ unter der 10%-Signifikanzgrenze. Der Zusammenhang mit dem Lernerfolg kommt hier also etwas schwächer zum Ausdruck als bei der in Abschnitt 5.2.3. berichteten Rangkorrelation. Etwas schwächer als in den ersten beiden Fällen fällt hier die Wechselwirkung zwischen Unterricht und Diagnosekompetenz aus, $F(1,28) = 3.15$, $p < 0.10$. Die Anteile erklärter Varianz liegen hier bei 10% für die Wechselwirkung, 5% für das Unterrichtsmerkmal und wieder 0% für die Diagnosekompetenz.

Verständnisfragen. Hier sehen die Ergebnisse wie folgt aus: $F(1,28) = 0.00$, n.s. für Diagnosekompetenz, $F(1,28) = 0.11$, n.s. für das Unterrichtsmerkmal und $F(1,28) = 0.17$, n.s. für die Wechselwirkung. Alle drei Varianzanteile liegen hier unter 1%. Für Verständnisfragen läßt sich also im Gegensatz zu den drei vorher betrachteten Unterrichtsmerkmalen weder ein Haupteffekt von Unterricht noch eine Wechselwirkung zwischen Unterricht und Diagnosekompetenz nachweisen. Entweder trägt eine hohe diagnostische Kompetenz nicht zu einer Optimierung von Verständnisfragen bei oder die Auswirkungen einer solchen Optimierung auf die Lernprozesse der Schüler sind zu gering. Eine direkte Überprüfung dieser Hypothesen ist nicht möglich.

Damit zeigt sich also in drei von vier Fällen ein weitgehend übereinstimmendes Ergebnismuster: Der Lernerfolg der Klasse ist dann am höchsten, wenn hohe Diagnosekompetenz mit hoher Ausprägung des jeweiligen Unterrichtsmerkmals zusammentrifft. Bei niedriger Diagnosekompetenz - unabhängig davon, ob diese mit hoher oder niedriger Ausprägung des Unterrichtsmerkmals einhergeht - ist der Lernerfolg deutlich niedriger. Überraschenderweise ist der Lernerfolg dann am niedrigsten, wenn hohe Diagnosekompetenz mit niedriger Ausprägung des Unterrichtsmerkmals einhergeht.

Post-Hoc-Vergleiche (Scheffe-Test für den Interaktionsterm; siehe etwa Bortz, 1985; der besseren Vergleichbarkeit wurden die kritischen Differenzen auch für die nicht-signifikanten Merkmale berechnet) zeigen, daß es im Falle von Strukturierungshilfen und individuellen fachlichen Zuwendungen gerechtfertigt ist, die folgenden Bedingungsgruppen als hinlänglich verschieden anzusehen: (a) Lehrer mit hoher vs. niedriger Diagnosekompetenz bei hoher Ausprägung des Unterrichtsmerkmals und (b) Lehrer mit hoher vs. niedriger Diagnosekompetenz bei niedriger Ausprägung des Unterrichtsmerkmals.

Der hohe Lernerfolg in der Optimalbedingung läßt sich dabei nicht durch ein additives Zusammenwirken von Diagnosekompetenz und Unterricht beschreiben, sondern muß als Ergebnis einer Wechselwirkung zwischen beiden Faktoren gesehen werden: Diagnosekompetenz für sich genommen trägt überhaupt nicht zur Erklärung des Lernerfolgs bei, das jeweilige Unterrichtsmerkmal nur schwach. Der Lernerfolg in der Optimalbedingung ist höher, als aus einer additiven Kombination beider Faktoren vorhergesagt werden kann.

Zur Wechselwirkung trägt der niedrige Lernerfolg in der Negativbedingung maßgeblich bei. Hätte der Lernerfolg in dieser Bedingung nicht unter dem der beiden anderen "Suboptimalbedingungen" gelegen, so hätte zwangsläufig ein zumindest schwacher Haupteffekt der Diagnosekompetenz (und damit vermutlich auch eine etwas schwächer ausgeprägte Wechselwirkung) resultieren müssen. Ein Ergebnis, bei dem sowohl ein Haupteffekt von Diagnosekompetenz als auch eine Wechselwirkung zwischen Diagnosekompetenz und Unterricht aufgetreten wäre, wäre den ursprünglichen Erwartungen näher gekommen.

Wie bereits an der nicht-signifikanten Rangkorrelation in Abschnitt 5.2.4. erkennbar, findet also die einfache Plausibilitätserwartung, daß gute Diagnostiker auch die besseren Lehrer sind und deshalb bei den Schüler höhere Lernerfolge erzielen, aufgrund der Ergebnisse keine Bestätigung. Bestätigt wird dagegen die Annahme, daß der diagnostischen Kompetenz des Lehrers erst im Zusammenwirken mit geeigneten Unterrichtsmerkmalen Bedeutung für den Lernerfolg der Schüler zukommt. Dem unerwartet niedrigen Lernerfolg in der Negativbedingung wird ebenso wie dem Ausbleiben eines Effekts bei Verständnisfragen an späterer Stelle noch genauer nachzugehen sein.

Bevor weitere Ausführungen zur Interpretation des Effektmusters, insbesondere der Wechselwirkungen, gemacht werden, soll zunächst auf dem Hintergrund der in Tabelle 5.16 dargestellten Werte zu vier weiteren Punkten Stellung genommen werden.

Varianzhomogenität. Die für die Durchführung von Varianzanalysen erforderliche Bedingung der Varianzhomogenität ist bis auf eine Ausnahme ('Strukturierung hoch - Diagnosekompetenz niedrig'; $F_{max}(4,8) = 10.15$, $p < .05$; Test von Hartley, siehe Kirk, 1968) immer erfüllt. Da der F-Test in der Regel als recht robust gegenüber Verletzungen der Anwendungsvoraussetzungen gilt (siehe etwa Kirk, 1968; Winer, 1971), erscheint die festgestellte Varianzungleichheit nicht als allzu gravierend. Immerhin könnte die Anwendung der Varianzanalyse bei restriktiver Auslegung als problematisch und die statistische Absicherung mithin als zweifelhaft angesehen werden. Angesichts des Umstands, daβ die Daten aus einer nicht-experimentellen Untersuchung mit entsprechend vielen Fehlerquellen stammen, erscheint eine weitere Problematisierung dieses Punktes jedoch als überzogen.

Vergleichbarkeit der Eingangsbedingungen. Die vier Bedingungsgruppen erklären jeweils 2% (Strukturierungshilfen), 6% (Aufgabenstellungen) und 12% (sowohl individuelle fachliche Hilfestellungen als auch Verständnisfragen) der Unterschiede in den Vortestleistungen. Im Falle von Strukturierungshilfen können also die Vortestleistungen in den vier Gruppen als nahezu äquivalent angesehen werden. Obwohl durch die Residualisierung die statistische Abhängigkeit des Lernerfolgsmaβes von den Eingangsleistungen ausgeschaltet wird, muβ eine möglichst weitgehende Vergleichbarkeit der Eingangsleistungen als unbedingt wünschenswert angesehen werden.

Zum einen stellt sich das prinzipiell unlösbare Problem, daβ numerisch gleiche Zuwächse auf verschiedenen Punkten des Leistungskontinuums unter Umständen in inhaltlicher und qualitativer Hinsicht nur schwer vergleichbar sind. Zum anderen stellt die künstliche Angleichung von Eingangsvoraussetzungen, wie sie im Falle der Kovarianzadjustierung oder der hier vorgenommenen Residualisierung erfolgt, bei Gruppen mit starken Unterschieden in den Eingangsvoraussetzungen immer ein Extrapolationsproblem dar, bei dem die Angemessenheit der Lösung letztlich auf Annahmen beruht (Glass & Hopkins, 1984).

Ein weiteres statistisches Problem bei Verwendung nicht-äquivalenter Gruppen ist das der Wirkung von unsystematischen Meβfehlern im Vor- und im Nachtest. Während unsystematische Meβfehler im Nachtest lediglich die Präzision der Effektschätzung beeinflussen, kann das Vorhandensein von Meβfehlern im Vortest zusätzlich zu einer systematischen Verzerrung (Bias) der Effektschätzungen führen (Reichardt, 1979). Es läβt sich zeigen, daβ die Wirkung von Meβfehlern im Vortest in einem unvollständigen Ausgleich der Vortest-Unterschiede zwischen den Gruppen (underadjustment-bias) besteht. Mit anderen Worten: Bei meβfehlerbehafteten Vortestwerten werden die im Vortest besseren Gruppen tendenziell begünstigt, die schlechteren Gruppen tendenziell benachteiligt. Das heiβt aber nicht unbedingt, daβ in einem konkreten Anwendungsfall eine Verzerrung der Ergebnisse in dieser Richtung auch tatsächlich unterstellt werden kann, da etwa aufgrund anderer Eingangsmerkmale oder differentieller Entwicklungsverläufe gegenläufige Biastendenzen wirksam sind (Reichardt, 1979).

Im vorliegenden Fall sind gravierende Probleme aufgrund von Meβfehlern wenig wahrscheinlich, da der zugrundeliegende Test hochreliabel ist. Generell ist jedoch kaum abschätzbar, ob im konkreten Fall Verfälschungen angenommen werden müssen und in welcher Richtung sie wirksam sind. Eine Möglichkeit der Abschätzung etwaiger Verfälschungen besteht in einer genaueren Charakterisierung der Gruppen bezüglich verschiedener Eingangsmerkmale. Dies soll an späterer Stelle geschehen.

Probleme der beschriebenen Art sind im Rahmen einer nicht-experimentellen Untersuchung unvermeidlich. Angesichts der beschränkten Möglichkeiten, potentielle Alternativhypothesen zu kontrollieren und auszuschlieβen, ist eine kausale Interpretation nur mit entsprechenden Vorbehalten möglich.

Effizienz der Nachtestleistungen. Zumindest im Falle der Strukturierungshilfen, wo die Bedingungsgruppen bezüglich der Vortestleistungen weitgehend äquivalent sind, ist damit zu rechnen, daβ die Ergebnisse für den Nachtest als abhängiger Variable vergleichbar ausfallen müβten wie bei Verwendung des Lernerfolgs als abhängiger Variable. Tatsächlich stimmen die Ergebnismuster weitgehend überein, doch erweist sich das Ergebnis für den Nachtest als abhängiger Variable nicht als signifikant, $F(1,28) = 1.61$ für die

Wechselwirkung zwischen diagnostischer Kompetenz und Strukturierungshilfen (noch niedriger für die anderen Unterrichtsmerkmale). Ursache dürfte der im Vergleich zu den Lernerfolgswerten wesentlich höhere Fehleranteil in den Nachtestwerten sein, was auch in den deutlich höheren Streuungswerten zum Ausdruck kommt. Eine Berücksichtigung der Eingangsleistungen erweist sich also insofern als notwendig, als dadurch die Präzision der Effektschätzung soweit erhöht wird, daß die Signifikanzschranke überschritten werden kann.

Größenordnung der Effekte. Bewertet man die auf die Wechselwirkung zurückführbaren Effektstärken von 10%, 16% und 19% (bei Analysen auf Klassenebene) anhand üblicher Effektstärkeneinteilungen (siehe etwa Cohen & Cohen, 1983), wo geringe Effekte mit einer Varianzaufklärung von 1%, mittlere mit 9% und große mit 25% Varianzaufklärung angesetzt werden, so verweisen die Ergebnisse auf Effekte von mindestens mittlerer Größe auf. Könnte man die gemessene Diagnosekompetenz als ein um alle irrelevanten Bestandteile bereinigtes Maß für ein psychologisches Konstrukt ansehen, so wäre eine Effektstärke dieser Höhe insofern als bemerkenswert anzusehen, als unter schlecht kontrollierten Bedingungen - wie sie in einer nicht-experimentellen Untersuchung zwangsläufig gegeben sind - eher mit geringen Effektstärken zu rechnen ist (Cohen, 1977). Man muß jedoch davon ausgehen, daß Diagnosekompetenz als Personenmerkmal mit verschiedenen anderen Faktoren - vor allem urteilserleichternden und -erschwerenden Kontextbedingungen - konfundiert ist.

Die folgenden Ausführungen - exemplarisch für das Merkmal 'Strukturierungshilfen' - sollen eine noch anschaulichere Vorstellung von der Größenordnung der resultierenden Effekte vermitteln:

Der durchschnittliche Lernerfolg aller in die Analyse eingehenden Klassen beträgt 14.99 Prozentpunkte (die Klassenstichprobe verbessert sich insgesamt von einer mittleren Vortestleistung von 35.24 auf eine mittlere Nachtestleistung von 50.23). Gemessen an diesem durchschnittlichen Zuwachs schneidet die Optimalgruppe mit einem Lernerfolg von 18.79 Prozentpunkten um 3,8 Punkte besser ab. Demgegenüber beträgt der Lernerfolg der Negativgruppe nur 12.01 Prozentpunkte, liegt also um 2.98 Punkte unter dem Gesamtdurchschnitt. Setzt man den durchschnittlichen Lernerfolg der Gesamtgruppe mit 100% an, so übertrifft die Optimalgruppe dieses Ergebnis um etwa 25%, während die Negativgruppe um knapp 20% unter dem Durchschnittsergebnis bleibt.

Zur Interpretation der Wechselwirkungen

Wie die Ergebnisse zeigen, trägt die Wechselwirkung zwischen Diagnosekompetenz und Unterricht am meisten zur Erklärung der Klassenunterschiede im Lernerfolg bei. Das jeweilige Unterrichtsmerkmal leistet nur einen schwachen Erklärungsbeitrag, Diagnosekompetenz für sich genommen überhaupt keinen.

Die Wechselwirkung zeigt an, daß der hohe Lernerfolg in der Optimalbedingung nicht einfach durch bloße Addition separater unterrichtlicher Effekte von Strukturierung und Diagnosekompetenz zustandekommt, sondern daß ein Zusammenwirken beider Faktoren unterstellt werden muß. Wie später noch näher ausgeführt wird, wird ein solches Zusammenwirken in der Weise gedeutet, daß ein Lehrer mit hoher Diagnosekompetenz die entsprechenden Unterrichtsverhaltensweisen besser auf die Lernvoraussetzungen der Schüler abstimmt und auf diese Weise optimiert.

Eine solche Interpretation des Ergebnismusters könnte insofern etwas einseitig erscheinen, als eine spezielle Bedingungskombination herausgegriffen und von den übrigen abgehoben wird. Da sich jedoch auch die restlichen drei Bedingungskombinationen hinsichtlich ihrer Lernwirksamkeit voneinander unterscheiden, wäre aber auch denkbar, daß eine andere dieser Bedingungskombinationen (oder alle drei zusammen) eine solche effektstiftende Sonderrolle spielt. Dies zeigt nachdrücklich, daß selbst ein so einfaches Design noch Interpretationsspielräume offenläßt. Nicht völlig aufgehellt - und möglicherweise auch nicht bis ins letzte aufhellbar - ist also das genaue Zustandekommen des Wechselwirkungsmusters. Wenigstens ansatzweisen Aufschluß verspricht die in Abschnitt 5.2.7. vorgenommene Charakterisierung der folgenden vier Lehrergruppen: (a) Lehrer mit hoher Diagnosekompetenz und hoher Unterrichtsstrukurierung, (b) Lehrer mit hoher diagnostischer Kompetenz, aber niedriger Strukturierung, (c) Lehrer mit niedriger Diagnosekompetenz und hoher Strukturierung und (d) Lehrer mit niedriger diagnostischer Kompetenz und niedriger Unterrichtsstrukturierung.

Zusätzlich zur Wechselwirkung wird das Ergebnismuster durch einen schwachen Haupteffekt der Strukturierung bestimmt. Dabei stellt sich die Frage, wie das Ergebnis zu interpretieren ist, wenn man diesen schwachen Einfluß des Unterrichtsmerkmals außer acht läßt. Zu diesem Zweck muß die Wechselwirkung von den Haupteffekten (im Falle komplexerer Designs auch von den vorgeordneten Wechselwirkungen) separiert werden (Rosenthal & Rosnow, 1984; 1985). Dies geschieht durch Bildung entsprechender Residuen (Abzug der Haupteffekte von den Zellenmittelwerten).

Besonders aufschlußreich ist dies im Falle einer 2x2-Anordnung, wo die Residuen stets das folgende "x-förmige" Muster einer disordinalen Wechselwirkung zeigen: (1) Alle Residuen weisen den gleichen Absolutbetrag auf[11]; (2) die Eintragungen in der Hauptdiagonalen haben das entgegengesetzte Vorzeichen wie die Eintragungen in der Nebendiagonalen (Rosenthal & Rosnow, 1984). Die Wechselwirkung läßt sich dann als zweistufige Variable deuten, bei der die auf der Hauptdiagonalen liegenden Residuen hohe (positive), die auf der Nebendiagonalen liegenden Residuen niedrige (negative) Werte annehmen, oder umgekehrt ("method of meaningful diagonals"; Rosenthal & Rosnow, 1984).

Im vorliegenden Fall bedeutet dies: Der auf die Wechselwirkung zurückführbare Anteil am Lernerfolg ist hoch, wenn Diagnosekompetenz und Strukturierung entweder beide hoch oder beide niedrig ausgeprägt sind; der Lernerfolg ist niedrig, wenn jeweils eine der beiden unabhängigen Variablen hoch und die andere niedrig ausgeprägt ist. Die "reine" Wechselwirkung könnte somit als ein Art von Fähigkeits-Verhaltens-Konsistenz angesehen werden: Günstig ist es, wenn sich der Lehrer im Hinblick auf seine Fähigkeiten konsistent verhält, also durch Diagnosekompetenz optimierbare Verhaltensweisen dann einsetzt, wenn die Diagnosekompetenz hoch ist, und solche Verhaltensweisen nicht einsetzt, wenn die Diagnosekompetenz niedrig ist.

Ob eine derartige Interpretation sinnvoll ist, sei dahingestellt. Auf jeden Fall lenkt aber eine solche Betrachtungsweise den Blick auf den Umstand, daß neben dem hohen Lernerfolg in der Optimalbedingung

---

[11]Dies gilt bei gleicher Zellenbesetzung, bei ungleicher Zellenbesetzung nur dann, wenn die Haupteffekte anhand ungewichteter Mittelwerte berechnet werden.

auch der hohe Lernerfolg in der Bedingung 'Diagnosekompetenz niedrig - Strukturierung niedrig' erklärungsbedürftig ist.

Etwas vereinfacht wird im folgenden stets angenommen: Die Wechselwirkung zwischen Strukturierung und Diagnosekompetenz zeigt an, daβ hohe Strukturierung nur dann besonders lernförderlich ist, wenn sie mit hoher Diagnosekompetenz einhergeht. Daβ es dabei noch eine andere Unterrichtsbedingung gibt, die (bei Auβerachtlassen des Haupteffekts der Strukturierung) ebenso lernförderlich ist, sollte dabei jedoch stets mit bedacht werden.

Abhängigkeit vom Teilungspunkt

Bereits eingangs war die Dichotomisierung der in die Analyse eingehenden unabhängigen Variablen problematisiert worden. Die Dichotomisierung war dabei keinesfalls nur als methodischer Notbehelf eingeführt worden, um die aufwendige Berechnung von Regressionsgleichungen mit einem multiplikativen Term umgehen zu können (angesichts der Existenz geeigneter Rechenprogramme in den einschlägigen Programmpaketen heute ein völlig obsoleter Grund), sondern aus theoretischen Überlegungen. Der mit quantitativen Prädiktoren arbeitenden Regressionsmethodologie liegt ein Kompensationsmodell zugrunde: Niedrige Ausprägungen einer Variablen können durch höhere Ausprägungen anderer Variablen kompensiert werden. Demgegenüber erscheint für das Zusammenwirken von Diagnosekompetenz mit bestimmten Unterrichtsmerkmalen eher ein Koppelungsmodell angemessen, bei dem gewisse Mindestausprägungen beider unabhängiger Variablen gegeben sein müssen. Über die Mindestausprägungen hinausgehende Merkmalsausprägungen bleiben ohne Einfluβ; das heiβt oberhalb wie unterhalb der Schwelle liegende Merkmalsausprägungen sind im Hinblick auf ihre Bedeutung für das Zusammenwirken vollständig vergleichbar.

Auch wenn die Verwendung eines Modells mit Cut-off-Punkt angemessener erscheint als ein Kompensationsmodell, muβ die Wahl des Median als Teilungspunkt der Variablen als relativ willkürlich erscheinen. Im folgenden soll daher geprüft werden, wie sich das Ergebnis verändert, wenn man den Teilungspunkt variiert, also die Schwelle "wandern" läβt. Die Überprüfung beschränkt sich dabei darauf, wie sehr sich die Stärke der Wechselwirkung, als der prägnantesten Komponente des Gesamtmusters, verändert. Als Maβ für die Stärke der Wechselwirkung wird der Einfachheit halber der F-Wert genommen.

Tabelle 5.17 zeigt das Ergebnis für Strukturierungshilfen. Zunächst einmal zeigt sich, daβ die Median-Aufspaltung nicht die einzige Aufteilung ist, bei der eine signifikante Wechselwirkung resultiert. Auβerdem zeigt sich, daβ bei Median-Aufspaltung keineswegs schon die maximale Effektstärke erreicht wird. Interessanterweise wird jedoch die Stärke der Wechselwirkung fast sprunghaft geringer, wenn die Ausprägung des Unterrichtsmerkmals *unter* den Median absinkt; ebenso, wenn die Ausprägung der Diagnosekompetenz um mehr als einen Rangplatz *über* den Median hinaus ansteigt. Nach der anderen Seite hin kann sich die Ausprägung der Diagnosekompetenz noch um acht Rangplätze verringern und die Ausprägung des Unterrichtsmerkmals noch um vier Rangplätze erhöhen, ohne daβ die Wechselwirkung merklich unter das 5%-Signifikanzniveau absinkt.

Ist ein solches Ergebnis nur ein Beleg für die Stabilität des Effektmusters, oder kann man es substantiell deuten? Eine naheliegende Interpretation wäre die, das Ergebnis im Sinne eines Schwellenmodells zu deuten. Danach dürften Diagnosekompetenz und Strukturierung nur dann zusammenwirken, wenn beide Merkmale eine gewisse Mindestausprägung aufweisen. Daβ sich die interaktiven Effekte abschwächen, wenn Diagnosekompetenz und Strukturierung schwächer ausgeprägt sind, scheint für diese Deutung zu sprechen. Wie ist es aber, wenn die Ausprägungen von Diagnosekompetenz und Strukturierung gröβer werden? In diesem Fall müβte die unterstellte Optimierungswirkung diagnostischer Kompetenz genauso vorhanden sein wie bei geringeren Ausprägungen. Trotzdem müβte aber der gemessene Effekt schwächer werden, da es jetzt auch unterhalb des willkürlich gesetzten Cut-off-Punkts eine zunehmende Anzahl von Fällen gibt, bei denen diagnostische Kompetenz optimierend wirkt. So gesehen müβte ein Abflachen der Effekte oberhalb wie unterhalb bestimmter Grenzen eigentlich für ein Schwellenkonzept sprechen. Vergleichsberechnungen mit Werten, die nach einem linear-kompensatorischen Modell

Tabelle 5.17

Stärke der Wechselwirkung zwischen Diagnosekompetenz und Strukturierung (F-Wert) bei Variation des Cut-off-Punktes

	Diagnosekompetenz											
	-9	-8	-7	-6	-5	-4	-3	-2	-1	**Md**	+1	+2
Unterricht												
-2	7.33	3.59	4.91	4.06	2.17	3.38	3.40	4.32	3.31	3.58	3.65	1.22
-1	6.52	2.96	4.28	3.46	1.79	2.75	2.78	3.44	2.56	2.82	2.78	0.86
Md	3.85	9.40	11.95	9.56	5.95	7.29	6.84	7.58	5.90	**5.99**	5.70	2.57
+1	5.22	12.27	16.26	13.19	8.51	10.32	10.11	11.17	8.95	9.60	9.25	4.96
+2	4.37	9.45	13.29	11.33	7.70	9.27	9.07	10.05	8.18	8.84	8.57	4.67
+3	5.46	11.41	9.71	8.57	6.02	7.27	7.24	8.08	6.65	7.41	7.23	3.93
+4	3.98	8.18	6.87	5.97	4.12	4.88	4.73	5.17	4.15	4.61	4.38	2.26
+5	2.28	4.89	3.97	3.33	2.14	2.54	2.23	2.40	1.80	1.88	1.71	0.65
+6	2.30	4.81	3.90	3.28	2.14	2.51	2.25	2.39	1.82	2.03	1.85	0.83

Anmerkungen. Kritische F-Werte: $F = 2.89$, $p = 0.10$; $F = 4.20$, $p = 0.05$; $F = 7.56$, $p = 0.01$.

erzeugt wurden, zeigen allerdings auch hier eine "nach außen hin" abnehmende Effektstärke der Interaktionen, so daß diesbezüglich allenfalls graduelle Unterschiede zwischen einem Schwellenmodell und einem linear-kombinatorischen Modell bestehen können. Insofern kann das in Tabelle 5.17 aufgezeigte Muster nicht als Hinweis auf ein Schwellenmodell angesehen werden.

Daß der Signifikanzbereich im vorliegenden Fall sehr breit ist und auch außerhalb dieses Bereichs noch eine Reihe weiterer signifikanter Interaktionen auftreten, bestätigt sich auch im Ergebnis einer multiplen Regression mit multiplikativem Term, in die Diagnosekompetenzkompetenz und Strukturierung (auf der Basis normalisierter Ränge) als quantitative Prädiktoren eingehen. Dabei ergibt sich eine signifikante Wechselwirkung zwischen Diagnosekompetenz und Ausmaß der Strukturierung, $F(1,28) = 6.90$, $p < 0.05$.

Anders dagegen bei individuellen fachlichen Hilfen: Hier bleibt die Wechselwirkung in der Regressionsanalyse unter der Signifikanzgrenze, $F(1,28) = 0.32$. Dies wird verständlich, wenn man auch hier die varianzanalytisch berechneten Wechselwirkungen in Abhängigkeit vom Teilungspunkt betrachtet (Tabelle 5.18). Anders als bei Strukturierungshilfen werden bei individuellen fachlichen Hilfestellungen die Wechselwirkungen nur in einem vergleichsweise kleinen Bereich beiderseits einer mittleren Ausprägung der Diagnosekompetenz signifikant. Darüber, warum die Bandbreite der für das Zustandekommen interaktiver Effekte erforderlichen Diagnosekompetenz in einem Fall relativ hoch, in dem anderen dagegen nur gering ist, können nur Mutmaßungen angestellt werden. Eine denkbare Erklärung könnte in der unterschiedlichen Heterogenität der jeweiligen Verhaltensklasse liegen: Strukturierungshilfen umfassen ein breites Spektrum unterschiedlicher Verhaltensweisen, hinsichtlich deren Profil sich Lehrer vermutlich deutlich unterscheiden. Wenn man annimmt, daß die Verhaltensweisen sich hinsichtlich der erforderlichen Mindestausprägung diagnostischer Kompetenz unterscheiden, so wäre dies ein möglicher Grund dafür, daß der Schwellenbereich innerhalb einer Lehrergruppe stärker variiert. Individuelle fachliche Hilfestellungen sind demgegenüber vermutlich weniger variantenreich.

Tabelle 5.18

Stärke der Wechselwirkung zwischen Diagnosekompetenz und individuellen fachlichen Hilfestellungen (F-Wert) bei Variation des Cut-off-Punktes

	Diagnosekompetenz										
	-6	-5	-4	-3	-2	-1	**Md**	+1	+2	+3	+4	+5
Unterricht												
-1	0.41	1.45	1.12	0.93	1.16	2.04	2.57	3.15	7.76	7.08	3.79	4.81
Md	1.50	3.66	3.19	2.98	3.61	5.52	**7.09**	8.87	3.92	3.65	1.65	2.44
+1	1.26	3.72	3.17	2.94	3.54	5.81	7.13	8.99	4.14	3.82	1.70	1.99
+2	1.42	4.19	3.64	3.44	4.05	6.86	8.22	8.04	3.75	3.45	1.42	2.13
+3	1.07	3.54	3.03	2.85	3.28	5.89	6.86	6.55	3.08	4.15	1.73	2.46
+4	0.29	2.56	2.17	2.08	2.44	4.96	5.82	5.61	2.63	3.59	1.35	1.99
+5	0.18	2.17	1.80	1.72	1.98	4.38	5.03	4.77	2.27	2.98	0.92	1.30
+6	0.00	0.82	0.51	0.39	0.46	1.56	1.78	1.58	0.46	0.67	0.00	0.01

Anmerkungen. Kritische F-Werte: $F = 2.89$, $p = 0.10$; $F = 4.20$, $p = 0.05$; $F = 7.56$, $p = 0.01$.

Ob eine solche Interpretation vertretbar ist, läßt sich jedoch nicht mit Sicherheit sagen. Genaueren Aufschluß über die Existenz von Schwellen und kompensatorischen Beziehungen verspricht eine Inspektion einzelner Fälle. Dies soll in Abschnitt 5.2.8 geschehen.

Kontext- und Adressatenspezifität

Wie bereits früher angemerkt, besteht bei den durch Aggregierung über den gesamten Beobachtungszeitraum gebildeten Maßen für das Instruktions- und Interaktionsverhalten des Lehrers die Gefahr, daß differentielle Beziehungen maskiert werden: Die verwendeten Häufigkeitsmaße erlauben weder Rückschluß auf unterschiedliche Unterrichtskontexte noch auf die an der Interaktion beteiligten Personen. Eine Aufschlüsselung der Unterrichtsmerkmale nach Kontext und an der Interaktion beteiligten Personen verspricht nicht nur differenzierteren Aufschluß über den Geltungsbereich der berichteten Zusammenhänge, sondern könnte auch nähere Hinweise zur Wirkungsweise effektiven adaptiven Unterrichtens geben.

Die Aufschlüsselung soll hier exemplarisch für das Merkmal 'Strukturierungshilfen' vorgenommen werden (das zweite effektstarke Merkmal - individuelle fachliche Hilfen - bezieht sich von vornherein auf den Kontext Stillarbeit und richtet sich zwangsläufig an einzelne Schüler oder sehr kleine Schülergruppen). Unterschieden werden sollen dabei nur die folgenden beiden zentralen Unterichtskontexte: (a) Stillarbeitsphasen, in denen der Lehrer das Unterrichtsgeschehen nur sehr indirekt lenkt, indem er sich auf eine Überwachung des Lernfortschritts und gelegentliche Hilfestellungen und Korrekturen beschränkt, (b) lehrergesteuerter Unterricht im gesamten Klassenverband (Frontalunterricht). Unterschieden werden soll ferner, ob das Lehrerverhalten (a) an einen Einzelschüler oder (b) an eine Gruppe von Schülern (meistens die ganze Klasse) gerichtet ist.

Als Ergebnis zeigt sich, daß etwa 82% aller Strukturierungshilfen im Kontext 'Frontalunterricht' und etwa 14% im Kontext 'Stillarbeit' erfolgen; die Korrelation zwischen beiden kontextspezifischen Verhaltensmerkmalen beträgt r = .72. Etwa 93% aller Strukturierungshilfen sind an eine Gruppe von Schülern, nur 7% an einzelne Schüler gerichtet; die Korrelation beträgt r = .49. Bereits hierdurch deutet sich an, daß Strukturierungshilfen, die im Kontext 'Stillarbeit' erfolgen oder an einzelne Schüler gerichtet sind, für die Lernsteuerung vermutlich nur von untergeordneter Bedeutung sind. Trotz der hohen Korrelation zwischen den beiden jeweils unterschiedenen Strukturierungsvarianten erscheinen spezifische Analysen vertretbar.

Tabelle 5.19

Lernerfolg der Klasse in Abhängigkeit von der personenbezogenen Diagnosekompetenz und der Häufigkeit von Strukturierungshilfen im Kontext (a) Frontalunterricht und (b) Stillarbeit

		Lernerfolg (a) Frontalunterricht			(b) Stillarbeit		
Strukturierungshilfen	Diagnosekompetenz	*N*	*M*	*SD*	*N*	*M*	*SD*
niedrig	niedrig	11	15.15	4.55	9	13.82	3.47
niedrig	hoch	7	10.45	4.26	10	13.14	6.11
hoch	niedrig	5	14.64	2.02	7	16.50	4.07
hoch	hoch	9	18.50	5.08	6	18.04	5.38

Aus Tabelle 5.19 geht zunächst hervor, daß sich für beide Kontexte voneinander abweichende Ergebnismuster ergeben. Für den Kontext 'Frontalunterricht' zeigt sich sowohl ein signifikanter Haupteffekt des Unterrichtsmerkmals, $F(1,28) = 5.42$, $p < 0.05$, als auch eine signifikante Wechselwirkung, $F(1,28) = 6.97$, $p < 0.05$. Für den Kontext 'Stillarbeit' zeigt sich dagegen nur ein Haupteffekt des Unterrichtsmerkmals, $F(1,28) = 4.47$, $p < 0.05$, aber keine signifikante Wechselwirkung, $F(1,28) = 0.39$ (Diagnosekompetenz ist in keinem der beiden Fälle signifikant).

Obwohl die Unterschiede im Ergebnismuster nur als Trend, aber nicht als streng abgesichertes Ergebnis verstanden werden können, soll folgendes zur Interpretation gesagt werden: Die Wechselwirkung im Kontext 'Frontalunterricht' legt nahe, daß Strukturierung hier besonders effektiv ist, wenn sie in adaptiver Weise erfolgt. Zu bedenken ist dabei aber, daß die klare Wechselwirkung zum Teil durch den hohen Lernerfolg der Klassen von Lehrern mit niedriger Diagnosekompetenz und niedriger Unterrichtsstrukturierung zustandekommt. Andererseits ist aber der Unterschied im Lernerfolg von Lehrern mit hoher Strukturierung, aber unterschiedlich hoher Diagnosekompetenz ziemlich groß. Im Kontext 'Stillarbeit' ist dieser Unterschied deutlich geringer.

Dieser Ergebnistrend erscheint plausibel: Diagnostische Kompetenz könnte für den Einsatz von Strukturierungshilfen im Frontalunterricht besonders wichtig sein, weil besondere Anforderungen an die Informationsverarbeitung des Lehrers gestellt werden, wenn bei einer größeren Zahl von Schülern gleichzeitig Lernbemühungen in Gang gesetzt, aufrechterhalten, zeitlich synchronisiert und koordiniert werden müssen. Demgegenüber hat es der Lehrer in Stillarbeitsphasen, wo er von unmittelbarem Handlungsdruck stärker entlastet ist, viel leichter, steuerungsrelevante Informationen aufzunehmen und in strukturierende Hilfen umzusetzen.

Untersucht man Strukturierungshilfen, die an einzelne Schüler oder an Schülergruppen gerichtet sind, getrennt, so zeigt sich folgendes Ergebnis (siehe Tabelle 5.20).

In keinem der beiden Fälle ist eine signifikante Wechselwirkung nachweisbar: $F(1,28) = 1.28$ für die an eine Schülergruppe gerichteten Strukturierungshilfen, $F(1,28) = 2.05$ für die an Einzelschüler gerichteten Strukturierungshilfen. An die Gruppe gerichtete Strukturierungshilfen zeigen einen signifikanten Haupteffekt, $F(1,28) = 4.83$, nicht dagegen die an Einzelschüler gerichteten Strukturierungshilfen, $F(1,28) = 0.08$. Die Diagnosekompetenz ist in beiden Fällen nicht signifikant, $F(1,28) = 0.02$ beziehungsweise $F(1,28) = 0.08$.

Weder für an Schülergruppen noch für an Einzelschüler gerichtete Strukturierungshilfen läßt sich damit ein moderierender Einfluß diagnostischer Kompetenz nachweisen. Möglicherweise kommt diagnostischer Kompetenz erst im Zusammenspiel dieser beiden Formen von Strukturierungshilfen eine besondere Rolle zu.

Tabelle 5.20

Lernerfolg der Klasse in Abhängigkeit von der personenbezogenen Diagnosekompetenz und der Häufigkeit von Strukturierungshilfen, die an (a) eine Gruppe von Schülern und (b) an einzelne Schüler gerichtet sind

		Lernerfolg					
		(a) an Gruppe			(b) an Einzelschüler		
Strukturierungshilfen	Diagnosekompetenz	*N*	*M*	*SD*	*N*	*M*	*SD*
niedrig	niedrig	9	14.19	3.48	9	15.93	4.58
niedrig	hoch	9	12.47	5.55	10	13.79	5.47
hoch	niedrig	7	16.02	4.36	7	13.79	2.52
hoch	hoch	7	18.20	5.70	6	16.96	7.25

Auf eine prinzipiell mögliche simultane Aufschlüsselung nach Kontext und an der Interaktion beteiligten Personen soll verzichtet werden, da die zugrundeliegenden Häufigkeiten dann zu gering werden und die Stabilität der Schätzungen damit fraglich erscheint.

Einbezug des Urteilskontexts

Im Falle der personenbezogenen Diagnosekompetenz hatte sich eine hohe Leistungsheterogenität der Klasse als urteilserleichternde Kontextbedingung herauskristallisiert (vgl. Abschnitt 5.1.5). Damit ist deutlich geworden, daß zumindest die in dieser Weise operationalisierte diagnostische Kompetenz nur bedingt als Personenmerkmal angesehen werden kann. Für ein genaueres Verständnis der Bedeutung von diagnostischer Kompetenz als Lehrer- und Unterrichtsmerkmal ist es wichtig zu wissen, ob Unterschiede in den Diagnosekennwerten überhaupt noch eine Rolle spielen, wenn der Urteilskontext konstant gehalten wird.

Unklar ist insbesondere, welche Bedeutung die Leistungsheterogenität für das Zusammenwirken von Diagnosekompetenz und Unterrichtsverhalten hat. Während eine hohe Leistungsheterogenität auf der einen Seite nachgewiesenermaßen urteilserleichternd wirkt, ist sie auf der anderen Seite aber als handlungserschwerend anzusehen: Die Anpassung des Unterrichtsverhaltens an die Lernvoraussetzungen der Klasse, insbesondere die Feinsteuerung und Feinabstimmung des unterrichtlichen Handelns, wird schwieriger, wenn zu große Unterschiede in den Lernvoraussetzungen der Schüler vorhanden sind (Corno & Snow, 1986).

Zur Überprüfung, ob sich Unterschiede im Urteilskontext auf das Ergebnismuster auswirken, wird folgendermaßen vorgegangen:

(a) Bildung eines residualisierten, das heißt um Unterschiede in der Eingangsstreuung bereinigten Diagnosekennwerts. Der residualisierte Kennwert gibt an, ob die Diagnosefähigkeit des Lehrers höher oder niedriger ist, als aus dem Urteilskontext vorhersagbar.

(b) Zusätzliche Bereinigung des Unterrichtsmerkmals um die Eingangsstreuung. Der residualisierte Wert ist in analoger Weise zu interpretieren.

Die Varianzanalyse auf der Basis dieser residualisierten Werte erbringt im Falle von Strukturierungshilfen fast die gleichen Ergebnisse wie auf der Basis der nicht-residualisierten Werte: $F(1,28) = 2.33$, n.s., für den Haupteffekt des Unterichtsmerkmals, $F(1,28) = 0.15$, n.s., für den Haupteffekt der Diagnosekompetenz und $F(1,28) = 5.34$, $p < 0.05$ für die Wechselwirkung zwischen beiden Merkmalen. Die Bereinigung um die Eingangsstreuung ist hier also nahezu wirkungslos geblieben. Anders im Falle der individuellen fachlichen Hilfestellungen: Hier verschwindet die Wechselwirkung, wenn man die Eingangsstreuung ausschaltet: $F(1,28) = 0.08$, n.s..

Dieses Ergebnis ist in Zusammenhang mit der eben dargestellten Enge des Signifikanzbereichs für dieses Unterrichtsmerkmal zu sehen: Die Residualisierung modifiziert die Rangordnung der unabhängigen Variablen. Ob und inwieweit durch die veränderte Rangordnung das Ergebnismuster der Varianzanalysen beeinflußt wird, hängt davon ab, ob und in welchem Maße sich die aus der Dichotomisierung resultierende Gruppeneinteilung ändert und inwieweit die ausgewechselten Fälle "austauschbar" sind. Wie sich im vorigen Abschnitt gezeigt hat, ist eine solche Austauschbarkeit bei Strukturierungshilfen in höherem Maße gegeben als bei individuellen fachlichen Hilfestellungen. Ersetzt man daher bei Strukturierungshilfen das ursprüngliche Maß für die diagnostische Kompetenz durch die kontextbereinigte Form, so bleiben die Ergebnisse mit höherer Wahrscheinlichkeit stabil.

Den Ergebnissen zufolge ist die kontextabhängige Form diagnostischer Kompetenz von größerer Bedeutung als die kontextbereinigte Form. Dies erscheint plausibel, weil die kontextabhängige Variante als Indikator für die aktuelle Informiertheit des Lehrers angesehen werden kann, unabhängig davon, ob diese auf eine gute Unterscheidbarkeit und Einschätzbarkeit der Schüler zurückzuführen ist oder auf eine entsprechende Fähigkeit des Lehrers.

Diskriminative Bestätigung

Nachdem sich für drei der vier ausgewählten Unterrichtsmerkmale gezeigt hat, daß der Zusammenhang mit dem Lernerfolg durch diagnostische Kompetenz moderiert wird, soll nun zunächst die Gegenprobe gemacht werden: Tritt ein solches Ergebnis auch bei Unterrichtsmerkmalen auf, bei denen adaptive Prozesse keine oder nur eine untergeordnete Rolle spielen sollten? Für die folgenden Unterrichtsmerkmale ist aus den kurz skizzierten Gründen keine Wechselwirkung mit Diagnosekompetenz zu erwarten:

- *Darstellen und Erklären*: Ein solches Lehrerverhalten erscheint bei Schülern dieses Alters und dieser Schulform wenig geeignet, lernförderliche kognitive Eigenaktivitäten auszulösen, da zum einen eher eine passiv-rezeptive Lernhaltung begünstigt werden dürfte, zum anderen keine direkten Hinweise auf kognitive Verarbeitungsprozesse gegeben werden (Entsprechende Hinweise im Rahmen von Erklärungsphasen wurden als Strukturierungshilfen kodiert!).

- *Adressatenwechsel*: Das Aufrufen eines anderen Schülers nach einer unbefriedigenden Antwortleistung kann zwar zu einem effektiven Unterricht beitragen, vor allem dann, wenn eine Antwortverbesserung durch den zunächst aufgerufenen Schüler unwahrscheinlich ist (Brophy & Evertson, 1980). Ob aber ein Adressatenwechsel oder ein Dranbehalten des Schülers für diesen selbst und/oder für die übrige Klasse lernförderlich ist, hängt primär natürlich von dem jeweils eingesetzten Lehrerverhalten ab.

- *Klarheit und Verständlichkeit*: Im Gegensatz zu den vorgenannten Unterrichtsmerkmalen handelt es sich hierbei nicht um eine Häufigkeitsangabe für ein bestimmtes Unterrichtsverhalten, sondern um ein durch eine Qualitätsangabe gekennzeichnetes Stilmerkmal. Die Wirkung solcher Stilmerkmale hängt nicht davon ab, ob bestimmte Verhaltensweisen an die Lernvoraussetzungen der Schüler angepaßt werden.

- *Klassenführung*: Eine geordnete Klassenführung stellt lediglich eine Voraussetzung für leistungsförderliches unterrichtliches Handeln dar. Grundlage dafür ist die Existenz eines effizienten Regelsystems sowie die Fähigkeit, Störungen und Regelverletzungen schnell und wirksam zu unterbinden. Hohe diagnostische Kompetenz kann zwar durch eine Früherkennung sich anbahnender Verständnisschwierigkeiten störungspräventiv wirken, doch läßt sich daraus allenfalls ein Zusammenhang zwischen diagnostischer Kompetenz und effektiver Klassenführung, nicht dagegen ein Zusammenwirken folgern.

Das Ergebnismuster für die vier Unterrichtsmerkmale ist in Abbildung 2 darstellt. Ergänzend dazu sind in Tabelle 5.21 Mittelwerte und Standardabweichungen des Lernerfolgsmaßes sowie der Vor- und Nachtestleistungen für die vier Bedingungskombinationen dargestellt. Näheren Aufschluß gibt die statistische Überprüfung, deren Ergebnis wie folgt aussieht:

Darstellen/Erklären. Keiner der drei Effekte ist signifikant: $F(1,28)$ = 0.01 für Diagnosekompetenz, $F(1,28)$ = 0.16 für das Unterrichtsmerkmal und $F(1,28)$ = 0.42 für die Wechselwirkung. Das Unterrichtsmerkmal 'Darstellen/Erklären' trägt also weder für sich genommen noch im Zusammenwirken mit Diagnosekompetenz zur Erklärung des Lernerfolgs bei.

Adressatenwechsel. Dasselbe gilt für das Merkmal 'Adressatenwechsel'. Auch hier trägt keiner der drei Effekte zur Erklärung des Lernerfolgs bei: $F(1,28)$ = 0.00 für beide Haupteffekte, $F(1,28)$ = 0.15 für die Wechselwirkung.

Abbildung 2

Lernerfolg der Schüler in Abhängigkeit von der personenbezogenen Diagnosekompetenz des Lehrers und verschiedenen Unterrichtsmerkmalen (jeweils hohe und niedrige Ausprägung)

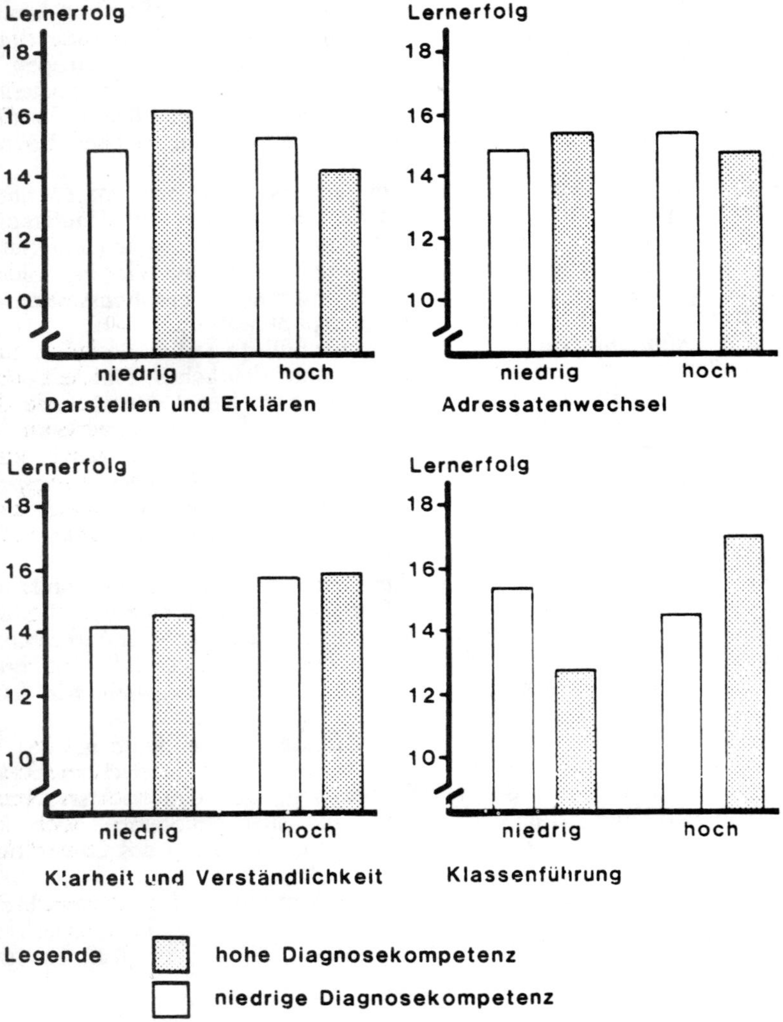

Tabelle 5.21

Lernerfolg sowie Vor- und Nachtestleistung der Klasse in Abhängigkeit von der personenbezogenen Diagnosekompetenz und der Häufigkeit von Lehrerdarstellungen, Adressatenwechsel, Klarheit und Verständlichkeit des Unterrichts und Klassenführung

			Lernerfolg		Vortest		Nachtest	
Darstellen u. Erklären	Diagnose-kompetenz	*N*	*M*	*SD*	*M*	*SD*	*M*	*SD*
niedrig	niedrig	7	14.73a*	2.10	34.88	11.72	49.54	14.30
niedrig	hoch	7	16.08a	6.32	35.88	3.72	52.02	7.52
hoch	niedrig	9	15.20a	4.96	34.54	6.25	49.60	7.48
hoch	hoch	9	14.12a	6.28	36.58	5.27	50.94	9.19
Adressaten-wechsel	Diagnose-kompetenz							
niedrig	niedrig	7	14.62a	5.55	37.47	7.11	52.50	8.89
niedrig	hoch	9	15.34a	6.31	34.81	5.43	50.07	9.06
hoch	niedrig	9	15.28a	2.17	32.52	9.60	47.31	11.70
hoch	hoch	7	14.51a	6.44	38.16	2.13	53.20	7.36
Klarheit u. Verständl.	Diagnose-kompetenz							
niedrig	niedrig	7	14.06a	3.89	31.37	8.82	44.71	11.34
niedrig	hoch	9	14.36a	6.68	35.44	5.49	49.83	9.87
hoch	niedrig	9	15.72a	3.91	37.27	8.16	53.37	8.72
hoch	hoch	7	15.78a	5.85	37.35	2.92	53.51	5.59
Klassen-führung	Diagnose-kompetenz							
niedrig	niedrig	9	15.35ab	4.94	30.17	8.17	44.60	11.01
niedrig	hoch	7	12.55a	6.72	34.98	5.35	47.48	9.74
hoch	niedrig	7	14.53ab	2.08	40.49	5.54	55.99	5.68
hoch	hoch	9	16.87b	5.31	37.28	3.79	54.52	5.66

Anmerkungen. * mit dem gleichen Buchstaben gekennzeichnete Mittelwerte unterscheiden sich nicht signifikant voneinander (Scheffe-Test für paarweise Vergleiche, $p < 0.10$). Die kritischen Differenzen betragen (jeweils für 10% und 20%-Niveau): Darstellen/Erklären: 4.48/3.46; Adressatenwechsel: 4.51/3.48; Klarheit/Verständlichkeit: 4.47/3.45; Klassenführung: 4.30/3.32.

Klarheit und Verständlichkeit. Auch bei Klarheit und Verständlichkeit läßt sich keiner der drei Effekte als signifikant nachweisen: $F(1,28) = 0.00$ für Diagnosekompetenz, $F(1,28) = 0.18$ für das Unterrichtsmerkmal und $F(1,28) = 0.04$ für die Wechselwirkung.

Klassenführung. Bei Klassenführung läßt sich zumindest ein schwacher Haupteffekt des Unterrichtsmerkmals nachweisen, $F(1,28) = 3.05$, $p < 0.10$. Der Haupteffekt der Diagnosekompetenz ist genauso wenig signifikant, $F(1,28) = 0.14$, wie die Wechselwirkung zwischen Diagnosekompetenz und Unterricht, $F(1,28) = 1.38$.

Erwartungsgemäß lassen sich signifikante Wechselwirkungen mit Diagnosekompetenz für keines der vier Unterrichtsmerkmale nachweisen. Es gibt damit also keinen Beleg dafür, daß adaptive Prozesse bei diesen Unterrichtsmerkmalen eine Rolle spielen.

Angesichts des Umstands, daß ein Haupteffekt des Unterrichtsmerkmals nur in einem von vier Fällen nachzuweisen war, verliert ein solches Ergebnis allerdings an Überzeugungskraft: Daß sich kein moderierender Einfluß diagnostischer Kompetenz für ein nicht mit Lernerfolg zusammenhängendes Unterrichtsmerkmal nachweisen läßt, ist sicher weniger aussagekräftig, als dies bei einem vorhersagerelevanten Merkmal der Fall wäre.

Eine weitere Einschränkung liegt in den beschränkten Möglichkeiten, bei geringer Stichprobengröße und damit verbundenen geringen Teststärke Aussagen zur Gültigkeit der "Nullhypothese" zu machen. Das bedeutet: Für die Annahme, daß kein Effekt vorliegt, muß eine hohe Irrtumswahrscheinlichkeit (Beta-Fehler) in Kauf genommen werden.

Berechnet man unter der konservativen (da mit einer höheren Fehlervarianz verbundenen) Annahme, daß die durch die Haupteffekte erklärte Varianz jeweils Null ist, nach den bei Cohen (1977) dargestellten Tabellen die Teststärke, so erhält man folgende Ergebnisse: Bei Zugrundelegung eines Signifikanzniveaus von Alpha = 10% erreicht die Teststärke, wenn man "wahre" Effektstärken von 10%, 15%, 20% und 25% unterstellt, (in der entsprechenden Reihenfolge) die Werte .53, .72, .84 und .91. Das bedeutet: Ein Effekt könnte mit einer in der Größenordnung des Alpha-Fehlers liegenden Irrtumswahrscheinlichkeit erst dann ausgeschlossen werden, wenn man eine "wahre" Effektstärke von mindestens 25% unterstellen könnte. Schließt man dagegen aufgrund eines (auf dem 10%-Niveau) nicht- signifikanten Testergebnisses, daß ein Effekt der Größe von 10% nicht vorliegt, so wäre ein solcher Schluß bei Gültigkeit der Alternativhypothese in knapp 50% der Fälle (Beta = .47) falsch.

Diese Berechnungen beleuchten die beschränkten Möglichkeiten, mit einem Datensatz der vorliegenden Größenordnung zu einer statistisch abgesicherten diskriminativen Bestätigung zu gelangen. Zwar kann die Annahme weiterhin aufrechterhalten werden, daß adaptive Prozesse bei den hier geprüften Unterrichtsmerkmalen allenfalls eine untergeordnete Rolle spielen, doch haben die durchgeführten Analysen die Gültigkeit dieser Annahme sicher nicht im erwünschten Maße erhärtet.

Interpretation
Zunächst einmal bestätigt sich die grundlegende Annahme, daß diagnostische Kompetenz nur dann wirksam werden kann, wenn der Lehrer seine Diagnosefähigkeit in ein geeignetes Unterrichtsverhalten umsetzt. Insbesondere zeigt sich dabei, daß das Unterrichtsverhalten eine bestimmte Mindestausprägung, die nicht von vornherein bereits bei allen Lehrern unterstellt werden kann, aufweisen muß, um den Einfluß diagnostischer Kompetenz wirksam werden zu lassen. Damit erweist sich auch die einfache Plausibilitätsannahme, daß gute Diagnostiker auch die besseren Lehrer sind und daher höhere Unterrichtserfolge erzielen, als nicht haltbar. Diagnostische Kompetenz kommt vielmehr erst im Zusammenspiel mit geeigneten didaktischen Maßnahmen des Lehrers zur Wirkung.

Bekräftigt wird nicht nur die Annahme, daß die Mindestausprägung bestimmter Unterrichtsmerkmale notwendige Voraussetzung für die Umsetzung diagnostischer Kompetenz ist, sondern umgekehrt auch die theoretische Erwartung, daß diagnostische Kompetenz eine notwendige Voraussetzung für die optimale Wirksamkeit dieser Unterrichtsmerkmale ist. Hohe Diagnosekompetenz hat somit offenbar eine katalysierende Wirkung. Ihr Vorhandensein sorgt dafür, daß bestimmte unterrichtliche Maßnahmen überhaupt erst wirksam werden oder in ihrer Wirkung verstärkt werden, ohne für sich genommen einen Einfluß zu haben. Inwieweit es gerechtfertigt ist, hoher diagnostischer Kompetenz den Status einer notwendigen Bedingung für die Optimierung bestimmter Unterrichtsverhaltensweisen zuzusprechen, soll an späterer Stelle (Abschnitt 5.2.8) anhand von Einzelbetrachtungen noch näher untersucht werden.

Die Optimierungswirkung diagnostischer Kompetenz wird darin gesehen, daß didaktische Maßnahmen und Verhaltensweisen besser auf die Lernvoraussetzungen der Schüler abgestimmt werden. Es wird also davon ausgegangen, daß durch das Zusammenspiel von hoher diagnostischer Kompetenz und hoher Ausprägung bestimmter Unterichtsmerkmale ein quantitativ und qualitativ höheres Ausmaß an Verhaltensadaptivität realisiert wird.

Es ist noch einmal darauf hinzuweisen, daß die Unterrichtsmerkmale, für die sich Wechselwirkungen mit Diagnosekompetenz haben nachweisen lassen, ausnahmslos durch ihre - über einen längeren Beobachtungszeitraum aggregierte - Auftretenshäufigkeit quantifiziert worden sind. Eine Aufschlüsselung nach zentralen Unterrichtskontexten ist zwar möglich - und kontextspezifische Analysen bedeuten in der Tat einen wichtigen Fortschritt gegenüber Analysen mit ausschließlicher Verwendung hochaggregierter Maße. Doch kann die Aufschlüsselung nach Kontexten im Rahmen herkömmlicher Beobachtungsstudien nicht beliebig weit vorangetrieben werden, ohne zu Überlastung der Beobachter und/oder zu geringen Besetzungszahlen in den Kategorien zu führen. Ungeklärt ist, ob eine solche Strategie geeignet ist, die Frage der situationsspezifischen Angemessenheit von unterrichtlichen Maßnahmen und Verhaltensweisen, deren Beantwortung als ein wichtiges Ziel künftiger Unterrichtsforschung angesehen werden muß (Burns, 1984; Medley, 1979), einer

Klärung näherzubringen. Bislang lassen sich Aussagen zur situationsspezifischen Angemessenheit auf der Basis herkömmlicher niedriginferenter Beobachtungssysteme nur in beschränktem Maße machen.

Die zentrale These dieser Arbeit besagt, daß Diagnosekompetenz der Anpassung des Unterrichtsverhaltens an die unterschiedlichen und ständig sich verändernden Lernvoraussetzungen der Schüler dient. Von wesentlicher Bedeutung ist dabei die Annahme, daß diese Verhaltensanpassung weniger auf einer globalen Makroebene eher langfristig definierter Maßnahmen (wobei "langfristig" in erster Annäherung als über die Stundenebene hinausgehend zu definieren wäre) erfolgt, sondern im Rahmen von kurzfristigen, von Moment zu Moment erforderlichen Mikroadaptationen im Verlauf einer Unterrichtsstunde.

Angenommen wird dabei also, daß die unterstellten adaptiven Prozesse nicht nur unterschiedlichen Schülern in der Klasse gegenüber (also durch individualisierendes Verhalten im Sinne einer "querschnittlichen" Variation) wirksam werden, sondern daß vor allem auch "längsschnittliche" Anpassungsleistungen an die sich ständig verändernden Lernvoraussetzungen der Schüler zu erbringen sind. Unterrichtsmaßnahmen sollten also im Hinblick auf die momentane "Unterstützungsbedürftigkeit" der Klasse und einzelner Schüler variiert werden.

Anpassung beinhaltet meistens einen wechselseitigen Prozeß aus Selektion und Modifikation. Darunter fällt das angemessene "Timing" einer Maßnahme und die Auswahl des richtigen Adressaten auf der einen Seite sowie eine angemessene Variation der Schwierigkeit auf der anderen Seite, insgesamt gesehen also der zeit-, situations-, adressaten- und schwierigkeitsgerechte Einsatz der Maßnahme (siehe Abschnitt 2.2.2). Vereinfacht und etwas überspitzt formuliert: Die richtige Anregung sollte zum richtigen Zeitpunkt, in der richtigen Situation und in der richtigen Schwierigkeit dem richtigen Schüler gegenüber gegeben werden.

Die Ergebnisse zeigen, daß die vermutete adaptive Verhaltensvariation vor allem bei Strukturierungshilfen und individuellen fachlichen Zuwendungen, etwas abgeschwächt auch bei Aufgabenstellungen, nicht dagegen bei Verständnisfragen ins Spiel kommt. Bei Strukturierungshilfen erleichtert eine hohe diagnostische Kompetenz dem Lehrer vermutlich vor allem ein angemessenes Timing. Ein diagnostisch kompetenter Lehrer sollte also besser in der Lage sein, die momentane "Strukturierungsbedürftigkeit" der Klasse und einzelner Schüler abzuschätzen und seine Strukturierungshilfen dementsprechend "plazieren". Ebenso sollte der diagnostisch kompetente Lehrer bei individuellen fachlichen Hilfestellungen besser abschätzen können, welche Schüler derartige Unterstützungsmaßnahmen nötig haben, welche dagegen nicht und für welche die Lehrerhilfe möglicherweise sogar schädlich ist. Es geht dabei weniger um die Einschätzung der globalen Schülerfähigkeit, sondern mehr um die sich aus dem Unterrichtsverlauf ergebende momentane und spezifische Unterstützungsbedürftigkeit. Bei Aufgabenstellungen sollte der diagnostisch kompetente Lehrer besser abschätzen können, wann Aufgaben bestimmter Schwierigkeit einzusetzen sind und für welche Schüler welche Aufgaben am geeignetsten sind.

Im Prinzip sollten sich auch häufige Verständnisfragen dann besonders leistungsförderlich auswirken, wenn sie gut auf die Lernvoraussetzungen der Schüler abgestimmt sind. Dafür hat sich jedoch kein Anhaltspunkt gezeigt. Eine mögliche Erklärung für das Ausbleiben eines Effekts ist, daß der Lehrer seine diagnostischen Kompetenzen nicht dazu benutzt, Verständnisfragen adaptiv einzusetzen. Denkbar ist aber auch, daß sich die lernförderliche Wirkung von Verständnisfragen durch eine bessere Abstimmung auf die Lernvoraussetzungen der Schüler nicht wesentlich steigern läßt. Eine genauere Abklärung dieser Frage ist anhand der vorliegenden Daten nicht möglich.

Die im Falle der Strukturierungshilfen vorgenommene kontextspezifische Aufschlüsselung hat deutlich gemacht, daß der adaptive Einsatz solcher didaktischen Hilfestellungen vor allem in Frontalunterrichtsphasen von Bedeutung sein dürfte, nicht dagegen in Stillarbeitsphasen. Dies läßt sich mit den erhöhten Anforderungen an die diagnostische Informationsverarbeitung in den Frontalunterrichtsphasen erklären.

Keinen Hinweis gibt es dagegen auf den Einfluß diagnostischer Kompetenz, wenn man die an die Klasse als Ganzes oder an Einzelschüler gerichteten Strukturierungshilfen getrennt betrachtet. Dies könnte darauf hindeuten, daß diagnostische Kompetenz gerade auch für den Wechsel der Adressatenebene (Klasse vs. Einzelschüler) eine Rolle spielt.

Das Ergebnis der diskriminativen Bestätigung trägt schließlich dazu bei, den Geltungsbereich der Unterrichtsmerkmale, bei denen adaptive Prozesse eine Rolle spielen, weiter einzugrenzen. Erwartungsgemäß spielen diese keine Rolle bei Unterrichtsmerkmalen, die lediglich eine Voraussetzung für effizientes unterrichtliches Handeln darstellen, ohne aber die Gestaltung der eigentlichen Stoffvermittlung in irgendeiner Weise zu berühren (wie Klassenführung). Ebenfalls keine Rolle spielen sie bei allgemeinen Stilmerkmalen (wie Klarheit und Verständlichkeit), die sich aus Verhaltenselementen zusammensetzen, die als "unbedingt wirksam" angesehen werden können (siehe Medley, 1979). Das heißt, die Wirkung von Verhaltensmerkmalen wie 'deutliche Aussprache', 'prägnanter Ausdruck' usw. hängt nicht davon ab, ob die diesen Merkmalen zugrundeliegenden Verhaltensweisen zum richtigen Zeitpunkt, in der richtigen Situation oder gegenüber dem richtigen Adressaten ausgeführt werden. Sie gehorchen vielmehr einer einfachen "Je-desto"- Beziehung: Je häufiger die entsprechenden Verhaltensweisen eingesetzt werden beziehungsweise je stärker diese Stilmerkmale ausgeprägt sind, umso günstiger normalerweise für den Lernerfolg (sieht man einmal davon ab, daß eine unklare Darstellung auch zu besonderen Lernanstrengungen zwingen und möglicherweise gerade dadurch besonders effektiv sein kann).

Unterrichtsverhaltensweisen im eigentlichen Sinne (im Gegensatz zu Verhaltensmerkmalen) dürften dagegen fast immer nur "bedingt wirksam" sein; das heißt, ihr Erfolg ist an das Vorliegen bestimmter Bedingungen gebunden. Die zentrale Bedingungsklasse, um die es hier geht, bezieht sich auf die Existenz einschlägiger Lernvorausetzungen: Der Erfolg einer Maßnahme hängt davon ab, ob und inwieweit bestimmte Lernvoraussetzungen gegeben sind. Während der Lehrer bestimmte allgemeine Stilmerkmale (Klarheit, Prägnanz usw.) in seinem Unterrichtsverhalten einfach dadurch realisieren kann, daß er die jeweiligen Verhaltenselemente möglichst häufig einsetzt (indem er sich unter Umständen entsprechend trainiert), gibt es im Hinblick auf die Anpassung an die Lernvoraussetzungen ein "Dosierungsproblem", das nur durch eine geeignete Diagnose zu lösen ist.

Daß nicht alle "bedingt wirksamen" Verhaltensweisen durch diagnostische Kompetenz in ihrer Wirkung moderiert werden, zeigt das Ergebnis für Addressatenwechsel und Darstellen/Erklären. Ein negatives Ergebnis war erwartet worden, da beide Unterrichtsverhaltensweisen wenig geeignet erscheinen, lernförderliche kognitive Eigenaktivitäten der Schüler auszulösen und zu unterstützen. Eine Anpassung an die Lernvoraussetzungen der Schüler dürfte aber gerade für solche Unterrichtsmaßnahmen wichtig sein, mit denen Lernaktivitäten der Schüler nachhaltig beeinflußt werden.

Zutreffende Diagnosen sind aus theoretischer Sicht wichtig, damit die vom Lehrer gebotenen Hilfen die Selbststeuerungsbemühungen des Schülers nur soweit wie eben notwendig ersetzen, sie also weder völlig überflüssig machen noch total überlasten. Ein weiterer Grund könnte sein, daß eine möglichst effektive Anpassung der Hilfen an die Lernbemühungen der Schüler potentielle Konflikte zwischen Selbststeuerung und wahrgenommener Fremdsteuerung minimiert.

Geht man davon aus, daß sich Lehrer in der Optimalbedingung durch eine höhere Verhaltensadaptivität auszeichnen, so müssen die Lehrer in den anderen drei Bedingungen eine in quantitativer und qualitativer Hinsicht weniger stark ausgeprägte Verhaltensadaptivität aufweisen. Dabei können allerdings die drei "Suboptimalbedingungen" bezüglich ihres Unterrichts nur schwerlich als äquivalent angesehen werden. Versucht man diese drei Unterrichtsbedingungen allein aufgrund der Ausprägung der beiden definierenden Merkmale im Hinblick auf Art und Ausmaß der Verhaltensadaptivität zu charakterisieren, so ergibt sich das folgende hypothetische Bild:

Bei Lehrern mit hoher Strukturierung, aber niedriger Diagnosekompetenz kann eine hohe, aber teilweise dysfunktionale Verhaltensvariation unterstellt werden: Hilfen werden zwar häufig eingesetzt, aber vermutlich relativ oft mit suboptimalem Timing oder so, daß die ganze Klasse und/oder einzelne Schüler entweder über- oder unterfordert werden. Hinweise auf die Auswirkungen einer dysfunktionalen Verhaltensvariation gibt es häufig (Cronbach, 1955; Corno & Snow, 1986), vor allem motivationale Auswirkungen sind unter dem Stichwort 'Erwartungseffekte' gut erforscht (Brophy & Good, 1974; Brophy, 1983b).

Als besonders leistungsabträglich hatte sich die Kombination von hoher Diagnosekompetenz und niedriger Strukturierung erwiesen. Der Unterricht solcher Lehrer ist durch den seltenen Einsatz wichtiger lernförderlicher Verhaltenselemente charakterisiert. Sofern die Verhaltensweisen aber eingesetzt werden, kann davon ausgegangen werden, daß sie hinreichend auf die Lernvoraussetzungen der Schüler abgestimmt sind.

Eine besonders leistungsbeeinträchtigende Wirkung läßt sich daraus allerdings kaum ableiten. Um den Leistungseinbruch in diesen Klassen verständlich zu machen, muß nach weitergehenden Erklärungsmöglichkeiten gesucht werden. Bevor Überlegungen dazu entwickelt werden, soll erst noch kurz auf die noch nicht behandelte Bedingungskombination eingegangen werden.

Lehrer, die weder hohe Diagnosekompetenz aufweisen noch durch hohe Strukturierung gekennzeichnet sind, erzielen keineswegs geringere Lernerfolge als Lehrer, bei denen wenigstens eines der beiden Merkmale hoch ausgeprägt ist. Der Unterricht dieser Lehrer müßte durch seltenen Einsatz der als besonders lernförderlich angesehenen Verhaltensweisen charakterisiert sein, die im Falle, daß sie eingesetzt werden, zudem noch schlecht auf die Lernvoraussetzungen der Schüler abgestimmt sind. Charakterisiert man den Unterricht nur anhand der beiden Merkmale 'Diagnosekompetenz' und 'Strukturierung', so ist unverständlich, warum die Klassen dieser Lehrer nicht noch wesentlich schlechter abschneiden. Vermutlich sorgen diese Lehrer mit Hilfe anderer unterrichtlicher Mittel dafür, daß die Leistungsentwicklung ihrer Klassen noch vergleichsweise günstig ist.

Näher eingegangen werden soll jetzt auf mögliche Gründe für den unerwartet niedrige Lernerfolg von Lehrern mit hoher Diagnosekompetenz, aber niedriger Ausprägung bestimmter Unterrichtsmerkmale. Der Leistungseinbruch in dieser Bedingungskombination ist dafür verantwortlich, daß das Muster einer disordinalen Wechselwirkung resultiert. Den Erwartungen hätte eher ein Ergebnismuster entsprochen, bei dem der Lernerfolg unter der Optimalbedingung deutlich erhöht, unter den anderen Bedingungen aber etwa gleich hoch gewesen wäre.

Während der hohe Lernerfolg unter der Optimalbedingung der theoretischen Kernhypothese - wonach sich diagnostisch kompetente Lehrer, die bestimmte Unterrichtsverhaltensweisen ausreichend häufig einsetzen, durch eine erhöhte Verhaltensadaptivität auszeichnen - voll entspricht, ist der niedrige Lernerfolg in der Negativbedingung unter dieser theoretischen Perspektive nur schwer verständlich. Weitaus eher wäre mit einem Leistungseinbruch zu rechnen gewesen, wenn eine niedrige Diagnosekompetenz mit hoher Ausprägung bestimmter Unterrichtsmerkmale einhergeht, da dies im Sinne einer durch Fehlanpassungen dysfunktionalen Verhaltensvariation (Cronbach, 1955; Corno & Snow, 1986) interpretiert werden könnte. Unklar ist aber, warum eine fehlende oder nur schwach ausgeprägte Verhaltensvariation bei hoher Diagnosekompetenz - den theoretischen Überlegungen zufolge also eine tendenziell eher adaptive Verhaltensvariation - ungünstiger für die Leistungsentwicklung sein soll als eine schwach ausgeprägte Verhaltensvariation bei niedriger Diagnosefähigkeit - also eine tendenziell eher dysfunktionale Verhaltensvariation.

Für die ungünstige Leistungsentwicklung der Klassen in der Negativbedingung könnte es vor allem drei verschiedene Gründe geben:

(1) Zunächst besteht die Möglichkeit, daß die Klassen von Lehrern mit hoher Diagnosekompetenz und niedriger Unterrichtsstrukturierung

durch besonders ungünstige Eingangsvoraussetzungen gekennzeichnet sind. Mit anderen Worten: Es muß zunächst geprüft werden, ob und inwieweit die ungünstige Leistungsentwicklung überhaupt dem Unterricht anzulasten ist.

(2) Ursachen auf Lehrerseite könnten wie folgt aussehen: Denkbar ist, daß ein genau diagnostizierender Lehrer, der seine diagnostischen Fähigkeiten aber nicht in ein effektives Unterrichtsverhalten umsetzt, gerade wegen seiner hohen diagnostischen Sensitivität die eigenen Unterrichtsmaßnahmen in besonderem Maße als wirkungslos erlebt und dadurch entweder verunsichert wird oder resigniert. Verunsicherung und Resignation könnte dazu führen, daß viele Verhaltensweisen nicht mit entsprechendem Einsatz und Nachdruck durchgeführt werden, bei Schwierigkeiten schnell aufgegeben werden, oder daß "anspruchsvolle" lernförderliche, aber auch mit einem gewissen Risiko des Scheitern verbundene Verhaltensweisen zugunsten eher passiver und reaktiver Verhaltensweisen reduziert werden. Diese Erklärung läuft teilweise darauf hinaus, daß diagnostisch kompetente Lehrer, die ihre Diagnosen nicht in ein geeignetes Unterrichtsverhalten umsetzen, in besonderer Weise demotiviert sind. Eine solche Demotivierung könnte natürlich auch andere Gründe haben als die erlebte Wirkungslosigkeit des eigenen Unterrichts.

(3) Schließlich könnte hohe diagnostische Kompetenz in Verbindung mit einem reduzierten und suboptimalen Angebot an lernunterstützenden Maßnahmen auf Schülerseite mit Auswirkungen folgender Art verbunden sein: Ein Lehrer, der zwar diagnostisch kompetent, aber nicht bereit und in der Lage ist, seine diagnostischen Fähigkeiten erfolgreich in pädagogisches Handeln umzusetzen, könnte seine Schüler in besonderem Maße für ihre Schwächen sensibilisieren (Helmke & Schrader, 1987; Schrader & Helmke, 1987). Solange den Schülern nicht durch besonderere didaktische Hilfestellungen die Möglichkeit zur Beseitigung ihrer Schwächen gegeben wird, dürfte eine solche Sensibilisierung letztlich nur zu einer Verunsicherung und Entmutigung der Schüler führen. Etwas überspitzt formuliert, kann darin ein Neurotisierungseffekt gesehen werden, nämlich eine durch die Sensibilisierung bewirkte Konfliktverschärfung zwischen dem Wissen um die eigenen Schwächen und der Hilflosigkeit im Hinblick auf die Beseitigung dieser Schwächen. Wenn diese Erklärung zutrifft, dann müßte sie in besonderem Maße für diejenigen Schüler gelten, bei denen im Falle einer Verunsicherung die stärksten negativen Auswirkungen zu erwarten sind, nämlich die leistungsängstlichen Schüler.

5.2.6 Interaktive Beziehungen zwischen aufgabenbezogener Diagnosekompetenz und verschiedenen Unterrichtsmerkmalen

Vorüberlegungen
Die Bedeutung, die der aufgabenbezogenen Diagnosekompetenz für den Lernerfolg beigemessen wird, unterscheidet sich nicht von der der personenbezogenen Diagnosefähigkeit zugeschriebenen Bedeutung. Da nicht unbedingt von einer völligen Unabhängigkeit beider Formen diagnostischer Kompetenz ausgegangen worden war, wurde auch keine Notwendigkeit darin gesehen, für beide Aspekte diagnostischer Kompetenz spezifische Hypothesen zu formulieren. Es wird daher davon ausgegangen, daß die aufgabenbezogene Diagnosekompetenz eine ähnliche Bedeutung für den Lernerfolg hat wie die personenbezogene Diagnosefähigkeit.

Genau wie im Falle der personenbezogenen Diagnosekompetenz wurde auch für die aufgabenbezogene Diagnosekompetenz ursprünglich sowohl ein Haupteffekt der Diagnosekompetenz als auch eine Wechselwirkung zwischen Diagnosekompetenz und Unterricht erwartet. Da sich jedoch auch hier die Annahme eines einfachen Zusammenhangs zwischen diagnostischer Kompetenz und Lernerfolg nicht bestätigen ließ, geht es im folgenden wieder in erster Linie um den Nachweis von Wechselwirkungen. Erwartet wird auch hier, daß der Lernerfolg dann am größten ist, wenn hohe diagnostische Kompetenz mit hoher Ausprägung des jeweiligen Unterrichtsmerkmals zusammentrifft.

Die Überprüfung erfolgt in der gleichen Weise wie im vorigen Abschnitt. Da dort nicht nur die grundlegenden Ergebnisse sehr ausführlich dargestellt wurden, sondern auch in exemplarischer Form weiterführenden Fragestellungen nachgegangen wurden, kann die Darstellung nun in sehr viel knapperer Form erfolgen.

Wechselwirkungen zwischen Diagnosekompetenz und Unterricht
Die Ergebnisse zum Zusammenwirken von aufgabenbezogener diagnostischer Kompetenz und verschiedenen Unterrichtsmerkmalen für die Lernleistungen sind in Abbildung 3 dargestellt. Ergänzende Angaben sind in Tabelle 5.22 aufgeführt. Die Ergebnismuster ähneln sehr stark denen, die sich bei personenbezogener Diagnosekompetenz ergeben haben.

Für die Unterrichtsmerkmale 'Strukturierungshilfen', 'individuelle fachliche Hilfestellungen' und 'Aufgabenstellungen' ist auch hier der Lernerfolg am größten, wenn hohe Diagnosekompetenz mit hoher Ausprägung des Unterrichtsmerkmals einhergeht. Zweifaktorielle Varianzanalysen erbringen die folgenden Ergebnisse:

Strukturierungshilfen. Hier erweist sich keiner der drei Effekte als signifikant: $F(1,29) = 0.29$ für das Unterrichtsmerkmal, $F(1,29) = 0.73$ für Diagnosekompetenz und $F(1,29) = 2.34$ für die Wechselwirkung. Immerhin weist die Wechselwirkung aber eine Effektstärke von 7% auf,

Abbildung 3

Lernerfolg der Schüler in Abhängigkeit von der aufgabenbezogenen Diagnosekompetenz des Lehrers und verschiedenen Unterrichtsmerkmalen (jeweils hohe und niedrige Ausprägung)

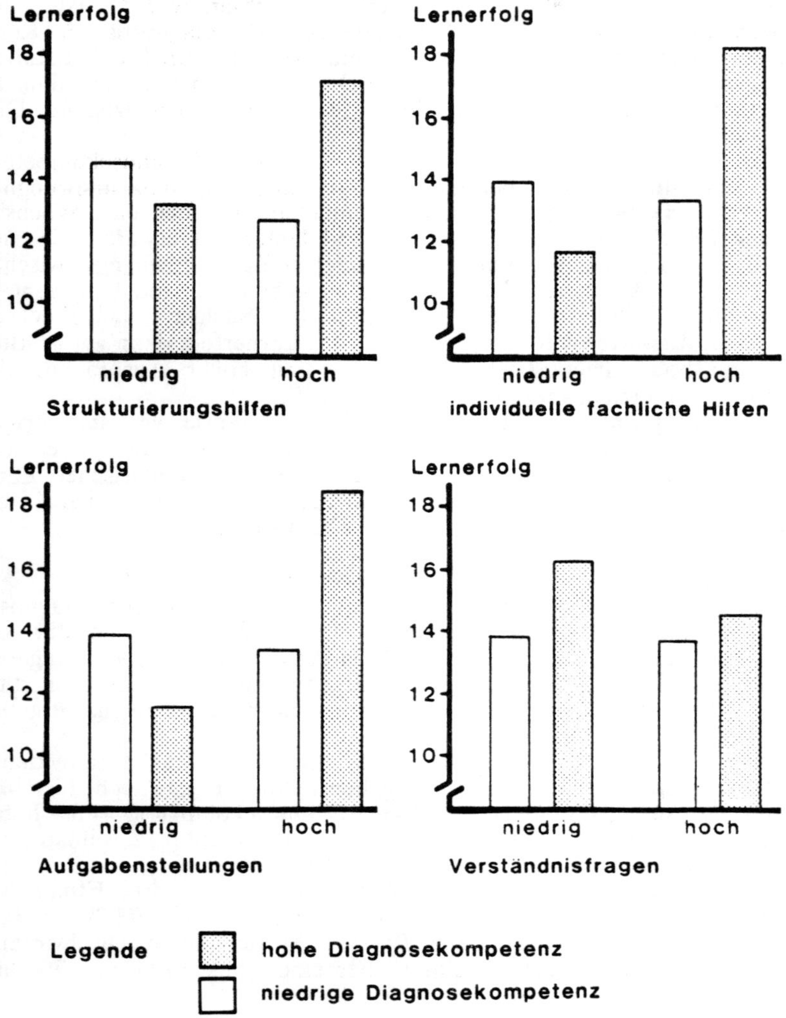

Tabelle 5.22

Lernerfolg sowie Vor- und Nachtestleistung der Klasse in Abhängigkeit von der aufgabenbezogenen Diagnosekompetenz und der Häufigkeit von Strukturierungshilfen, individuellen fachlichen Hilfestellungen, Aufgabenstellungen und Verständnisfragen

			Lernerfolg		Vortest		Nachtest	
Strukturierungshilfen	Diagnosekompetenz	*N*	*M*	*SD*	*M*	*SD*	*M*	*SD*
niedrig	niedrig	10	14.37a*	5.47	33.95	6.20	48.07	8.39
niedrig	hoch	7	13.07a	5.21	36.86	5.09	50.23	6.27
hoch	niedrig	7	12.47a	5.07	34.71	13.64	47.08	14.71
hoch	hoch	9	17.05a	5.90	35.98	4.17	53.17	7.03
Individuelle fachl. Hilfen	Diagnosekompetenz							
niedrig	niedrig	10	13.89ab	6.17	31.26	11.31	44.41	12.38
niedrig	hoch	7	11.58a	4.36	37.27	4.61	49.22	7.28
hoch	niedrig	7	13.16a	3.95	38.56	3.99	52.33	7.06
hoch	hoch	9	18.21b	5.20	35.66	4.48	53.95	5.69
Aufgabenstellungen	Diagnosekompetenz							
niedrig	niedrig	10	13.79a	5.68	32.61	11.72	45.91	12.64
niedrig	hoch	7	11.35a	4.60	38.28	3.71	50.19	7.13
hoch	niedrig	7	13.30a	4.95	36.63	5.21	50.19	8.40
hoch	hoch	9	18.39	4.76	34.88	4.61	53.20	6.37
Verständnisfragen	Diagnosekompetenz							
niedrig	niedrig	9	13.67a	5.90	30.69	8.33	43.53	11.46
niedrig	hoch	8	16.21a	5.40	34.65	4.16	50.75	6.31
hoch	niedrig	8	13.49a	4.78	38.28	9.76	52.33	8.93
hoch	hoch	8	14.41a	6.40	38.08	4.30	53.01	7.24

Anmerkungen. * mit dem gleichen Buchstaben gekennzeichnete Mittelwerte unterscheiden sich nicht signifikant voneinander (Scheffe-Test für paarweise Vergleiche, $p < 0.10$). Die kritischen Differenzen betragen (jeweils für 10% und 20%-Niveau): Strukturierungshilfen: 4.64/3.58; Individuelle fachliche Hilfestellungen: 4.37/3.37; Aufgabenstellungen: 4.31/3.33; Verständnisfragen: 4.81/3.71.

so daß sich eine statistische Interaktion zumindest recht deutlich andeutet. Die Effektstärke für die Diagnosekompetenz beträgt 1%, die für Strukturierungshilfen 2%.[12]

Individuelle fachliche Hilfestellungen. Eine unmittelbar an der 5%-Signifikanzgrenze liegende Wechselwirkung zeigt sich dagegen für das Merkmal 'individuelle fachliche Hilfestellungen', $F(1,29) = 4.13$. Sie weist eine Effektstärke von 11% auf. Nicht signifikant sind dagegen das Unterrichtsmerkmal, $F(1,29) = 2.66$, und Diagnosekompetenz, $F(1,29) = 0.57$. Die Effektstärken betragen hier 7% für das Unterrichtsmerkmal und 2% für Diagnosekompetenz. Einzelvergleiche zeigen, daß sich der Lernerfolg in der Optimalbedingung signifikant von dem der übrigen drei Bedingungen unterscheidet, die untereinander allerdings nicht mehr signifikant unterschiedlich sind (siehe Tabelle 5.22).

Aufgabenstellungen. Noch etwas deutlicher als bei individuellen fachlichen Hilfestellungen fällt das Ergebnis für das Unterrichtsmerkmal 'Aufgabenstellungen' aus. Die Wechselwirkung ist mit einem $F(1,29) = 4.43$ und einer Effektstärke von 12% auf dem 5%-Niveau signifikant, während das Unterrichtsmerkmal mit einem $F(1,29) = 3.37$ und einer Effektstärke von 9% noch auf dem 10%-Niveau signifikant ist. Diagnosekompetenz bleibt auch hier deutlich unterhalb der Signifikanzgrenze, $F(1,29) = 0.55$, $R^2 = .01$. Auch hier unterscheidet sich nur das Ergebnis in der Optimalbedingung signifikant von den übrigen drei Werten, die untereinander wiederum nicht signifikant voneinander verschieden sind.

Verständnisfragen. Kein signifikantes Ergebnis zeigt sich für Verständnisfragen: $F(1,29) = 0.25$ für den Haupteffekt des Unterrichtsmerkmals, $F(1,29) = 0.77$ für Diagnosekompetenz und $F(1,29) = 0.17$ für die Wechselwirkung.

Damit zeigt sich zwischen den Ergebnissen zur aufgabenbezogenen und zur personenbezogen diagnostischen Kompetenz eine starke Parallelität. Der Unterschied besteht vor allem darin, daß im Falle der aufgabenbezogenen Diagnosefähigkeit (1) generell die Zusammenhänge etwas schwächer ausfallen und (2) die Rangordnung der Effektstärken für die drei zentralen Unterrichtsmerkmale etwas anders ist.

Auch hier deutet sich für die Merkmale 'individuelle fachliche Zuwendungen' und 'Aufgabenstellungen' in der Negativbedingung ein Leistungseinbruch an. Er ist aber nicht so ausgeprägt wie bei der personenbezogenen Diagnosekompetenz. Da sich der Lernerfolg in der Negativbedingung nur von dem der Optimalbedingung, nicht aber von dem der anderen beiden Bedingungen signifikant unterscheidet, besteht kein Anlaß, dieser Frage hier weiter nachzugehen.

[12] Anzumerken ist, daß die F-Werte für das Unterrichtsmerkmal infolge einer etwas anderen Einteilung und des unterschiedlich großen Fehlerterms nicht exakt den im Zusammenhang mit den Analysen zur personenbezogenen Diagnosekompetenz berichteten Werten entsprechen.

Abbildung 4

Lernerfolg der Schüler in Abhängigkeit von der aufgabenbezogenen Diagnosekompetenz des Lehrers und verschiedenen Unterrichtsmerkmalen (jeweils hohe und niedrige Ausprägung)

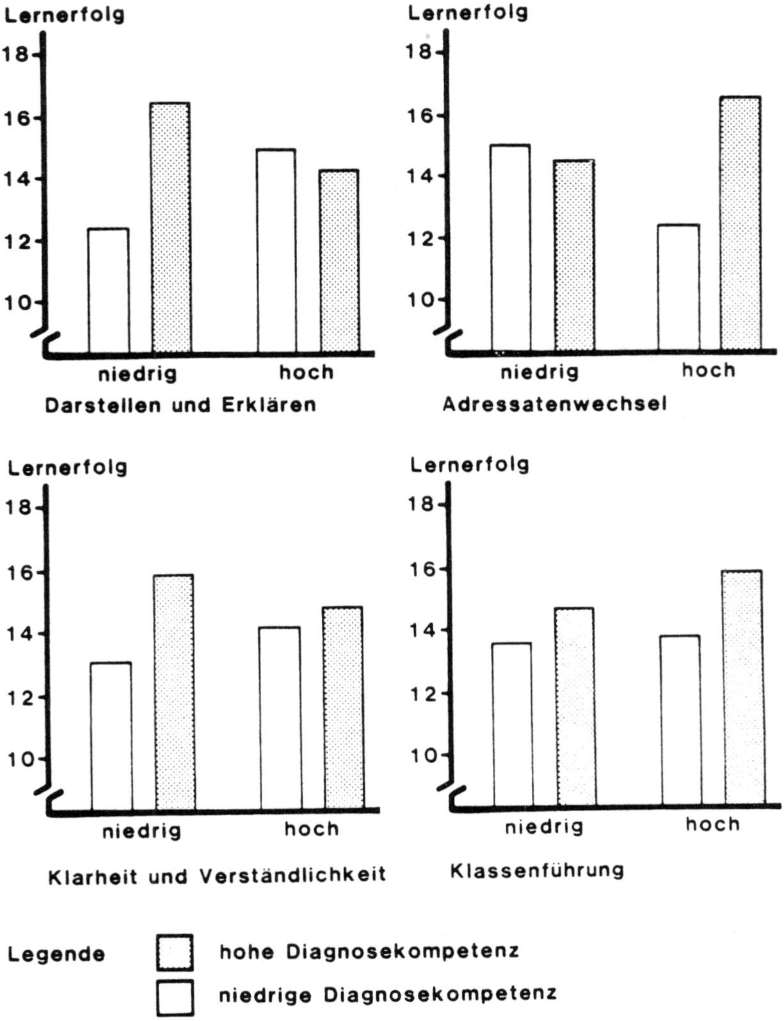

Tabelle 5.23

Lernerfolg sowie Vor- und Nachtestleistung der Klasse in Abhängigkeit von der aufgabenbezogenen Diagnosekompetenz und der Häufigkeit von Lehrerdarstellungen, Adressatenwechsel, Klarheit und Verständlichkeit des Unterrichts und Klassenführung

			Lernerfolg		Vortest		Nachtest	
Darstellen u. Erklären	Diagnose-kompetenz	*N*	*M*	*SD*	*M*	*SD*	*M*	*SD*
niedrig	niedrig	9	12.42a*	5.30	33.74	12.20	45.89	13.29
niedrig	hoch	8	16.43a	5.12	35.03	4.80	51.42	6.77
hoch	niedrig	8	14.90a	5.18	34.85	6.21	49.67	8.14
hoch	hoch	8	14.19a	6.55	37.71	3.93	52.35	6.99
Adressaten-wechsel	Diagnose-kompetenz							
niedrig	niedrig	8	14.98a	5.29	35.25	5.49	50.23	7.14
niedrig	hoch	9	14.40a	6.67	35.87	3.81	50.38	6.99
hoch	niedrig	9	12.35a	5.16	33.39	12.45	45.40	13.61
hoch	hoch	7	16.48a	4.65	37.01	5.42	53.81	6.17
Klarheit u. Verständl.	Diagnose-kompetenz							
niedrig	niedrig	8	13.04a	3.06	30.51	9.45	42.68	12.10
niedrig	hoch	9	15.80a	6.54	34.85	4.22	50.57	7.14
hoch	niedrig	9	14.08a	6.79	37.60	8.86	52.11	8.19
hoch	hoch	7	14.69a	5.10	38.32	4.24	53.58	6.08
Klassen-führung	Diagnose-kompetenz							
niedrig	niedrig	10	13.51a	5.52	30.58	9.07	43.23	11.77
niedrig	hoch	7	14.64a	6.11	34.24	4.17	48.70	5.98
hoch	niedrig	7	13.70a	5.23	39.53	8.12	54.02	5.93
hoch	hoch	9	15.83a	5.85	38.02	4.14	54.36	6.37

Anmerkungen. * mit dem gleichen Buchstaben gekennzeichnete Mittelwerte unterscheiden sich nicht signifikant voneinander (Scheffe-Test für paarweise Vergleiche, $p < 0.10$). Die kritischen Differenzen betragen (jeweils für 10% und 20%-Niveau): Darstellen/Erklären: 4.72/3.64; Adressatenwechsel: 4.72/3.64; Klarheit/Verständlichkeit: 4.82/3.72; Klassenführung: 4.83/3.73.

Analysen zur diskriminativen Bestätigung (siehe Abbildung 4 und Tabelle 5.23) zeigen folgendes: Keiner der Haupteffekte für Diagnosekompetenz oder für das Unterrichtsmerkmal ist signifikant; die maximale Effektstärke beträgt 4%. Bei drei der vier Unterrichtsmerkmale ist auch die Wechselwirkung mit Diagnosekompetenz nicht signifikant (maximale Effektstärke: 5%). Lediglich bei Klarheit und Verständlichkeit zeigt sich wider Erwarten eine auf dem 10%-Niveau signifikante Wechselwirkung, $F(1,29) = 3.13$, die eine Effektstärke von 9% aufweist. Eine Inspektion der Mittelwerte zeigt jedoch, daß die Wechselwirkung nicht durch eine überproportionale Erhöhung des Lernerfolgs in der Optimalbedingung zustandekommt; dieser Wert ist sogar niedriger, als aufgrund eines einfachen Haupteffektmodells zu erwarten wäre. Insofern kann trotz der überzufällig hohen Wechselwirkung nicht davon ausgegangen werden, daß Diagnosekompetenz hier im Sinne einer adaptiven Verhaltensvariation wirksam wird.

Auch im Falle der aufgabenbezogenen Diagnosekompetenz treten also Effekte, die die Annahme einer verhaltensoptimierenden Funktion diagnostischer Kompetenz belegen könnten, bei solchen Unterrichtsmerkmalen nicht auf, bei denen entsprechende Effekte nicht zu erwarten sind. Auf die begrenzte Beweiskraft, den ein solches Ergebnis unter den vorliegenden Bedingungen hat, sei noch einmal ausdrücklich hingewiesen (vgl. Abschnitt 5.2.5).

Interpretation

Insgesamt gesehen liefern die Befunde zur aufgabenbezogenen Diagnosekompetenz zumindest in der globalen Tendenz eine eindrucksvolle Bestätigung der für die personenbezogene Diagnosekompetenz gefundenen Ergebnisse. Genau wie die personenbezogene Diagnosefähigkeit stellt auch die aufgabenbezogene Diagnosekompetenz ein Merkmal dar, daß die Effizienz bestimmter Unterrichtsmerkmale moderiert. Dabei handelt es sich in beiden Fällen um die gleichen Unterrichtsmerkmale, wenngleich das Ergebnismuster jeweils etwas unterschiedlich ist: Während sich der moderierende Effekt diagnostischer Kompetenz bei der personenbezogenen Form vor allem bei Strukturierungshilfen und individuellen fachlichen Zuwendungen zeigt und nur in abgeschwächter Form bei Aufgabenstellungen, tritt dieser Effekt bei der aufgabenbezogenen Diagnosekompetenz vor allem bei Aufgabenstellungen und individuellen Hilfestellungen hervor, nur andeutungsweise dagegen bei Strukturierungshilfen.

Dies ist insofern plausibel, als effektive Strukturierungshilfen vermutlich eher die Abschätzung personaler Lernvoraussetzungen, effektive Aufgabenstellungen dagegen eher die Abschätzung von Anforderungen und effektive Hilfestellungen möglicherweise beides erfordern. Angesichts des Umstands, daß es nur um relativ geringe Unterschiede im Signifikanzniveau geht, sollten die Unterschiede im Ergebnismuster natürlich nicht überinterpretiert werden.

Auch im Falle der aufgabenbezogenen Diagnosekompetenz läßt sich das Ergebnis dahingehend interpretieren, daß der Unterricht von

Lehrern, bei denen eine Koppelung von hoher Diagnosekompetenz mit hoher Ausprägung bestimmter Unterrichtsmerkmale gegeben ist, durch eine hohe Adaptivität des Lehrerverhaltens gekennzeichnet ist. Insbesondere bei Aufgabenstellungen und individuelle fachlichen Hilfestellungen ist davon auszugehen, daß eine Abstimmung dieser Unterrichtsmaßnahmen auf die unterschiedlichen und sich ständig ändernden Lernvoraussetzungen der Schüler erfolgt.

Bemerkenswert an der Übereinstimmung der Ergebnismuster ist, daß die beiden Diagnosekompetenzmerkmale mit einem *rho* = -.16 völlig unabhängig voneinander sind. Dieses Ergebnis muß natürlich unter der Einschränkung gesehen werden, daß beide Diagnosekompetenzmerkmale zu verschiedenen Zeitpunkten erhoben wurden. Die behelfsmäßig eingeführte Konstanzannahme, auf die sich die Berechtigung substantieller Interpretationen stützt, soll allerdings an dieser Stelle nicht weiter problematisiert werden. Bei Zugrundelegung einer solchen Konstanzannahme kann damit von der Existenz zweier unabhängiger Aspekte der diagnostischen Kompetenz ausgegangen werden, die im Hinblick auf ihre funktionale Qualität für das unterrichtliche Handeln als weitgehend äquivalent angesehen werden können.

Die sich daran anknüpfende Frage ist, ob und inwieweit diese beiden Formen diagnostischer Kompetenz austauschbar sind. Kann eine niedrige Ausprägung einer der beiden Variablen durch eine hohe Ausprägung der jeweils anderen Variablen kompensiert werden? Oder ist eine Koppelung gewisser Mindestausprägungen beider Variablen erforderlich, damit eine maximale Wirksamkeit erreicht wird?

Die Abstimmung von Unterrichtsmaßnahmen auf die Lernvoraussetzungen der Schüler setzt voraus, daß zwei Faktoren zur Deckung gebracht werden müssen: die Schwierigkeit der Maßnahmen und die Fähigkeit des Schülers. Das heißt: Maßnahmen sind im Hinblick auf die Fähigkeiten des Schülers auszuwählen und im Hinblick auf die Aufgabenschwierigkeit zu variieren. Beides erfordert spezifische Diagnoseleistungen, zum einen die Abschätzung der Anforderungen (Schwierigkeit) der Maßnahme, zum anderen eine Einschätzung der Schülerfähigkeit. Aufgaben- und personenbezogene Diagnosekompetenz beziehen sich offenbar genau auf diese beiden diagnostischen Aufgabenstellungen. Da eine effektive Anpassung von Maßnahmen an die Lernvoraussetzungen sowohl eine Anforderungsdiagnose als auch eine Fähigkeitsdiagnose verlangt, bedeutet dies, daß beide Formen diagnostischer Kompetenz nicht vollständig austauschbar sein dürften.

Um durch eine Feinabstimmung von Maßnahmen eine maximale unterrichtliche Wirkung zu erzielen, müssen beide Anpassungsformen und die ihnen zugrundeliegenden diagnostischen Kompetenzen hinreichend stark ausgeprägt sein. Das heißt: Zur Erzielung hohen Lernerfolgs müßte eine Koppelung von Mindestausprägungen beider Kompetenzen erforderlich sein. Zur Überprüfung dieser Frage liegt es nahe, dreifache Varianzanalysen mit den Faktoren 'Strukturierung', 'personen-' und 'aufgabenbezogener Diagnosekompetenz' zu berechnen. Wegen der geringen Stichprobe werden dann jedoch die Zellbesetzungen unvertretbar niedrig, so daß von derartigen Analysen Abstand genommen wird. Es erscheint angemessener, der Frage nach der Kompensierbarkeit verschiedener Bestimmungsgrößen adaptiven Unterrichtens eher explorativ anhand von Einzelfallbetrachtungen nachzugehen. Dies soll in einem späteren Abschnitt (5.2.8.) geschehen.

5.2.7 Unterschiede zwischen Lehrergruppen mit unterschiedlicher Diagnosekompetenz und Unterrichtsstrukturierung

In diesem Abschnitt wird der Frage nachgegangen, wie sich Lehrer mit hoher Diagnosekompetenz und hoher Unterrichtsstrukturierung, die besonders hohe Lernerfolge erzielt haben und damit offenbar ihre diagnostische Kompetenz besonders erfolgreich nutzen konnten, von anderen Lehrern unterscheiden. Die Analysen der interaktiven Beziehungen zwischen Diagnosekompetenz und Unterricht basierten auf dem Vergleich der folgenden vier Lehrergruppen

(a) Diagnosekompetenz hoch - Strukturierung hoch *(Optimalbedingung)*;
(b) Diagnosekompetenz niedrig - Strukturierung hoch;
(c) Diagnosekompetenz hoch - Strukturierung niedrig *(Negativbedingung)*;
(d) Diagnosekompetenz niedrig - Strukturierung niedrig.

Es liegt somit nahe, diese Gruppeneinteilung als Basis für die Charakterisierung verschiedener Lehrergruppen heranzuziehen. Ziel eines solchen Gruppenvergleichs ist es vor allem, genaueren Aufschluß über das Zustandekommen der Unterschiede im Lernerfolg der von diesen Lehrern unterrichteten Klassen zu bekommen. Dies soll aus zweierlei Blickrichtungen geschehen:

(1) Aus theoretischer Sicht sollten sich Lehrer mit hoher Diagnosekompetenz und zugleich hoher Unterrichtsstrukturierung gegenüber den übrigen drei Gruppen durch eine höhere *Adaptivität*, das heißt durch eine flexible Anpassung ihres Unterrichts an die unterschiedlichen Lernvoraussetzungen der Schüler auszeichnen. Lehrer mit einer hohen Unterrichtsadaptivität lassen sich durch eine individualisierende Unterrichtsorganisation, einen individualisierenden Interaktionsstil, eine hohe Variation des Unterrichtsangebots, einen hoher Grad der Feinabstimmung von Fragen, die häufige Verwendung von Remedialmaßnahmen und eine hohe Passung zwischen der Schwierigkeit des Unterrichtsangebots und den Lernvorausetzungen der Schüler charakterisieren.

(2) Angesichts des geringen empirischen Wissensstandes und zur Prüfung entsprechender Alternativhypothesen erscheint es jedoch am angemessensten, zunächst mit relativ allgemeinen und unspezifischen Erwartungen zu beginnen.

Eine der naheliegendsten Alternativhypothesen für die Annahme, daß Lehrer in der Optimalbedingung einen effektiveren Unterricht realisieren, ist die, daß einfach günstigere Unterrichtsvoraussetzungen vorgefunden werden. Das heißt, die Klassen dieser Lehrer sollten sowohl bezüglich generell leistungsrelevanter Schüler- und Klassenmerkmale (Vorkenntnisse, Intelligenz, Selbstkonzept der eigenen Fähigkeit, Einstellung zum Fach Mathematik und zur Schule, Leistungsangst) als auch in Bezug auf adaptivitätsförderliche Merkmale (Klassengröße, Ausländeranteil, Leistungs- und Intelligenzhomogenität) günstigere Voraussetzungen aufweisen.

Weiterhin kann angenommen werden, daß sich der Unterricht der Lehrer in der Optimalbedingung nicht unbedingt durch eine erhöhte Adaptivität, sondern durch eine allgemein höhere Qualität auszeichnet. Insbesondere sollten die folgenden Kernbestandteile guten Unterrichts vorhanden sein: eine effektive Klassenführung, eine hohe Lehrstofforientierung, ein hohes Lehrerengagement, eine hohe Klarheit und Verständlichkeit und eine positive affektive Lehrer-Schüler-Beziehung. Als besonders erklärungsbedürftig hatte sich ferner der deutliche Leistungseinbruch der Schüler in der Negativbedingung herausgestellt. Der niedrige Lernerfolg dieser Klassen sollte dementsprechend durch eine ungünstige Ausprägung allgemein lernförderlicher Merkmale erklärbar sein.

Der Vergleich der vier Lehrergruppen soll in exemplarischer Form für personenbezogene diagnostische Kompetenz und Strukturierungshilfen als Unterrichtsmerkmal erfolgen. Angesichts der kleinen Stichprobe und der damit verbundenen geringen Teststärke kann das Ziel nicht eine rigorose statistische Absicherung von Gruppenunterschieden sein, sondern nur eine Beschreibung und ungefähre Quantifizierung möglicher Einflußfaktoren. Der Grad der empirischen Bewährung sollte in solchen Fällen eher an der praktischen Bedeutsamkeit, über die die üblichen Effektmaße Auskunft geben, als an der statistischen Signifikanz gemessen werden (siehe Treiber, 1980). Im folgenden wird aus Gründen der Anschaulichkeit einer Profildarstellung der Vorzug gegeben, in der die vier Lehrergruppen hinsichtlich verschiedener Merkmale ihrer Klassen und ihres Unterrichts verglichen werden. Um die dabei verwendeten unterschiedlichen Skalen vergleichbar zu machen, sind die jeweiligen Variablen z-standardisiert worden. Als Maß für die praktische Bedeutsamkeit kann dabei die Höhe der z-Wert-Differenzen angesehen werden.

Eingangsvoraussetzungen der Klassen

In Abbildung 5 werden die vier Lehrergruppen hinsichtlich verschiedener Eingangsmerkmale ihrer Klassen verglichen.

Im Hinblick auf *kognitive* Eingangsvoraussetzungen der Schüler gibt es nur vergleichsweise geringe Unterschiede zwischen den vier Lehrergruppen, so daß die Lehrer in den vier Unterrichtsbedingungen weitgehend vergleichbare Leistungsvoraussetzungen vorfinden dürften. Die Klassen der Optimalbedingung zeichnen sich zwar durch das höchste Vorkenntnisniveau aller vier Gruppen aus, weisen dafür aber das niedrigste Intelligenzniveau auf. Die Klassen der Negativbedingung sind dagegen durch ein unauffälliges Vorkenntnisniveau und ein leicht

Abbildung 5

Profil von Klassenmerkmalen für Lehrer mit unterschiedlicher Diagnosekompetenz und Unterrichtsstrukturierung

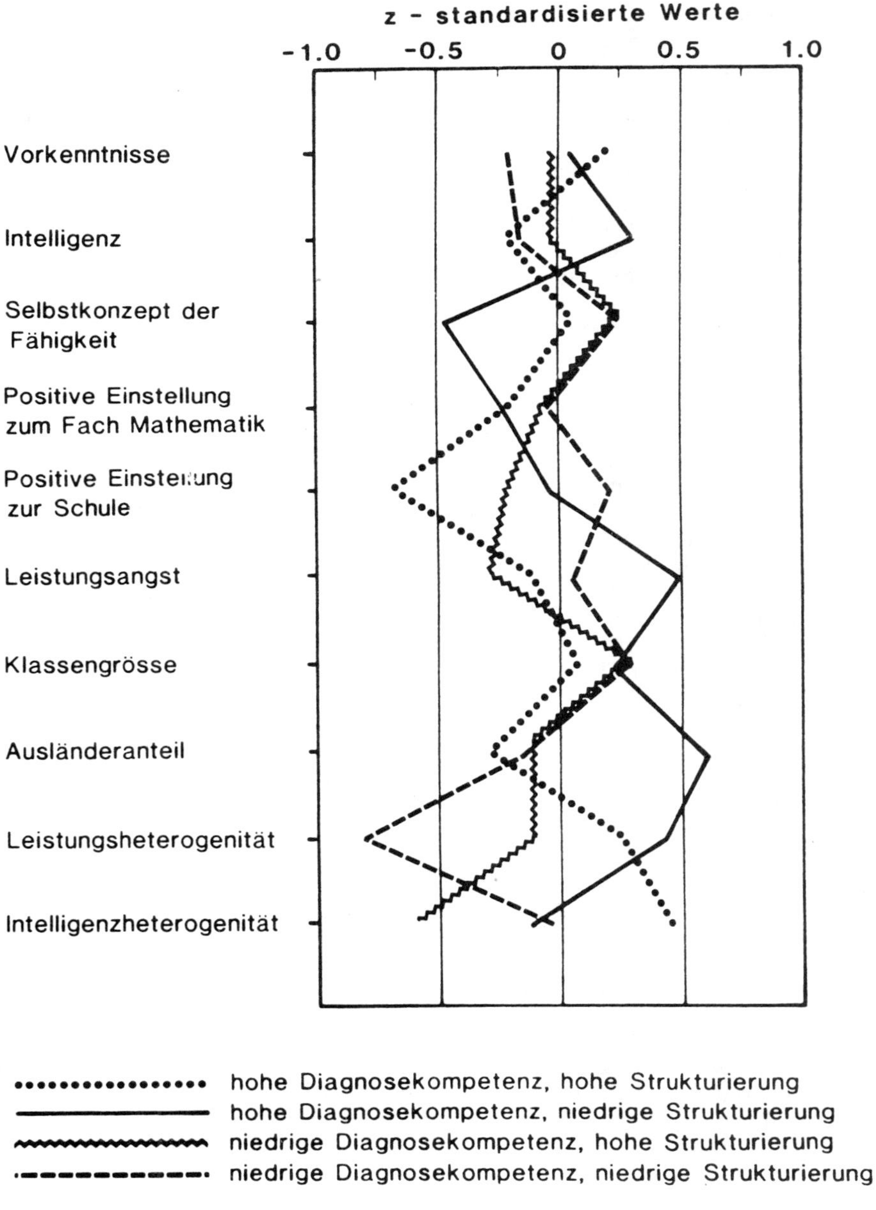

überdurchschnittliches Intelligenzniveau gekennzeichnet. Aufgrund dieser Ergebnisse erscheint es unwahrscheinlich, daß besonders lernerfolgsbegünstigende kognitive Startvoraussetzungen in dem einen Fall und besonders lernerfolgsabträgliche kognitive Eingangsvoraussetzungen in dem anderen Fall wesentlich zu den Lernergebnissen in der Optimal- und der Negativbedingung beitragen haben.

Bei den *affektiven* Eingangsvoraussetzungen sind die Gruppenunterschiede etwas größer. Dabei zeigt sich, daß auch die affektiven Eingangsvoraussetzungen nicht zur Erklärung des hohen Lernerfolgs der Optimalklassen beitragen können, da die affektiven Merkmale hier allenfalls durchschnittlich ausgeprägt sind. Anders bei den Negativklassen, die bei drei der vier affektiven Merkmale die ungünstigsten Ausprägungen aller vier Gruppen aufweisen, insbesondere ein niedriges Selbstvertrauen und ein hohes Angstniveau. Es ist also nicht auszuschließen, daß die unterdurchschnittliche Leistungsentwicklung dieser Klassen zumindest teilweise auf ungünstige affektive Eingangsbedingungen zurückgeht. Die ungünstigen affektiven Lernvoraussetzungen führen aber nicht zwangsläufig zu einem Leistungseinbruch - das belegen die unauffälligen Eingangsleistungen dieser Klassen - sondern offenbar erst dann, wenn sie vom Unterricht nicht hinreichend aufgefangen werden, also erst in Verbindung mit bestimmten Lehrer- und Unterrichtsmerkmalen. Ein stark verunsicherndes Unterrichtsverhalten, wie es bei Lehrern mit hoher Diagnosekompetenz und niedriger Strukturierung unterstellt wird, müßte gerade bei leistungsängstlichen und durch geringes Selbstvertrauen gekennzeichneten Schülern besonders negative Auswirkungen haben.

Merkmale wie geringe Klassengröße, geringer Anteil von Ausländerkindern sowie geringe Leistungs- und Intelligenzheterogenität können als *adaptivitätsförderliche* Klassenmerkmale angesehen werden, die eine individualisierende Behandlung, die Berücksichtigung und Koordinierung unterschiedlicher Lernvoraussetzungen im Unterricht und die Feinabstimmung des Unterrichtsverhaltens erleichtern. Hier zeigen sich im Hinblick auf die Klassengröße praktisch keine Unterschiede zwischen den Lehrergruppen und im Hinblick auf den Ausländeranteil nur insofern, als die Negativklassen einen deutlich überdurchschnittlichen Ausländeranteil aufweisen. Der hohe Ausländeranteil könnte insofern zur Erklärung der niedrigen Lernerfolge in den Negativklassen beitragen, als die Ausländerkinder zum einen über ungünstigere Lernvoraussetzungen verfügen, zum anderen aber wegen ihres potentiellen Außenseiterstatus besonders leicht irritierbar sein und daher besonders anfällig auf ein verunsicherndes Lehrerverhalten reagieren könnten.

Deutliche Unterschiede zwischen den Lehrergruppen gibt es im Hinblick auf die Leistungs- und Intelligenzheterogenität der Klassen. Sowohl Optimal- wie Negativklassen sind durch eine erhöhte Heterogenität der Leistungszusammensetzung gekennzeichnet. Da dieses gerade die Klassen der diagnostisch besonders kompetenten Lehrer sind, spricht das Ergebnis eher für die urteilserleichternde Funktion hoher Leistungshomogenität, nicht dagegen für einen adaptivitätserschwerenden Einfluß. Noch unwahrscheinlicher erscheint ein adaptivitätshemmender Einfluß im

Falle der Intelligenzheterogenität, da hier nur die Optimalklassen überdurchschnittliche Werte aufweisen.

Allgemeine Unterrichtsmerkmale
Abbildung 6 zeigt die Gruppenunterschiede bezüglich der allgemeinen Unterrichtsmerkmale. Lehrer der Optimalklassen zeichnen sich im Vergleich zu den anderen drei Lehrergruppen in erster Linie durch eine besonders effektive *Klassenführung* und eine hohe *Lehrstofforientierung* aus. Auch was das *Lehrerengagement* anbetrifft, nehmen sie die Spitzenstellung ein, ohne dabei allerdings so deutlich überdurchschnittliche Werte zu erreichen beziehungsweise die anderen Gruppen so deutlich zu dominieren. Auch bei *Klarheit und Verständlichkeit* liegen die Lehrer der Optimalgruppe etwas über dem Durchschnitt, ohne allerdings die Spitzenstellung einzunehmen. Lediglich im Hinblick auf die *affektive Lehrer-Schüler-Beziehung* liegen die Optimallehrer etwas unter dem Durchschnitt.

Damit zeichnet sich für den Unterricht der Lehrer der Optimalklassen das folgende Bild ab: Der Unterricht ist straff organisiert, so daß Störungen und Unterbrechungen kaum vorkommen und ein flüssiger, den "Arbeitsfluß" ("momentum"; Kounin, 1976) aufrechterhaltender Ablauf gewährleistet ist. Sofern Disziplinstörungen vorkommen, werden sie vom Lehrer unverzüglich und mit minimalem Verhaltensaufwand unterbunden. Der Unterricht ist in hohem Maße auf die Erreichung von Leistungszielen ausgerichtet. Das heißt, die verfügbare Unterrichtszeit wird intensiv für fachliche Aktivitäten genutzt. Die Klassen sind durch eine konzentrierte Arbeitsatmosphäre gekennzeichnet. Der Lehrer ist mit starker innerer Beteiligung, also mit besonderem Enthusiasmus bei der Sache; der Unterricht macht ihm Freude, und er verwendet besondere Mühe darauf, Sachverhalte verständlich zu machen. Offenbar gelingt es ihm dabei auch weitgehend, sich den Schülern verständlich zu machen, indem er sich klar und prägnant ausdrückt, einfache Sätze benutzt sowie seine Darstellungen gut aufbaut und gliedert. Außerfachliche Aktivitäten wie rein prozedurale und organisatorische Belange, aber auch Lehrer-Schüler-Interaktionen mit vorwiegend sozial-kommunikativem Charakter finden nur selten statt. Auf der anderen Seite scheint aber diese Form des Unterrichtens etwas auf Kosten einer günstigen affektiven Beziehung zu den Schülern zu gehen. Der Lehrer wird als weniger beliebt und humorvoll erlebt, und die Schüler erfahren weniger häufig Lob, Ermutigung und emotionale Unterstützung.

Im Vergleich zu dieser überwiegend positiven Charakterisierung der Optimallehrer ergibt sich für die Lehrer der Negativklassen ein geradezu drastisch ungünstiges Bild. Sie liegen bezüglich aller fünf Unterrichtsmerkmale deutlich unter dem Durchschnitt, wobei sie bei jedem dieser Merkmale jeweils den schlechtesten Wert aller vier Lehrergruppen aufweisen. Die niedrigste Ausprägung - und der größte Abstand zu anderen drei Gruppen - ist bei der Lehrstofforientierung zu verzeichnen.

Abbildung 6

Profil der Unterrichtsmerkmale für Lehrer mit unterschiedlicher Diagnose-kompetenz und Unterrichtsstrukturierung

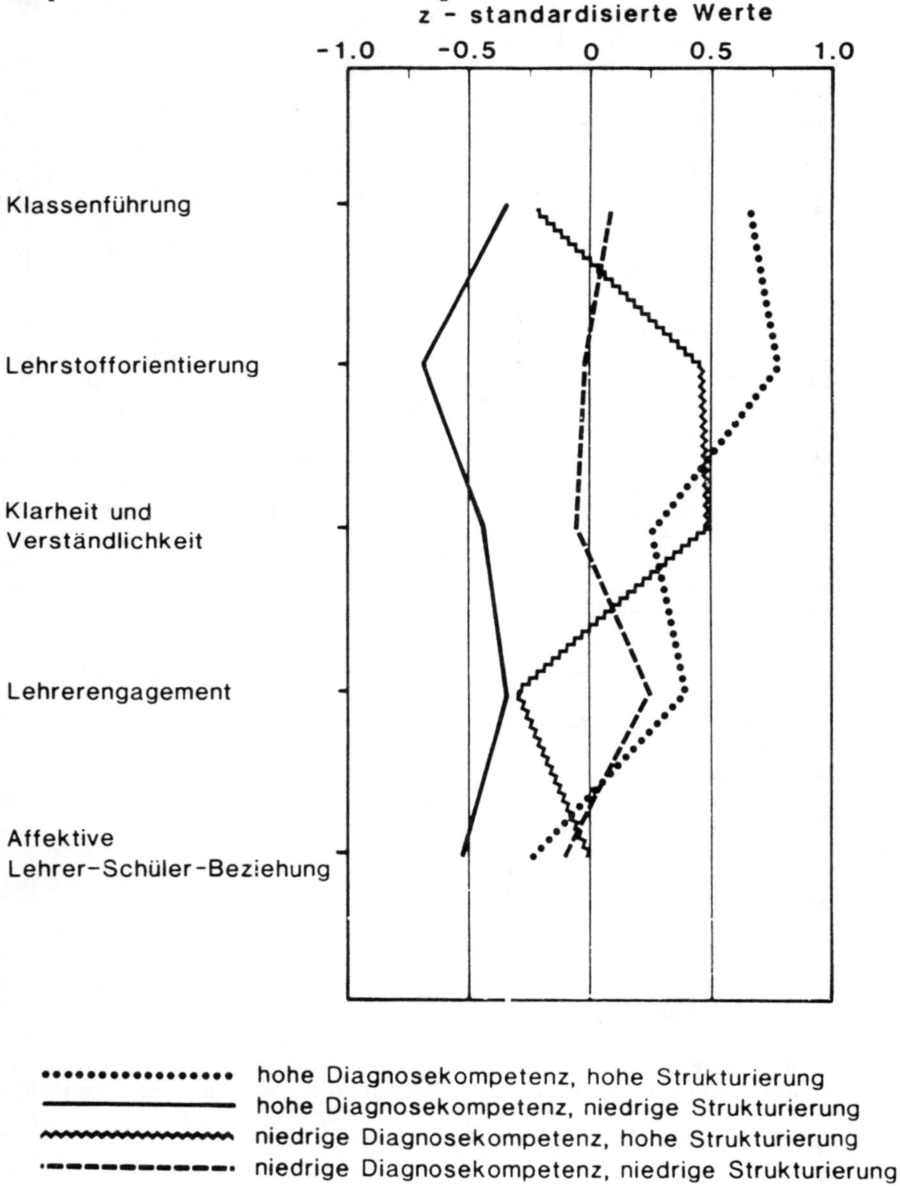

Erwähnenswert erscheint vor allem die ungünstige affektive Tönung der Lehrer-Schüler-Beziehung, die im Zusammenhang mit den ungünstigen affektiven Eingangsmerkmalen der Schüler in diesen Klassen zu sehen ist. Es ist nicht zu erwarten, daβ es Lehrern mit einer ungünstigen affektiven Beziehung zu ihren Schülern gelingt, die Leistungsentwicklung der Schüler von den potentiell leistungsmindernden affektiven Startvoraussetzungen abzukoppeln.

Merkmale adaptiven Unterrichtens

In Abbildung 7 ist dargestellt, wie sich die vier Lehrergruppen hinsichtlich verschiedener Indikatoren adaptiven Unterrichtsverhaltens unterscheiden. Dabei zeigt sich, daβ die Lehrer der Optimalklassen bei fünf der insgesamt sechs Indikatoren die höchsten Ausprägungen aufweisen, wenngleich die Unterschiede zu den übrigen Gruppen teilweise nur recht knapp sind. Für die anderen drei Gruppen gibt es kein eindeutiges Bild.

Am deutlichsten unterscheiden sich die Lehrer der Optimalgruppe durch eine *individualisierungsförderliche Unterrichtsorganisation* von ihren Kollegen. Das heiβt: Bei ihnen sind Stillarbeits- und Überwachungsphasen, die günstige Voraussetzungen für eine Variation des Aufgabenangebots und für gezielte Hilfestellungen bieten, vergleichsweise häufig, Interaktionen mit der gesamten Klasse dagegen entsprechend seltener.

Weiterhin unterscheiden sich die Lehrer der Optimalklassen durch stärker ausgeprägten *individualisierenden Interaktionsstil* von den übrigen Lehrern: Ihr Verhalten, insbesondere das Stellen von Fragen, richtet sich stärker an einzelne Schüler als an die Klasse als Ganzes.

Auβerdem zeichnen sie sich durch eine höhere *Variation des Unterrichtsangebots* aus, vor allem durch eine Tendenz, die Schwierigkeit von Aufgaben und Fragen gegenüber unterschiedlich leistungsstarken Schülern zu variieren. Hierbei schneiden allerdings die Lehrer der Negativklassen nur unwesentlich schlechter ab.

Geringfügig vor den anderen Lehrergruppen liegen die Lehrer der Optimalklassen bei der *Feinabstimmung* von Fragen, also im Hinblick auf die Tendenz, im Falle von unbefriedigenden Antworten die Schwierigkeit der Fragen durch Umformulieren, Hilfestellungen u.ä. zu senken oder bei zufriedenstellenden Antworten durch eine Erweiterung des Frageinhalts oder durch anspruchsvollere Zusatzfragen zu erhöhen.

Im Hinblick auf *remediales Verhalten*, womit hier kleinere informelle Hilfestellungen, etwa bei der Beantwortung von Fragen, gemeint sind, erreicht die Optimalgruppe gerade durchschnittliche Werte und rangiert dabei noch etwas hinter einer der anderen Lehrergruppen. Die Operationalisierung dieses Aspekts durch Rückgriff auf Schülerperzeptionen hebt allerdings deutlich auf Hilfen im Sinne einer sozial-emotionalen Unterstützung ab. Dies mag ein Grund dafür sein, daβ die Optimalklassen hier nur durchschnittliche Werte erreichen.

Dagegen zeichnen sich die Lehrer der Optimalklassen durch eine etwas höhere *Passung* zwischen der Schwierigkeit des Unterrichtsangebots und den Lernvoraussetzungen der Schüler aus. Passung ist hier allerdings

Abbildung 7

Profil von Merkmalen adaptiven Unterrichtens für Lehrer mit unterschiedlicher Diagnosekompetenz und Unterrichtsstrukturierung

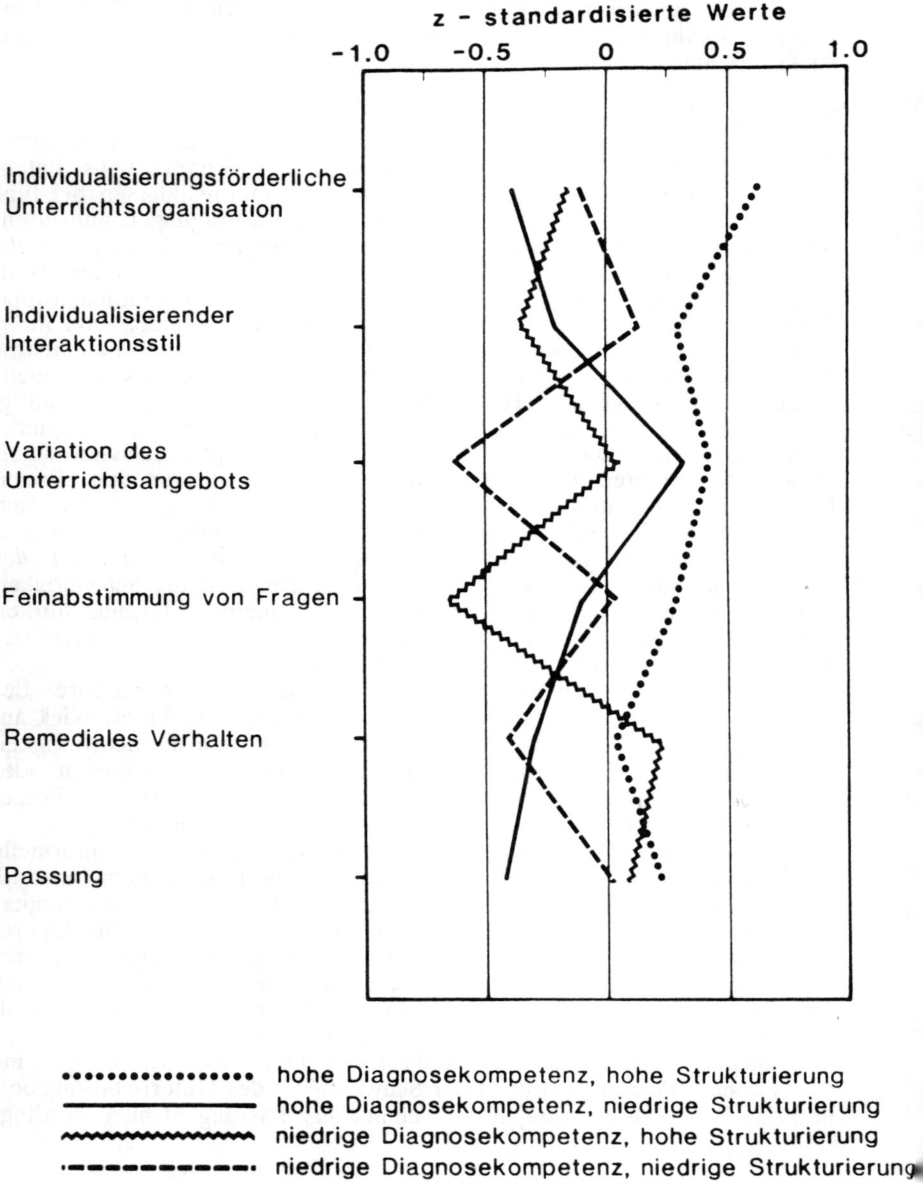

etwas einseitig als Vermeiden von Überforderung operationalisiert. Effektive Lehrer könnten jedoch eher zu einer leichten Überforderung im Sinne dosierter Diskrepanzerlebnisse neigen.

Fazit

Die Ergebnisse belegen somit zumindest eine tendenziell höhere Adaptivität der Optimalklassen. Notwendige Einschränkungen beziehen sich vor allem auf die unzureichende Indikatorisierung von Adaptivität, die jedoch allenfalls zu einem geringen Teil einer lückenhaften Erhebung anzulasten ist, sondern auf prinzipielle Grenzen des zugrundeliegenden Untersuchungsansatzes verweist. Adaptivität im hier verstandenen Sinne bezieht sich auf die fortlaufende Anpassung des Unterrichtsverhaltens an unterschiedliche Lernvoraussetzungen der Schüler und deren Veränderung im Zeitverlauf. Über solche auf der Mikroebene ablaufenden Anpassungsprozesse geben die in der Unterrichtsforschung üblicherweise verwendeten Beobachtungssysteme so gut wie keinen Aufschluß. So verbleiben denn auch die hier benutzten Beobachtungsindikatoren auf einer zu globalen Ebene. Infolge des beschränkten Auflösungsvermögens herkömmlicher Systeme können nicht die adaptiven Prozesse selbst, sondern nur bestimmte Voraussetzungen und Begleiterscheinungen solcher Prozesse erfaßt werden. Hochinferente Beobachterangaben und Schülerangaben können hier zwar wichtige Zusatzinformationen liefern, dies jedoch auch nur in sehr vermittelter Form und auf einer von den eigentlichen Prozessen abgehobenen Ebene. Es muß als ein offenes Problem angesehen werden, wie man die hier unterstellten adaptiven Prozesse in optimaler Weise indikatorisiert.

Über das Problem der adäquaten Erfaßbarkeit adaptiven Verhaltens hinaus zeigen die Ergebnisse, daß solche Prozesse der Feinsteuerung und Feinabstimmung nicht unabhängig von allgemeinen Unterrichtsmerkmalen gesehen werden können. Von großer Bedeutung ist insbesondere eine effektive Klassenführung, die als notwendige Rahmenbedingung für erfolgreiches adaptives Verhalten angesehen werden muß. Die teilweise Konfundierung mit allgemeinen Unterrichtsmerkmalen deutet darauf hin, daß eine hohe Adaptivität in ein umfassendes Muster von Merkmalen effektiven Unterrichtens eingebunden ist.

Die Ergebnisse dieses Abschnitts liefern schließlich eine erste Erklärung für die ungünstige Leistungsentwicklung der Negativklassen. Die Lehrer dieser Klassen lassen sich durch eine schwache Ausprägung von Kernmerkmalen guten Unterrichts kennzeichnen. In Verbindung mit einer ungünstigen Ausprägung wichtiger affektiver Schülermerkmale macht dies den Leistungseinbruch in diesen Klassen verständlich.

5.2.8 Unterschiede zwischen einzelnen Lehrern

Die bisherigen Analysen erfolgten ausschließlich auf Gruppenebene; das heißt sie beschränkten sich auf durchschnittliche Effekte bestimmter Variablenkombinationen. Eine hypothesenkonformes Ergebnis bedeutet jedoch nicht zwangsläufig, daß der vorgesagte Effekte ausnahmslos und ausschließlich bei allen Untersuchungseinheiten auftreten muß, bei denen er zu erwarten ist. Näheren Aufschluß kann hier eine einzelfallorientierte Betrachtungsweise bringen. Vergleicht man die erwartungskonformen Fälle mit den Fällen, wo der Effekt (a) trotz Vorliegens der maßgeblichen Bedingungen nicht auftritt oder (b) trotz Nicht-Vorliegens der Bedingungen auftritt, so kann dies zum einen auf Einschränkungen im Geltungsbereich der ursprünglichen Annahmen, zum anderen auf Kompensationsmöglichkeiten durch bislang nicht in Rechnung gestellte Bedingungsfaktoren verweisen. Darüberhinaus kann die Inspektion einzelner Fälle zum genaueren Verständnis eines komplexeren Ergebnismusters führen, in dem sie die Frage nach möglichen Koppelungs- und Kompensationsbeziehungen zwischen einzelnen Variablen beantworten hilft. Auf die Grenzen, die einem solchen Vorgehen gezogen sind, wird an späterer Stelle einzugehen sein. Im folgenden soll auf zwei Punkte eingegangen werden:

(1) An früherer Stelle ist aufgezeigt worden, daß die Kombination verschiedener Formen von diagnostischer Kompetenz mit bestimmten Unterrichtsmerkmalen in besonderem Maße lernförderlich ist. Der Frage nach möglichen Koppelungs- und/oder Kompensationsbeziehungen zwischen diesen verschiedenen Variablen soll durch eine Einzelfallaufschlüsselung der Optimalgruppe nachgegangen werden.

(2) Näher in Augenschein genommen werden sollen dann die Klassen der Optimalbedingung, die sich durch einen besonders hohen Lernerfolg auszeichnen und damit dem Idealbild einer leistungsförderlichen adaptiven Unterrichtsführung besonders nahe kommen. Gleichzeitig soll geprüft werden, ob sich in den anderen drei Gruppen Klassen mit vergleichbaren Lernerfolgen finden lassen. Diese Klassen sollen dann genauer charakterisiert werden.

In Abbildung 8 sind die Ergebnisse zu Punkt (1) dargestellt. Zunächst lassen sich innerhalb der Optimalbedingung zwei Teilgruppen von Klassen mit unterschiedlichem Lernerfolg identifizieren: (a) drei Klassen mit stark überdurchschnittlichem Lernerfolg (Klassen A, B und C); (b) vier Klassen, von denen zwei einen deutlich überdurchschnittlichen Lernerfolg (D und E), eine Klasse einen leicht unterdurchschnittlichen (F) und eine Klasse sogar einen deutlich unterdurchschnittlichen Lernerfolg aufweist (G). Als Optimalklassen im engeren Sinne, deren Lehrer nicht nur durch hohe Diagnosekompetenz und hohe Unterrichtstrukturierung gekennzeichnet sind, sondern auch optimale Lernergebnisse erzielen, können somit nur die Klassen A, B und C angesehen werden.

Abbildung 8

Profil einzelner Klassen innerhalb der Optimalbedingung (einschlieβlich einer Vergleichsklasse)

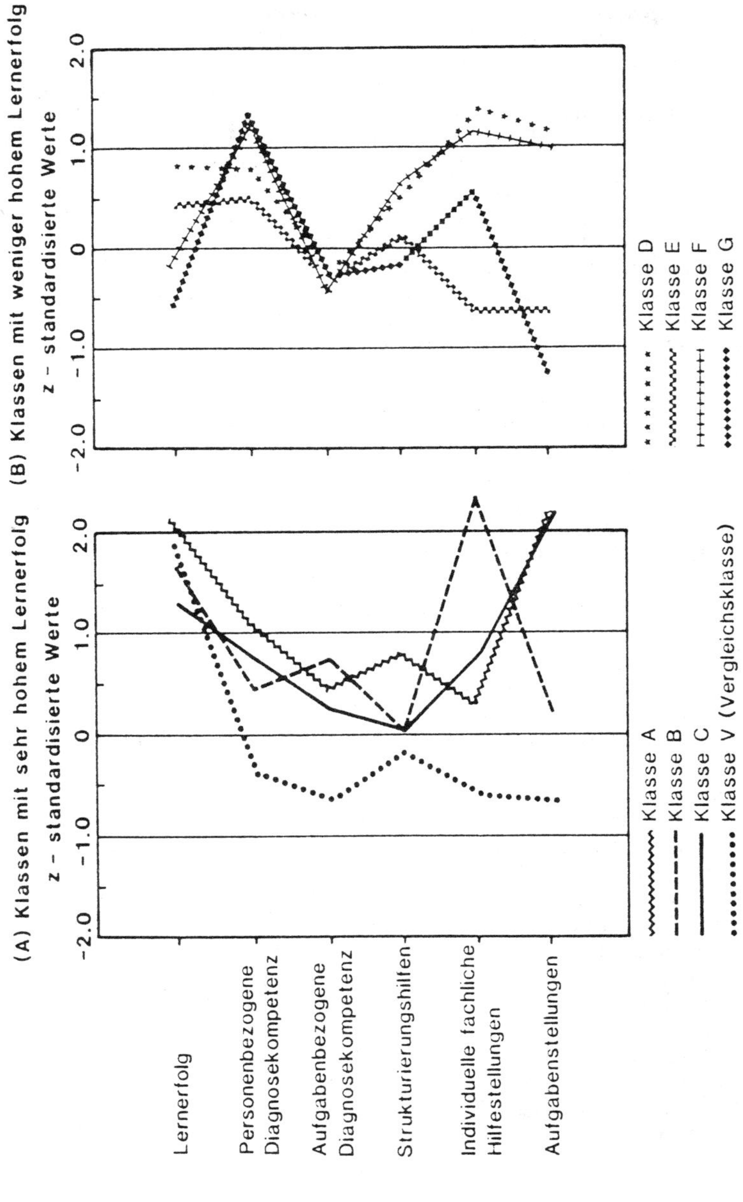

Der Vergleich der drei Optimalklassen mit dem höchsten Lernerfolg mit den übrigen vier Klassen zeigt ein bemerkenswertes Muster: Im Unterschied zu den übrigen vier Klassen zeichnen sich die Klassen A, B und C durch eine mindestens durchschnittliche Ausprägung beider Diagnosekompetenzmerkmale und aller drei "bedingt leistungsförderlichen" Unterrichtsmerkmale aus. Jede der anderen vier Klassen leistet sich dagegen mindestens einen "Ausfall" auf einer der sechs Dimensionen.

Das Ergebnis deutet darauf hin, daß für die maximale Effizienz von Strukturierungsmaßnahmen eine hohe teilbereichsspezifische diagnostische Kompetenz nicht ausreicht, sondern eine überdurchschnittlich hohe umfassende diagnostische Kompetenz erforderlich ist. Dies entspricht der in Abschnitt 5.2.6. geäußerten Vermutung, daß die beiden Formen diagnostischer Kompetenz nicht voll kompensierbar sind. Auffällig ist, daß die Lehrer der beiden Klassen mit dem niedrigsten Lernerfolg innerhalb der Optimalbedingung die höchste personenbezogene diagnostische Kompetenz aller Lehrer innerhalb dieser Bedingung aufweisen. Es erscheint aber abwegig, daraus folgern zu wollen, daß eine sehr hohe Diagnosekompetenz dem Lernerfolg unter bestimmten Bedingungen sogar abträglich sein könnte.

Das Ergebnis spricht aber auch dafür, daß neben einer umfassenden diagnostischen Kompetenz auch eine gleichmäßig hohe Ausprägung relevanter Unterrichtsmerkmale gegeben sein muß. Für die maximale Effizienz adaptiven Unterrichtens erscheint somit eine Koppelung von Mindestausprägungen verschiedener adaptivitätsförderlicher Kompetenzen und Verhaltensmerkmale notwendig. Erfolgreiches adaptives Unterrichten ist also offensichtlich nur möglich, wenn der Lehrer neben den erforderlichen Urteilskompetenzen über ein breiteres Repertoire an effektiven Verhaltensweisen und Maßnahmen verfügt und diese in hinreichendem Maße einsetzt. Zu vermuten ist natürlich, daß diese Verhaltensweisen nicht nur häufig genug eingesetzt werden, sondern auch in geeigneter Weise aufeinander abgestimmt werden müssen; mit anderen Worten: zu einem stimmigen Gesamtmuster verschmolzen und in einen effektiven Gesamtstil integriert werden müssen. Über Einzelheiten solcher wechselseitigen Abstimmungsleistungen kann die vorliegende Untersuchung jedoch keinerlei Auskunft geben.

Die drei Optimalklassen mit dem höchsten Lernerfolg gehören auch innerhalb der Gesamtstichprobe zu den vier Klassen, die die höchsten Lernerfolge erzielen. Ihnen folgt, allerdings schon mit deutlichem Abstand, eine weitere Klasse der Optimalgruppe, hinter der sich dann ein breites Mittelfeld von Klassen mit leicht überdurchschnittlichem bis durchschnittlichem Lernerfolg auftut. Die eine der vier Klassen mit dem höchsten Lernerfolg, die nicht der Optimalbedingung angehört, ist als "Vergleichsklasse" ebenfalls in Abbildung 8 dargestellt. Sie weist bezüglich aller fünf adaptivitätsrelevanten Merkmale unterdurchschnittliche Ausprägungen auf.

Damit ist deutlich geworden: Die Kombination von Mindestausprägungen der fünf einschlägigen Merkmale kann zwar - mit den Einschränkungen, unter denen eine solche Aussage prinzipiell und speziell bei dem praktizierten Vorgehen vertretbar ist - als hinreichende Bedingung für hohe Lernerfolg angesehen werden, nicht aber als notwendige Bedingung. Der hohe Lernerfolg in der Vergleichsklasse verweist auf Kompensationsmöglichkeiten durch Bedingungsfaktoren, über die sich bislang noch nichts aussagen läßt. Der Umstand, daß nur eine einzige Klasse einen vergleichbar hohen Lernerfolg erzielt wie die drei erfolgreichsten Klassen der Optimalgruppe, unterstreicht die Bedeutung der untersuchten Kompetenzen und Verhaltensmerkmale für den Lernerfolg.

In Abbildung 9 werden die vier Klassen mit dem höchsten Lernerfolg anhand verschiedener Eingangsmerkmale charakterisiert. Dabei zeigt sich, daß sich keine dieser vier Klassen durch außergewöhnlich günstige Eingangsvoraussetzungen auszeichnet. Dies deutet darauf hin, daß die hohen Lernerfolge auf das Konto eines besonders effizienten Unterrichts gehen.

Allerdings weist auch bei den fünf Unterrichtsmerkmalen keine der vier Klassen ein in allen Dimensionen deutlich über dem Durchschnitt liegendes Profil auf (siehe Abbildung 10). Was die Klassen der Optimalbedingung angeht, so relativiert sich damit die im vorigen Abschnitt nahegelegte Folgerung, daß Merkmale einer erfolgreichen adaptiven Unterrichtsführung untrennbar mit generell leistungsförderlichen Unterrichtsmerkmalen verbunden sind, wieder etwas. Überraschend ist vor allem das schlechte Abschneiden der Klasse C beim Merkmal 'Klassenführung', da eine effektive Klassenführung als notwendige Rahmenbedingung für erfolgreiches adaptives Unterrichten angesehen worden war. Da es nicht als sehr wahrscheinlich angesehen werden kann, daß eine schlechte Klassenführung im Hinblick auf ein adaptives Unterrichtsverhalten durch andere Unterrichtsmerkmale kompensiert werden kann, ist eher zu vermuten, daß die Klassenführung dieses Lehrers nicht generell ineffektiv ist, sondern nur in vielleicht besonders auffälligen, aber unterrichtsstrategisch nicht so entscheidenden Phasen (wie z.B. bei der Realisierung von Übergängen zwischen verschiedenen Unterrichtsabschnitten). Der Lehrer der Vergleichsklasse zeichnet sich im wesentlichen durch eine hohe Klarheit und Verständlichkeit aus, was sicher nur als partielle Erklärung für seinen hohen Unterrichtserfolg angesehen werden kann.

Im Hinblick auf die adaptivitätsförderlichen Merkmale (siehe Abbildung 11) liegen die drei Lehrer der Optimalbedingung unerwarteterweise nicht durchweg über dem Durchschnitt, was vermutlich eher auf die im vorigen Abschnitt angesprochenen suboptimalen Indikatorisierungsmöglichkeiten für Adaptivität zurückgeführt werden muß als auf die tatsächlich niedrige Ausprägung von adaptiven Verhaltensmerkmalen. Denkbar wäre schließlich auch, daß gerade die erfolgreichsten der adaptiven Lehrer ihre Fähigkeit zur Feinsteuerung und Feinabstimmung des Unterrichtsverhaltens so weit perfektioniert haben, daß Anpassungsprozesse und Verhaltensvariationen kaum noch sichtbar werden. Im Hinblick auf die möglichen ungünstigen Nebenwirkungen vor allem einer

Abbildung 9

Profil einzelner Klassen mit sehr hohem Lernerfolg hinsichtlich verschiedener Klassenmerkmale

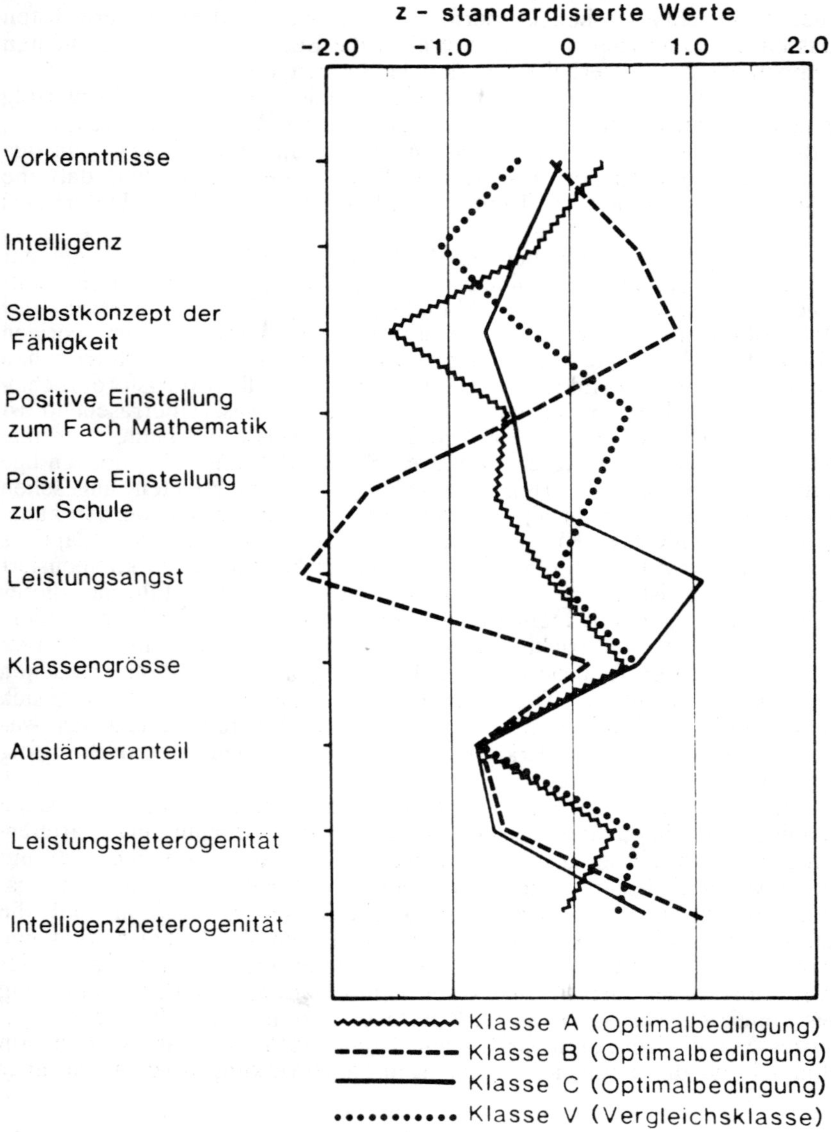

Abbildung 10

Profil einzelner Klassen mit sehr hohem Lernerfolg hinsichtlich verschiedener grundlegender Unterrichtsmerkmale

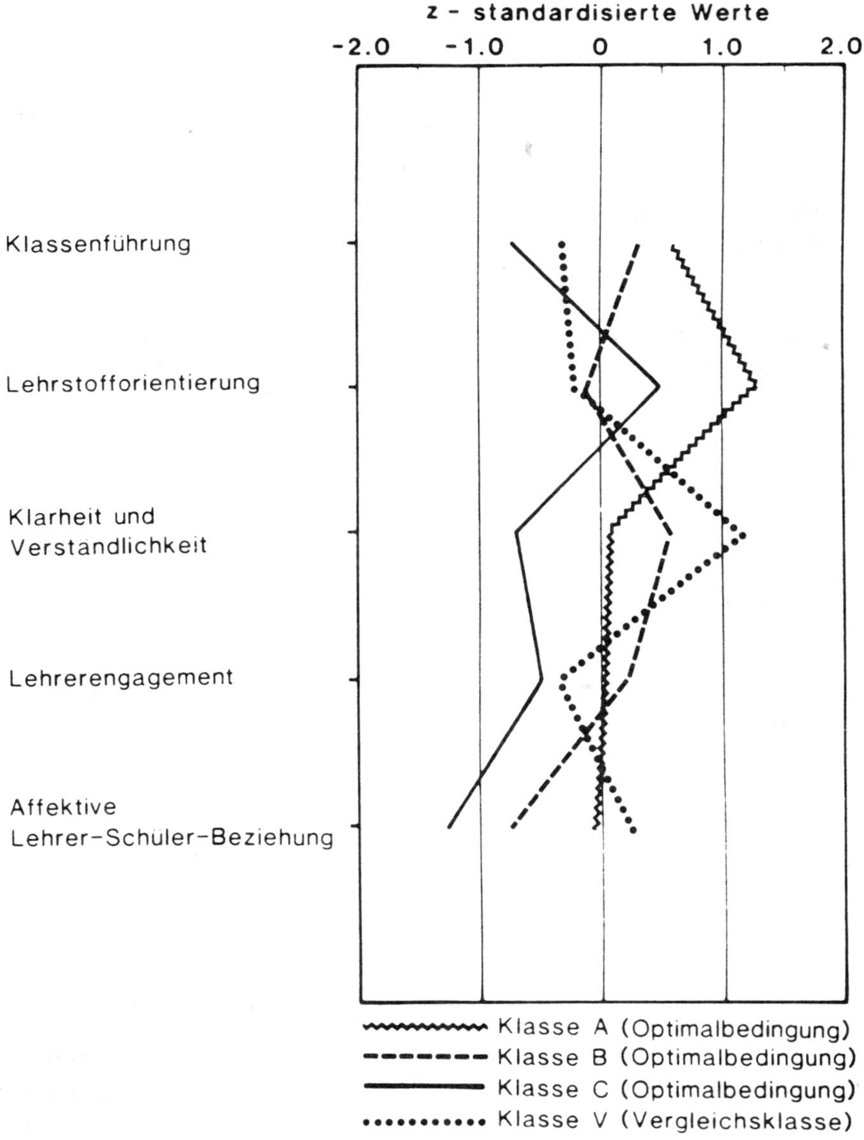

Abbildung 11

Profil einzelner Klassen mit sehr hohem Lernerfolg hinsichtlich verschiedener Merkmale adaptiven Unterrichtens

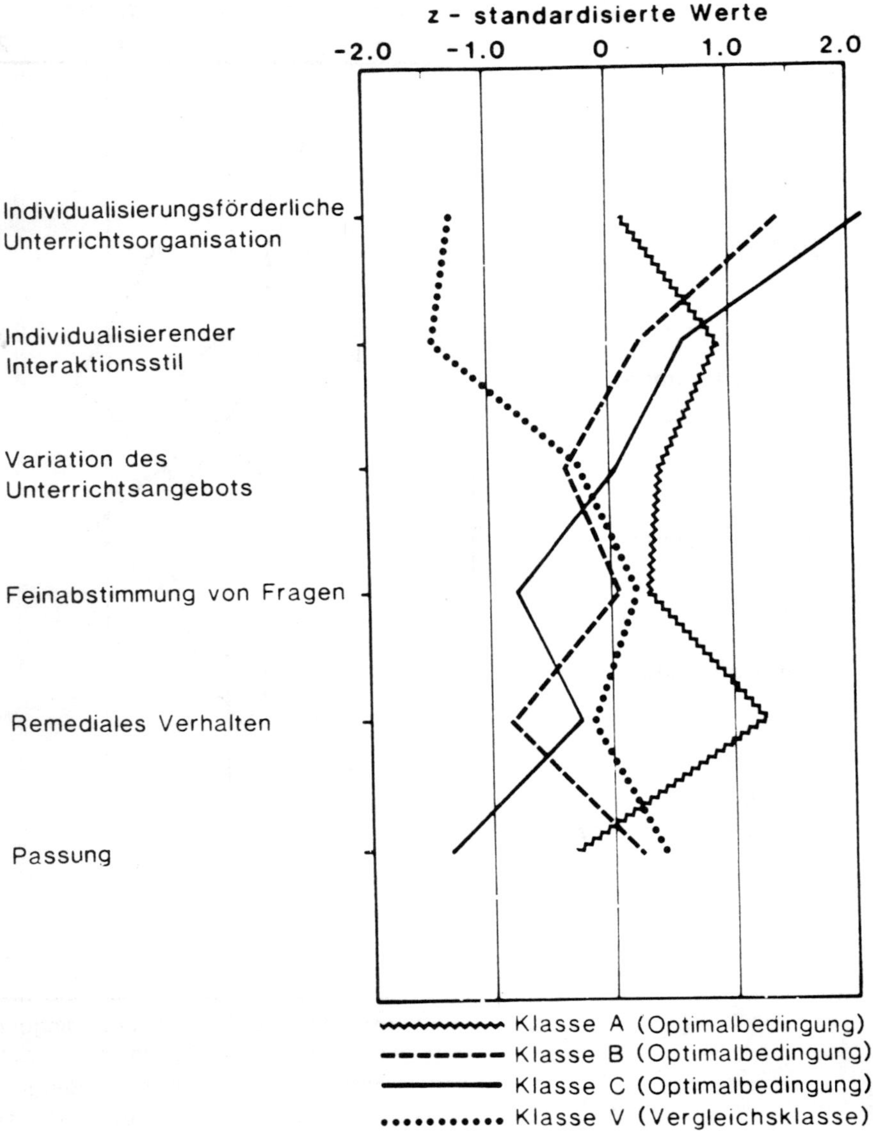

schülerspezifischen Variation des Unterrichts, wie sie in der Literatur zu Erwartungseffekten belegt sind (Brophy & Good, 1974), wäre dies sicher als Idealfall anzusehen.

Eine zufriedenstellende Erklärung für den hohen Lernerfolg der Vergleichsklasse hat sich aufgrund der bisherigen Überprüfungen nicht angeboten. Eine gezieltere Analyse dieser Klasse zeigt, daß der Lehrer zwar einen straffen frontalunterrichtsartigen Instruktionsstil praktiziert, daß er aber andererseits den Schülern sehr viele Möglichkeiten zur Mitwirkung läßt und es dabei schafft, die Schüler zu einem hohen Unterrichtsengagement zu veranlassen. Möglicherweise ist darin der Schlüssel für den hohen Lernerfolg zu sehen.

Fazit. Bevor ein kurzes Resümee dieses Abschnitts versucht wird, soll zunächst auf einige Faktoren hingewiesen werden, die die Aussagekraft einer derartigen Einzelfallbetrachtung begrenzen. Den Einzelvergleichen liegt eine deterministische Betrachtungsweise zugrunde, bei der zufällige Effekte nicht in Rechnung gestellt werden. Damit ist ständig die Gefahr einer Überinterpretation von Ergebnissen gegeben, die möglicherweise rein zufälliger Natur sind. Dies gilt insbesondere auch für die Identifikation hinreichender und notwendiger Bedingungen. Zusätzlich wird eine für Einzelfallaussagen hinreichende Reliabilität der Variablen unterstellt. Die verwendeten Maße sind meist jedoch nur für Analysen auf Gruppenebene konzipiert und damit sehr viel bescheideneren Reliabilitätsanforderungen unterworfen. Einzelfallanalysen in der hier vorgenommenen Weise, die die genannten Schwächen nicht durch Rückgriff auf extensives Datenmaterial, das detaillierte Nachzeichnen von Prozessen mit vielfältigen Konsistenzprüfungen und Mehrfachbelegen (zu den Kriterien für angemessene Einzelfallstudien siehe etwa Bromley, 1986) wettmachen können, können daher strenggenommen nur exploratorischer Natur sein oder Illustrationscharakter haben.

Unter Berücksichtigung dieser Einschränkungen läßt sich zusammenfassend folgendes sagen: Hauptergebnis dieses Abschnitts ist, daß Lehrer mit hoher diagnostischer Kompetenz und hoher Strukturierung nur dann sehr hohe Lernerfolge erzielen, wenn sie bezüglich beider Formen diagnostischer Kompetenz und aller drei einschlägigen Unterrichtsmerkmale mindestens durchschnittliche Ausprägungen aufweisen. Ist dies nicht der Fall, dann sind die Lernergebnisse deutlich niedriger. Der hohe Lernerfolg bei Koppelung dieser adaptivitätsförderlichen Bedingungen kann nicht durch günstige Eingangsbedingungen der Schüler oder durch allgemeine Unterrichtsmerkmale erklärt werden. Allerdings gibt es - wenn auch nur auf der Basis einer Klasse - Hinweise auf alternative Unterrichtsbedingungen, die bei vergleichbaren Eingangsbedingungen ähnlich hohe Lernerfolge ermöglichen. Das Zustandekommen des unerwartet hohen Lernerfolgs dieser Klasse kann allerdings anhand der vorliegenden Daten nur ansatzweise aufgehellt werden.

5.2.9 Zusammenfassung und Diskussion

In diesem Kapitel wurde versucht, die Bedeutung diagnostischer Kompetenzen von Lehrern für den Unterricht und den Lernerfolg der Schüler aufzuhellen. Zu diesem Zweck wurden drei verschiedene Teilfragestellungen untersucht. (1) Um Aufschluß über die Bedeutung diagnostischer Lehrerkompetenzen für die Leistungsentwicklung und den Lernerfolg der Schüler zu bekommen, wurden Zusammenhänge zwischen den beiden Formen diagnostischer Kompetenz und dem Lernerfolg der Klasse sowie Wechselwirkungen zwischen diagnostischer Kompetenz und verschiedenen Unterrichtsmerkmalen im Hinblick auf den Lernerfolg der Klasse geprüft. (2) Um die Frage nach den Ursachen für die unterschiedliche Leistungsentwicklung der Klassen näher einzugrenzen, wurde - exemplarisch für personenbezogene Diagnosekompetenz und Strukturierungshilfen - untersucht, wie sich Lehrer mit hoher vs. niedriger Diagnosefähigkeit und hoher vs. niedriger Unterrichtsstrukturierung hinsichtlich verschiedener Merkmale ihrer Klassen und ihres Unterrichts unterscheiden. (3) Um schließlich die Frage nach unterschiedlichen Merkmalskonfigurationen innerhalb der Gruppe der Lehrer mit hoher Diagnosekompetenz und hohem Unterrichtserfolg zu beantworten, wurden Vergleiche einzelner Lehrer innerhalb dieser Optimalbedingung vorgenommen.

Die Ergebnisse zeigen, daß eine unterschiedliche diagnostische Kompetenz der Lehrer für sich genommen nicht mit dem Lernerfolg der Schüler zusammenhängt. Zusammenhänge mit dem Lernerfolg der Klassen zeigen sich erst, wenn die diagnostische Kompetenz in Kombination mit bestimmten Unterrichtsmerkmalen betrachtet wird. Sowohl für personen- und aufgabenbezogene Diagnosefähigkeit läßt sich ein ähnliches Muster von Wechselwirkungen mit bestimmten Unterrichtsmerkmalen nachweisen, obwohl beide Diagnosekompetenzmerkmale nicht miteinander zusammenhängen. Das Ergebnismuster sieht dabei jeweils so aus, daß der Lernerfolg dann am größten ist, wenn hohe Diagnosekompetenz mit hoher Ausprägung des Unterrichtsmerkmals zusammentrifft (Optimalbedingung); am niedrigsten ist der Lernerfolg - insbesondere im Falle der personenbezogenen Diagnosefähigkeit - dann, wenn hohe Diagnosekompetenz mit niedriger Auswertung des Unterrichtsmerkmals einhergeht (Negativbedingung).

Vergleiche der Lehrergruppen hinsichtlich der Eingangsvoraussetzungen ihrer Klassen zeigen, daß sich die Optimalklassen nicht durch besonders günstige kognitive und affektive Eingangsmerkmale, die als Alternativerklärung für den hohen Lernerfolg dieser Klassen in Frage kommen könnten, auszeichnen. Negativklassen weisen dagegen zumindest partiell ungünstige Eingangsvoraussetzungen, insbesondere im affektiven Bereich, auf. Der Vergleich der Lehrergruppen hinsichtlich verschiedener grundlegender Unterrichtsmerkmale zeigt, daß die Lehrer der Optimalbedingung durch eine hocheffiziente Klassenführung und eine hohe Lehrstofforientierung gekennzeichnet sind, daß sie im Hinblick auf Engagement und Klarheit und Verständlichkeit leicht über dem

Durchschnitt liegen, daβ sie aber eine eher ungünstige affektive Beziehung zu ihren Schülern haben. Die Lehrer der Negativbedingung liegen dagegen bei allen diesen Unterrichtsmerkmalen klar unter dem Durchschnitt, während die Profile der übrigen beiden Lehrergruppen relativ unauffällig sind. Darüberhinaus weisen die Lehrer der Optimalgruppe hinsichtlich verschiedener Merkmale adaptiven Unterrichtens knapp bis deutlich überdurchschnittliche Werte auf, während die übrigen drei Gruppen hier im Durchschnittsbereich oder unter dem Durchschnitt liegen.

Einzelvergleiche innerhalb der Optimalgruppe zeigen, daβ diejenigen Lehrer, die sehr hohe Lernerfolge erzielen, bezüglich beider diagnostischer Kompetenzen und aller drei diagnoserelevanten Unterrichtsmerkmale ausnahmslos mindestens durchschnittliche Ausprägungen aufweisen, daβ ihre Eingangsvoraussetzungen sehr unterschiedlich - im Mittel aber eher ungünstig als günstig - sind und daβ sie sowohl bei den grundlegenden Unterrichtsmerkmalen als auch bei den speziellen Merkmalen adaptiven Unterrichtens keineswegs durchwegs überragende Werte aufweisen.

Wie ist dieses Ergebnismuster zu interpretieren? Zunächst bestätigt sich die Grundannahme, daβ diagnostische Kompetenz nur dann wirksam werden kann, wenn der Lehrer seine Diagnosefähigkeit in ein geeignetes Unterrichtsverhalten umsetzt. Diagnostische Kompetenz wird dadurch wirksam, daβ sie zur Optimierung bestimmter Unterrichtsverhaltensweisen und -maβnahmen beiträgt. Die Optimierung besteht in der Anpassung des Unterrichtsverhaltens an die unterschiedlichen und fortlaufend sich verändernden Lernvoraussetzungen der Schüler, also in der Mikroadaptation des Unterrichts. Darauf wurde bereits ausführlich eingegangen.

Daβ in der Untersuchung von Fisher, Filby et al. (1978) im Unterschied zu hier ein Haupteffekt diagnostischer Kompetenz aufgetreten ist, lieβe sich erklären, wenn gezeigt werden könnte, daβ in der Studie von Fisher et al. alle Lehrer eine ausreichend hohe Ausprägung relevanter Unterrichtsmerkmale aufweisen. Damit wäre nämlich bei allen Lehrern eine der beiden Voraussetzungen für einen leistungsförderlichen adaptiven Unterricht gegeben, so daβ das faktische Zustandekommen eines solchen Unterrichts nur noch eine Frage hoher oder niedriger diagnostischer Kompetenz wäre. Es gibt jedoch keinen klar erkennbaren Grund dafür, warum die Lehrer in der Studie von Fisher et al. im Gegensatz zur vorliegenden Untersuchung alle eine derartige Mindestausprägung aufweisen sollten. Gründe dafür könnten eine hohe Unterrichtsroutine und ein hohes unterrichtliches Engagment sein. Allerdings bestand auch die Lehrerstichprobe bei Fisher et al. nicht nur aus routinierten Lehrern, sondern umfaβte auch solche mit geringer Unterrichtserfahrung. Möglicherweise hat sich aber bei Fisher et al. nur ein vergleichsweise geringer Prozentsatz besonders kompetenter und engagierter Lehrer zur Teilnahme an der Untersuchung bereit erklärt, während es in unserer Untersuchung gelungen war, einen sehr hohen Prozentsatz - teilweise auch der Untersuchung gegenüber recht reservierter Lehrer - zur Teilnahme zu bewegen und dadurch eine weitgehend repräsentative Lehrerstichprobe zu bekommen. Eine mögliche Ursache für ein höheres Engagment der Lehrer in der Studie von Fisher könnte auch gewesen sein, daß die Untersuchungsteilnahme für die Lehrer mit gewissen Vergünstigungen verbunden war (Teilnahmeberechtigung an einer Weiterbildung). Ob diese Faktoren eine Rolle gespielt haben, läßt sich auf der Grundlage der verfügbaren Angaben nicht prüfen.

Ein Punkt, der die genaue Interpretation des Ergebnisses von Fisher, Filby et al. (1978) erschwert, ist das für die Messung der Diagnosekompetenz benutzte Maß (Prozentsatz richtiger Urteile beziehungsweise Differenz zwischen der Zahl der vorhergesagten und der Zahl der tatsächlichen Richtig-Lösungen). Wie im Zusammenhang mit der Arbeit von Coladarci (1986) gezeigt (siehe Abschnitt 3.3.), sind in einem solchen globalen Genauigkeitsmaß Aspekte der diagnostischen Sensitivität im engeren Sinne mit diesbezüglich eher irrelevanten Urteilsvoreingenommenheiten konfundiert. Aus der Judgment-Accuracy-Forschung ist bekannt, daß solche Urteilstendenzen auf das Zustandekommen der globalen Urteilsgenauigkeit meistens einen größeren Einfluß haben als die eigentliche diagnostische Sensitivität. In den Prozentsatz der Richtig-Lösungen bei aufgabenspezifischen Urteilen gehen zudem zusätzlich zu den Urteilsvoreingenommenheiten (etwa im Sinne eher "optimistischer" oder eher "pessimistischer" Haltungen) gleich zwei Teilaspekte diagnostischer Kompetenz ein: die Fähigkeit, Unterschiede zwischen Schülern zutreffend zu erkennen, und die Fähigkeit, Unterschiede in der Aufgabenschwierigkeit richtig zu beurteilen. Es ist also nicht ganz klar, was mit einem solchen Maß genau gemessen wird. Darüberhinaus sind artifizielle Zusammenhänge zwischen diesem Genauigkeitsmaß und den zugrundeliegenden Leistungen der beurteilten Schüler möglich, auf indirekte Weise dann vielleicht sogar mit dem Lernerfolg der Klasse. So gesehen kann das Ergebnis von Fisher et al. nicht als völlig eindeutiger Nachweis für die Bedeutung diagnostischer Kompetenz im hier verstandenen Sinne betrachtet werden.

Eine zentrale Frage ist die nach dem Verhältnis von Merkmalen einer adaptiven Feinsteuerung des Unterrichts zu globalen Unterrichtsmerkmalen. Von grundlegender Bedeutung ist dabei die Effizienz der Klassenführung. Eine effektive Klassenführung ist deshalb so bedeutsam, weil sie eine notwendige Bedingung zur Sicherung der eigentlichen Unterrichtsfunktionen (Stoffvermittlung und Konsolidierung) darstellt. Insofern kann sie geradezu als Schlüsselqualifikation für einen leistungsförderlichen Unterricht angesehen werden (siehe etwa Brophy, 1979). Eine geordnete Klassenführung müßte insbesondere für den erfolgreichen Einsatz adaptiver Verhaltensweisen und Maßnahmen wichtig sein, da hierfür subtile diagnostische Beobachtungen, Abstimmungs- und Korrekturprozesse erforderlich sind, die einen gut organisierten, störungsfreien Unterricht voraussetzen. Eine geordnete Klassenführung ist nicht nur eine günstige Voraussetzung für adaptives Verhalten, sondern ein effektiver leistungsförderlicher Unterricht wird sich umgekehrt in der Regel auch günstig auf Mitarbeit und Beteiligung der Schüler auswirken, so daß Verhaltensprobleme minimiert werden (Kounin, 1976). So gesehen, kann eine effektive Klassenführung zum Teil auch als Wirkung adaptiven Unterrichtens angesehen werden.

Das Ergebnis dieser Untersuchung, wonach sich die Lehrer der Optimalbedingung durch eine hohe Effizienz der Klassenführung auszeichnen, unterstreicht die Bedeutung dieses Merkmals. Erstaunlicherweise zeichnen sich aber die drei Klassen innerhalb der Optimalbedingung, die die höchsten Lernerfolge erzielen und nicht nur hinsichtlich beider diagnostischer Kompetenzen, sondern auch hinsichtlich der drei diagnoserelevanten Unterrichtsmerkmalen überdurchschnittliche Ausprägungen aufweisen, keineswegs durch überragende Klassenführungsfähigkeiten aus. Dies könnte darauf hindeuten, daß nicht unbedingt eine möglichst hohe Ausprägung dieses Merkmals für effektives adaptives Unterrichten erforderlich ist, sondern nur gewisse Mindestausprägungen. Es könnte aber auch heißen, daß adaptives Unterrichtsverhalten höhere Anforderungen an die Managment-Fähigkeiten des Lehrers stellt, so daß das Ziel eines völlig reibungslosen und geordneten Unterrichtsablaufs sehr viel schwerer zu erreichen ist (vgl. Doyle, 1979).

Ein ähnliches Bild zeigt sich bei Lehrstofforientierung, Klarheit und Verständlichkeit sowie Lehrerengagement. Hier liegen die drei Lehrer, die die höchsten Lernerfolge in der Optimalbedingung erzielen, im Durchschnitt gesehen nicht höher als die übrigen Lehrer dieser Gruppe. Der besondere Unterrichtserfolg dieser drei Lehrer kommt also offenbar weniger durch extrem hohe Ausprägung solcher globalen Unterrichtsmerkmale zustande, sondern durch andere Faktoren. Den zentralen theoretischen Überlegungen dieser Arbeit zufolge sollten sich diese Lehrer durch eine erhöhte Adaptivität des Unterrichts auszeichnen. Die Einzelfallbetrachtung für diese drei Lehrer hat gezeigt, daß die drei Lehrer hinsichtlich zweier Merkmale adaptiven Unterrichtens über dem Durchschnitt liegen: Sie setzen zum einem einen häufiger Stillarbeits- und Überwachungsphasen ein und schaffen dadurch günstige Voraussetzungen für eine Variation des Aufgabenangebots und für gezielte Hilfestellungen; Interaktionen mit der gesamten Klasse sind entsprechend seltener. Zum anderen richten sie ihr Verhalten, insbesondere was das Stellen von Fragen anbetrifft, stärker an einzelne Schüler als an die Klasse als Ganzes. Natürlich kann darin nur eine sehr oberflächliche Indikatorisierung dessen gesehen werden, was hier unter Adaptivität verstanden wird. Es ist unklar, wie sich Prozesse der Feinabstimmung und -steuerung angemessen erfassen lassen. Hier konnte dies nur in sehr indirekter Weise geschehen. Insofern ist es nicht verwunderlich, daß für die drei Klassen mit den höchsten Unterrichtserfolgen keine deutlicheren Hinweise für Adaptivität aufgezeigt werden konnten. Etwas unterdurchschnittliche Werte weisen die Lehrer der Optimalbedingung im Hinblick auf die affektive Qualität der Lehrer-Schüler-Beziehung auf. Dies deutet darauf hin, daß ein effektiver adaptiver Unterricht, der vermutlich sehr stark leistungsorientiert ist, auf Kosten affektiver Zielkriterien gehen könnte.

Die Ergebnisse deuten darauf hin, daß für effektives adaptives Unterrichten Mindestausprägungen beider hier untersuchter Formen diagnostischer Kompetenz notwendig sind. Personen- und aufgabenbezogene Diagnosekompetenz stehen also offensichtlich nicht in einer kompensatorischen Beziehung, sondern in einem Koppelungsverhältnis. Der Lehrer muß sowohl in der Lage sein, Aufgabenschwierigkeiten und damit Anforderungen zutreffend einzuschätzen als auch Leistungen einzelner Schüler beurteilen können. Man könnte versucht sein, aufgabenbezogene Diagnosen vornehmlich als Mittel für Steuerungsprozesse auf Klassenebene wie Variation der Unterrichtsschwierigkeit oder Regulierung des Unterrichtstempos anzusehen und personenbezogene Diagnosen dementsprechend als Instrument zur Individualisierung des Unterrichts zu betrachten. Eine solche Trennung dürfte aber zu artifiziell sein. Der Steering-Group-Ansatz geht davon aus, daß sich der Lehrer bei der Regulierung des Unterrichtstempos an die Leistungen ganz bestimmter Schüler orientiert (Dahlöff, 1971; Lundgren, 1972). Die Fähigkeit, die Leistungen einzelner Schüler genau zu diagnostizieren, müßte mithin auch eine wichtige Voraussetzung für effektive Steuerungsprozesse auf Klassenebene sein. Auf der anderen Seite setzt eine angemessene Individualisierung des Unterrichts voraus, daß der Lehrer in der Lage ist, Anforderungen genau zu dosieren, also Schwierigkeitsabstufungen von Aufgaben richtig vorzunehmen. Insofern kann angenommen werden, daß zu einer optimalen Realisierung adaptiver Prozesse beide Arten von Kompetenzen erforderlich sind.

Ganz allgemein gesehen kann man die Bedeutung dieser beiden Formen diagnostischer Kompetenz möglicherweise darin sehen, daß sie es dem Lehrer gestatten, von einzelnen Beobachtungen in zutreffender Weise Schlußfolgerungen auf nicht direkt beobachtbare Sachverhalte vorzunehmen, das heißt von den Leistungen eines Schülers auf dessen Leistungen bei anderen Aufgaben oder auf die Leistungen anderer Schüler zu schließen. Eine solche Interpretation wäre sehr gut mit der Operationalisierung diagnostischer Kompetenz als Fähigkeit, zutreffende *relative* Einschätzungen abzugeben bzw. Rangordnungen zutreffend einzuschätzen, vereinbar. Ein Lehrer, der derartige Schlußfolgerungen in zutreffender Weise ziehen kann, müßte auch genauere Erwartungen im Hinblick auf das momentane Leistungsbild der Klasse haben und als Folge davon auch besser über den Leistungsstand der Klasse orientiert sein.

Es hat sich ferner gezeigt, daß diagnostisch kompetente Lehrer nur dann sehr hohe Lernerfolge erzielen, wenn sie neben einer Mindestausprägung beider diagnostischer Kompetenzen über bestimmte Mindestausprägungen derjenigen Unterrichtsmerkmale verfügen, deren Wirkung durch diagnostische Kompetenz moderiert wird. Danach scheint ein Unterrichtsmuster, das durch häufig und adäquat eingesetzte Strukturierungshilfen, Aufgabenstellungen und individuelle Hilfen gekennzeichnet ist, besonders leistungsförderlich zu sein.

Geht man davon aus, daß effektiver Unterricht häufig aus der Abfolge 'Einführung bzw. Erarbeitung neuen Stoffs - angeleitetes Üben - selbständiges Üben' besteht (siehe etwa Rosenshine & Stevens, 1986), so liegt die Annahme nahe, daß die drei relevanten Unterrichtsverhaltensweisen wie folgt eingesetzt werden: Strukturierende Hilfen dürften vorwiegend in der Phase der Neueinführung, die üblicherweise im Rahmen von Frontalunterricht erfolgt, angesetzt werden. Aufgabenstellungen werden vermutlich hauptsächlich im Rahmen des angeleiteten Übens gegeben, dienen aber auch der Einleitung von Stillarbeitsphasen. Individuelle fachliche Hilfen werden schließlich im Rahmen von Stillarbeitsphasen eingesetzt. Alle drei Unterrichtsverhaltensweisen dürften eine Schlüsselfunktion für die effektive Gestaltung der jeweiligen Unterrichtsphase haben.

Als besonders erklärungsbedürftig war zunächst der Leistungseinbruch in den Klassen der Lehrer mit hoher Diagnosekompetenz, aber niedriger Unterrichtsstrukturierung angesehen worden. Die Gründe für diesen Leistungseinbruch dürften in erster Linie in der ungünstigen Ausprägung grundlegender Unterrichtsmerkmale bei diesen Lehrern zu suchen sein. Außerdem weisen die Schüler der Negativklassen in Bezug auf zwei zentrale affektive Eingangsvoraussetzungen deutlich ungünstige Ausprägungen auf: Im Klassendurchschnitt betrachtet ist bei ihnen das Selbstkonzept der eigenen Fähigkeit relativ niedrig und die Leistungsangst relativ hoch ausgeprägt. Dies spricht für die Erklärungshypothese, daß Lehrer mit hoher Diagnosekompetenz, aber niedriger Unterrichtsstrukturierung ihre Schüler verunsichern, da eine solche verunsichernde Wirkung bei Schülern mit niedrigem Selbstkonzept und hoher Leistungsangst besonders wahrscheinlich sein sollte. Der Hauptgrund dürfte jedoch in der niedrigen Unterrichtsqualität dieser Lehrer zu suchen sein: Der Unterricht ist wenig leistungs- und lehrstofforientiert, die Klassenführung nicht sehr effektiv; Klarheit und Verständlichkeit des Unterrichts sind gering; der Lehrer unterrichtet wenig engagiert und die affektive Lehrer-Schüler-Beziehung ist ungünstig. Das heißt, Lehrer in der Negativbedingung sind durch ein ganzes Bündel eher leistungsabträglicher Unterrichtsmerkmale gekennzeichnet. Eine Erklärung dafür, daß diese Lehrer so ungünstige Unterrichtsmerkmale aufweisen, könnte in der bereits erwähnten Annahme liegen: Lehrer mit hoher Diagnosekompetenz, die nicht bereit und/oder in der Lage sind, bestimmte Unterrichtsverhaltensweisen einzusetzen, könnten gerade wegen ihrer ausgeprägten Diagnosefähigkeit die eigenen Unterrichtsmaßnahmen in besonderem Maße als wirkungslos erleben und dadurch verunsichert werden. Dies könnte zu einer resignativen Haltung führen mit der Folge, daß anspruchsvollere leistungsförderliche Unterrichtsverhaltensweisen reduziert werden und die Unterrichtsqualität auf die Dauer nur sehr niedrige Ausprägungen erreicht.

5.3 Differentielle Effekte diagnostischer Kompetenz

5.3.1 Problemstellung

Bei den an früherer Stelle berichteten Analysen zur Bedeutung diagnostischer Kompetenz für den Lernerfolg der Klasse war ein vor allem durch Wechselwirkungen zwischen diagnostischer Kompetenz und verschiedenen Unterrichtsmerkmalen gekennzeichnetes Ergebnismuster gefunden worden. Ziel weiterführender Analysen soll es nun sein, die Invarianz oder Bedingungsabhängigkeit dieses Ergebnismusters näher zu prüfen. Dabei geht es um die folgenden beiden Analyseschwerpunkte:

(1) Geklärt werden soll, ob und inwieweit das gefundene Ergebnismuster stabil bleibt, wenn man es in Abhängigkeit von unterschiedlichen Lernvoraussetzungen der Schüler untersucht.

(2) Zu prüfen ist ferner die Stabilität des Ergebnismusters gegenüber einer Aufschlüsselung des Lernerfolgskriteriums.

Versuche zur Klärung der ersten Frage können auf dem Hintergrund einer etablierten pädagogisch-psychologischen Forschungstradition gesehen werden, die sich mit Erforschung von 'Aptitude-Treatment'-, 'Attribute-Treatment'-, 'Personality-Treatment'- oder 'Trait-Treatment'-Interaktionen befaßt (Cronbach, 1967; Cronbach & Snow, 1981; Schwarzer & Steinhagen, 1975; Tobias, 1981; Treiber, 1981; Treiber & Petermann, 1976). Der ATI-Ansatz realisiert die von Cronbach (1957) geforderte Verknüpfung von psychometrischen und experimentellen Methoden und verbindet damit zwei ursprünglich separate Forschungsrichtungen: die Vorhersage von schulischen Leistungen anhand von Personenmerkmalen und die Untersuchung der Wirksamkeit spezifischer schulischer Maßnahmen. Dabei haben sich in beiden Fällen vielfältige Hinweise auf differentielle Beziehungen ergeben; im einen Fall dadurch, daß die Bedeutung bestimmter Personenmerkmale für den Lernerfolg oft von Bedingungen der jeweiligen Lernumwelt abhängt (differentielle Validität), im anderen Fall dadurch, daß die Lernbedingungen für verschiedene Lernende unterschiedlich wirksam sein können (differentielle Effektivität) (Treiber, 1981).

Beim ATI-Ansatz steht die Suche nach Wechselwirkungen zwischen Schüler- und Unterrichtsmerkmalen im Mittelpunkt des Forschungsinteresses, wobei varianz- und regressionsanalytische Methoden unterschiedlicher Komplexität benutzt werden (siehe dazu im einzelnen Cronbach & Snow, 1981). Das Ziel ist dabei, Aufschluß über die sowohl in theoretischer wie in anwendungsbezogener Hinsicht wichtige Frage zu bekommen, welche Schüler unter welchen Unterrichtsbedingungen die besten Lernerfolge erzielen.

Obwohl ATI-Studien auf eine prinzipiell unbegrenzte Menge von Kombinationsmöglichkeiten aus Personenmerkmalen und Instruktionsbedingungen zurückgreifen können, haben sich die meisten Untersuchungen auf eine kleine Teilmenge solcher Kombinationen beschränkt (Treiber, 1981; Treiber & Petermann, 1976). Untersuchte Schülermerkmale sind vor allem allgemeine Fähigkeiten, spezifische Vorkenntnisse und ausgewählte motivationale Variablen (Corno & Snow, 1986). Die verwendeten Unterrichtsvariablen lassen sich vor allem anhand folgender Dimensionen charakterisieren: 'strukturiert vs. unstrukturiert', 'komplex vs. einfach strukturiert', 'deduktiv vs. induktiv', 'entdeckend vs. darstellend'; daneben wurden hauptsächlich verschiedene Aspekte der Leistungsgruppierung untersucht (Treiber, 1981; Treiber & Petermann, 1976).

Trotz dieser Beschränkung auf wenige Dimensionen ist die Befundlage schwer überschaubar und zu bewerten; verallgemeinerbare Aussagen über Wechselwirkungen zwischen Schülermerkmalen und Unterrichtsbedingungen sind kaum möglich. Als empirisch einigermaßen bewährt können allenfalls Wechselwirkungen angesehen werden, die sich auf Ängstlichkeit und Intelligenz als Personenmerkmale und auf die Strukturiertheit von Unterrichtsangebot und Lernhilfen als Lernumweltbedingungen stützen: Ein strukturierter und unterstützender Unterricht kommt dabei leistungsschwächeren und ängstlicheren Schülern zugute, während intelligente und weniger ängstliche Schüler von offeneren und weniger strukturierten Unterrichtsformen stärker profitieren (Cronbach & Snow, 1981; Treiber, 1981).

Während Wechselwirkungen mit Schülermerkmalen vielfach untersucht wurden, sind Versuche, den Lernerfolg als zentrales Zielkriterium von Unterricht sach-, aufgaben- und schwierigkeitsspezifisch aufzuschlüsseln (Simons, Weinert & Ahrens, 1975), selten. Ähnlich wie Schülermerkmale dürften jedoch auch Art und Höhe der Lernanforderungen die Wirksamkeit von Unterricht moderieren. Da sich Anforderungen aus eignungsdiagnostischer Sicht auf die zur Erfüllung einer Aufgabe erforderlichen personellen Leistungsvoraussetzungen beziehen (Hacker, 1973; Maukisch, 1978), kann unterschiedlichen Lernanforderungen als moderierenden Bedingungen jedoch kein grundsätzlich anderer Stellenwert zukommen wie Schülermerkmalen.

5.3.2 Kognitive Eingangsvoraussetzungen der Schüler: Vorkenntnisse und Intelligenz

Die Ergebnisse der ATI-Forschung legen die Annahme nahe, daß Unterrichtsmaßnahmen sich vor allem im Hinblick auf die Informationsbelastung für den Lernenden unterscheiden (Corno & Snow, 1986; Cronbach & Snow, 1981). Dementsprechend können Instruktionsmaßnahmen danach unterschieden werden, inwieweit sie Lernprozesse "mediieren" (Corno & Snow, 1986). Geht man davon aus, daß effektives Lernen an eine Reihe motivationaler, metakognitiver und kognitiver Verarbeitungsprozesse gebunden ist und daß Unterricht eine wichtige Rolle bei der Unterstützung solcher Schüleraktivitäten spielt (Winne, 1985a, 1985b; Corno & Snow, 1986; Treiber & Weinert, 1984; vgl. Abschnitt 2.2.2), so ist klar, daß Schüler um so mehr auf Unterricht angewiesen sind, je größer die entsprechenden Defizite sind. In welchem Umfang Schüler mit Lerndefiziten jedoch vom Unterricht profitieren, hängt entscheidend davon ab, ob und inwieweit der Unterricht auf die Beseitigung und Kompensation entsprechender Defizite abzielt.

Gerade mit adaptivem Unterricht verbindet sich die Hoffnung, daβ seine leistungsförderliche Wirkung vor allem leistungsschwächeren und weniger leistungsfähigen Schülern zugute kommt. Das heiβt zunächst: Bei leistungsschwachen oder weniger leistungsfähigen Schülern sollte adaptiver Unterricht zu günstigeren Lernergebnissen führen als andere Formen des Unterrichtens. Eine weitergehende Annahme ist, daβ leistungsschwache Schüler von einem solchen Unterricht in stärkerem Maβe profitieren als leistungsstarke Schüler. Das ist gleichbedeutend mit einem Ausgleich oder einer Verringerung anfänglicher Leistungsunterschiede beziehungsweise einer Entkoppelung der Lernerfolge von den Eingangsvoraussetzungen. Ein solcher Chancenausgleich wird vielfach als eine wünschenswerte bildungspolitische Zielvorstellung angesehen. Die Verringerung von Leistungsunterschieden wird vor allem im Rahmen des Zielerreichenden Lernens angestrebt.

Daβ unter einer Zielerreichenden Unterrichtsorganisation eine Reduktion von Unterschieden im Hinblick auf wohldefinierte Leistungskriterien möglich ist, kann mittlerweile als gut belegt angesehen werden (Bloom, 1976a; Block & Burns, 1976). Ob aber ohne zusätzlichen Aufwand an Unterrichts- und Lernzeit eine über das Erreichen eines bestimmten Sockelniveaus durch alle Schüler hinausgehende Verringerung von Leistungsunterschieden möglich ist, muβ bezweifelt werden (siehe dazu Arlin, 1984a, 1984b; Arlin & Webster, 1983; Slavin, 1987a).

Eine Kernfrage dabei ist, ob, inwieweit und unter welchen Bedingungen ein Chancenausgleich ohne Benachteiligung leistungsstarker Schüler möglich ist. Die wenigen empirischen Studien und Reanalysen, die dieser Frage im Zusammenhang mit "normalen" Schulunterricht nachgegangen sind, kommen übereinstimmend zu dem Ergebnis, daβ eine Verringerung der Leistungsunterschiede auf Kosten der leistungsstarken Schüler geht (Baumert et al., 1986; Helmke, 1988a; Treiber & Weinert, 1984).

Angesichts des noch wenig gesicherten Erkenntnisstandes zum differentiellen Nutzen von Unterricht für bestimmte Schülergruppen soll auf eine gerichtete Hypothese verzichtet werden. Unterschieden werden soll zwischen allgemeinen Fähigkeiten und spezifischen Vorkenntnissen (Corno & Snow, 1986; Tobias, 1976). Obwohl die beiden Merkmale in der Regel recht hoch korrelieren - die berichteten Korrelationen liegen meistens im Bereich zwischen r = .40 und r = .70 (Gädike, 1975; Krapp, 1984) - , kann die Bedeutung beider Merkmale für den Lernerfolg in theoretischer und empirischer Hinsicht als hinreichend spezifisch angesehen werden, um getrennte Analysen zu rechtfertigen.

5.3.3 Ergebnisse zu den kognitiven Eingangsvoraussetzungen

Methodisch gesehen machen die Analysen zur Wechselwirkung von Unterricht und Schülermerkmalen einen Übergang von der Klassenebene auf die Schülergruppen- oder Einzelschülerebene erforderlich. Zur Überprüfung von Interaktionen bieten sich zwei Möglichkeiten:

(a) ein Regressionsansatz, bei dem - jedenfalls im Prinzip - für jede Treatmentgruppe getrennt die Regression des Effektmaßes auf das Eingangsmerkmal berechnet wird und der Unterschied der Regressionssteigungen geprüft wird;

(b) ein varianzanalytischer Ansatz, bei dem Schüler nach Ausprägung des Eingangsmerkmals in verschiedene Gruppen eingeteilt werden und die Wechselwirkung zwischen Treatment und Gruppenzugehörigkeit bestimmt wird.

Während bei ATI-Analysen in der Regel das Interesse darauf gerichtet ist, ob sich die Beziehungen zwischen Eingangsvoraussetzungen und Effektmaßen unter verschiedenen Treatmentbedingungen unterscheiden, liegt hier der Akzent eher darauf, ob die Wirkung der Treatment-Faktoren (einschließlich ihres Zusammenwirkens) in verschiedenen Schülergruppen unterschiedlich ausfällt. Obwohl beide Fragestellungen letztlich äquivalent sind, erscheint die letztere Betrachtungsweise hier sinnvoller und anschaulicher.

Deshalb wird im folgenden dem varianzanalytischen Vorgehen der Vorzug gegeben. Dabei werden die Schüler innerhalb jeder Klasse nach der Ausprägung des jeweiligen Merkmals in drei annähernd gleich große Gruppen (Merkmalsausprägung niedrig-mittel-hoch) eingeteilt. Der Empfehlung von Cronbach & Snow (1981) folgend wird zur Erhöhung der Teststärke die mittlere Merkmalsgruppe für die Analysen nicht berücksichtigt, so daß bezüglich des Schülereingangsmerkmals ein Extremgruppenvergleich vorgenommen wird.

Während ATI-Studien üblicherweise mit einem zweifaktoriellen Design (Unterricht x Schülermerkmal) arbeiten, basiert hier bereits das Instruktionsmerkmal auf einer Kombination zweier Treatment-Faktoren, so daß insgesamt ein dreifaktorielles Design gegeben ist.

Der residualisierte Lernzuwachs, der dem im folgenden wieder benutzten vortestadjustierten Lernzuwachs (siehe Abschnitt 5.2.2) zugrundeliegt, wird dabei auf der Basis aller in die Analyse eingehenden Schüler ohne Berücksichtigung der Klassenzugehörigkeit bestimmt. Die Klassen innerhalb jeder der vier Bedingungskombinationen werden als hinreichend homogen angesehen, so daß eine Nichtberücksichtigung der Klassenzugehörigkeit vertretbar erscheint (siehe dazu auch Schneider & Helmke, 1986; Schneider & Treiber, 1984).

Vorkenntnisse. Die Analysen sollen auch hier nur exemplarisch für Strukturierungshilfen als Unterrichtsmerkmal und personenbezogene diagnostische Kompetenz erfolgen.

In Analysen auf Klassenebene hatte sich ein leichter Haupteffekt von Strukturierung und eine deutliche Wechselwirkung zwischen Diagnosekompetenz und Strukturierung gezeigt. Die Erwartung, daß das Ergebnis schülergruppenspezifisch variiert, läßt sich demnach in zweierlei Weise spezifizieren: Zu erwarten ist (1) eine Wechselwirkung zwischen Strukturierung und Vorkenntnisniveau und (2) eine dreifache Wechselwirkung zwischen Strukturierung, Diagnosekompetenz und Leistungsgruppenzugehörigkeit. Tabelle 5.24 stellt den Lernerfolg in Abhängigkeit von Diagnosekompetenz und Strukturierung für die drei Vorkenntnisgruppen dar. Die varianzanalytische Überprüfung zeigt das folgende Ergebnis:

(1) Nicht signifikant ist das Vorkenntnisniveau, $F(1{,}442) = 0.01$. Dies war zu erwarten, da das benutzte Lernerfolgsmaß bereits um Vorkenntnisunterschiede bereinigt ist, so daß sich Unterschiede im Lernerfolg verschiedener Vorkenntnisgruppen nur noch im Bereich zufälliger Schwankungen bewegen können. Da globale Unterschiede im Lernerfolg verschiedener Merkmalsgruppen für die vorliegende Fragestellung uninteressant sind, spielt dieser Umstand jedoch keine Rolle.

(2) Wie kaum anders zu erwarten, bestätigen sich die bereits auf Klassenebene untersuchten Effekte, wobei die F-Werte hier naheliegenderweise sehr viel deutlicher ausfallen: $F(1{,}442) = 7.25$, $p < 0.01$ für Strukturierung, $F(1{,}442) = 0.77$, n.s. für Diagnosekompetenz und $F(1{,}442) = 11.56$, $p < 0.001$ für die Wechselwirkung zwischen Diagnosekompetenz und Strukturierung. Da die Analyse auf Schülerebene für diese auf Klassenebene variierenden Merkmale keine neuen Informationen bringt, werden bereits auf Klassenebene analysierte Ergebnisse aus Gründen der Übersichtlichkeit künftig nicht mehr berichtet.

(3) Wechselwirkungen mit dem Vorkenntnisniveau sind weder für Diagnosekompetenz, $F(1{,}442) = 0.56$, noch im Falle der dreifachen Wechselwirkung, $F(1{,}442) = 0.90$, nachzuweisen. Dagegen ist die Wechselwirkung mit Strukturierung auf dem 5%-Niveau signifikant, $F(1{,}442) = 5.11$. Wie die in Tabelle 5.24 aufgeführten Mittelwertsdifferenzen zeigen, profitieren von einer hohen Strukturierung die leistungsstarken Schüler etwas mehr als die leistungschwachen Schüler; bei niedriger Strukturierung ist dies umgekehrt, besonders auffällig dann, wenn niedrige Strukturierung mit niedriger Diagnosekompetenz einhergeht. Dies deutet darauf hin, daß die Wirksamkeit der Strukturierungsmaßnahmen von der Fähigkeit der Schüler abhängt, diese zu nutzen. Dies wird besonders deutlich, wenn man innerhalb der beiden Vorkenntnisgruppen getrennte Varianzanalysen durchführt. Bei Schülern mit niedrigen Vorkenntnissen bleibt der Faktor 'Strukturierung' mit einem $F(1{,}219) = 0.09$ weit unterhalb der Signifikanzgrenze, während er bei Schülern mit hohen Vorkenntnissen hochsignifikant ausfällt, $F(1{,}223) = 13.34$, $p < 0.001$.

Keinerlei Hinweis ergibt sich dagegen auf eine dreifache Wechselwirkung. Eine signifikante dreifache Wechselwirkung würde im vorliegenden Fall bedeuten, daß die Wechselwirkung zwischen Diagnosekompetenz und Strukturierung je nach Vorkenntnisniveau der Schüler signifikant unterschiedlich ausfällt. Davon kann hier aber keine Rede sein. Für die beiden Vorkenntnisgruppen getrennt durchgeführte Varianzanalysen zeigen aber einen interessanten Trend: Für Schüler mit niedrigen Vorkenntnissen fällt die Wechselwirkung sehr signifikant aus, $F(1{,}219) = 8.73$. $p < 0.01$, während sie bei hohem Vorkenntnisniveau der Schüler

Tabelle 5.24

Lernerfolg der Schüler in Abhängigkeit von der Unterrichtsstrukturierung, der personenbezogenen Diagnosekompetenz und dem Vorkenntnisniveau

		Vorkenntnisniveau				
		Niedrig		Hoch		
Strukturierungshilfen	Diagnosekompetenz	*M*	*SD*	*M*	*SD*	*D**
niedrig	niedrig	17.64	10.63	13.01	12.47	4.63
niedrig	hoch	12.81	14.78	12.07	11.74	0.74
hoch	niedrig	13.17	12.95	15.87	10.21	-2.70
hoch	hoch	18.28	11.06	20.53	11.21	-2.25

Anmerkungen. * Differenz zwischen den Mittelwerten der Schüler mit niedrigem und hohem Vorkenntnisniveau. Die Zellbesetzungen variieren zwischen $N = 70$ und $N = 44$. Unterschiede von mehr als 3.77 Punkten zwischen den einfachen Mittelwerten sind signifikant (multiple t-Tests; $p < 0.10$).[13]

nur auf dem 10%-Niveau signifikant wird, $F(1,223) = 3.37$. Diese unterschiedlichen Effektstärken sind jedoch zu gering, um eine signifikante dreifache Wechselwirkung zu produzieren und sich damit als signifikant unterschiedlich zu erweisen.

Trotzdem soll kurz auf das Ergebnis eingegangen werden: Bei leistungsstarken Schülern wirkt sich eine hohe Strukturierung stets leistungsförderlicher aus als eine niedrige Strukturierung, wobei das Hinzukommen hoher diagnostischer Kompetenz noch einen deutlichen Effektivitätszuwachs bewirkt. Anders bei den leistungsschwachen Schülern: Die hochsignikante Wechselwirkung zwischen Strukturierung und Diagnosekompetenz deutet darauf hin, daβ Strukturierungsmaβnahmen bei leistungsschwachen Schülern nur dann besonders leistungsförderlich sind, wenn der Lehrer gleichzeitig über eine hohe diagnostische Kompetenz verfügt. Kann die Wechselwirkung aber im vorliegenden Fall auch tatsächlich so interpretiert werden? Vergleicht man die Ergebnismuster für leistungsstarke und leistungsschwache Schüler, so unterscheiden sich diese vor allem im hohen Lernerfolg der leistungsschwachen Schüler in

[13] Da die dreifache Wechselwirkung nicht signifikant ist, entfällt die Basis für die Berechnung entsprechender Post-Hoc-Vergleiche, die für einen Vergleich der Zellenmittelwerte herangezogen werden können (siehe Bortz, 1985). Als Alternative können Scheffe-Tests im Anschluβ an eine einfaktorielle Varianzanalyse der Zellenmittelwerte herangezogen werden. Da dieses Verfahren sehr konservativ ist (kritische Differenz = 7.96), werden stattdessen multiple t-Tests verwendet.

der 'Niedrig-Niedrig'-Bedingung. Die signifikante Wechselwirkung geht zum erheblichen Teil auf den hohen Lernerfolg in dieser Bedingung zurück.

Warum gerade leistungsschwache Schüler bei niedriger Strukturierung und niedriger Diagnosekompetenz einen so vergleichsweise hohen Lernerfolg erzielen, muß erstaunlich erscheinen. Ein Regressionseffekt als Erklärung scheidet aus, weil ein solcher bereits durch die Residualisierung ausgeschaltet ist und sich außerdem ja auch in den anderen Bedingungen zeigen müßte. Eine mögliche Erklärung könnte sein, daß leistungsschwache Schüler nur unzureichend über die zur Nutzung von Strukturierungshilfen erforderlichen Fähigkeiten verfügen und daß sie daher eher von einem Unterricht profitieren, der sie diesbezüglich nicht überfordert. Dies könnte ein Unterricht sein, bei dem die Schüler genügend Gelegenheit haben, eigene - aus Sicht des Lehrers oder des externen Beobachters vielleicht suboptimale, aber im Normalfall funktionierende - Bearbeitungsstrategien zu entwickeln.

Für die Annahme, daß bei leistungsschwachen Schülern erst eine auf die Lernvoraussetzungen abgestimmte Strukturierung lernförderlich ist, spricht folgendes Teilergebnis: Für leistungsschwache Schüler ist eine mit niedriger Diagnosekompetenz verbundene hohe Strukturierung kaum günstiger als eine niedrige Strukturierung - genaugenommen: die Kombination von niedriger Strukturierung mit hoher Diagnosekompetenz (M = 13.17 vs. M = 12.81). Der Vergleich beschränkt sich deshalb nur auf die letztgenannte Bedingungskombination, da die 'Niedrig-Niedrig'-Bedingung möglicherweise eine Sonderrolle spielt. Für leistungsstarke Schülern ist dagegen hohe Strukturierung selbst bei niedriger Diagnosekompetenz deutlich effektiver als niedrige Strukturierung.

Wie anderen Stellen bereits mehrfach angesprochen, sollte ein nichtsignifikantes Ergebnis nicht unkritisch als Beleg für das Nicht-Bestehen der vermuteten Beziehung angesehen werden. Cronbach & Snow (1981) heben in ihrer Darstellung von Methoden zur Erforschung von Aptitude-Treatment-Interaktionen diesen Punkt ganz besonders hervor. Ein Grund für den geringen Ertrag der ATI-Forschung ist nach Auffassung der Autoren darin zu sehen, daß in vielen einschlägigen Untersuchungen der Stichprobenumfang zu gering war, um eine angemessene Teststärke zu gewährleisten.

Cronbach & Snow (1981) zeigen für die hier verwendete Methode (Extremgruppenvergleich bei Berücksichtigung der oberen und unteren 33% der Merkmalsverteilung, zwei Treatments), daß zur Entdeckung einer "mäßig starken" ATI bei einer Teststärke von 0.80 (0.90) ein Stichprobenumfang von N = 81 (108) pro Treatment benötigt wird. Dies ist hier der Fall. Eine günstige Voraussetzung für den Nachweis von Interaktionen ist ferner dadurch gegeben, daß ein Design mit ausschließlich dichotomen Faktorstufen gewählt wurde. Bei solchen 2^k-Designs ist keine Reduktion der Teststärke bei Wechselwirkungen, insbesondere solche höherer Ordnung, zu verzeichnen. Nachteilig ist dagegen ein anderer Umstand: Die angegebenen Stichprobenumfänge basieren auf der Annahme, daß eine randomisierte Zuweisung zu den Treatment-Gruppen erfolgt. Davon kann aber in der Unterrichtsforschung, wo meistens mit intakten Klassen gearbeitet werden muß, nicht ausgegangen werden. Unter der Voraussetzung randomisierter Zuweisungen vorgenommene Berechnungen des Stichprobenumfangs müssen in diesem Fall als zu konservativ erscheinen (Cronbach & Snow, 1981).

Cronbach & Snow (1981, p.104) ziehen aus ihrer methodenkritischen Bestandsaufnahme den Schluß:

> "This thinking makes it even more evident that research on ATI cannot place the usual emphasis on the significance of results ... closure in the end will have to come more from theoretical coherence of results then from the statistics alone."

Für die weitere Darstellung in diesem Kapitel wird daraus die Konsequenz gezogen, unterschiedliche gruppenspezifische Ergebnisse, die strenggenommen natürlich nur als Trend angesehen werden können, auch weiterhin zu berichten und mit eher explorativer Zielsetzung vorsichtig zu interpretieren.

Intelligenz. Da die Korrelation zwischen Vorkenntnissen und Intelligenz in der vorliegenden Untersuchung mit einem $r = .49$ noch genügend Spielraum für merkmalsspezifische Zusammenhänge läßt, steht einer getrennten Analyse nichts im Wege. Bei Intelligenz als Eingangsmerkmal sehen die Ergebnisse wie folgt aus (Tabelle 5.25).

Tabelle 5.25

Lernerfolg der Schüler in Abhängigkeit von der Unterrichtsstrukturierung, der personenbezogenen Diagnosekompetenz und der Intelligenz

		Intelligenz				
		Niedrig		Hoch		
Strukturierungshilfen	Diagnosekompetenz	*M*	*SD*	*M*	*SD*	*D**
niedrig	niedrig	13.46	11.08	16.09	13.21	
		(16.49)		(13.14)		3.35
niedrig	hoch	7.90	11.09	15.77	13.59	
		(10.77)		(12.80)		-2.03
hoch	niedrig	12.04	11.07	17.59	11.18	
		(15.04)		(14.68)		0.36
hoch	hoch	15.48	11.03	23.47	10.33	
		(18.57)		(20.73)		-2.16

Anmerkungen. * Differenzen zwischen den um den Haupteffekt der Intelligenz bereinigten Mittelwerten (in Klammern). Die Zellbesetzungen variieren zwischen $N = 65$ und $N = 42$. Unterschiede von mehr als 3.78 (3.89) Punkten zwischen den einfachen Mittelwerten sind signifikant (multiple t-Tests; $p < 0.10$).

Die varianzanalytische Überprüfung erbringt hier zunächst einen hochsignifikanten Haupteffekt von Intelligenz als gruppenbildendem Merkmal, $F(1,419) = 27.46$, $p < 0.001$. Der Lernerfolg der Schüler ist umso höher, je höher das Intelligenzniveau ist. Damit bestätigt sich die plausible Annahme, daβ Intelligenz auch unabhängig von den Vorkenntnissen - diese wurden ja aus dem Lernerfolgsmaβ statistisch auspartialisiert - eine wichtige Determinante des Lernerfolgs ist. Eine signifikante Wechselwirkung zwischen Intelligenz und Strukturierung ist nicht festzustellen, $F(1,419) = 0.44$. Angenommen wurde, daβ die Wirksamkeit der Lernhilfen von der Fähigkeit der Schüler, diese zu nutzen, abhängt. Offenbar hängt diese Fähigkeit - wie soeben festgestellt - zwar mit den Vorkenntnissen, nicht aber mit der Intelligenz der Schüler zusammen.

Eine signifikante Dreifach-Interaktion ist ebenfalls nicht zu verzeichnen, $F(1,419) = 0.37$. Insbesondere gibt es damit keinen eindeutigen Beleg dafür, daβ eine diagnostisch kompetente Strukturierung für Schüler mit unterschiedlicher Intelligenz unterschiedlich wirksam ist. Daβ sich die jeweiligen Mittelwerte in der Optimal- und in der Negativbedingung sehr stark unterscheiden, $M = 23.47$ für Schüler mit hoher und $M = 15.48$ für Schüler mit niedriger Intelligenz, ist in erster Linie dem Haupteffekt der Intelligenz und nicht ihrer Wechselwirkung mit Unterricht zuzuschreiben.

Dafür ist hier die Wechselwirkung zwischen Intelligenz und Diagnosekompetenz signifikant, wenn auch nur auf dem 10%-Niveau, $F(1,419) = 2.81$. Auf Schüler mit hoher Intelligenz hat hohe Diagnosekompetenz einen eher förderlichen Einfluβ, auf Schüler mit niedriger Intelligenz einen eher negativen Einfluβ. Möglicherweise können intelligente Schüler strukturierende Hinweise auch dann noch für ihr Lernen nutzen, wenn diese vom Lehrer nur selten oder nur andeutungsweise eingesetzt werden.

Für die beiden Intelligenzgruppen getrennt durchgeführte Varianzanalysen zeigen einen ganz ähnlichen Trend wie im Falle unterschiedlicher Vorkenntnisse. In der Schülergruppe mit niedriger Intelligenz ergibt sich für Strukturierung ein $F(1,206) = 3.97$, $p < 0.05$ und für die Wechselwirkung zwischen Strukturierung und Diagnosekompetenz ein $F(1,206) = 8.45$, $p < 0.01$. Für die Schüler mit hoher Intelligenz sind die entsprechenden Werte: $F(1,213) = 7.45$, $p < 0.01$ für Strukturierung und $F(1,213) = 3.39$, $p < 0.10$ für die Wechselwirkung.

Besonders ins Auge fällt der sehr niedrige Lernerfolg der Schüler mit niedriger Intelligenz in der Negativbedingung: Danach müβte der Unterricht eines Lehrers mit hoher Diagnosekompetenz, der nur wenig Strukturierungshilfen gibt, vor allem für wenig intelligente Schüler ungünstige Folgen haben. Dieses Ergebnis relativiert sich aber weitgehend, wenn man die haupteffektbereinigten Werte betrachtet. Auch dann zeigt sich noch eine leichte, wenn auch nicht mehr signifikante Unterlegenheit der wenig intelligenten Schüler. Dieser geringfügige "Resteffekt" läβt sich gut mit der eher mäβigen Qualität des Unterrichts in Zusammenhang bringen: Wenig intelligente Schüler dürften besondere Schwierigkeiten haben, das suboptimale Unterrichtsangebot des Lehrers für ihr Lernen zu nutzen, geschweige denn in der Lage sein, die unzureichenden Lernangebote durch eigene Bemühungen zu kompensieren. Wie bereits kurz vorher ausgeführt, können sehr intelligente Schüler möglicherweise auch sehr seltene Strukturierungsmaßnahmen noch für ihr Lernen nutzen.

Aufschlüsselung der Ergebnisse nach Sachgebiet. Nachdem die bisherigen Versuche, differentielle Effekte einwandfrei nachzuweisen, weitgehend negativ ausgefallen sind, ist nun zu prüfen, ob eine Aufschlüsselung des globalen Effektmaßes nach unterschiedlichen Anforderungen ergiebiger ist. Naheliegend erscheinen vor allem zwei Möglichkeiten einer solchen Ausdifferenzierung: (a) nach unterschiedlich schwierigen Aufgaben, (b) nach unterschiedlichen Aufgabentypen. Von der ersten Möglichkeit soll hier vor allem aus methodischen Gründen (Reliabilitäts- und Varianzreduktion bei Aufgabenmengen aus dem oberen oder unteren Bereich der Schwierigkeitsverteilung) Abstand genommen werden. Im zweiten Fall stehen mit dem Vorhandensein zweier sorgfältig konstruierter Teiltests (Rechenaufgaben, Sachaufgaben) zwei methodisch akzeptable Erfolgskriterien, die inhaltlich wichtige Teilfähigkeiten abdecken, zur Verfügung.

Effektive Strukturierungsbemühungen dürften umso wichtiger sein, je weniger selbstevident die zu lösenden Aufgaben für den Schüler sind, je mehr der Schüler also zu ihrer Lösung auf Anleitung und Förderung angewiesen ist. Geringere Anleitung erscheint erforderlich bei reinen Rechenaufgaben, bei denen ein Lösungsalgorithmus vorgegeben und teilweise bereits eingeübt ist. Stärkere Anleitung erscheint dagegen notwendig bei Sachaufgaben, wo Lösungsstrategien selbständig entwickelt werden müssen.

In Tabelle 5.26 sind die für beide Teilkriterien resultierenden Ergebnisse dargestellt. Da globale Unterschiede im Lernerfolg zwischen beiden Teiltests in diesem Zusammenhang uninteressant sind, wurden der besseren Vergleichbarkeit halber beide Effektvariablen standardisiert ($M = 100$; $SD = 10$). Darstellung und Analyse bewegen sich hier noch auf Klassenebene, also ohne Berücksichtigung von unterschiedlichen Eingangsvoraussetzungen innerhalb der Klasse.

In einer Varianzanalyse mit Aufgabenart als Meßwiederholungsfaktor erweist sich keine der Wechselwirkungen mit diesem Faktor als signifikant; allenfalls eine Interaktion zwischen Aufgabenart und Strukturierung deutet sich an, $F(1,28) = 1.77$. Der Tendenz nach erscheint hohe Strukturierung erstaunlicherweise eher nachteilig, wenn es um Sachaufgaben, also eher anspruchsvollen Stoff geht. Ganz besonders auffällig ist das, wenn hohe Strukturierung mit niedriger Diagnosekompetenz einhergeht. Möglicherweise deutet dies darauf hin, daß der Lehrer bei der Vermittlung und Konsolidierung anspruchsvollen Stoffs - vor allem dann, wenn seine Lernhilfen nur suboptimal sind - mit Hilfen eher zurückhaltend sein sollte und den Schülern stattdessen genügend Freiraum für selbständige Aneignungsbemühungen und die Entwicklung eigenständiger Bearbeitungsstrategien lassen sollte.

Tabelle 5.26

Lernerfolg der Klasse bei Rechen- und bei Sachaufgaben in Abhängigkeit von der Unterrichtsstrukturierung und der personenbezogenen Diagnosekompetenz

			Rechenaufgaben		Sachaufgaben		
Strukturierungshilfen	Diagnosekompetenz	*N*	*M*	*SD*	*M*	*SD*	*D**
niedrig	niedrig	9	99.81	9.67	102.68	10.68	2.87
niedrig	hoch	9	94.95	9.36	96.35	8.46	1.40
hoch	niedrig	7	99.85	6.58	94.87	10.30	-4.98
hoch	hoch	7	106.90	11.74	106.37	8.50	-0.53

Anmerkungen. * Differenzen zwischen den Mittelwerten für Sach- und Rechenaufgaben. Beide abhängige Variablen wurden standardisiert (M = 100; SD = 10).

Für die beiden Aufgabentypen getrennte Analysen zeigen: Bei Rechenaufgaben ergibt sich ein schwacher Haupteffekt für Strukturierung, $F(1,28) = 3.12$, $p < 0.10$, und eine schwache Wechselwirkung zwischen Diagnosekompetenz und Strukturierung, $F(1,28) = 3.08$, $p < 0.10$. Bei Sachaufgaben hat Strukturierung keinen signifikanten Haupteffekt, $F(1,28) = 0.12$, während sich eine ausgeprägte Wechselwirkung zeigt, $F(1,28) = 7.17$, $p < 0.05$. Damit deutet sich zumindest an, daß für die kognitiv weniger anspruchsvollen Rechenaufgaben bereits die bloße Häufigkeit der Strukturierung leistungsfördernd ist, während die Strukturierung bei Sachaufgaben nur dann leistungsförderlich ist, wenn sie mit hoher diagnostischer Kompetenz einhergeht. Streng abgesichert hängt aber weder die Wirkung von Strukturierung noch die von Diagnosekompetenz noch die Wechselwirkung zwischen beiden davon ab, welche Effektvariable zugrundegelegt wird - oder mit anderen Worten - welche Anforderungen an die Schüler gestellt werden.

Vorkenntnisniveau und stoffspezifischer Lernerfolg. In der Hoffnung, daß dann deutlichere Befunde resultieren, wenn die Eingangsvoraussetzungen als zusätzlicher Faktor herangezogen werden, wird nun eine Aufschlüsselung nach vier Faktoren gleichzeitig vorgenommen. Aus Gründen der Darstellungsökonomie sollen die entsprechenden Analysen nur für das Merkmal 'Vorkenntnisniveau' durchgeführt werden, wo immerhin eine signifikante Wechselwirkung zwischen dem Eingangsmerkmal und Strukturierung nachgewiesen werden konnte.

Tabelle 5.27 zeigt den Lernerfolg bei Rechen- und bei Sachaufgaben. Dabei erweist sich nur die Wechselwirkung zwischen Aufgabenart und

Tabelle 5.27

Lernerfolg der Schüler bei Rechen- und bei Sachaufgaben in Abhängigkeit von der Unterrichtsstrukturierung, der personenbezogenen Diagnosekompetenz und dem Vorkenntnisniveau

		Vorkenntnisniveau				
		Rechenaufgaben		Sachaufgaben		
Strukturierungshilfen	Diagnosekompetenz	*M*	*SD*	*M*	*SD*	*D**
			Niedrige Vorkenntnisse			
niedrig	niedrig	100.23	8.75	99.99	8.84	-0.24
niedrig	hoch	96.87	9.79	95.73	8.11	-1.14
hoch	niedrig	98.27	11.18	96.17	10.40	-2.10
hoch	hoch	102.69	9.59	98.58	8.51	-4.11
			Hohe Vorkenntnisse			
niedrig	niedrig	98.33	11.52	100.27	9.59	1.94
niedrig	hoch	98.85	9.95	99.40	9.13	0.55
hoch	niedrig	101.82	7.21	100.77	8.95	-1.05
hoch	hoch	103.42	9.89	105.93	8.37	2.51

Anmerkungen. * Differenz zwischen den Mittelwerten. Die Zellbesetzungen variieren zwischen $N = 69$ und $N = 41$; beide unabhängigen Variablen wurden standardisiert ($M = 100$; $SD = 10$). Unterschiede von mehr als 3.15 Punkten bei den einfachen Mittelwerten pro Vorkenntnisgruppe sind signifikant (multiple t-Tests; $p < 0.10$).

Eingangsvoraussetzungen als signifikant, $F(1,427) = 6.93$, $p < 0.01$. Schüler mit hohen Vorkenntnissen schneiden bei den eher anspruchsvollen Sachaufgaben vergleichsweise besser ab, Schüler mit niedrigen Vorkenntnissen bei den weniger anspruchsvollen Rechenaufgaben.

Gruppen- und kriteriumsspezifische Analysen zeigen für Schüler mit niedrigen Vorkenntnissen bei beiden Aufgabenarten ein nahezu identisches Ergebnismuster: Kein Haupteffekt der Strukturierung, dafür aber eine starke Wechselwirkung zwischen Strukturierung und Diagnosekompetenz. Anders bei den leistungsstarken Schülern: Hier zeigt sich bei Rechenaufgaben ein starker Haupteffekt der Strukturierung, aber keine Wechselwirkung. Bei Sachaufgaben tritt dagegen sowohl ein signifikanter Haupteffekt der Strukturierung als auch eine signifikante Wechselwirkung zwischen Strukturierung und Diagnosekompetenz auf.

Das Ergebnismuster deutet also darauf hin, daß für leistungsschwache Schüler entweder eine hohe Strukturierung durch einen guten Diagnostiker oder eine niedrige Strukturierung durch einen schlechten Diagnostiker besonders leistungsförderlich ist. Im ersten Fall wird von einer hohen Verhaltensadaptivität ausgegangen; der zweite Fall wird als ein Unterricht angesehen, der Schülern hinreichend Freiraum für eigene Lösungsbemühungen läßt.

Besonders interessant ist das Ergebnis bei leistungsstarken Schülern: Sind die Anforderungen eher gering (Rechenaufgaben), dann ist eine hohe Strukturierung per se schon leistungsfördernd. Sind die Anforderungen hoch, dann wird die Wirksamkeit der Strukturierung in erheblichem Maße durch die diagnostische Kompetenz des Lehrers beeinflußt. Das könnte darauf hindeuten: Bei hohen Anforderungen ist auch für leistungsstarke Schüler eine Abstimmung der Lernhilfen auf die Lernvoraussetzungen erforderlich.

5.3.4 Affektive Eingangsvoraussetzungen der Schüler: Leistungsangst

Von der Vielzahl möglicher nicht-kognitiver Schülermerkmale, bei denen Wechselwirkungen mit Unterricht denkbar sind, bietet sich das Merkmal 'Leistungsangst' in besonderer Weise an. Die leistungsbeeinträchtigende Wirkung hoher Leistungsangst sowohl innerhalb wie außerhalb des schulischen Kontexts ist vielfach belegt (Wine, 1980; Phillips, Pitcher, Worsham, & Miller, 1980). Leistungsbeeinträchtigungen resultieren vor allem dann, wenn Aufgaben schwierig und komplex sind und wenn Bewertungen erwartet werden.

Große Bedeutung haben somit Versuche, die leistungsbeeinträchtigende Wirkung der Angst entweder durch direkten Angstabbau oder durch Maßnahmen zur Verbesserung des Leistungsverhaltens ängstlicher Personen (Tobias, 1980) aufzuheben oder zu vermindern. Da ein direkter Angstabbau im schulischen Bereich nur schwer erreichbar ist, gibt es ein besonderes Interesse an der Erforschung von Interaktionen zwischen Unterrichtsmerkmalen und Leistungsangst. Die Tatsache, daß es deutliche Klassenunterschiede in der leistungsbeeinträchtigenden Wirkung von Angst gibt (Helmke, 1988b), läßt die Suche nach moderierenden Unterrichtsbedingungen lohnenswert erscheinen.

Zum Verständnis der Wirkungen von Leistungsangst ist es wichtig, zwei Komponenten zu unterscheiden (Liebert & Morris, 1967; Deffenbacher, 1980): eine kognitive Komponente, die mit der Leistungserbringung verbundene Kognitionen der Besorgnis (worry) umfaßt, und eine emotionale Komponente (emotionality), die die physiologische Aktivierung betrifft.

Die leistungsbeeinträchtigende Wirkung der Angst wird vor allem auf die Worry-Komponente zurückgeführt. Sie ist als eine stabile Disposition anzusehen, in Leistungssituationen mit selbstbezogenen Kognitionen zu reagieren. Solche aufgabenirrelevanten Kognitionen ziehen die Aufmerksamkeit von lösungsrelevanten Aufgabenmerkmalen ab und interferieren mit den zur Aufgabenlösung erforderlichen kognitiven Prozessen, so daß nur ein suboptimales Lösungsverhalten möglich ist ("direction of attention hypothesis"; Wine, 1971). Versuche, das Leistungsverhalten ängstlicher Personen zu verbessern, zielen daher auf Hilfestellungen ab, die die Aufmerksamkeit auf Aufgabenmerkmale lenken und den Einfluß selbstbezogener Kognitionen minimieren. Verschiedene experimentelle Untersuchungen belegen die prinzipielle Wirksamkeit solcher Hilfen (Wine, 1980; 1982).

Generell kann davon ausgegangen werden, daß Leistungsängstliche dann bessere Leistungen zeigen, wenn Anforderungen als weniger bedrohlich erlebt werden: Dies ist dann der Fall, wenn Situationen mit hoher Ungewißheit vermieden werden, wenn Klarheit über das zu zeigende Verhalten besteht, wenn die Schwierigkeit der Aufgaben eher gering ist und wenn das Aufgabenmaterial klare Lösungshinweise gibt (Tobias, 1980; Cronbach & Snow, 1981).

Bezogen auf Unterricht, verweisen diese Überlegungen zunächst auf den besonderen Nutzen eines gut strukturierten Unterrichts und von strukturierenden Hilfen für leistungsängstliche Schüler. Ergebnisse der ATI-Forschung sprechen für die Richtigkeit dieser Annahme (Cronbach & Snow, 1981; Tobias, 1980).

Im Hinblick auf die Fragestellung dieser Arbeit wird auch hier davon ausgegangen, daß Strukturierungsbemühungen des Lehrers erst dann ihre optimale Wirkung erzielen, wenn der Lehrer über eine ausreichende diagnostische Kompetenz verfügt. Eine optimal wirksame Strukturierung sollte dann gegeben sein, wenn die gegebenen Hilfen lernförderliche kognitive Eigenaktivitäten der Schüler unterstützen. Strukturierungshilfen, die nicht hinreichend auf die Lernvoraussetzungen der Schüler abgestimmt sind, könnten dagegen mit den Eigenaktivitäten der Schüler interferieren und damit nicht nur leistungsmindernd wirken, sondern für leistungsängstliche Schüler sogar ein Verunsicherungspotential darstellen.

Angenommen werden kann, daß Art und Schwierigkeit des Aufgabenmaterials von Bedeutung ist. Die leistungsbeeinträchtigende Wirkung der Angst sollte bei Sachaufgaben, die weniger durch überlernte Routinen zu lösen sind, sondern selbständige Denkaktivitäten verlangen, größer sein als bei Rechenaufgaben. Verunsicherungsreduzierende oder -verstärkende Wirkungen von Unterricht müßten sich daher vor allem bei Aufgaben zeigen, bei denen die Lösungsprozesse besonders störanfällig sind, also bei schwierigeren und komplexeren Aufgaben.

Obwohl aus theoretischer Sicht eine gerichtete Hypothese naheliegt, soll die Überprüfung auch hier aus folgenden Gründen eher explorativen Charakter haben.

- Adaptive Strukturierung bezieht sich hier nicht auf ein eindeutig umschriebenes Treatment, wie dies in den einschlägigen Studien der Fall war, sondern ist ein aus dem Zusammentreffen zweier Einzelmerkmale erschlossenes komplexes Unterrichtsmerkmal.
- Vorangegangene Befunde lassen es nicht unplausibel erscheinen, daß diagnostische Kompetenz selbst eher eine angstmobilisierende Funktion hat.

- Leistungsangst ist mit anderen Merkmalen, vor allem mit dem Vorkenntnisniveau konfundiert.

5.3.5 Ergebnisse zur Leistungsangst

Leistungsangst. Tabelle 5.28 und die zugehörigen Varianzanalysen zeigen, daß von einer für leistungsängstliche Schüler besonders positiven Wirkung einer effektiven Strukturierung nicht die Rede sein kann.

Tabelle 5.28

Lernerfolg der Schüler in Abhängigkeit von der Unterrichtsstrukturierung, der personenbezogenen Diagnosekompetenz und der Leistungsangst

		Leistungsangst				
		Niedrig		Hoch		
Strukturierungshilfen	Diagnosekompetenz	*M*	*SD*	*M*	*SD*	*D**
niedrig	niedrig	15.83 (14.91)	11.39	13.85 (15.49)	12.11	0.58
niedrig	hoch	13.51 (11.85)	10.95	9.99 (11.60)	13.19	-0.25
hoch	niedrig	15.86 (14.21)	11.15	14.38 (16.02)	12.21	1.85
hoch	hoch	21.74 (20.15)	11.90	15.31 (16.97)	11.01	-3.18

Anmerkungen. * Differenzen zwischen den um den Haupteffekt der Leistungsangst bereinigten Mittelwerten (in Klammern). Die Zellbesetzungen variieren zwischen $N = 65$ und $N = 44$. Unterschiede von mehr als 3.80 (3.84) Punkten zwischen den einfachen Mittelwerten sind signifikant (multiple t-Tests; $p < 0.10$).

Zunächst einmal zeigt der signifikante Haupteffekt der Leistungsangst, $F(1,418) = 8.46$, $p < 0.01$, daß diesem Merkmal in der Tat eine deutlich leistungsbeeinträchtigende Bedeutung zugesprochen werden muß. Nicht signifikant ist die Wechselwirkung zwischen dem Angstniveau und der Strukturierung, $F(1,418) = 0.27$. Damit gibt es keinen Hinweis darauf, daß leistungsängstliche Schüler in der Nutzung von Strukturierungshilfen massiv beeinträchtigt sind. Ebenfalls nicht signifikant ist die Wechselwirkung zwischen Angstniveau und Diagnosekompetenz, $F(1,418) = 1.98$. Schließlich bleibt auch die Dreifach-Interaktion zwischen Angstniveau, Diagnosekompetenz und Strukturierung deutlich unterhalb der Signifikanzgrenze, $F(1,418) = 0.55$. Es läßt sich demnach nicht eindeutig nachweisen, daß sich ein durch unterschiedliche Kombinationen von Diagnosekompetenz und Strukturierung gekennzeichneter Unterricht bei stark und wenig leistungsängstlichen Schülern unterschiedlich auswirkt.

Bemerkenswert ist insbesondere, daß hoch leistungsängstliche Schüler in der Optimalbedingung selbst dann noch schlechtere Ergebnisse erzielen als wenig leistungsängstliche Schüler, wenn der Haupteffekt der Leistungsangst in Rechnung gestellt wird. Dies steht in eindeutigem Widerspruch zur theoretischen Erwartung. Der Grund dafür könnte sein, daß der Unterricht eines Lehrers mit hoher Strukturierung und hoher Diagnosekompetenz vergleichsweise straff und leistungsorientiert ist und vermutlich auch eher hohe Anforderungen stellt. Diese Unterrichtscharakteristika wirken wohl eher angstinduzierend und -verstärkend und sind in ihrer Wirkung vermutlich so dominant, daß die spezifischen angstreduzierenden Elemente einer adaptiven Strukturierung - sofern sie überhaupt wirksam sind - dadurch überlagert werden.

Die niedrigen Leistungen der besonders leistungsängstlichen Schüler in der Negativbedingung scheinen auf den ersten Blick für die Hypothese zu sprechen, wonach ein Lehrer mit hoher Diagnosekompetenz, aber niedriger Unterrichtsstrukturierung einen besonders verusichernden Einfluß auf seine Schüler ausübt. Dieser Leistungsabfall der Leistungsängstlichen im Vergleich zu den wenig Ängstlichen verschwindet aber vollständig, wenn man die generell leistungsbeeinträchtigende Rolle der Leistungsangst - also den Haupteffekt dieses Merkmals - in Rechnung stellt. Man kann damit nicht davon ausgehen, daß diese Unterrichtsbedingung für leistungsängstliche Schüler ganz besonders negative Auswirkungen hat. Die Annahme, daß Lehrer mit hoher Diagnosekompetenz, aber niedriger Strukturierung ihre Schüler verunsichern, findet somit keine Unterstützung. Auf der anderen Seite wird diese Annahme durch das Ergebnis aber auch nicht unbedingt entkräftet, da man durchaus annehmen kann, daß bei hoch leistungsängstlichen Schülern die beeinträchtigende Wirkung der Angst bereits so hoch ist, daß spezifische unterrichtliche Einflüsse kaum noch wirksam werden können.

Gruppenspezifische Analysen zeigen für hoch Leistungsängstliche nur einen schwachen Haupteffekt der Strukturierung, $F(1,209) = 2.98$, $p < 0.10$, aber keine Wechselwirkung zwischen Strukturierung und Diagnosekompetenz, $F(1,209) = 2.01$. Bei wenig Leistungsängstlichen resultiert dagegen sowohl ein schwacher Haupteffekt der Strukturierung, $F(1,209) = 6.94$, $p < 0.01$, als auch eine signifikante Wechselwirkung, $F(1,209) = 6.86$, $p < 0.01$.

Die Leistungen hoch leistungsängstlicher Schüler scheinen somit durch strukturierende Maßnahmen relativ wenig beeinflußbar zu sein, auch dann nicht, wenn sie besonders auf die Lernvoraussetzungen der Schüler abgestimmt sind. Dieses negative Ergebnis spricht für die von Phillips et al. (1980) vertretene Auffassung, wonach leistungsängstliche Schüler die Schulsituation als Ganzes als bedrohlich empfinden und es sehr schwierig ist, spezifische Unterrichtsvariablen zu identifizieren, die den Einfluß der Leistungsangst moderieren. Wenig leistungsängstliche Schüler verfügen demgegenüber offenbar über bessere Voraussetzungen, das Lernangebot des Lehrers zu nutzen.

Unterrichtsstoffspezifische Ergebnisse. In Tabelle 5.29 ist der Lernerfolg der drei Leistungsangstgruppen bei Rechen- und bei Sachaufgaben dargestellt. Der einzige differentielle Effekt, der hier nachgewiesen werden kann, ist eine Wechselwirkung zwischen Aufgabenart und Strukturierung, $F(1,411) = 3.36$, $p < 0.10$, die sich etwas stärker ausgeprägt auch bereits bei Vorkenntnissen als Eingangsmerkmal gezeigt hatte. Schüler mit hoher Leistungsangst erzielen bei Rechenaufgaben vergleichsweise höhere Leistungen, Schüler mit niedriger Leistungsangst dagegen bei Sachaufgaben, wenngleich das Muster nicht allzu überzeugend erscheint und eher differenziertere Beziehungen nahelegt. Auf jeden Fall befindet sich ein solches Ergebnis aber im Einklang mit allgemeinen Befunden zur Wirkung von Leistungsangst: Ängstliche Schüler profitieren dann besonders, wenn Anforderungen klar sind und durch den Einsatz hoch verfügbarer Operationen bewältigt werden können; sie schneiden dagegen eher schlecht ab, wenn Unklarheit über das zu zeigende Lösungsverhalten besteht.

Gruppen- und kriteriumsspezifische Analysen zeigen bei hoch leistungsängstlichen Schülern als einziges einen schwachen Haupteffekt der Strukturierung bei Rechenaufgaben. Sind die Anforderungen eher niedrig, dann hat Strukturierung bei diesen Schülern also zumindest eine schwache lernförderliche Wirkung. Ein signifikanter Haupteffekt der Strukturierung, aber keine Wechselwirkung zeigt sich bei wenig leistungsängstlichen Schüler für Rechenaufgaben.

Bei Sachaufgaben sind dagegen sowohl Haupteffekt der Strukturierung als auch Wechselwirkung signifikant. Für wenig leistungsängstliche Schüler zeigt sich also dasselbe Ergebnismuster wie bei leistungsstarken Schülern: Sind die Anforderungen niedrig, dann profitieren sie bereits von Strukturierungshilfen als solchen. Werden die Anforderungen höher, dann müssen die Strukturierungshilfen stärker auf die Lernvoraussetzungen der Schüler abgestimmt werden, um optimal wirksam zu sein.

Tabelle 5.29

Lernerfolg der Schüler bei Rechen- und bei Sachaufgaben in Abhängigkeit von der Unterrichtsstrukturierung, der personenbezogenen Diagnosekompetenz und der Leistungsangst

		Leistungsangst				
		Rechenaufgaben		Sachaufgaben		
Strukturierungshilfen	Diagnosekompetenz	*M*	*SD*	*M*	*SD*	*D**
		Niedrige Leistungsangst				
niedrig	niedrig	100.33	10.07	101.72	8.84	1.39
niedrig	hoch	99.27	9.01	99.66	8.94	0.39
hoch	niedrig	101.28	8.89	101.33	9.25	0.05
hoch	hoch	104.00	9.82	106.14	9.56	2.14
		Hohe Leistungsangst				
niedrig	niedrig	98.59	10.37	98.67	10.88	0.08
niedrig	hoch	96.87	11.18	97.16	9.30	0.29
hoch	niedrig	99.83	9.07	97.73	10.72	-2.10
hoch	hoch	101.00	10.09	98.34	8.22	-2.66

Anmerkungen. * Differenz zwischen den Mittelwerten für Sach- und für Rechenaufgaben. Die Zellbesetzungen variieren zwischen N = 65 und N = 43. Unterschiede von mehr als 3.22 Punkten bei den einfachen Mittelwerten pro Leistungsangstgruppe sind signifikant (multiple t-Tests; $p < 0.10$).

5.3.6 Zusammenfassung und Diskussion

Ziel der in Teil 5.3 durchgeführten Analysen war die Suche nach moderierenden Bedingungen für die Effektivität eines durch unterschiedliche Ausprägungen von Strukturierung und Diagnosekompetenz gekennzeichneten Unterrichts. Dabei war davon ausgegangen worden, daß Schüler mit unterschiedlichen Lernvoraussetzungen in unterschiedlichem Maße vom Unterricht profitieren und daß das Ausmaß, in dem das der Fall ist, von den Anforderungen des vermittelten Stoffs abhängt. Als wichtige Lernvorausetzungen wurden Vorkenntnisse, Intelligenz und Leistungsangst untersucht; unterschiedliche stoffliche Anforderungen bezogen sich auf kognitiv weniger voraussetzungsvolle, mittels überlernter Lösungsalgorithmen lösbare Rechenaufgaben und auf kognitiv gehaltvollere, Prozesse des Textverstehens und Problemlösens erfordernde Sachaufgaben.

Legt man ein strenges Bewährungskriterium an, so ist das Ergebnis der Analysen zur differentiellen Bedeutung eines durch unterschiedliche Ausprägungen von Strukturierung und Diagnosekompetenz gekennzeichneten Unterrichts eher negativ:

- Wechselwirkungen zwischen Strukturierung und dem Eingangsmerkmal waren nur für Vorkenntnisse nachweisbar, und das auch nur auf dem 10%-Niveau. Dabei zeigte sich, daß von hoher Strukturierung eher die leistungsstarken Schüler profitieren.
- Obwohl aus theoretischer Sicht nicht zu erwarten, zeigte sich eine schwache Wechselwirkung zwischen Diagnosekompetenz und der Intelligenz der Schüler. Intelligente Schüler schneiden etwas besser ab, wenn sie von einem Lehrer mit hoher Diagnosekompetenz unterrichtet werden.
- Wechselwirkungen zweiter Ordnung zwischen Diagnosekompetenz, Strukturierung und dem Eingangsmerkmal waren in keinem Fall nachweisbar. Das heißt: Es kann nicht davon ausgegangen werden, daß Diagnosekompetenz die Wirkung von Strukturierungsmaßnahmen für verschiedene Schülergruppen in unterschiedlicher Weise moderiert.
- Signifikante, aber auch nur schwache Wechselwirkungen zeigten sich ferner zwischen Aufgabenart und Eingangsmerkmal. Der Lernerfolg bei anspruchsvollen Aufgaben ist höher als bei weniger anspruchsvollen Aufgaben, wenn die Vorkenntnisse hoch und die Leistungsangst niedrig ist.

Da Cronbach & Snow (1981) zufolge bei ATI-Studien Fehler 2. Art recht wahrscheinlich sind, wurden zusätzlich gruppen- und kriteriumsspezifische Analysen durchgeführt, um Aufschluß über Ergebnistrends unterhalb der eigentlichen Signifikanzgrenze zu bekommen. Dabei zeigte sich das folgende Muster:

- Bei Schülern mit günstigen kognitiven Eingangsvoraussetzungen erwies sich bereits die Strukturierung als solche lernförderlich; der moderierende Einfluß diagnostischer Kompetenz war dabei nur schwach. Bei Schülern mit ungünstigen kognitiven Lernvoraussetzungen war Strukturierung per se entweder gar nicht (Vorkenntnisse) oder nur schwach (Intelligenz) wirksam; der moderierende Einfluß diagnostischer Kompetenz war hier dagegen in beiden Fällen recht deutlich.
- Schlüsselt man das Effektmaß nach beiden Aufgabenarten auf, so zeigt sich für leistungsschwache Schüler kein Haupteffekt der Strukturierung, dafür aber eine starke Wechselwirkung. Demgegenüber ist bei leistungsstarken Schüler nur ein Haupteffekt der Strukturierung zu verzeichnen, wenn es um Rechenaufgaben geht, dagegen sowohl ein signifikanter Haupteffekt als auch eine signifikante Wechselwirkung bei Sachaufgaben.
- Etwas anders sieht die Sachlage im Falle der Leistungsangst aus: Während bei hoch Leistungsängstlichen nur ein schwacher Haupteffekt der Strukturierung, aber keine Wechselwirkung zu beobachten ist, liegt

bei wenig Leistungsängstlichen sowohl ein deutlicher Haupteffekt der Strukturierung als auch eine deutliche Wechselwirkung vor.

- Die aufgabenspezifische Aufschlüsselung bringt bei unterschiedlich leistungsängstlichen Schülern ein ähnliches Ergebnis wie bei unterschiedlich leistungsstarken Schülern. Bei hoch leistungsängstlichen Schülern zeigt sich als einziges signifikantes Ergebnis ein schwacher Haupteffekt der Strukturierung bei Rechenaufgaben. Für wenig leistungsängstliche Schüler gibt es bei Rechenaufgaben einen Haupteffekt, aber keine Wechselwirkung, bei Sachaufgaben dagegen sowohl einen Haupteffekt wie eine Wechselwirkung.

Deutet man den Umstand, daβ differentielle Zusammenhänge nicht eindeutig nachweisbar oder nur schwach sind, positiv, so zeigt sich damit eine bemerkenswerte Unabhängigkeit der beiden Komponenten effektiven adaptiven Unterrichtens gegenüber moderierenden Bedingungen. So gesehen sprechen die Ergebnissse für die Annahme, daβ eine erfolgreiche diagnostische Feinabstimmung von Unterrichtsmaβnahmen allen (oder zumindest den meisten) Schülern der Klasse unabhängig von ihren Lernvoraussetzungen günstige Möglichkeiten für eine optimale Leistungsentwicklung eröffnet.

Insbesondere gibt es keinen Beleg für die Annahme, adaptiver Unterricht in der hier unterstellten Form komme in besonderer Weise den leistungsschwachen, wenig leistungsfähigen oder in anderer Weise unterstützungsbedürftigen Schülern in der Klasse zugute. Die Ergebnismuster deuten sogar eher in die entgegengesetzte Richtung: Wenig unterstützungsbedürftige Schüler profitieren, gemessen am Lernerfolg, durchwegs etwas stärker von einem durch adaptive Strukturierung gekennzeichneten Unterricht. Das zeigt sich unabhängig davon, ob man Vorkenntnisse, Intelligenz oder Leistungsangst als Schülermerkmal zugrundelegt.

Andererseits ist aber der Lernerfolg der unterstützungsbedürftigen Schüler bei adaptiver Strukturierung - sofern man die Gesamttestleistung oder die Testleistung bei Rechenaufgaben, nicht dagegen bei Sachaufgaben - zugrundelegt, durchwegs etwas höher als unter den anderen Unterrichtsbedingungen. Zumindest bezogen auf die beiden Lernerfolgskriterien kann also davon ausgegangen werden, daβ eine adaptive Strukturierung auch für Schüler mit lernerschwerenden Defiziten am günstigsten ist, wenn auch möglicherweise nicht in gleichem Maβe leistungsförderlich wie für Schüler mit besseren Lernvoraussetzungen.

Das Ergebnismuster - wenngleich hier nur als schwacher Trend belegbar - deutet damit in die gleiche Richtung wie die Ergebnisse der Heidelberger Studie zum Chancenausgleich (Treiber, 1980; Treiber & Weinert, 1984). Dort hatten leistungsstarke Schüler bei einem Unterricht, der durch eine hohe Ausprägung von "Instruktions- und Interaktionsvariablen mit zugeschriebener Egalisierungswirkung" (Treiber & Weinert, 1984, S. 382) gekennzeichnet ist und sich ebenfalls als eine Form adaptiven Unterrichtens ansehen läβt, entgegen den ursprünglichen Erwartungen stärker verbessert als leistungsschwächere Schüler, ohne daβ diese jedoch schlechter abgeschnitten hätten als vergleichbar leistungsschwache Schüler unter anderen Unterrichtsbedingungen.

Ebenso wie die Heidelberger Studie wirft die vorliegende Arbeit damit die Frage auf, warum leistungsschwache Schüler von den Lernhilfen des Lehrers nicht stärker profitieren. Die als Trend berichteten Ergebnisse lassen vermuten, daβ leistungsschwache und wenig intelligente Schüler offenbar erst dann besonders von strukturierenden Hilfen des Lehrers profitieren, wenn diese in hinreichendem Maβe auf die Lernvoraussetzungen der Schüler abgestimmt sind. Dies würde die Annahme nahelegen, daβ die Adaptivität des Unterrichts selbst bei den Lehrern der Optimalbedingung noch zu schwach ausgeprägt ist, um auch für leistungsschwache Schüler noch optimal wirksam zu sein. Da die untersuchten Lehrer als weitgehend repräsentativ angesehen werden können, würde dies bedeuten, daβ der normale Unterricht für diese Schüler nur suboptimale Fördermöglichkeiten bereitstellt und daher weitergehende Förderungsansätze notwendig sind, etwa die Realisierung des Modells Zielerreichenden Lernens.

Andererseits deutet das Ergebnis, daβ der Lernerfolg der leistungsschwachen Schüler bei den anspruchsvolleren Sachaufgaben im Unterricht von Lehrern mit niedriger Strukturierung und niedriger Diagnosekompetenz sogar noch etwas höher ist als unter der Optimalbedingung, auf Grenzen in der Wirkung adaptiven Unterrichtens hin.

Die Wirksamkeit der Lernhilfen hängt ganz offensichtlich von der Fähigkeit der Schüler ab, diese zu nutzen. Hohe Vorkenntnisse und Intelligenz sowie niedrige Leistungsangst sind offenbar günstige Voraussetzungen für eine optimale Nutzung von Lernhilfen. Schüler mit guten Lernvoraussetzungen in diesen Bereichen sind offenbar recht gut in der Lage, auch suboptimale Hilfsangebote des Lehrers für ihr Lernen zu nutzen.

Leistungsschwache Schüler können die Lernhilfen des Lehrers vermutlich nur nutzen, wenn diese möglichst gut auf die eigenen Lernbemühungen abgestimmt sind. Ist dies nicht der Fall, wird die aktuelle Informationsverarbeitungskapazität des leistungsschwachen Schülers möglicherweise überlastet. Auf welche Weise bestimmte Schülergruppen die Lernhilfen des Lehrers nutzen und welche Bedingungen eine solche Nutzung erleichtern oder erschweren, muβ Gegenstand weiterführender Forschungsbemühungen sein. Erforderlich ist dazu ein Übergang von der dispositionalen auf die prozessuale Ebene und ein entsprechender Wechsel im Forschungsansatz, wie er im 'Cognitive Mediational Paradigm' (Winne, 1985a; 1985b) bereits ansatzweise entwickelt ist.

Die dargestellten Befundtendenzen und die sich daran anknüpfenden Überlegungen werfen die Frage auf, wie Lernhilfen zu gestalten sind, damit leistungsschwache und besonders unterstützungsbedürftige Schüler optimal gefördert werden. Ist es möglich, den Einsatz von Lernhilfen so zu optimieren, daβ die leistungsschwachen Schüler unabhängig von drastischen Veränderungen in den Unterrichtsanforderungen und der Unterrichtsorganisation stärker von diesen Hilfen profitieren? Welche

Veränderungen im Hinblick auf Stoffmenge, -schwierigkeit und didaktische Aufbereitung des Stoffs müßten dazu gegebenenfalls vorgenommen werden? Welche Auswirkungen haben derartige Veränderungen auf die leistungsstarken Schüler?

6. ALLGEMEINE DISKUSSION

6.1 Zusammenfassung und Interpretation

6.1.1 Theoretischer Hintergrund und Ziele der Arbeit

Ziel der vorliegenden Arbeit war es, den Stellenwert von Lehrerdiagnosen und diagnostischen Lehrerkompetenzen für den Unterricht und den Lernerfolg der Schüler herauszuarbeiten. Formal gesehen können Diagnosen die Effektivität des Handelns dann erhöhen, wenn die Wirkung oder der Nutzen verschiedener Maßnahmen und Handlungen in differentieller Weise von der Ausprägung bestimmter Merkmale abhängt. Die diagnosegestützte Auswahl der jeweiligen Maßnahme, die bei gegebener Merkmalsausprägung die größte Wirkung oder den höchsten Nutzen erwarten läßt, dient unter diesen Umständen der Optimierung des Handelns. Dies gilt insbesondere auch für das unterrichtliche Handeln des Lehrers.

Adaptiver Unterricht ist der Versuch, den Unterricht so zu gestalten, daß er in optimaler Weise auf die Lernvoraussetzungen der Schüler zugeschnitten ist und damit auch für die Schüler optimale Ergebnisse erbringt. Zu unterscheiden sind dabei Makro- und Mikroadaptationen, also längerfristige Strategien der Anpassung des Unterrichts an die Lernvoraussetzungen der Schüler auf der einen Seite und kurzfristige, den Erfordernissen der aktuellen Unterrichtssituation entsprechende Feinabstimmungen des Unterrichtsverhaltens auf der anderen Seite. Unter Mikroadaptationen fallen adaptive Bemühungen wie die Regulierung von Unterrichtstempo und -schwierigkeit, die Individualisierung des Lehrerverhaltens und kurzfristige remediale Aktivitäten. Mikroadaptationen kommt im Rahmen einer adaptiven Unterrichtsgestaltung eine besondere Bedeutung zu, da angesichts der Vielzahl potentiell beeinflussender und interagierender Faktoren langfristige Maßnahmen in ihrer Wirkung nicht hinreichend vorhersehbar sind und Unterricht zudem viele prinzipiell nicht planbare Elemente umfaßt.

Für die effektive Realisierung von Mikroadaptationen erforderliche diagnostische Informationen beziehen sich auf die aktuellen Lernvoraussetzungen, insbesondere den aktuellen Leistungsstand der Klasse und einzelner Schüler. Da testgestützte Diagnosen für derartig kurzfristige Anpassungsprozesse nur eine begrenzte Bedeutung haben können, ist der Lehrer statt dessen auf subjektive Urteile zum momentanen Leistungsstand angewiesen. Die in diesem Zusammenhang bedeutsamen Teilaspekte der diagnostischen Kompetenz von Lehrern beziehen sich dementsprechend auf die Fähigkeit, lern- und leistungsrelevante Merkmale der Schüler zutreffend einzuschätzen.

In der vorliegenden Arbeit wurde davon ausgegangen, daß sich Lehrer im Hinblick auf ihre diagnostische Kompetenz unterscheiden, und daß Lehrerunterschiede in der diagnostischen Kompetenz für den Unterricht und den Lernerfolg der Schüler bedeutsam sind. Eine

Kernannahme ist, daß diagnostische Kompetenz erst dann Auswirkungen auf den Lernerfolg der Schüler hat, wenn sie in ein geeignetes Unterrichtsverhalten umgesetzt wird. Die lernförderliche Bedeutung diagnostischer Kompetenz wurde darin gesehen, daß durch sie bestimmte Unterrichtsverhaltensweisen besser auf die Lernvoraussetzungen der Schüler abgestimmt und damit optimiert werden können. Als dafür in Frage kommende Unterrichtsverhaltensweisen wurden solche angesehen, die die Strukturierungsbemühungen der Schüler unterstützen und fördern (Strukturierungshilfen). Zentrales Untersuchungsziel der Arbeit war somit die Beantwortung der Frage, welche Bedeutung diagnostische Kompetenz für sich genommen und in Verbindung mit verschiedenen Aspekten der Unterrichtsstrukturierung für den Lernerfolg der Schüler hat. Da über diagnostische Kompetenz als Merkmal wenig bekannt ist, sollte aber erst einmal geklärt werden, ob und in welcher Weise diagnostische Kompetenz mit anderen Merkmalen (Kontext- sowie Personen- und Unterrichtsmerkmalen des Lehrers) zusammenhängt. Die Überprüfung derartiger Zusammenhänge sollte gleichzeitig Aufschluß darüber geben, ob eventuelle Zusammenhänge zwischen Lernerfolg und Diagnosekompetenz auf solche allgemeinen Lehrermerkmale zurückgeführt werden können.

Diagnostische Kompetenz wurde erfaßt durch die Genauigkeit, mit der Lehrer die Testleistungen einzelner Schüler (personenbezogene Einschätzungen), die Schwierigkeit von Testaufgaben für die gesamte Klasse (aufgabenbezogene Einschätzungen) und die Testleistung einzelner Schüler bei einzelnen Aufgaben (aufgabenspezifische Einschätzungen) einschätzen. Dabei wurden insgesamt sieben Komponenten unterschieden, die als verschiedene Indikatoren diagnostischer Kompetenz angesehen wurden: bei personen- und aufgabenbezogenen Einschätzungen jeweils eine Niveau-, Differenzierungs- und Rangordnungskomponente und bei den aufgabenspezifischen Einschätzungen eine Wechselwirkungskomponente.

6.1.2 Fragestellungen und Ergebnisse

Im folgenden sind noch einmal die Fragestellungen, denen im Rahmen der Arbeit nachgegangen wurde, sowie die wichtigsten Ergebnisse aufgeführt:

(1) *Unterscheiden sich Lehrer im Hinblick auf die verschiedenen Indikatoren diagnostischer Kompetenz?* Die Überprüfung der Reliabilität ergab für sechs der sieben Indikatoren zufriedenstellende Werte. Es konnte somit davon ausgegangen werden, daß sich die Lehrer im Hinblick auf verschiedene Aspekte diagnostischer Kompetenz hinlänglich unterscheiden. Damit war zugleich die Voraussetzung gegeben, in weiteren Analysen der Frage nach möglichen Korrelaten diagnostischer Kompetenz nachgehen zu können.

(2) *Hängen die verschiedenen Indikatoren diagnostischer Kompetenz zusammen?* Zunächst war zu prüfen, ob sich die verschiedenen Aspekte

der Diagnosegenauigkeit als Ausdruck einer allgemeinen diagnostischen Kompetenz ansehen lassen. Dabei zeigten sich keine signifikanten Zusammenhänge zwischen den verschiedenen Aspekten diagnostischer Kompetenz, so daß die Plausibilitätsannahme einer allgemeinen Diagnosefähigkeit nicht aufrechterhalten werden kann. Statt dessen ist davon auszugehen, daß es sich bei den verschiedenen Formen diagnostischer Kompetenz um sehr spezifische Fähigkeiten handelt, deren Bedeutung für den Unterricht und den Lernerfolg der Schüler möglicherweise ebenso spezifisch ist. Aus darstellungsökonomischer Sicht erschien es angebracht, weitere Analysen auf eine Teilmenge dieser verschiedenen Teilkompetenzen zu begrenzen. Die weiteren Analysen wurden daher auf die beiden Formen diagnostischer Kompetenz beschränkt, die aus theoretischen und methodischen Gründen am ergiebigsten erschienen: die personenbezogene und die aufgabenbezogene Rangordnungskomponente.

(3) *Hängen die beiden Formen diagnostischer Kompetenz mit wichtigen Kontext-, Personen- und Unterrichtsmerkmalen zusammen?* Zunächst wurde geprüft, ob diagnostisch kompetente Lehrer günstigere Unterrichts- und Urteilsbedingungen vorfinden. Dies war bis auf eine bemerkenswerte Ausnahme nicht der Fall. Der hohe Zusammenhang zwischen der personenbezogenen Diagnosekompetenz und der Streuung der Schülerleistungen in der Klasse zeigt, daß die auf diese Weise gemessene Diagnosekompetenz nicht als reines Personenmerkmal angesehen werden kann. Was Zusammenhänge zwischen beiden Formen diagnostischer Kompetenz und verschiedenen Personen- und Unterrichtsmerkmalen der Lehrer anbetrifft, so war das Ergebnis größtenteils negativ. Diagnostische Kompetenz kann damit also nicht auf andere Merkmale zurückgeführt werden, sondern muß als ein sehr spezifisches Lehrermerkmal angesehen werden. Insbesondere gibt es keinen Hinweis darauf, daß sich der gute Diagnostiker durch ein bestimmtes Muster von günstigen oder lernerfolgsförderlichen Merkmalen auszeichnet.

(4) *Welche Bedeutung hat diagnostische Kompetenz für den Lernerfolg der Schüler?* Dieser Frage wurde zunächst dadurch nachgegangen, daß einfache Zusammenhänge zwischen den beiden Formen diagnostischer Kompetenz und dem residualisierten Lernzuwachs der Klasse geprüft wurden. Hierbei zeigte sich, daß diagnostisch kompetente Lehrer nicht gleichzeitig auch die erfolgreicheren Lehrer sind. Entsprechend der Kernannahme dieser Arbeit, wonach diagnostische Kompetenz nur dann wirksam werden kann, wenn sie in ein geeignetes Unterrichtsverhalten umgesetzt wird, wurden Wechselwirkungen zwischen diagnostischer Kompetenz und solchen Unterrichtsmerkmalen geprüft, für die Diagnosekompetenz einen moderierenden Einfluß haben sollte. Dabei ließen sich sowohl für personenbezogene wie für aufgabenbezogene Diagnosekompetenz signifikante Wechselwirkungen mit verschiedenen Unterrichtsmerkmalen nachweisen. Erwartungsgemäß war dabei der Lernerfolg der Klasse dann am größten, wenn eine hohe Ausprägung diagnostischer Kompetenz mit einer hohen Ausprägung des jeweiligen Unterrichtsmerkmals zusammentraf. Diese moderierende Wirkung diagnostischer Kompetenz wurde dahingehend interpretiert, daß diagnostische Kompetenz die

Wirksamkeit bestimmter Maßnahmen und Verhaltensweisen optimiert. Um weitere Hinweise auf die Gültigkeit dieser Interpretation zu bekommen, wurde exemplarisch für das Unterrichtsmerkmal 'Strukturierungshilfen' geprüft, wie sich einzelne Lehrergruppen bezüglich verschiedener Klassen- und Unterrichtsmerkmale unterscheiden. Ein bemerkenswertes Teilergebnis war in diesem Zusammenhang der unerwartet niedrige Lernerfolg der Klassen von Lehrern mit hoher Diagnosekompetenz und niedriger Ausprägung der Unterrichtsmerkmale.

(5) *Wie unterscheiden sich Lehrer, die durch unterschiedliche Grade der Strukturierung ihres Unterrichts und unterschiedliche Diagnosekompetenz gekennzeichnet sind?* Die Prüfung der Wechselwirkungsannahme bestand im Vergleich von vier Lehrergruppen (Diagnosekompetenz hoch/niedrig und Strukturierung hoch/niedrig). Um die Gültigkeit möglicher Alternativhypothesen abschätzen zu können, wurden diese vier Lehrergruppen (exemplarisch für personenbezogene Diagnosekompetenz und Strukturierungshilfen) bezüglich verschiedener Eingangsmerkmale ihrer Klassen sowie bezüglich verschiedener Unterrichtsmerkmale miteinander verglichen. Die Optimalgruppe (Diagnosekompetenz hoch/Unterrichtstrukturierung hoch) zeichnete sich zwar nicht durch durchwegs günstigere Eingangsvoraussetzungen aus, wies aber günstigere Ausprägungen bezüglich verschiedener allgemeiner Unterrichtsmerkmale (insbesondere Klassenführung) und verschiedener Indikatoren adaptiven Unterrichtens auf. In der Negativgruppe (Diagnosekompetenz hoch/Unterrichtsstrukturierung niedrig) deuteten sich bei den Schülern etwas ungünstigere affektive Eingangsbedingungen an; bemerkenswert ist aber vor allem die niedrige Unterrichtsqualität in diesen Klassen. Einzelvergleiche innerhalb der Optimalgruppe zeigten, daß der Lernerfolg dann besonders hoch ist, wenn die Lehrer bezüglich beider Formen diagnostischer Kompetenz als auch bezüglich aller von diagnostischer Kompetenz moderierter Unterrichtsmerkmale mindestens durchschnittliche Ausprägungen aufweisen.

(6) *Hat Diagnosekompetenz für unterschiedliche Schülergruppen und unterschiedliche Lernerfolgskriterien eine differentielle Bedeutung?* Schließlich wurde ein Versuch unternommen, den Geltungsbereich der Ergebnisse zur leistungsförderlichen Bedeutung diagnostischer Kompetenz abzuschätzen. Überprüft wurde also, ob die Wechselwirkung zwischen Diagnosekompetenz und Unterrichtsstrukturierung für bestimmte Schülergruppen (Vorkenntnisse, Intelligenz, Leistungsangst jeweils hoch/niedrig) und für verschiedene Lernerfolgskriterien (Rechenaufgaben/Sachaufgaben) unterschiedlich ausfällt. Die für einen strengen Nachweis differentieller Effekte erforderliche Signifikanz der dreifachen Wechselwirkung (zwischen Diagnosekompetenz, Unterrichtsstrukturierung und Schülergruppenzugehörigkeit beziehungsweise Erfolgskriterium) ließ sich zwar in keinem Fall nachweisen, doch zeigte sich unterhalb der strengen Signifikanzgrenze ein plausibles gruppenspezifisches Ergebnismuster: Schüler mit günstigen kognitiven Eingangsvoraussetzungen profitieren bereits von hoher Unterrichtsstrukturierung als solcher, wobei diagnostische Kompetenz nur schwach moderierend wirkt. Schüler mit ungünstigen kognitiven Eingangsvoraussetzungen profitieren dagegen von hoher

Unterrichtsstrukturierung erst dann stärker, wenn gleichzeitig auch die Diagnosekompetenz des Lehrers hoch ist. Etwas anders ist die Sachlage bei Leistungsangst. Während bei hoch Leistungsängstlichen nur ein schwacher Haupteffekt der Strukturierung zu verzeichnen ist, zeigt sich bei wenig Leistungsängstlichen sowohl ein deutlicher Haupteffekt der Strukturierung als auch eine deutliche Wechselwirkung.

6.1.3 Aussagekraft der Untersuchung

Bevor die hier noch einmal kurz zusammengefaßten Befunde einer abschließenden Interpretation und Bewertung unterzogen werden, soll zunächst erst einmal auf einige Punkte eingegangen werden, die den allgemeinen Stellenwert der Arbeit und den Geltungsbereich der gefundenen Ergebnisse betreffen. Eine generelle Einschränkung der Generalisierbarkeit muß zunächst im untersuchten Fach, in der Schulform und Klassenstufe und dem damit verbundenen generellen Leistungs-, Fähigkeits- und Altersniveau der Schüler gesehen werden.

Untersucht wird die Leistungsentwicklung im Fach Mathematik. Der Lehrstoff in diesem Fach ist stark hierarchisch aufgebaut. Für den Unterricht bedeutet das, das zum Erlernen neuen Stoffs sehr spezifische Vorkenntnisse vorhanden sein müssen, deren Fehlen durch allgemeine Fähigkeiten nur bedingt kompensierbar ist. Das erfordert sowohl einen didaktisch sorgfältig auf den aktuellen Leistungsstand der Schüler abgestimmten Aufbau des Stoffes als auch eine genaue Diagnose der fehlenden Lernvoraussetzungen im Falle von Lernlücken. Dies legt den Schluß nahe, daß eine genaue Abstimmung der Strukturierungsmaßnahmen und Hilfestellungen auf den Leistungsstand der Schüler im Fach Mathematik besonders wichtig sind. Die Ergebnisse zur unterrichtlichen Bedeutung diagnostischer Lehrerkompetenzen dürfen dagegen vermutlich nicht ohne weiteres auf solche Unterrichtsfächer generalisiert werden, bei denen Vorkenntnisse für die Stoffbeherrschung nur von untergeordneter Bedeutung sind.

Die Untersuchung wurde mit Hauptschülern der fünften und sechsten Klassenstufe durchgeführt. Sowohl vom generellen Leistungsniveau wie vom Alter der Schüler her ist zu erwarten, daß ein stark lehrergesteuerter und unterstützender Unterricht im Sinne der direkten Instruktion bei dieser Schülerpopulation besonders wirksam sein sollte.[14] Ältere und leistungsfähigere Schüler dürften dagegen weniger auf die Strukturierungsbemühungen und Hilfestellungen des Lehrers angewiesen sein, so daß hier Formen des offenen Unterrichts und selbstgesteuerten Lernens leichter möglich und vielleicht auch effektiver sein könnten.

---

[14]Hier ist zu bedenken, daß in Bayern der Übergang zur Realschule erst nach der sechsten Klasse erfolgt, so daß die Hauptschule in der fünften und sechsten Klassenstufe bis auf die ins Gymnasium übergetretenen Schüler noch den gesamten Altersjahrgang umfaßt.

Insofern müssen auch hier gewisse Vorbehalte bezüglich einer vorschnellen Generalisierung angemeldet werden.

Man kann sicher die Auffassung vertreten, daβ eine genaue Abstimmung von Strukturierungsmaβnahmen und Hilfestellungen auf die Lernvoraussetzungen der Schüler für nahezu alle Formen des Unterrichtens günstig ist. Es hängt aber vermutlich vom Fach und vom Fähigkeitsniveau der Schüler ab, ob und inwieweit sich eine derartige adaptive Unterrichtsgestaltung meβbar im Lernerfolg der Schüler niederschlägt. Möglicherweise ist ein klar nachweisbares Ergebnis nur unter bestimmten, für einen Nachweis besonders günstigen Bedingungen zu erwarten.

Nicht behandelte Fragen. Sodann sei daran erinnert, daβ Ziel der Arbeit die Analyse der Bedeutung von diagnostischen Lehrerkompetenzen für den Unterricht - speziell für die Leistungsentwicklung der Schüler als zentrales Zielkriterium von Unterricht - war. Dies hatte zwei Einschränkungen zur Folge:

(1) Der Frage nach Bedingungen und Begleiterscheinungen der Diagnosekompetenz wurde nicht in groβer "Tiefe" nachgegangen, sondern nur insoweit, wie es für die Untersuchung der Hauptfragestellung nötig erschien. Das heiβt, Korrelate diagnostischer Kompetenz wurden hier nur insoweit untersucht, daβ die Geltung bestimmter Alternativdeutungen abgeschätzt und entsprechende Alternativhypothesen entkräftet werden konnten. Die Ergebnisse zeigen, daβ Diagnosekompetenz ganz offensichtlich kein bloβes Epiphänomen ist, das weitgehend auf andere Merkmale zurückführbar ist und bei dem daher keine eigenständigen Wirkungen zu erwarten sind. Insbesondere gibt es keinen Hinweis darauf, daβ diagnostische Kompetenz auf andere Personen- oder Unterrichtsmerkmale zurückführbar ist. Feststellbar ist lediglich eine deutliche Abhängigkeit personbezogener diagnostischer Kompetenz von der Leistungsheterogenität der Klasse, die als urteilserleichternde Bedingung angesehen werden muβ.

Die Ergebnisse deuten somit darauf hin, daβ diagnostische Kompetenz ein Lehrermerkmal ist, dem eine hohe Spezifität zukommt. Trotzdem muβ auch aufgrund von bloβen Ergebnistrends unterhalb der üblichen Signifikanzgrenzen mit vielfältigen Konfundierungen gerechnet werden, die im Rahmen dieser Untersuchung auch nicht ansatzweise aufgelöst werden können. Dies ist im vorliegenden Fall allerdings auch methodisch nur schwer möglich. Die beste Methode, um den spezifischen Erklärungsanteil diagnostischer Kompetenz zu isolieren, wäre zweifellos der Einsatz von Kausalmodellen (siehe etwa Möbus & Schneider, 1986). Da im vorliegenden Fall interaktive Effekte im Vordergrund stehen, würde ein Einsatz von Kausalmodellen allerdings nur dann Ertrag versprechen, wenn in Teilgruppen getrennte Analysen durchgeführt werden können. Dies setzt jedoch hinreichende Stichprobengröβen voraus, die dann mindestens zweimal so groβ wie im vorliegenden Fall sein müβten.

Entsprechend der begrenzten Zielsetzung dieses Teils der Arbeit wurden nur einfache bivariate Zusammenhänge betrachtet, nicht dagegen komplexere Zusammenhangsmuster. Darüber hinaus ist nur ein kleiner

Teil möglicher Lehrermerkmale untersucht worden. Insbesondere wurden keine Fähigkeitsmerkmale von Lehrern erhoben. Die Annahme, daß diagnostische Kompetenz zumindest im Kern Fähigkeitscharakter hat, wird hier implizit als gültig unterstellt. Die Abklärung der Frage, ob und inwieweit dies tatsächlich der Fall ist, ist natürlich von besonderem Interesse; nicht zuletzt deshalb, weil die Beantwortung dieser Frage Implikationen für die Vermittlung und Förderung diagnostischer Kompetenz hat.

(2) Affektive und motivationale Wirkungen von Unterricht bleiben unberücksichtigt. Unterrichtliche Wirkungen wurden hier ausschließlich auf den "direkten" Einfluß unterrichtlicher Maßnahmen, also auf die direkte Unterstützung und Förderung von Lernprozessen durch geeignete Unterrichtsmaßnahmen, zurückgeführt. Indirekte Wirkungen, die in der Förderung von Lernprozessen durch Schaffung geeigneter motivationaler Voraussetzungen und dem Aufbau leistungsförderlicher Motive liegen (siehe Treiber, 1980), wurden nicht berücksichtigt. Für die Leistungserbringung spielen aber stabile motivationale Strukturen und Dispositionen wie Einstellungen, Erwartungen, Interessen, Motive oder Selbstkonzept naturgemäß eine wichtige Rolle. Ob und inwieweit solche motivationalen Faktoren tatsächlich wirksam werden, hängt jedoch nicht zuletzt davon ab, in welchem Maß der Unterricht selbstbestimmtes Handeln und selbstregulative Fähigkeiten auf Seiten der Schüler verlangt oder inwieweit er in dieser Hinsicht eher unterstützend und kompensatorisch wirkt (Weinert & Helmke, 1987).

Von besonderer Bedeutung sind in diesem Zusammenhang die motivationalen Konsequenzen einer unterschiedlich hohen "Passung" zwischen den Anforderungen des Unterrichts und den Lernvoraussetzungen der Schüler. Die klassische Position zum Motivierungswert von unterschiedlichen Aufgabenschwierigkeiten ist die sich aus dem Risikowahlmodell von Atkinson ergebende Konsequenz, daß mittlere Schwierigkeitsgrade das überdauernde Leistungsmotiv (unabhängig von seiner Richtung) am stärksten anregen (Heckhausen, 1972; 1980), was eine Individualisierung der Aufgabenstellungen für unterschiedlich leistungsstarke Schüler nahelegt. Wie Rheinberg & Krug (1978) zeigen, liefert das "Prinzip der Passung" zwar gewisse Anhaltspunkte für eine optimale Lern- und Leistungsmotivierung; Leistungsverbesserungen sind aber erst dann einigermaßen zuverlässig vorhersagbar, wenn weitere Bestimmungsstücke des Leistungsmotivs wie motivierungsrelevante Personenparameter, Ursachenerklärung, Selbstkonzept der Begabung, Selbstbekräftigungsstrategien und Bezugsnormen der Leistungsbeurteilung einbezogen werden.

Für sich genommen kann die Individualisierung der Aufgabenstellungen sogar eher ungünstig sein, indem sie die Leistungsunterschiede innerhalb der Klasse deutlich macht. Die Individualisierung des Lernangebots ist eine der Möglichkeiten, durch die der Lehrer seine Leistungserwartungen kommunizieren und dadurch Erwartungseffekte produzieren kann (Brophy & Good, 1974; Brophy, 1983b). Eine Variation der Anforderungen und Leistungsrückmeldungen des Lehrers gegenüber einzelnen Schülern gibt den Schülern Hinweise darauf, wie der Lehrer ihre Begabung einschätzt. Dies kann unter bestimmten Bedingungen zu Änderungen im Selbstkonzept der Schüler führen und auf diesem Wege dann die Motivierung des Leistungsverhaltens beeinflussen (Meyer, 1984).

Bei hinreichend großer Leistungsheterogenität steht der Lehrer damit vor dem pädagogischen "Dilemma", einerseits durch eine Gleichbehandlung aller Schüler manche Schüler zu über- und andere zu unterfordern, andererseits aber bei einer individualisierenden Behandlung differentielle Erwartungen zu kommunizieren (Rheinberg & Krug, 1978, S. 177/178). Die sich zur Vermeidung dieses Dilemmas anbietende Möglichkeit der Bildung leistungshomogener Gruppen führt jedoch für die leistungsschwächeren Schüler in der Praxis meistens eher zu negativen Konsequenzen, da Lehrer offenbar dazu neigen, bei leistungsschwächeren Gruppen die Anforderungen über Gebühr zu senken und sich selbst auch weniger im Unterricht zu bemühen (Corno & Snow, 1986; Evertson, 1982).

Diese Überlegungen machen deutlich, daß aus einer adaptiven Unterrichtsgestaltung für sich genommen noch keine spezifischen motivationalen Wirkungen abgeleitet werden können. Angesichts der Vielzahl der dabei ins Spiel kommenden motivierungsrelevanten Parameter wäre in der vorliegenden Arbeit allenfalls eine sehr oberflächliche Behandlung motivationaler und affektiver Wirkungen von Unterricht möglich gewesen. Es wurde deshalb kein Versuch unternommen, motivationale und affektive Wirkungen einzubeziehen.

Darüberhinaus sind Lernergebnisse vielfach das Ergebnis eines Ineinandergreifens direkt leistungsbeeinflussender und motivationaler Faktoren. So können etwa aus dem Erleben eigener Kompetenz resultierende Veränderungen des Selbstkonzepts in der Folge das Leistungsverhalten beeinflussen und dadurch wiederum das Selbstkonzept selbst sowie das weitere Lernverhalten stabilisieren (siehe Helmke, in Druck). Ein Versuch, derartig komplexe dynamische Prozesse des Wechselspiels von Leistung und Motivation nachzuzeichnen, übersteigt jedoch den Rahmen dieser Arbeit.

Erhebungslücken und Operationalisierungsmängel. Der Unterricht von Lehrern mit hoher Diagnosekompetenz und hoher Unterrichtsstrukturierung wurde im Sinne einer erhöhten Verhaltensadaptivität interpretiert. Direkte Indikatoren für die Adaptivität des Unterrichts sind jedoch nicht verfügbar. Das gilt zunächst für Informationen darüber, wie der Lehrer sein Verhalten an die unterschiedliche Leistungsfähigkeit einzelner Schüler anpaßt. Die Gewinnung von derartigen Informationen hätte den Einsatz eines dyadischen Beobachtungssystems erfordert, was im Rahmen des Gesamtprojekts lange erwogen, aber schließlich aus verschiedenen Gründen nicht realisiert wurde. Ein Hauptgrund dafür war, daß der zusätzliche Einsatz eines dyadischen Beobachtungssystems einen zweiten Beobachter in der Klasse erfordert hätte, was die Akzeptanz der Untersuchung bei vielen Lehrern stark vermindert hätte. Mit dem Verzicht auf ein dyadisches Beobachtungssystem entfällt aber die

Möglichkeit, Aussagen über Unterschiede im Lehrerverhalten gegenüber einzelnen Schülern machen zu können.

Natürlich kann ein differentielles Lehrerverhalten gegenüber einzelnen Schülern oder Schülergruppen per se noch nicht als leistungsförderliches adaptives Unterrichtsverhalten im hier verstandenen Sinne angesehen werden (siehe dazu auch Brophy, 1983b; Brophy & Good, 1974). Die Tendenz, bestimmte Schülergruppen systematisch - oder gar in stereotyper Weise - unterschiedlich zu behandeln, stellt sicher kein uneingeschränkt günstiges Lehrerverhalten dar, da dadurch Erwartungseffekte ausgelöst werden können. Das Idealbild adaptiven Unterrichtens dürfte vielmehr dann gegeben sein, wenn der Lehrer sein Verhalten unabhängig von der allgemeinen Leistungsstärke einzelner Schüler auf die momentane Unterstützungsbedürftigkeit des Schülers abstimmt. Die Tendenz des Lehrers, sich in dieser Weise adaptiv zu verhalten, ist allerdings auch durch ein dyadisches Beobachtungsverfahren nicht ohne weiteres zu erfassen. Es ist unklar, wie solche Prozesse der Feinabstimmung überhaupt angemessen erfaßt werden können. Überlegungen dazu werden in Abschnitt 6.2.4. angestellt. Angesichts dieser Schwierigkeiten einer adäquaten Erfassung wurde versucht, wenigstens indirekten Aufschluß über die Adaptivität des Unterrichts zu bekommen. Zu diesem Zweck wurden Indikatoren, die zum Teil auf niedrig-inferenten Beobachterangaben, zum Teil auf Unterrichtsperzeptionsdaten oder Lehrerangaben beruhen, verwendet. Diese Indikatoren können allerdings nur ein sehr grobes und lückenhaftes Bild vermitteln.

Direkte Indikatoren fehlen ebenfalls für lernrelevante kognitive Aktivitäten der Schüler, durch die das Lernangebot des Lehrers genutzt und in Lernergebnisse umgesetzt wird. Es ist kennzeichnend für den Prozeß-Produkt-Ansatz, dem auch die vorliegende Untersuchung zuzurechnen ist, daß über Zwischenprozesse, die das Zustandekommen der Lernergebnisse auf Schülerseite erklären können, keine näheren Aussagen gemacht werden. Mit der Aufhellung solcher Zwischenprozesse beschäftigen sich Arbeiten im Rahmen des Cognitive-Mediational-Paradigm, die sich aber in ihrem methodischen Vorgehen grundlegend vom Prozeß-Produkt-Ansatz unterscheiden. Es bleibt so nur die Möglichkeit, die grundlegenden Prozeßvariablen um globale Mediationsvariablen, also um ebenfalls über verschiedene Stunden, Kontexte und Situationen aggregierte Indikatoren für Aufmerksamkeit, Unterrichtsperzeption, Verständnis, mathemagene Aktivitäten usw. zu erweitern. Hierfür liegen aber im Rahmen der Gesamtuntersuchung entweder keine oder keine hinreichend spezifischen Indikatoren vor. Dies gilt auch für die Variable 'Schüleraufmerksamkeit', die zwar umfassend erhoben wurde, aber nur einen sehr oberflächlichen Indikator für lernförderliche Schüleraktivitäten darstellt. Aus diesem Grunde wurde darauf verzichtet, Zwischenprozesse, die nur sehr unzureichend indikatorisiert werden können, näher zu analysieren.

Grenzen der kausalen Interpretierbarkeit. Der Zusammenhang zwischen diagnostistischer Kompetenz, Unterricht und dem Lernerfolg der Schüler wurde bislang kausal interpretiert: Durch Diagnosekompetenz moderierte Unterrichtsverhaltensweisen beeinflussen den Lernerfolg der Schüler.

Diese Kausalrichtung (Unterricht beeinflußt Leistung) wird im Rahmen des Prozeß-Produkt-Ansatzes meistens implizit unterstellt, obwohl die umgekehrte Kausalrichtung genauso möglich und vielfach nicht unplausibel ist (Doyle, 1977b).

Für die Kausalrichtung "Unterricht beeinflußt Leistung" spricht natürlich, daß die (vortestbereinigte) Leistung nach den Unterrichtsmerkmalen erhoben wurde. Dieser zeitliche Vorrang gilt allerdings nicht für die personenbezogene Diagnosekompetenz, die erst nach dem Effektkriterium erhoben wurde. Um Diagnosekompetenz als ein das Unterrichtsverhalten moderierendes Lehrermerkmal ansehen zu können, ist eine Konstanzannahme nötig (siehe Abschnitt 4.5.). Diese ist im vorliegenden Fall jedoch nicht direkt prüfbar. Betrachtet man diagnostische Kompetenz als ein intelligenzähnliches Konstrukt, so erscheinen hohe Stabilitätswerte vertretbar (vgl. Amelang & Bartussek, 1981 zur Stabilität von Intelligenz).

Stabilitäts- und Konstanzannahmen müssen darüber hinaus auch für das Unterrichtsverhalten gemacht werden. Sie sind Grundlage der gesamten bisherigen Prozeß-Produktforschung, da Beobachtungen meistens nur in einem verhältnismäßig kurzen Zeitraum stattfinden, die beobachteten Verhaltensmerkmale aber zur Erklärung der Leistungsentwicklung über einen längeren Zeitraum hinweg herangezogen werden. Es muß aber davon ausgegangen werden, daß Zusammenhänge zwischen Unterrichtsmerkmalen und -effekten sehr viel komplexerer Natur sind. Charakteristisch dürften reziproke Beziehungen sein, die in komplexeren kausalen Modellierungen der folgenden Art ihren Niederschlag finden müßten: Das Unterrichtsverhalten hängt ab von Eingangsmerkmalen wie dem Leistungsstand der Schüler, produziert bestimmte Wirkungen wie etwa Veränderungen des Leistungsstands, die wiederum das Unterrichtsverhalten zu einem späteren Zeitpunkt beeinflussen. Die Überprüfung solcher komplexen Beziehungen setzt entsprechend differenzierte und aufwendige Erhebungen, insbesondere Mehrfacherhebungen der Unterrichtsmerkmale, voraus, auf die in bisherigen Untersuchungen nicht zuletzt wegen des hohen Kostenaufwands in der Regel verzichtet wurde.

Darüberhinaus kann der Zusammenhang zwischen Unterricht bzw. spezifischen Unterrichtsvariablen und dem Lernerfolg auch durch den Einfluß von Drittvariablen zustande kommen. Denkbar wäre z.B., daß sowohl der Lernerfolg der Schüler wie auch das Unterrichtsverhalten des Lehrers ausschließlich durch bestimmte Schülermerkmale determiniert ist. Im Rahmen einer nicht-experimentellen Untersuchung ist es ferner nicht möglich, die beobachteten Effekte auf ganz spezifische Unterrichtsvariablen zurückzuführen, da diese in der Regel mit anderen Unterrichtsmerkmalen konfundiert sind. So ist im vorliegenden Fall unklar, ob die durch Diagnosekompetenz moderierte Unterrichtsstrukturierung als die eigentliche Determinante des Lernerfolgs angesehen werden kann. Denkbar - und bis zu einem gewissen Grade ja auch belegt - ist, daß der hohe Lernerfolg in der Optimalbedingung durch andere Faktoren (etwa allgemeine Unterrichtsqualitätsmerkmale wie eine geordnete Klassenführung) zustande kommt.

Festzuhalten ist: Eine kausale Interpretation der Art, daß die durch Diagnosekompetenz moderierte Unterrichtsstrukturierung Ursache des Lernerfolgs ist, kann nicht als streng nachgewiesen angesehen werden. Für einen solchen Kausalzusammenhang sprechen vor allem theoretische Überlegungen. Die umgekehrte Kausalrichtung, daß Klassen mit hohem Lernerfolg adaptives Unterrichten erleichtern und somit wahrscheinlicher machen, kann vom Design her natürlich nicht ausgeschlossen werden. Es erscheint aber nicht sehr plausibel, daß eine solche Interpretation den Effekt vollständig oder auch nur zum überwiegenden Teil erklärt. Es erscheint daher vertretbar, auch hier zumindest näherungsweise von der im Rahmen des Prozeß-Produkt-Ansatzes üblicherweise unterstellten Kausalrichtung auszugehen.

Problematisierung der Diagnosekennwerte. Es ist sicher nicht vertretbar, die in der vorliegenden Arbeit verwendeten Diagnosekennwerte als reines Maß für ein Personenmerkmal zu betrachten. Unterschiede in den Diagnosekennwerten können zum Teil auch auf Unterschiede in der Beschaffenheit des Kriteriums (z.B. der Streuung) zurückgeführt werden. Erfaßt man die Diagnosegenauigkeit durch ein Korrelationsmaß, dann ist mit dem Linsenmodell-Ansatz ein umfassendes Rationale verfügbar, das neben Urteilermerkmalen auch Merkmale der vorherzusagenden "Umwelt" berücksichtigt. Das Linsenmodell beschreibt die Situation, in der ein nicht direkt beobachtbares distales Merkmal (Kriterium) durch eine Reihe von proximalen Merkmalen (cues) vorherzusagen ist. Zwischen Kriterium und cues bestehen lediglich statistische Zusammmenhänge, so daß eine vollständig perfekte Vorhersage nicht möglich ist, sondern nur eine mehr oder weniger stark fehlerbehaftete Prädiktion. Die Vorhersage des Kriteriums erfolgt dabei durch eine gewichtete Kombination der cues.

Die Genauigkeit, mit der ein Urteiler das Kriterium vorhersagt, hängt von zwei Faktoren ab: (1) der Nutzung der verschiedenen cues durch den Urteiler, das heißt ihrer Gewichtung im Rahmen der Vorhersage, und (2) der objektiven Vorhersagbarkeit des Kriteriums durch die cues. Die sich aus der ökologischen Validität der cues ergebende Vorhersagbarkeit des Kriteriums stellt eine Obergrenze für die Urteilsgenauigkeit dar, sofern der Urteiler sein Urteil ausschließlich auf diese cues stützen kann. Bei diagnostischen Urteilen in realen Situationen ist jedoch unklar, welche cues der Urteiler heranzieht. Wie Stenson (1974) zeigt, ist es aber möglich, bestimmte Parameter des Linsenmodells auch ohne Kenntnis der zugrundeliegenden cues zu bestimmen. Die obere Grenze der Vorhersageleistung ist dabei, analog zu entsprechenden testtheoretischen Ergebnissen, gleich dem Reliabilitätsindex des Kriteriums. Zugrundezulegen ist dabei die für den jeweiligen Urteiler maßgebliche Reliabilität des Kriteriums, also die differentielle Reliabilität des Kriteriums. Sie läßt sich als Obergrenze der klassenspezifischen Vorhersagbarkeit des Kriteriums, im vorliegenen Fall also der Schülertestleistungen, auffassen.

Unterschiede in der klassenspezifischen Vorhersagbarkeit der Schülerleistungen sind jedoch keine objektiv vorgegebenen Umwelteigenschaften, sondern werden zumindest zum Teil durch das Unterrichtsverhalten des Lehrers produziert. Ein Lehrer, der die Schüler dazu bringt, in schulischen Leistungssituationen und insbesondere Testsituationen diszipliniert und konzentriert zu arbeiten und sich anzustrengen, wird im Vergleich zu einem Lehrer, dessen Schüler solche Leistungs- und Testsituationen je nach "Lust und Laune" hinter sich bringen, stabilere und objektiv besser vorhersagbare Testleistungen erhalten und so auch bessere Voraussetzungen für eine hohe Urteilsgenauigkeit schaffen. Die Urteilsgenauigkeit wäre somit zum Teil Ausdruck grundlegender unterrichtlicher Kompetenzen wie etwa Aufrechterhaltung einer geordneten Klassenführung, Schaffung eines leistungsförderlichen Klassenklimas. Dies zeigt, daß bestimmte Aspekte der diagnostischen Kompetenz auch anders - im Prinzip sogar noch umfassender - interpretiert werden können. Um derartige Überlegungen in angemessener Weise zu berücksichtigen, wären sehr viel komplexere Modellbildungen nötig.

6.1.4 Bezug zum Forschungsstand

Bevor die eigentliche Interpretation der Befunde vorgenommen wird, soll zunächst der globale Bezug der Arbeit zum Forschungsstand hergestellt werden. Dies ist hauptsächlich nach zwei Richtungen hin möglich: (a) durch eine Einordnung in die Forschungen zur Effektivität von Unterricht, (b) durch Bezugnahme auf Forschungen zu Lehrerkognitionen und zur Urteilsgenauigkeit von Lehrern. Die vorliegende Arbeit liegt im Schnittpunkt dieser beiden Forschungsansätze. Weiterführende, über die Datenlage hinausweisende Perspektiven sollen in einem späteren Abschnitt dargestellt werden.

Effektivität von Unterricht. Die vorliegende Arbeit hat ihren Ausgangspunkt in der Forschungstradition des Prozeß-Produkt-Paradigmas. Die Prozeß-Produkt-Forschung versucht, niedrig-inferente Maße des Unterrichtsverhaltens von Lehrern mit Effektkriterien des Unterrichts in Beziehung zu setzen und auf diese Weise zu einer Erklärung der Wirkungen von Unterricht beizutragen. Ein solcher Forschungsansatz bedeutete im Vergleich zu älteren Arbeiten, bei denen Personenmerkmale von Lehrern (traits) mit Produktmaßen (meist globalen Bewertungen der Unterrichtseffektivität) verknüpft wurden, in theoretischer und praktischer Hinsicht einen beträchtlichen Fortschritt. Aus theoretischer Sicht wird der Erklärungsabstand zwischen Lehrervariablen und Effektmaßen wesentlich verkürzt, da mit dem Unterrichtsverhalten ein notwendiges Zwischenglied zwischen distalen Personmerkmalen und Effektkriterien einbezogen und explizit untersucht wird. In praktischer Hinsicht sind Verbesserungen der Unterrichtseffektivität leichter möglich, da Hinweise auf Verhaltensänderungen unmittelbar verfügbar sind. Forschungen im Rahmen des Prozeß-Produkt-Ansatzes erbrachten eine Reihe von teilweise gut replizierten Befunden über effektives Lehrerverhalten (siehe etwa Dunkin & Biddle, 1974; Rosenshine, 1971; Peterson & Walberg, 1979). In neueren Arbeiten wird jedoch verstärkt auf Grenzen und Beschränkungen des

Prozeß-Produkt-Ansatzes hingewiesen, deren Überwindung im Zuge künftiger Forschung anzustreben ist (siehe etwa Brophy, 1979, 1986; Brophy & Good, 1986). Dabei sind zwei wesentliche Trends auszumachen:

(1) Zunehmend beachtet werden Faktoren, die den Zusammenhang zwischen Unterrichtsverhalten und Lernerfolg moderieren. Dabei handelt es sich in erster Linie um Kontextbedingungen wie Klassenstufe, Stoffgebiet und Unterrichtsform (Brophy, 1979; Brophy & Good, 1986).

(2) Während bislang meistens einfache Verhaltenshäufigkeiten zur Quantifizierung des Unterrichtsverhaltens verwendet wurden, wird nun zunehmend eine stärkere Beachtung der Angemessenheit der Verhaltensausführung gefordert (Brophy, 1979; Brophy & Good, 1986; Burns, 1984; Medley, 1979). Forschungen der letzten Jahre haben deutlich gemacht, daß effektives Unterrichten weniger durch den häufigen Einsatz einiger zentraler Verhaltensweisen charakterisiert ist, sondern durch die "Orchestrierung" eines breiten Repertoires an Verhaltensweisen, Maßnahmen und Techniken und deren Anpassung an die spezifischen Gegebenheiten (Brophy, 1986). Es kommt dabei stärker auf die Qualität der Verhaltensausführung (wie und wie gut Instruktionsaufgaben ausgeführt werden und nicht wie oft; also auf Faktoren wie 'appropriateness' und 'timing') an als auf rein quantitative Unterschiede.

Auf dem Hintergrund dieser Zielrichtungen künftiger Forschung ist der Beitrag der vorliegenden Arbeit wie folgt zu sehen: Zunächst weist die Arbeit insofern über einen einfachen Prozeß-Produkt-Ansatz hinaus, als moderierende Bedingungen für den Zusammenhang zwischen Unterrichtsverhalten und Effektmaßen in Betracht gezogen werden. Allerdings handelt es sich dabei nicht um Kontextmerkmale, sondern um ein Lehrermerkmal. Im Unterschied zu älteren Ansätzen wird hier jedoch nicht in weitgehend untheoretischer Weise eine Beziehung zwischen Lehrermerkmal und Unterrichtseffekten (presage-product-research; Brophy & Good, 1986) herzustellen versucht, sondern es wird ganz gezielt versucht, die Rolle einer aus theoretischer Sicht bedeutsamen Kompetenz für das Unterrichtsverhalten herauszuarbeiten. Diagnosekompetenz wird als eine für die Anpassung des Unterrichtsverhaltens an die Lernvoraussetzungen der Schüler wichtige kognitive Fähigkeit angesehen, wobei die Verknüpfung von hoher Diagnosekompetenz mit bestimmten Verhaltensmerkmalen des Lehrers im Sinne einer adaptiven Verhaltensoptimierung interpretiert wird.

Auf diese Weise ist ein Bezug zu neueren theoretischen Arbeiten hergestellt, die eine stärkere Berücksichtigung von Faktoren wie Angemessenheit und Qualität des Unterrichtsverhaltens fordern. Obwohl solche qualitativen Aspekte des Unterrichtsverhaltens im vorliegenden Fall nicht direkt erfaßt, sondern nur aus der Verknüpfung relevanter Merkmale erschlossen wurden, kann das Ergebnis dieser Arbeit zumindest als indirekter Beleg dafür angesehen werden, daß qualitative Faktoren der Verhaltensausführung von großer Bedeutung für den Unterrichtserfolg der Schüler sind. Es erscheint damit also fruchtbar und ergiebig, Merkmale der Verhaltensausführung künftig gezielter zu untersuchen und einer direkten Messung zuzuführen.

Lehrerkognitionen und Urteilsgenauigkeit. Unterrichtsbezogene Diagnoseleistungen sind als ein wichtiges Mittel der unterrichtlichen Handlungssteuerung anzusehen. Prozesse und Variablen, die zur Erklärung unterrichtlichen Handelns beitragen, erfreuen sich seit einigen Jahren eines regen Forschungsinteresses, wie die Vielzahl von Arbeiten zum Themenbereich 'Lehrerkognitionen' belegt (siehe etwa Clark & Peterson, 1986; Hofer, 1986; Shavelson & Stern, 1981). Lehrerkognitionen umfassen sowohl die in der Unterrichtssituation bewußt ablaufenden Denkprozesse als auch der Vorhersage und Erklärung dienende Konstrukte und Variablen, die nicht notwendigerweise als Beschreibungen der "Wirklichkeit" anzusehen sind, sondern nur "Als-Ob"-Charakter haben (Hofer, 1986, S.23). So gesehen kann man subjektive Diagnoseleistungen im Unterrichtsverlauf - unabhängig davon, welchen Grad der Bewußtheit und Reflexion man ihnen einräumen will - als eine spezielle Form von Lehrerkognition betrachten.

Die vorliegende Arbeit befaßt sich mit der Genauigkeit dieser subjektiven Diagnosen, also ihrem Produkt- oder Güteaspekt. Obwohl Forschungen zur Urteilsgenauigkeit von Lehrern in den letzten Jahren eine gewisse Renaissance erlebt haben, gibt es erstaunlicherweise nur wenige Arbeiten, die die Genauigkeit von diagnostischen Einschätzungen in ihrer Bedeutung für das unterrichtliche Handeln analysiert haben (Coladarci, 1986). Lediglich eine neuere Arbeit untersucht explizit den Zusammenhang zwischen diagnostischer Kompetenz und dem Lernerfolg der Schüler (Fisher, Filby et al., 1978). Die vorliegende Arbeit geht dabei in mehrfacher Hinsicht über die Arbeit von Fisher et al. hinaus: Im Unterschied zu Fisher et al. werden verschiedene Formen und Aspekte diagnostischer Kompetenz unterschieden und auf ihren Zusammenhang hin untersucht, wobei bestimmte in der Fisher-Studie vorhandene Schwächen der Operationaliserung vermieden werden. Außerdem wird ein Zusammenhang zwischen diagnostischer Kompetenz und verschiedenen allgemeinen Personen- und Lehrermerkmalen hergestellt. Vor allem wird aber der Bezug der Diagnosefähigkeit zum Lernerfolg der Schüler umfassender herausgearbeitet und analysiert und durch eine vergleichende Charakterisierung verschiedener Lehrergruppen ergänzt. Außerdem wird versucht, differentielle Beziehungen herauszuarbeiten. Während Fisher et al. sich auf die Analyse einfacher Zusamenhänge beschränken, steht hier die Überprüfung interaktiver Effekte im Mittelpunkt. Unabhängig von diesen Unterschieden in Untersuchungsanlage, Analysestrategie und schließlich auch Ergebnis belegen aber sowohl die Studie von Fisher, Filby et al. (1978) als auch die vorliegende Arbeit die Bedeutung diagnostischer Kompetenz für das Lernerfolg der Schüler.

6.1.5 Diskussion der Ergebnisse

Eine erste Interpretation einzelner Befunde war bereits unmittelbar im Anschluß an die Darstellung der jeweiligen Ergebnisse vorgenommen worden. Im folgenden soll nun versucht werden, diese Einzelinterpretationen unter übergreifenden Gesichtspunkten zusammenzufassen und zu integrieren. Ziel der Arbeit war es, die Bedeutung diagnostischer Kompetenz für die Gestaltung und Effektivität des Unterrichts herauszuarbeiten. Das globale Fazit der Arbeit läßt sich vielleicht am besten dadurch charakterisieren, daß man die gewonnenen Befunde an einfachen Plausibilitätserwartungen mißt. Eine generelle Plausibilitätsannahme, die als Ausgangspunkt der vorliegenden Arbeit verstanden werden könnte, ist die, daß der "gute" Lehrer zugleich auch ein guter Diagnostiker ist, und umgekehrt. Dahinter verbergen sich genaugenommen drei Erwartungen: (1) Diagnostische Kompetenz ist ein globales Merkmal (das heißt: wer bezüglich eines Aspekts diagnostischer Kompetenz hohe Ausprägungen aufweist, weist auch bei anderen Aspekten hohe Ausprägungen auf). (2) Diagnostische Kompetenz ist ein Merkmal, das eng mit anderen wünschenswerten Lehrermerkmalen zusammenhängt (Daraus folgt: Diagnostisch kompetente Lehrer zeichnen sich auch durch hohe Ausprägungen anderer Merkmale aus). (3) Die Diagnosekompetenz von Lehrern ist für den Lernerfolg der Schüler bedeutsam (Das heißt: Diagnostisch kompetente Lehrer erzielen höhere Lernerfolge bei ihren Schülern).

Die Ergebnisse der vorliegenden Arbeit sprechen gegen alle drei dieser plausiblen Annahmen: Diagnostische Kompetenz ist offenbar kein globales Merkmal, sondern setzt sich aus verschiedenen, weitgehend voneinander unabhängigen Bestandteilen zusammen. Diagnostisch kompetente Lehrer zeichnen sich nicht unbedingt durch höhere Ausprägungen verschiedener günstiger Person- und Unterrichtsmerkmale aus. Diagnostisch kompetente Lehrer sind nicht unbedingt auch die erfolgreicheren Lehrer, sondern erzielen nur unter bestimmten Bedingungen des Unterrichtens höhere Lernerfolge. Die Ergebnisse sprechen damit also eher dafür, daß Diagnosekompetenz aus verschiedenen sehr spezifischen Teilfähigkeiten besteht, die sich deutlich von anderen unterrichtsrelevanten Merkmalen abgrenzen lassen und denen eine recht spezifische Bedeutung für das unterrichtliche Handeln zukommt.

Zusammenhänge zwischen verschiedenen Aspekten diagnostischer Kompetenz. Erstes Teilergebnis ist die Spezifität einzelner diagnostischer Kompetenzen, insbesondere die Unabhängigkeit von personen- und aufgabenbezogener Diagnosekompetenz. Personenbezogene Diagnosekompetenz wurde hier als Fähigkeit des Lehrers verstanden, Leistungsunterschiede zwischen Schülern zutreffend wahrzunehmen und einzuschätzen; aufgabenbezogene Diagnosekompetenz dementsprechend als Fähigkeit, Schwierigkeitsunterschiede zwischen Aufgaben zutreffend zu beurteilen. Schülerleistungen und Aufgabenschwierigkeiten sind voneinander unabhängige Varianzquellen. Auf den "zweiten Blick" ist es daher nicht allzu überraschend, daß beide diagnostischen Teilfähigkeiten voneinander unabhängig sind. Die Unterscheidung zwischen personen- und aufgabenbezogener Diagnosefähigkeit entspricht in etwa der von Bronfenbrenner, Harding & Gallwey (1958) getroffenen Unterscheidung von zwei grundlegenden, voneinander unabhängigen Fähigkeiten der interpersonalen Wahrnehmung: (a) der Sensitivität gegenüber dem "generalisierten Anderen", das heiβt der Kenntnis der "sozialen Norm" oder der typischen Antwort einer Gruppe oder einer Population (entsprechend der Cronbach'schen Stereotype-Accuracy-Komponente), (b) der Sensitivität gegenüber individuellen Differenzen, das heiβt der Abweichungen der Personen vom Gruppendurchschnitt (die üblicherweise mit der Cronbach'schen Differential-Accuracy-Komponente in Zusammenhang gebracht wird). Neuere Befunde der Urteilsgenauigkeitsforschung, die methodisch unproblematisch sind, deuten ebenfalls auf die Existenz mehrerer voneinander unabhängiger Komponenten der Urteilsgenauigkeit hin (Cline & Richards, 1960, 1961; Murphy et al., 1982).

Diagnostische Einschätzungen der Art, wie sie von den Lehrern verlangt wurden, sind komplexe kognitive Informationsverarbeitungsleistungen, die in hohem Maβe gedächtnisabhängig sind (Feldman, 1981). Sie kommen dadurch zustande, daβ das im Gedächtnis gespeicherte Wissen im Hinblick auf die Erfordernisse der jeweiligen Urteilsaufgabe abgesucht wird. Angesichts des Umstandes, daβ selbst einfach erscheinende Gedächtnisaufgaben komplex sind und aus verschiedenen Teilprozessen bestehen (siehe Johnson & Hasher, 1987), ist es nicht verwunderlich, daβ verschiedene Urteilskompetenzen nicht zusammenhängen. Zudem greift der diagnostizierende Lehrer bei personen- und aufgabenbezogenen Urteilen vermutlich auf unterschiedliche Wissensbestände zurück. Personenbezogene Urteile des Lehrers basieren offenbar auf sehr spezifischen Informationen über die Schüler der eigenen Klasse und ihrem Leistungsverhalten in bestimmten Situationen und bei bestimmten Anforderungen, das aber in allgemeinere Wissensbestände oder Schemata wie etwa dem Wissen über die bei Schülern dieser Altersstufe generell zu erwartenden Kenntnisse und Fähigkeiten eingebettet sein dürfte (Clark & Peterson, 1986). Ganz entsprechend ist das Aufgabenwissen des Lehrers vermutlich Bestandteil allgemeinerer Wissensstrukturen über den Unterrichtsstoff, seinen Aufbau, seinen Bestandteilen und seiner Schwierigkeit für Schüler unterschiedlicher Alters- und Fähigkeitsstufen (Leinhardt & Smith, 1985). Es erscheint durchaus plausibel, daβ es mehr oder weniger starke Verknüpfungen zwischen personen- und aufgabenbezogenen Wissen geben könnte. Die Ergebnisse dieser Arbeit deuten allerdings darauf hin, daβ es sich bei personen- und aufgabenbezogenem Wissen um separate Wissensbestände handelt. Denkbar ist aber, daβ das Wissen über Personen und Aufgaben zumindest bei einzelnen Lehrern stärker vernetzt ist. Man kann erwarten, daβ solche Lehrer besonders genaue und umfassende Urteilskompetenzen entwickelt haben, die eine besonders effektive Unterrichtsgestaltung erlauben.

Eine hohe, umfassende und für das unterrichtliche Handeln bedeutsame Diagnosefähigkeit erfordert aber sicher nicht allein eine reichhaltige und hinreichend vernetzte Wissensstruktur, sondern zusätzlich auch eine besonders effiziente, auf die Erfordernisse des unterrichtlichen Handelns abgestimmte Informationsverarbeitung. Laut Clark & Peterson (1986) zeichnet sich der effektive Lehrer durch eine besondere Zweckmäßigkeit und Ökonomie der Informationsverarbeitung aus. Das heißt, er achtet vermutlich gezielter auf wichtige Informationen, vernachlässigt irrelevante Informationen und verknüpft bestimmte Informationen angemessener mit gespeichertem Wissen und mit Handlungsentwürfen.

Eine zentrale Annahme dieser und anderer einschlägiger Arbeiten (etwa Coladarci, 1986) ist, daß die im Rahmen solcher Untersuchungen benutzten Urteilsaufgaben den situativen Urteilserfordernissen des Unterrichts gleichgesetzt werden können oder doch zumindest nahekommen. Diese Annahme ist aber nicht direkt nachgewiesen. Eine wichtige Unterscheidung dürfte auf jeden Fall sein, daß die in der Unterrichtssituation abgegebenen Einschätzungen weniger gedächtnisabhängig sind, sondern sehr viel stärker auf einer Kombination von unmittelbar wahrgenommener und im Gedächtnis verfügbarer Information basieren. Eine weitere, mindestens partiell gültige Unterscheidung könnte sein, daß vom Untersucher gestellte Urteilsaufgaben bewußte und strategische Aspekte des Urteilens begünstigen, während in der Unterrichtssituation automatisierte Prozesse eine größere Rolle spielen dürften. In künftigen Untersuchungen sollte daher versucht werden, die in der Unterrichtssituation selbst ablaufenden Diagnoseprozesse zum Gegenstand der Analyse zu machen. Nur so kann abgeschätzt werden, ob außerhalb des Unterrichts verwendete Urteilsaufgaben hinreichend valide sind.

Zusammenhänge diagnostischer Kompetenz mit anderen Lehrermerkmalen. Das zweite zentrale Ergebnis betrifft den Zusammenhang zwischen diagnostischer Kompetenz und verschiedenen Merkmalen des Kontexts und des Lehrers. Die in einem Falle zu Tage getretene Kontextabhängigkeit der Diagnosekennwerte zeigt die Notwendigkeit, zwischen Diagnoseleistung und Diagnosefähigkeit zu unterscheiden. Bedeutsam erscheint jedoch vor allem die relative Unabhängigkeit diagnostischer Kompetenz von verschiedenen Personen- und Unterrichtsmerkmalen des Lehrers. Dieses Ergebnis unterstreicht die zuvor aufgezeigte Spezifität diagnostischer Kompetenz.

Diagnostische Kompetenz ist demnach nicht einfach Bestandteil eines Musters von Merkmalen, das den "guten" Lehrer ausmacht. Dies gilt zunächst für verhaltensferne Personenmerkmale des Lehrers. Einschränkend ist jedoch noch einmal darauf hinzuweisen, daß Fähigkeitsmerkmale der Lehrer wie Intelligenz in der vorliegenden Untersuchung nicht erfaßt wurden. Die weitgehende Unabhängigkeit diagnostischer Kompetenz von nicht-fähigkeitsbezogenen Personenmerkmalen schließt praktisch aus, daß allgemeine Zielvorstellungen, Orientierungen und Bewertungen für die Ausbildung diagnostischer Kompetenz eine wichtige Rolle spielen. Darüber hinaus ist auch kein Zusammenhang mit wichtigen Unterrichtsmerkmalen nachweisbar. Diagnostische Kompetenz ist damit offenbar auch keine Fähigkeit, die sich parallel zu oder in Verflechtung mit diesen Unterrichtsmerkmalen ausbildet, zumindest wenn man regelhafte, sich linear über den gesamten Ausprägungsbereich der Merkmale erstreckende Zusammenhänge unterstellt. Die Ergebnisse der Arbeit sprechen vielmehr dafür, daß Diagnosekompetenz ein von den eigentlichen Unterrichtsmerkmalen abgrenzbares Merkmal darstellt, das vermutlich auch von anderen Faktoren beeinflußt wird. Dies läßt die Frage nach Koppelungsbeziehungen zwischen diagnostischer Kompetenz und anderen Merkmalen sinnvoll erscheinen.

Wirkungen diagnostischer Kompetenz. Zentrales Ergebnis der Untersuchung ist die Beziehung zwischen Diagnosekompetenz des Lehrers und dem Lernerfolg der Schüler. Die einfache Plausibilitätserwartung, daß diagnostisch kompetente Lehrer auch erfolgreicher sind als andere, bestätigt sich dabei nicht; für sich genommen hängt die Diagnosekompetenz überhaupt nicht mit dem Lernerfolg der Schüler zusammen. Hohe Diagnosekompetenz ist vielmehr erst dann mit hohem Lernerfolg verbunden, wenn gleichzeitig eine hohe Ausprägung bestimmter Unterrichtsmerkmale vorliegt. Einleuchtenderweise zeigt sich also, daß Diagnosekompetenz erst dann wirksam werden kann, wenn sie in ein geeignetes Unterrichtsverhalten umgesetzt wird. Mehr noch: Das für die Umsetzung diagnostischer Kompetenz geeignete Unterrichtsverhalten muß offenbar mit einer gewissen Mindesthäufigkeit ausgeführt werden, die nicht bei allen Lehrern vorausgesetzt werden kann. Hätten nämlich alle Lehrer diese Mindesthäufigkeit realisiert, so wäre ein Haupteffekt diagnostischer Kompetenz zu erwarten gewesen.

Etwas anders betrachtet kann die Wirkung diagnostischer Kompetenz darin gesehen werden, daß die Effizienz bestimmter Unterrichtsverhaltensweisen moderiert wird. Bestimmte Unterrichtsverhaltensweisen haben also offenbar nur dann einen Effekt - beziehungsweise erreichen ihre maximale Effizienz erst dann -, wenn sie von einem Lehrer mit hoher Diagnosekompetenz ausgeführt werden. So gesehen kann man Diagnosekompetenz in folgendem Sinne als eine Art Katalysator sehen: Das Vorhandensein hoher diagnostischer Kompetenz beeinflußt das Unterrichtsverhalten, ohne jedoch für sich genommen einen Einfluß zu haben. Zutreffende Lehrerdiagnosen optimieren ganz offensichtlich die lernförderliche Wirkung bestimmter Unterrichtsmaßnahmen und -verhaltensweisen. Die Optimierung kann in einer besseren Anpassung der Maßnahmen und Verhaltensweisen an die Lernvoraussetzungen der Schüler gesehen werden. Fisher, Filby et al. (1978) erklären die Wirkung diagnostischer Kompetenz damit, daß Lehrer mit hoher Diagnosekompetenz besser in der Lage sein sollten zu entscheiden, welche Aufgabenstellungen für den Schüler angemessen sind. Sie bezeichnen diesen Faktor als "appropriateness" des Unterrichtsangebots (instructional program) und verstehen darunter eine Integration von zwei "Planungsfunktionen" - Diagnose und Festlegung des Lernangebots ("prescription"). Das bedeutet, Lehrerdiagnosen kommen danach vor allem im Zusammenhang mit präaktiven Unterrichtsentscheidungen, die in den verschiedenen Phasen der Unterrichtsvorbereitung getroffen werden, zur Geltung.

Diese Interpretation kann jedoch nicht vollständig überzeugen. Der Grad der Passung zwischen Lernvoraussetzungen und Unterrichtsangebot dürfte nur teilweise im Stadium der Planung festgelegt werden. Möglicherweise - oder sogar sehr wahrscheinlich - fallen hier Vorentscheidungen, die für den weiteren Unterrichtsverlauf und die Angemessenheit des Unterrichts von Bedeutung sind. Die eigentliche Anpassungsleistung des Lehrers dürfte aber erst im Laufe der Unterrichtsdurchführung zum Tragen kommen, also durch Mikroadaptationen im engeren Sinne charakterisiert sein. Verschiedene Arbeiten zur Erforschung von Lehrerkognitionen (insbesondere Fogarty et al., 1983) verweisen auf die Bedeutung interaktiver Unterrichtsentscheidungen für adaptives Unterrichtsverhalten. Die Fähigkeit, im Rahmen solcher interaktiven Entscheidungen zutreffende leistungsbezogene Einschätzungen abgeben zu können, wird dabei als besonders bedeutsam angesehen (Coladarci, 1986).

Für die Interpretation, daβ diagnostische Kompetenz vor allem im Stadium der Unterrichtsdurchführung wirksam wird, könnten möglicherweise auch die festgestellten Wechselwirkungen sprechen. Bei allen drei einschlägigen Unterrichtsmerkmalen - der Häufigkeit von Strukturierungshilfen, individuellen fachlichen Zuwendungen und Aufgabenstellungen - handelt es sich um Unterrichtsverhaltensweisen, deren Einsatz wohl nur schwer vorab im Detail geplant werden kann, sondern die zum erheblichen Teil aus der Situation heraus entwickelt werden müssen. Daβ Diagnosekompetenz die Wirkung nicht exakt planbarer Unterrichtselemente moderiert, könnte ein Beleg dafür sein, daβ diagnostische Kompetenz vor allem im Stadium der Unterrichtsdurchführung zum Tragen kommt. Wirklich entscheidbar ist die Frage aufgrund der Datenlage natürlich nicht.

Es wird also davon ausgegangen, daβ die Anpassung des Unterrichts an die Lernvoraussetzungen der Schüler kein einmaliger Akt, sondern ein fortlaufender Prozeβ der Feinabstimmung ist. Eine solche fortlaufende Abstimmung kann durch testgestützte Diagnosen nur sehr bedingt erreicht werden; daher sind informelle Diagnoseleistungen in diesem Zusammenhang von besonderer Bedeutung. Fortlaufende Anpassungen sind zum einen wegen der beschränkten Planbarkeit vieler Unterrichtsphasen wichtig, zum anderen aber natürlich auch deshalb, weil sich die Lernvoraussetzungen der Schüler ständig ändern und weil Unterrichtsmaβnahmen nur "greifen" können, wenn sie am aktuell vorhandenen Können und Verstehen ansetzen. Die vorliegende Arbeit problematisiert und elaboriert mithin einen Problembereich, der im Rahmen pädagogischer Diagnostik üblicherweise nicht weiter beachtet wird, nämlich die informellen und intuitiven Diagnose- und Anpassungsleistungen des Lehrers, deren mehr oder weniger erfolgreiches Gelingen meistens als selbstverständlich vorausgesetzt wird.

Unterrichtsmaβnahmen müssen in einer angemessenen Schwierigkeitsdosierung "verabreicht" werden, um den Lernprozeβ zu optimieren. Was eine angemessenene Schwierigkeit ist, kann nur in Relation zum einzelnen Schüler und dessen aktuell erreichten Kenntnissen und Fähigkeiten gesehen werden, die wiederum vom Lernverlauf abhängen. Das heiβt, der Lehrer muβ sich sowohl um eine angemessene Variation der Schwierigkeit im zeitlichen Verlauf (also längsschnittlich) als auch um eine angemessene Individualisierung der Schwierigkeit (also querschnittlich) bemühen, wenn er optimale Ergebnisse erreichen will. Der Lehrer hat verschiedene Möglichkeiten, die Schwierigkeit zu regulieren. Eine Grundvoraussetzung für jede Schwierigkeitsdosierung ist sicherlich, daß die für die Bewältigung einer Lernaufgabe notwendigen Lernvoraussetzungen (Kenntnisse, Fähigkeiten) hinreichend berücksichtigt werden. Der Untersuchung von Fisher, Berliner et al. (1980) zufolge ist ein Unterricht umso leistungsförderlicher, je mehr Gelegenheit den Schülern zur Bearbeitung von Aufgaben gegeben wird, die sie erfolgreich lösen können. Natürlich können auch sehr schwierige - für die Schüler mit den verfügbaren Kenntnissen nur schwer lösbare - Lernaufgaben dadurch, daß sie besondere Lernanreize für die Schüler darstellen, positive Wirkungen haben. Der Einsatz derartiger Problemaufgaben dürfte jedoch - zumindest in den unteren Klassen und bei leistungsschwächeren Schülern - nur dann zu empfehlen sein, wenn er eher sparsam vor dem Hintergrund eines in kleinen Schritten planmäßig durchgeführten Wissensaufbaus erfolgt (vgl. Fenstermacher, 1980).

Eng verwandt, aber nicht identisch mit der Steuerung der Unterrichtsschwierigkeit ist die Regulierung des Unterrichtstempos, also der Umfang des pro Zeiteinheit durchgenommenen Stoffs. Aus theoretischer Sicht ist ein kurvilinearer Zusammenhang zwischen Unterrichtstempo und der Menge des gelernten Stoffs zu erwarten (Brophy, 1979; Jorgenson, 1977), wobei die Menge des Gelernten zunächst mit wachsendem Unterrichtstempo zunimmt, schließlich ein Maximum erreicht und dann wieder abnimmt.[15] Die Regulierung des Unterrichtstempos erfolgt durch die "Entscheidung" des Lehrers, von einem Stoffbereich zum nächsten überzugehen. Wie diese Entscheidungen im einzelnen zustande kommen, ist bislang noch weitgehend ungeklärt. Ein diagnostisch kompetenter Lehrer sollte jedoch besser in der Lage sein, derartige Entscheidungen zu optimieren.

Eine Möglichkeit der Schwierigkeitsregulierung ist die Variation formaler Verständlichkeitsmerkmale wie Einfachheit, Gliederung und Prägnanz (siehe etwa Langer, Schulz von Thun & Tausch, 1974). Diese Merkmale sind vor allem für die angemessene Gestaltung von längeren Darstellungen und Erklärungen relevant. Diagnostische Kompetenz dürfte hierfür jedoch keine große Rolle spielen, da sich bei diesen Unterrichtsmerkmalen wohl eher um habituelle und situationsunspezifische Verhaltensmerkmale handeln dürfte, die vom Lehrer vermutlich nicht zielgerecht variiert werden.

Eine weitere Möglichkeit ist schließlich der Einsatz von Hilfen und Anregungen, wie sie hier unter strukturierenden Maßnahmen zusammen-

---

[15]Empirisch zeigen sich in der Regel einfache positive Zusammenhänge zwischen Unterrichtstempo und Menge des gelernten Stoffs (Brophy, 1979). Das heißt mit anderen Worten: Ein extrem hohes Unterrichtstempo, das bereits wieder lernmindernd wirkt, kommt so gut wie gar nicht vor; vermutlich deshalb, weil der Lehrer mit der Regulierung des Unterrichtstempos vor allem auch Management-Ziele verfolgt: Ein überfordernder Unterricht ist mit Management-Problemen verbunden und wird vom Lehrer deshalb unbedingt zu vermeiden versucht (siehe Doyle, 1979).

gefaßt wurden. Es handelt sich dabei um Maßnahmen, die folgendes umfassen: Die Strukturierung von Sachverhalten und Lernverläufen, die Herstellung eines Bezuges zwischen dem zu vermittelnden Stoff und einschlägigen Vorkenntnissen, die Hervorhebung von Teilaspekten des Stoffs, das Beheben aktueller Lernschwierigkeiten durch geeignete Hilfen und Anstöße und das nochmalige Erklären nicht verstandenen Stoffes. Bei solchen strukturierenden Maßnahmen geht es vermutlich vor allem um ein richtiges "Timing" und den adressatengerechten Einsatz der Maßnahme. Beides setzt voraus, daß der Lehrer über ein Mindestmaß an diagnostischer Kompetenz verfügt. Aus der Sicht des lernenden Schülers betrachtet, müßte der diagnostisch kompetente Lehrer in der Lage sein, die kognitiven Lernaktivitäten der Schüler in besonders effektiver, "einfühlsamer" Weise zu steuern und zu unterstützen (siehe Winne, 1985a, 1985b). Darauf wird an späterer Stelle noch genauer einzugehen sein.

Die Ergebnisse der Arbeit sprechen dafür, daß der Lehrer sein diagnostisches Wissen vor allem zur Optimierung strukturierender Maßnahmen einsetzt. Da Indikatoren für das Unterrichtstempo in der vorliegenden Untersuchung nicht verfügbar sind, gibt es keinen direkten empirischen Beleg dafür, daß der Lehrer durch seine informellen Diagnoseleistungen auch das Unterrichtstempo optimiert. Dafür, daß diagnostisch kompetente Lehrer besser in der Lage sind, die Schwierigkeit ihrer Aufgabenstellungen auf die Schülerleistungen abzustimmen, gibt es dagegen Hinweise. Ebenso wie im Falle von Hilfestellungen handelt es sich dabei ebenfalls um recht spezifische Anpassungsleistungen des Lehrers.

Das Zusammentreffen hoher diagnostischer Kompetenz mit hoher Unterrichtsstrukturierung wurde im Sinne einer hohen Adaptivität dieser Unterrichtsverhaltensweisen interpretiert, was nicht zuletzt wegen des nicht-additiven Zusammenwirkens beider Faktoren gerechtfertigt schien. Direkte Aussagen dazu sind aber nur in sehr beschränktem Maße möglich, weil die adaptiven Prozesse lediglich interpretativ erschlossen, nicht dagegen regelrecht nachgewiesen werden konnten. Eine indirekte Überprüfung anhand verschiedener grober Indikatoren adaptiven Unterrichtens erbrachte zwar einige positive Ergebnisse, kann aber nicht als eindeutiger Nachweis angesehen werden.

Besonders hingewiesen werden muß noch einmal auf die teilweise Konfundierung des hier unterstellten adaptiven Unterrichtens mit allgemeinen Unterrichtsmerkmalen, insbesondere hohen Klassenführungsfähigkeiten des Lehrers. Die hohe Ausprägung allgemeiner Unterrichtsmerkmale in der Optimalbedingung kann zum Teil natürlich als Alternativhypothese für die hier vertretene theoretische Deutung des Befundes angesehen werden. Zumindest die hohe Ausprägung der Management-Fähigkeiten bei dieser Lehrergruppe läßt sich jedoch in sehr überzeugender Weise als notwendige Rahmenbedingung für die Feinabstimmung des Unterrichts ansehen. Daß eine geordnete und effektive Klassenführung eine notwendige Voraussetzung für eine optimale

Instruktion darstellt, ist einer der zentralen Befunde der gesamten Prozeß-Produkt-Forschung (siehe etwa Brophy, 1979, 1986).

Interpretiert man den Unterricht in der Optimalbedingung (Diagnosekompetenz hoch - Strukturierung hoch) im Sinne adaptiven Unterrichtens, so muß es sich bei den drei anderen Kombinationen von Diagnosekompetenz und Strukturierung zwangsläufig um verschiedene Formen der Nichtadaptivität handeln. Man muß natürlich fragen, inwieweit die drei suboptimalen Unterrichtsbedingungen hinsichtlich ihrer Adaptivität äquivalent sind. Vom empirischen Ergebnis her betrachtet nimmt zumindest die durch hohe Diagnosekompetenz und niedrige Strukturierung gekennzeichnete Unterrichtsbedingung mit ihrem ausgesprochen ungünstigen Leistungsergebnis eine Sonderstellung ein. Diese Lehrergruppe war vor allem durch eine besonders ungünstige Ausprägung verschiedener allgemeiner Unterrichtsmerkmale gekennzeichnet. Warum dies so ist, läßt sich nicht mit hinreichender Sicherheit aufklären. Denkbar ist, daß eine hohe Diagnosekompetenz in Verbindung mit bestimmten Defiziten im Unterrichtsverhalten - welcher Art auch immer - zu einer besonderen Sensibilisierung hinsichtlich des eigenen Unterrichtsverhaltens und seiner Wirkungen führt; mit der Folge einer allgemeinen Verunsicherung und daraus resultierender Resignation und Entmutigung, wodurch sich die ursprünglichen Defizite stabilisieren oder gar vergrößern.

Ein Versuch, an allgemeinere psychologische Erklärungsmöglichkeiten anzuknüpfen, könnte wie folgt aussehen: Lehrer, die über bestimmte Verhaltensdefizite verfügen und gleichzeitig für die Wirkungen ihres Verhaltens besonders sensibel sind, könnten erhöhten Mißerfolgserfahrungen ausgesetzt sein und als Folge davon in ihrem weiteren Handeln beeinträchtigt sein. Eine solche Deutung hat Bezug zum Konzept der Lageorientierung (Kuhl, 1983, 1986). Lage- und Handlungsorientierung beziehen sich auf zwei unterschiedliche Zustände der Handlungskontrolle, die die Art und Weise, wie Handlungsabsichten in Verhalten umgesetzt werden, moderieren. Während der Handelnde im handlungsorientierten Zustand seine Aufmerksamkeit auf die für die Handlungsausführung wichtigen Aspekte der Situation richtet, ist er im lageorientierten Zustand auf handlungsirrelevante Aspekte oder Zustände der eigenen Person fixiert. Mißerfolgserfahrungen sind Kuhl (1986) zufolge eine mögliche Determinante der Lageorientierung.

Ein Lehrer, der sich im Zustand erhöhter Lageorientierung befindet, dürfte insbesondere Schwierigkeiten haben, ein anspruchsvolles proaktives, durch die aktive Durchsetzung eigener Zielvorstellungen gekennzeichnetes Unterrichtsverhalten zu realisieren, sondern wird sich vermutlich eher auf ein reaktives, seine Handlungskontrolle nur wenig forderndes Routineverhalten beschränken. Diese Deutung hat einen gewissen Bezug zu einem von Kuhl (1986) berichteten Befund zur Korrelation zwischen Absichtsstärke und Ausführungsdauer verschiedener Tätigkeiten bei handlungs- und lageorientierten Personen. Während diese Korrelationen für freiwillige Aktivitäten bei Handlungsorientierten erheblich höher waren als bei Lageorientierten, kehrte sich dieses Korrelationsmuster bei stärker external kontrollierten Routinetätigkeiten um. Der Befund wird von Kuhl dahingehend interpretiert, daß "lageorientierte Vpn Tätigkeiten bevorzugen, die wenig Ansprüche an die Handlungskontrolle stellen, also routinisierte oder sozial erwünschte Tätigkeiten" (1986, S.28). Ob für Lehrer mit hoher Diagnosekompetenz und niedriger Strukturierung eine erhöhte Lageorientierung unterstellt werden kann, läßt sich anhand der vorliegenden Daten nicht entscheiden; erst recht natürlich nicht, ob diese Lehrergruppe bereits von vornherein eine erhöhte Lageorientierung aufgewiesen hat oder ob sich die erhöhte Lageorientierung unter dem Einfluß einer gesteigerten diagnostischen Sensibilität erst entwickelt hat.

Die restlichen beiden Unterrichtsbedingungen sind demgegenüber relativ unauffällig: Eine hohe Strukturierung des Unterrichts bei niedriger Diagnosekompetenz läßt sich als nicht-adaptive Strukturierung deuten, bei der entweder gar keine Variation der Strukturierungsbemühungen erfolgt oder eine fehlerhafte Variation. Beides ist auf seine Weise ungünstig. Die Kombination von niedriger Strukturierung und niedriger Diagnosekompetenz deutet schließlich auf einen Unterricht hin, bei dem Strukturierungsmaßnahmen nur selten erfolgen und demzufolge auch kaum Möglichkeiten zur adaptiven Variation bieten.

Wechselwirkungen mit diagnostischer Kompetenz haben sich für drei verschiedene Unterrichtsmerkmale gezeigt, von denen angenommen werden kann, daß sie sich den drei Hauptphasen des effektiven Unterrichts zuordnen lassen: Darbietung neuen Stoffs, angeleitetes Üben und selbständiges Üben (Rosenshine & Stevens, 1986). Strukturierende Hinweise dürften überwiegend, wenngleich sicher nicht ausschließlich, die Darbietung neuen Stoffs unterstützen. Aufgabenstellungen sind vor allem für die Phase des angeleiteten Übens charakteristisch. Individuelle fachliche Unterstützungen beschränken sich dagegen nahezu ausschließlich auf das selbständige Üben in Stillarbeitsphasen. Diese Zuordnung läßt sich allerdings infolge des Fehlens von Informationen über den inhaltlichen und funktionalen Kontext empirisch nicht eindeutig belegen. Akzeptiert man diese Zuordnung, so hieße dies, daß diagnostische Kompetenz für die effektive Gestaltung aller drei zentralen Unterrichtsphasen von Bedeutung wäre.

Die Ergebnisse der Arbeit sprechen für die Existenz mindestens zweier voneinander unabhängiger diagnostischer Kompetenzen, einer personenbezogenen und einer aufgabenbezogenen Diagnosefähigkeit. Die personenbezogene Diagnosekompetenz bezieht sich auf die Fähigkeit der Lehrer, Leistungsunterschiede zwischen den Schülern der eigenen Klasse zutreffend zu erkennen. Es liegt auf der Hand, daß eine solche Fähigkeit für die Steuerung unterrichtlichen Handelns Bedeutung hat. Dies gilt zunächst einmal für eine angemessene Individualisierung des Unterrichts. Fehleinschätzungen, insbesondere die Überschätzung von Leistungsunterschieden in der Klasse ("Überdifferenzierung") können ungünstige motivationale Auswirkungen auf die Schüler haben (Schrader & Helmke, 1987). Eine unzureichende Orientiertheit über individuelle Unterschiede dürfte jedoch auch direkte fachliche Wirkungen haben: Ein Lehrer mit entsprechenden Defiziten würde vermutlich zumindest dann, wenn er

Aufgabenstellungen gegenüber einzelnen Schülern variiert, eher suboptimale Leistungsergebnisse erzielen. Dies gilt auch für die Individualisierung des übrigen Unterrichtsverhaltens, etwa von Fragen und Rückmeldungen. Abgesehen von den bereits erwähnten motivationalen Konsequenzen könnten dadurch einzelne Schüler eher suboptimale Lernanstöße, Anregungen und Korrekturen erhalten. Eine solche eher "naturwüchsige" Individualisierung des Unterrichtsverhaltens ist bis zu einem gewissen Grade sicher psychologisch unvermeidlich. Um so wichtiger erscheint es daher, daß das Lehrerverhalten auf zutreffenden Erwartungen beruht. Eine gezielte didaktische Individualisierung und Differenzierung des Unterrichtsangebots ist angesichts des damit verbundenen Vorbereitungs- und Organisationsaufwands vermutlich eher selten.

Die Bedeutung personenbezogener diagnostischer Kompetenz beschränkt sich vermutlich nicht auf eine - intuitive oder gezielte - Individualisierung des Unterrichtsverhaltens. Zur Steuerung des Unterrichtsablaufs sind fortlaufende Entscheidungen nötig, ob das erreichte Verständnis bereits ausreichend ist, ob im Stoff weiterzugehen ist oder nicht, ob die Schwierigkeit erhöht oder gesenkt werden soll usw. Um solche Entscheidungen treffen zu können, muß der Lehrer über das aktuelle Wissen und das erreichte Verständnis bei den Schülern orientiert sein. Zu diesem Zweck muß er auf geeignete Indikatoren für Wissen und Verständnis achten und diese zutreffend interpretieren. Dies können neben der allgemeinen Mitarbeit Schülerantworten, Schülerfragen oder schriftliche Leistungen während Stillarbeitsphasen sein. Der Lehrer muß dazu letztlich in der Lage sein, von den Antworten einzelner Schüler auf das vorhandene Wissen und Verständnis nicht nur dieses Schülers, sondern der gesamten Klasse zu schließen. In derartigen Schlußfolgerungs- und Interpretationsleistungen könnte neben einer selektiven, auf aussagekräftige Indikatoren gerichteten Wahrnehmung und Beobachtung des Schülerverhaltens die eigentliche Bedeutung diagnostischer Kompetenz liegen. Damit ist zugleich dem sehr laienhaften, aber möglicherweise recht naheliegenden Einwand zu begegnen, zur Steuerung unterrichtlichen Handelns sei im Grunde genommen "bloßes" Wahrnehmen und Beobachten ausreichend und keine besonderen Fähigkeiten nötig. Seit langem ist bekannt, daß Wahrnehmung kein Vorgang ist, der ein objektives und realitätsgetreues Abbild der Umwelt liefert, sondern daß Wahrnehmungen nur einen kleinen Ausschnitt des gesamten Informationsangebots betreffen und daß die Auswahl hochgradig subjektiv erfolgt und von Voreinstellungen, Erwartungen und Hypothesen des Beobachters geleitet wird (siehe etwa Irle, 1975, zur sozialen Wahrnehmung). Beim Lehrer dürften sich jedoch im Laufe der beruflichen Tätigkeit bestimmte Wahrnehmungs- und Informationsverarbeitungstendenzen oder -voreingenommenheiten ausbilden, die es ihm ermöglichen, seinen beruflichen Aufgaben möglichst gut gerecht zu werden. Vermutlich unterscheiden sich Lehrer diesbezüglich aber deutlich. Dies umso mehr, als es im Rahmen von Unterricht mit seinem komplexen Reizangebot und der Vielfalt der simultan zu erfüllenden Anforderungen nicht leicht sein dürfte, die für das fortlaufende Registrieren von Wissen und Verständnis geeigneten Indikatoren zu entdecken, fortlaufend zu beachten und für den Unterricht zu nutzen. Mit anderen Worten: Es dürfte eine besondere Expertise nötig sein, um diese Wahrnehmungsaufgaben zu erfüllen, so daß die Bezeichnung 'Wahrnehmungs'- oder 'Diagnosekompetenz' gerechtfertigt erscheint.

Wie an früherer Stelle ausgeführt wurde, hängt die Fähigkeit des Lehrers, Schülerleistungen zu diagnostizieren, mit dem diagnostischen Wissen des Lehrers über seine Schüler zusammen. Über das Zustandekommen dieses diagnostischen Wissens kann keine nähere Aussage gemacht werden. Es erscheint aber wahrscheinlich, daß der Aufbau diagnostischen Wissens durch das Aufnehmen und Verarbeiten von schülerbezogenen Informationen in ganz unterschiedlicher Weise erfolgen kann, z.B. durch das genaue Registrieren von Schülerantworten, durch Beobachtungen während der Stillarbeit, durch Analyse schriftlicher Leistungen usw. Vermutlich sind verschiedene dieser Methoden funktional äquivalent (Fisher, Filby et al., 1978). Die vorliegende Arbeit kann darüber jedoch keine Auskunft geben.

Der Steering-Group-Ansatz legt nahe, daß sich der Lehrer bei der Steuerung unterrichtlichen Handelns an ganz bestimmten Schülern, in der Regel einer Gruppe von leistungsschwächeren Schülern, orientiert. Naheliegenderweise müßte dann auch die Effizienz der Steuerungsbemühungen davon abhängen, wie gut der Lehrer diese Schüler einschätzen kann. Dies wirft die Frage von gruppen- oder schülerspezifischen Diagnoseleistungen und deren Güte auf. Es erscheint plausibel, daß Lehrer bestimmte Schüler oder Schülergruppen besonders gut, andere dagegen eher schlecht einschätzen können. Dies könnte einmal von bestimmten Schülereigenschaften abhängen (Mitarbeit, Äußerungsbereitschaft usw. und den dafür bedeutsamen Persönlichkeitsmerkmalen), zum anderen natürlich von der Funktion, die bestimmte Schüler für die Steuerung unterrichtlichen Handelns haben. Um die Frage einer schüler- oder gruppenspezifischen Diagnosekompetenz beantworten zu können, ist jedoch das vorliegende Datenmaterial zur Diagnosekompetenz nicht ausreichend. Bereits der Versuch, für leistungsstarke und leistungsschwache Schüler getrennte Diagnosekennwerte zu bilden, scheiterte an der Reliabilitätshürde. Um hinreichend reliable schülerspezifische Diagnosekennwerte zu gewinnen, wäre für jeden Schüler eine größere Zahl von Einschätzungen erforderlich gewesen. Dies wäre nur dann mit vertretbarem Aufwand für die beteiligten Lehrer realisierbar, wenn pro Klasse nur wenige Schüler berücksichtigt würden. Die Frage nach schülerspezifischen Diagnosekompetenz muß hier also offen bleiben; ihre Klärung sollte Gegenstand weiterführender Untersuchungen sein.

Die Ergebnisse zur personenbezogenen Diagnosekompetenz haben - wenn auch in abgeschwächter Form - eine weitgehende Entsprechung in den Ergebnissen zur aufgabenbezogenen Diagnosekompetenz gefunden. Die aufgabenbezogene Diagnosekompetenz bezieht sich auf die Fähigkeit des Lehrers, Aufgabenschwierigkeiten zutreffend zu unterscheiden, das heißt die Rangordnung von Aufgabenschwierigkeiten richtig zu erkennen. Übertragen auf die Unterrichtswirklichkeit geht es also um die zutreffende Einschätzung der Anforderungen unterrichtlichen Aufgabenstellungen und Situationen. Diese Fähigkeit dürfte für die Steuerung unterrichtlichen Handelns von ähnlicher Bedeutung sein wie die personenbezogene Diagnosekompetenz. Aufgabenbezogene Einschätzungen dienen offenbar der Regulierung und Dosierung der unterrichtlichen Anforderungen durch den Lehrer, also der Abschätzung der Schwierigkeit einer Aufgabenstellung, der Erhöhung des Schwierigkeitsgrades nach einer erfolgreichen Aufgabenbearbeitung oder der Absenkung des Schwierigkeitsgrades nach einer erfolglosen Bearbeitung. In entsprechender Weise wie eine hohe personenbezogene Diagnosekompetenz kann auch eine hohe aufgabenbezogene Diagnosekompetenz den Lehrer darin unterstützen, von den Leistungen bei einer Aufgabe auf die Leistungen bei anderen Aufgaben zu schließen.

Beide diagnostischen Kompetenzen basieren nicht auf Absoluteinschätzungen, sondern auf relativen Einschätzungen und deren Genauigkeit. Die Genauigkeit relativer Einschätzungen ist offensichtlich ein besserer Indikator für diagnostische Kompetenz als die Genauigkeit absoluter Einschätzungen. Absolute Einschätzungen sind zum Teil das Ergebnis mehr oder weniger stabiler Urteilsvoreingenommenheiten. Zur Steuerung unterrichtlichen Handelns sind aber offenbar absolute Einschätzungen erforderlich: Der Lehrer muß abschätzen, welche Leistungen bestimmte Schüler bei bestimmten Aufgaben oder Unterrichtsstoffen erbringen können. Solche während des Unterrichtens erfolgenden Einschätzungen sind vermutlich das Ergebnis einer Interaktion zwischen allgemeineren Urteilskompetenzen und aktuellen Wahrnehmungen. Das heißt, der Lehrer kann während des Unterrichtens sein Urteil meistens an aktuellen Beobachtungen verankern. Verfügt er über hinreichende diagnostische Kompetenz, die hier als Fähigkeit zur zutreffenden Abgabe relativer Urteile verstanden wird, so kann er vermutlich auch hinreichend genaue Absoluturteile abgeben.

Bei der aufgabenbezogenen Diagnosekompetenz handelt es sich offenkundig um eine zur personenbezogenen Diagnosefähigkeit komplementäre Kompetenz. Wie die Ergebnisse zeigen, sind darüber hinaus beide Formen der Diagnosefähigkeit voneinander unabhängig. Auch was die Funktion für die Unterrichtssteuerung angeht, scheinen beide diagnostischen Kompetenzen komplementär zueinander zu sein. Dies ist in hohem Maße plausibel: Um eine den Fähigkeiten eines bestimmten Schülers angemessene Aufgabenstellung auszuwählen, muß sowohl die Leistungsfähigkeit des Schülers als auch die Schwierigkeit der Aufgabe zutreffend eingeschätzt werden. In der vorliegenden Untersuchung weisen die drei Lehrer weit überdurchschnittliche Unterrichtserfolge auf, die bezüglich beider Formen diagnostischer Kompetenz und aller drei relevanter Unterrichtsmerkmale mindestens durchschnittliche Ausprägungen aufweisen. Auf zutreffenden informellen Diagnosen basierender leistungsförderlicher Unterricht kann somit in erster Annäherung durch die Verknüpfung von fünf Schlüsselmerkmalen (personen- und aufgabenbezogene Diagnosefähigkeit, Strukturierungshilfen, Aufgabenstellungen, individuelle fachliche Hilfen), deren Zusammenwirken sich in der vorliegenden Arbeit als besonders ergiebig erwiesen hat, charakterisiert werden. Dabei liegt es nahe anzunehmen, daβ es diesen Lehrern gelungen ist, die verschiedenen Einzelmerkmale effektiven Unterrichtens in besonders wirkungsvolle Weise zu "orchestrieren" und zu einem einheitlichen Unterrichtsstil zu integrieren.

Die Mikrostruktur des Zusammenwirkens von Lehrereinschätzungen und Unterrichtsverhalten im Rahmen des adaptiven Unterrichtens entzieht sich in Arbeiten wie dieser der unmittelbaren Beobachtung. Es ist hier mithin nicht zu klären, wie die im Unterricht ablaufenden Prozesse des Diagnostizierens und der Auswahl von Handlungsentwürfen im einzelnen aussehen und wie sie miteinander verknüpft sind. Forschungsergebnisse zu Lehrerkognitionen deuten darauf, daβ ein Groβteil der Denkprozesse von Lehrern während des Unterrichtens auf Schüler gerichtet ist. Ein groβer Teil dieser Denkaktivitäten kann vermutlich im Sinne von informellen subjektiven Diagnosen gedeutet werden. In den zugrundeliegenden Untersuchungen dienen Diagnoseleistungen der bewuβten Handlungsauswahl und damit verbundenen Entscheidungen. Solche Diagnosen sind meistens dann zu erwarten, wenn geplante und routinemäβig durchgeführte Handlungen nicht den gewünschten Erfolg bringen. Möglich ist, daβ in solchen Situationen regelrechte Diagnosephasen eingeschoben werden, in denen die weitere Informationsbeschaffung im Vordergrund steht. Ein Groβteil der Diagnoseleistungen des Lehrer während des Unterrichtens dürfte jedoch nicht in dieser reflektierten Form erfolgen, sondern eher im Sinne eines beiläufigen, nur teilweise bewuβten Registrierens, wie es für Routinetätigkeiten charakteristisch ist. Ein Versuch, solche Aktivitäten genauer zu charakterisieren, soll an späterer Stelle erfolgen. Man kann natürlich fragen, ob man solche Aktivitäten noch als Diagnoseleistungen bezeichnen sollte. Hierzu sei auf Wottawa & Hossiep (1987) verwiesen, denen zufolge "nahezu jede informationsgestützte Verhaltenssteuerung als Spezialfall von 'Diagnostik'" (S.3) angesehen werden kann. Dabei dürften die informellen Diagnoseprozesse weitgehend dieselbe Funktion für die interaktive Entscheidungsbildung haben wie testgestützte Diagnosen für präaktive Entscheidungen. Es handelt sich gewissermaβen um eine sehr verdichtete, kondensierte Form des Diagnostizierens.

Es erscheint wenig sinnvoll, eine Konkurrenzsituation zwischen den informellen Diagnoseleistungen des Lehrers und testgestützten Diagnosen, deren stärkere Verwendung von Vertretern der pädagogischen Diagnostik seit Jahren propagiert wird, zu konstruieren (siehe auch Weinert & Schrader, 1986). Der Einsatz sorgfältig ausgearbeiteter Instrumente und Methoden wird durch die informellen Diagnoseleistungen des Lehrers selbstverständlich nicht überflüssig. Geeignete Testverfahren (auch vom Lehrer selbst konstruierte informelle Verfahren) erfassen die Leistungen der Schüler objektiv und weitgehend frei von subjektiven Verzerrungstendenzen, denen Lehrerurteile - auch die des guten Diagnostikers - immer bis zu einem gewissen Grade unterliegen. Testleistungen messen zudem wesentliche Aspekte der Stoffvermittlung direkter, reliabler, valider und umfassender, nämlich die Fähigkeit, Aufgaben selbständig zu lösen. Tests können zudem in sehr ökonomischer Form eine Bestandsaufnahme über die Leistungen in einem größeren Stoffgebiet geben. Dabei liefern geeignet konstruierte Tests dem Lehrer Informationen über "Fähigkeits-" und "Defizitprofile" (Biermann, Bussmann & Niedworok, 1977, S. 104), über die er in dieser differenzierten Form vermutlich nicht verfügt. Schließlich bieten Testergebnisse dem Lehrer verläßliche Informationen über den absoluten Leistungsstand der Schüler und deren Stellung innerhalb der Gesamtpopulation. Für weiterreichende Entscheidungen, das heißt letztlich für alle Formen der Leistungsbewertung, dürfte der Einsatz von Tests daher unbedingt anzuraten sein. Außerdem ist zu vermuten, daß häufige testgestützte Diagnosen langfristig die Fähigkeit des Lehrers, zutreffende informelle Einschätzungen abzugeben, verbessert. Dies dürfte besonders dann der Fall sein, wenn der Lehrer bewußt und gezielt versucht, seine Einschätzungen an objektiven Testergebnissen zu validieren (siehe Wahl, Weinert & Huber, 1984).

Die vorliegenden Arbeit hat sich aus verschiedenen Gründen auf leistungsbezogene Diagnosen beschränkt. Insbesondere wird davon ausgegangen, daß die Feinabstimmung des unterrichtlichen Handelns in erster Linie auf der Basis von Leistungseinschätzungen erfolgt. Dies bedeutet jedoch nicht, daß die Diagnose anderer Merkmale unwichtig ist. Vermutlich ist die Fähigkeit des Lehrers, affektive Schülermerkmale zu diagnostizieren, ebenfalls für den Unterricht bedeutsam, allerdings im Hinblick auf andere Zielkriterien des Unterrichts. So kann die Fähigkeit des Lehrers, die Leistungsangst seiner Schüler zutreffend zu diagnostizieren, möglicherweise ein wichtiges Mittel sein, um Belastungen aufzufangen und den Unterricht weniger "streßvoll" zu gestalten. Über die tatsächliche Bedeutung solcher Diagnosekompetenzen ist jedoch kaum etwas bekannt. Ein wichtiges Forschungsziel könnte daher sein, die Bedeutung verschiedener auf den affektiven Bereich gerichteter Diagnosekompetenzen zu untersuchen.

In anderen Forschungen hat sich die Fähigkeit des Lehrers, Anzeichen für beginnende Disziplinschwierigkeiten zu erkennen, als bedeutsam erwiesen (Kounin, 1976). Der Lehrer überwacht fortlaufend die Mitarbeit der Schüler, wobei er besonders auf Anzeichen für nachlassende Mitarbeit, Unruhe und Ablenkung achtet. Nachlassende Mitarbeit, Unruhe und Ablenkung sind sehr oft die Folge eines zu leichten oder zu schweren Unterrichts. Es ist dabei unklar, ob der Lehrer primär auf Indikatoren für Verständnis achtet und dadurch Störsituationen antizipiert, oder ob er von Indikatoren für Unruhe auf das erreichte Verständnis schließt. Auf die mögliche Verflechtung von leistungsbezogenen und managementbezogenen Diagnosekompetenzen wird noch einzugehen sein.

Zusammenfassend kann die grundlegende Funktion diagnostischer Kompetenz in der Anpassung des gesamten Unterrichts beziehungsweise einzelner Verhaltensweisen und Maßnahmen an die Lernvoraussetzungen der Schüler gesehen werden. Dabei wird davon ausgegangen, daß bestimmte Verhaltensweisen und Maßnahmen ihre optimale lernförderliche Wirkung erst dann erreichen, wenn sie in hinreichendem Maße auf die Lernvoraussetzungen der Schüler abgestimmt sind. Der Erfolg solcher

Abstimmungsleistungen hängt von der diagnostischen Kompetenz des Lehrers ab. Eine ausreichende diagnostische Kompetenz kann insofern als eine notwendige Voraussetzung für die Wirksamkeit bestimmter Maßnahmen und Verhaltensweisen gesehen werden.

Entscheidend für das Verständnis der Wirkungen diagnostischer Kompetenz ist, daß eine solche Abstimmung kein einmaliger Akt im Sinne einer testgestützten Entscheidung ist (z.B. Einsatz eines Plazierungstests vor Beginn einer Unterrichtseinheit, Zuweisung der Schüler zu bestimmten Treatments aufgrund ihrer Testergebnisse). Subjektive Lehrerdiagnosen spielen für solche Makroadaptationen vermutlich nur eine untergeordnete Rolle; der Einsatz lernzielorientierter Testverfahren dürfte hierfür wesentlich effektiver sein. Statt dessen müssen informelle Diagnoseleistungen als unverzichtbares "Instrument" für erfolgreiche Mikroadaptationen (Corno & Snow, 1986; Cronbach, 1967; Cronbach & Snow, 1981), also für eine Feinsteuerung des Unterrichtsverhaltens anhand von kurzfristig verfügbaren Informationen zum momentanen Leistungsstand, angesehen werden. Diagnostische Einschätzungen können dabei aus zwei Gründen als bedeutsam angesehen werden:

- Die Lernvoraussetzungen der Schüler sind in ständigem Wandel begriffen; die Wissensbasis der Schüler und damit die Voraussetzung für eine effektive Verarbeitung neuer Informationen verändert sich laufend. Der Nachteil von testgestützten Diagnosen liegt darin, daß ein Testergebnis nur eine Momentaufnahme eines Veränderungsprozesses darstellt. Da die Abstände zwischen verschiedenen Testungen naheliegenderweise bestimmte Mindestabstände nicht unterschreiten können, ist bei Testdiagnosen stets mit einem gewissen "Aktualitätsverlust" zu rechnen.
- Der Unterrichtsablauf ist im Detail nur sehr bedingt planbar; die Durchführung von Unterricht erfordert vielmehr ständig kurzfristige Entscheidungen, die nur zum Teil bewußt und reflektiert, sondern oft weitgehend automatisiert und routinehaft erfolgen (Calderhead, 1984; Shavelson, 1976). In solchen Fällen ist keine aufwendige Informationsbeschaffung möglich; die Entscheidungen müssen sich zwangsläufig auf vorhandenes Wissen und im Unterricht ohne große Zusatzbemühungen anfallende Informationen stützen.

6.2 Implikationen für Theorie und Praxis des Unterrichtens

6.2.1 Diagnostische Kompetenz und unterrichtliches Handelns

Lehrerdiagnosen und diagnostische Kompetenzen von Lehrern spielen in neueren Konzeptionen und Modellvorstellungen unterrichtlichen Handelns zunehmend eine Rolle. Im folgenden wird daher die Bedeutung diagnostischer Kompetenz für den Unterricht und das unterrichtliche Handeln noch einmal aus der Sicht derartiger Modellvorstellungen beleuchtet. Zugleich werden dabei Überlegungen angestellt, wie die Mikrostruktur diagnostischer Einschätzungen und ihrer Umsetzung aussehen könnte. Als globaler Bezugsrahmen wird auch hier wieder eine entscheidungstheoretische Betrachtungsweise zugrundegelegt.

Diagnostizieren und Entscheiden im Kontext von Unterricht. Die grundlegende Funktion von Diagnosen kann darin gesehen werden, die Informationsgrundlage für Entscheidungen zu verbessern und dadurch Entscheidungen im Hinblick auf bestimmte Zielkriterien zu optimieren. Dies gilt für institutionelle Entscheidungen ebenso wie für alltägliche informelle Entscheidungen des Lehrers. Unterrichtliche Entscheidungen des Lehrers fallen auf verschiedenen Ebenen der Planung, Vorbereitung und Durchführung des Unterrichts an. Unterschieden wird dabei zwischen langfristig-präaktiven, kurzfristig-präaktiven und interaktiven Entscheidungen (Burns, 1984). Langfristig-präaktive Entscheidungen betreffen die globale schuljahresbezogene Planung des Unterrichts beziehungsweise die Planung größerer Unterrichtseinheiten, kurzfristig-präaktive Entscheidungen beziehen sich auf die unmittelbar stundenbezogene Planung und Vorbereitung, interaktive Entscheidungen sind die während der Unterrichtsdurchführung selbst zu treffenden Entscheidungen. Bezogen auf die Gesamtheit unterrichtlicher Entscheidungen ist das klassische Modell rationalen Entscheidens, das bewußte und überlegte Vergleichs- und Bewertungsprozesse zwischen mehreren Handlungsmöglichkeiten unterstellt (vgl. Jungermann, 1976), sicher nur bedingt tauglich. Angesichts der Bedeutungsvielfalt des Entscheidungsbegriffs in der Psychologie (siehe Thomae, 1974) kann ein solches Entscheidungsmodell aber auch nur als ein möglicher Spezialfall angesehen werden. Entscheidungstheoretische Konzeptionen des Lehrerhandelns gehen ohnehin davon aus, daß ein großer Teil von Entscheidungen reaktiv oder routinehaft erfolgt (Calderhead, 1984; Shavelson, 1976). Routinehafte Entscheidungen sind für das Handeln des erfahrenen Lehrers besonders charakteristisch. Dies gilt nicht nur für interaktive Entscheidungen, sondern auch für Entscheidungen im Rahmen der Unterrichtsplanung und -vorbereitung, die ebenfalls routinehaft ablaufen (Bromme, 1981, 1987). Prozessen der Routinebildung wird neuerdings verstärkt Aufmerksamkeit geschenkt. Die Ausbildung von Routinen wird als wichtiges Mittel zur Bewältigung der komplexen Unterrichtsanforderungen angesehen (Leinhardt & Greeno, 1986). Die Routinebildung führt dazu, daß komplexe Entscheidungssituationen strukturiert werden und die Entscheidungslast dadurch reduziert wird.

Die vom Lehrer zu treffenden Entscheidungen leiten sich aus den Aufgabenstellungen ab, die von ihm im Rahmen seines beruflichen Handels zu bewältigen sind. Sieht man einmal von den über den engeren fachlichen Bereich hinausgehenden erzieherischen Aufgaben ab, dann lassen sich zwei grundlegende Arten von Aufgaben unterscheiden: Fachliche Aufgaben im engeren Sinne (Vermittlung von Lehrstoff einschließlich der dazu gehörenden Entwicklungs- und Vorbereitungsaufgaben) und Klassenführungsaufgaben (Burns, 1982, 1984). Es spricht einiges dafür, daß die angemessene Bewältigung von Klassenführungsaufgaben für den Lehrer von vorrangiger Bedeutung ist. Die Unterrichtssituation ist durch eine hochkomplexe und dynamische Reizvielfalt (Multidimensionality, Simultaneity, Immediacy, Unpredictability, History; vgl. Doyle, 1977a, 1979) gekennzeichnet. Zur Sicherstellung eines geordneten Unterrichtsablaufs ist es für den Lehrer unerläßlich, die Informationsbelastung zu reduzieren und das Informationsangebot vorhersagbar und überschaubar zu machen. Zu diesem Zweck entwickelt der erfahrene Lehrer Aktivitätsformen und Routinen, die in geordneter und vorhersagbarer Form ablaufen (siehe Leinhardt & Greeno, 1986). Zudem kann der Lehrer durch Auswahl und Etablierung bestimmter unterrichtlicher Aufgabenstellungen und Aktivitäten den Informationsfluß in der Stunde maßgeblich bestimmen (Joyce, 1978-79, 1981). Schließlich können die einzelnen Unterrichtsverhaltensweisen als Teil einer umfassenden Handlungsstruktur gesehen werden, deren Aufbau bereits außerhalb des eigentlichen Unterrichtsgeschehens im Zuge von Unterrichtsvorbereitung und -planung erfolgt.

Planung des Unterrichts und Struktur unterrichtlichen Handelns. Vorbereitung und Planung von Unterricht dienen der Strukturierung des unterrichtlichen Handelns und der dabei anfallenden Entscheidungen. Die Vorstrukturierung erfolgt dabei nicht erst durch die konkrete stundenbezogene Vorbereitung, sondern bereits durch langfristige schuljahresbezogene Entscheidungen. Diese betreffen die Gestaltung des äußeren Umfelds (z.B. Sitzordnung, Gestaltung des Klassenzimmers), die Auswahl von Lernzielen, Themen und Materialien, die Entscheidung über Organisationsformen des Lernens (z.B. innere Differenzierung) sowie die Festlegung eines Regelsystems für eine geordnete Klassenführung. Die Funktion der konkreten stundenbezogenen Planung kann darin gesehen werden, beim Lehrer einen mentalen Verhaltensplan beziehungsweise ein mentales Bild des Stundenverlaufs zu entwickeln (Leinhardt & Greeno, 1986; Morine-Dershimer, 1978-79b).

Welche Bedeutung hat hohe diagnostische Kompetenz für die Unterrichtsplanung? Für die Beantwortung dieser Frage gibt es keinen direkten empirischen Beleg. Man könnte vermuten, daß ein Unterrichtsplan umso günstigere Voraussetzungen für einen effektiven leistungsförderlichen Unterricht bietet, je besser er hinsichtlich Stoffmenge und -schwierigkeit auf die Kenntnisse und Fähigkeiten der Schüler abgestimmt ist. Es erscheint jedoch zweifelhaft, daß diagnostische Kompetenz für die Planungsgüte eine allzu große Rolle spielt, da im Stadium der Unterrichtsvorbereitung allenfalls eine erste und zwangsläufig sehr grobe Abschätzung der optimalen Stoffmenge und -schwierigkeit möglich ist. Die Auswahl eines Lehrstoffs, der von Umfang und Schwierigkeit her angemessen ist, und eine zielgerechte didaktische Aufbereitung des Stoffs sind lediglich eine - vielleicht nicht einmal unabdingbare - Voraussetzung einer angemessenen Unterrichtsschwierigkeit. Die tatsächliche Schwierigkeit des Unterrichts ergibt sich erst durch die konkrete Umsetzung des Stoffes in unterrichtliche Maßnahmen; sie ist das Ergebnis vielfältiger, vorab nicht im Detail planbarer Einzelmaßnahmen, die in unterschiedlichem Maße an die vorhandenen Lernvoraussetzungen und die resultierenden Lernfortschritte und Schwierigkeiten anknüpfen. Der diagnostisch kompetente Lehrer ist zwar möglicherweise besser in der Lage, die im Unterricht stattfindende Leistungsentwicklung der Schüler zu prognostizieren. Es ist aber fraglich, ob dadurch die Planungsgüte nachhaltig verbessert werden kann. Möglicherweise wäre der diagnostisch kompetente Lehrer im Vorteil, wenn es darum ginge, eine sehr detaillierte Unterrichtsplanung vorzunehmen. Detaillierte Planungen können aber insofern ungünstig sein, als sie die Flexibilität des unterrichtlichen Handelns eher beeinträchtigen (Zahorik, 1970; zitiert nach Clark & Yinger, 1979).

Diese Überlegungen machen noch einmal deutlich, daß die informellen Diagnoseleistungen des Lehrers in erster Linie der Mikroadaptation des Unterrichts dienen. Neuere Konzeptualisierungen (Burns, 1982; Medley, 1979; Shavelson, 1973) stimmen darin überein, daß effektives Unterrichten nicht so sehr Entscheidungen darüber, welche Maßnahmen und Verhaltensweisen einzusetzen sind, sondern Entscheidungen über die Art und Weise der Ausführung dieser Maßnahmen und Verhaltensweisen (z.B. zeitliche und situative Angemessenheit, angemessene Schwierigkeit) erforderlich macht. Entscheidungen dieser Art sind aber meist erst im Stadium der Handlungsausführung möglich.

Das unterrichtliche Handeln läßt sich als Realisierung des im Zuge der Unterrichtsvorbereitung aufgebauten Handlungsplans auffassen. Dabei handelt es sich um einen mentalen Plan (Leinhardt & Greeno, 1986), der weitgehend implizit ist. Der Handlungsplan ist nicht mit den im Rahmen der Unterrichtsplanung angefertigten schriftlichen Aufzeichnungen gleichzusetzen, sondern umfaßt zusätzlich intern als Schemata repräsentierte Aktivitätsstrukturen und Routinen. Das unterrichtliche Handeln kann als eine komplexe kognitive Fertigkeit angesehen werden, bei der auf zwei unterschiedliche Wissensbestände zurückgegriffen wird: Wissen über den Aufbau und die Durchführung von Unterricht (Leinhardt & Greeno, 1986) und Wissen über das jeweilige Sachgebiet (Leinhardt & Smith, 1985). Unterricht setzt sich aus verschiedenen Aktivitätsstrukturen (Segmenten, Episoden; Beispiel: Hausaufgabenkontrolle, Präsentation) zusammen, die sich bestimmten Unterrichtsaufgaben zuordnen lassen (Burns, 1982, 1984). Bestandteil solcher Aktivitätsstrukturen sind Routinen, also gut eingeübte und weitgehend automatisierte Handlungsabläufe, bei denen sowohl das Lehrer- wie das Schülerverhalten genau festgelegt ist, so daß die Handlungen ohne nähere Erklärungen ablaufen können (Bromme, 1985; Leinhardt, Weidman & Hammond, 1987).

Betrachtet man unterrichtliches Handeln unter dem Gesichtspunkt des Entscheidens, so ist von besonderer Bedeutung, daß der mentale Plan und die intern repräsentierten Handlungsschemata die zu treffenden Entscheidungen so vorstrukturieren, daß der endgültige Entscheidungsprozeß mit geringem Verarbeitungsaufwand ablaufen kann (Hammersley, 1979). Die Vorstrukturierung schränkt insbesondere die Zahl der realistischerweise in Frage kommenden Alternativen ein. Häufig reduziert sich die Entscheidung auf die Beantwortung der Frage, ob die jeweilige Unterrichtsaktivität oder -episode beendet werden kann oder weitergeführt werden soll (Leinhardt & Greeno, 1986). Welche andere Unterrichtsaktivität im Anschluß an die gerade beendete Aktivität eingeleitet werden soll, ist aufgrund des Handlungsplans oder aufgrund allgemeiner Handlungsschemata meistens bereits festgelegt. Vorgegeben sind meistens auch die relevanten Entscheidungskriterien; es handelt sich dabei meistens um die für die erfolgreiche Realisierung der nachfolgenden Unterrichtsepisode erforderlichen Lernvoraussetzungen. Der Lehrer kann die auf diese Weise vorstrukturierten Entscheidungen vermutlich mit einem relativ geringen Grad bewußter Aufmerksamkeit treffen. Wie hoch dieser Grad bewußter Aufmerksamkeit tatsächlich ist, läßt sich nicht genau angeben (Bargh, 1984).

Etwas anders ist die Situation, wenn unerwartete Störungen im geplanten Vorgehen auftreten. Hier sind aufwendigere Entscheidungsprozesse nötig. Eine mögliche Entscheidung kann dabei darin bestehen, eine Phase gezielten Diagnostizierens einzuleiten. Das heißt, der Lehrer kann Verhaltensweisen oder Interaktionen in Gang setzen, bei denen für ihn die Informationsbeschaffung im Vordergrund steht (z.B. bestimmte Frage-Antwort-Situationen); oder er kann während bestimmter Interaktionen seine Aufmerksamkeit stärker auf diagnostisch relevante Informationen richten. Aber auch in solchen Fällen sind umfassende Reflexionen, bei denen verschiedene Handlungsalternativen erwogen und bewertet werden, kaum zu erwarten. Schon aus Zeitgründen wird es in der Regel nur möglich sein, die naheliegendsten Handlungsalternativen sehr oberflächlich zu bewerten und den Entscheidungsprozeß abzubrechen, sobald eine einigermaßen akzeptable Lösung gefunden ist. Ausgedehnte Entscheidungsprozesse sind auch deswegen kaum zu erwarten, weil Lehrer ganz allgemein wenig Bereitschaft zeigen, ihr geplantes Vorgehen grundlegend zu modifizieren (Shavelson & Stern, 1981).

Sieht man einmal von Entscheidungen ab, mit denen auf überraschende Situationen reagiert wird ('immediate decisions'; vgl. Calderhead, 1984), so waren die bislang betrachteten Entscheidungen hauptsächlich "Abbruch"-Entscheidungen, mit denen vor allem vorgeplante Unterrichtsepisoden und Interaktionen zum Abschluß gebracht werden. Damit ist eine Möglichkeit der Feinabstimmung des Unterrichts gegeben. Eine andere Möglichkeit der Feinabstimmung ist der situationsgerechte Einsatz von Maßnahmen, deren konkrete Realisierung vom Lernverlauf und den momentanen Gegebenheiten abhängig zu machen ist, wie es bei den im Rahmen dieser Arbeit betrachteten Unterrichtsverhaltensweisen (Strukturierungshinweise, Aufgabenstellungen, individuelle fachliche Hilfen) der Fall ist. Auch hier wäre es verfehlt, umfassende Reflexionsprozesse zu unterstellen. Derartige Entscheidungen dürften ebenfalls weitgehend Routinecharakter haben. Die betrachteten Maßnahmen sind vermutlich Bestandteil umfassenderer Aktivitätsstrukturen, die in Form von Schemata intern repräsentiert sind (Leinhardt & Greeno, 1986). So dürften Strukturierungshinweise als Bestandteil bestimmter Varianten der Stoffeinführung, Aufgabenstellungen als Kernbestandteil des angeleiteten Übens und individuelle fachliche Hilfen als Teil des selbständigen Übens anzusehen sein. Der Lehrer verfügt vermutlich zugleich mit diesen Maßnahmen über bestimmte Kriterien darüber, unter welchen Bedingungen die jeweilige Maßnahme in welcher Form eingesetzt werden sollte. Werden diese Bedingungen als vorliegend wahrgenommen, so wird die jeweilige Maßnahme abgerufen und in entsprechender Weise ausgestaltet. Auch dies kann offenbar mit einem relativ geringen Anteil bewußter Aufmerksamkeit geschehen.

Diagnostische Informationsverarbeitung im Unterricht. Die Vorstrukturierung des Unterrichtsablaufs durch Unterrichtsplanung und die Verfügbarkeit von Handlungsroutinen erleichtert die diagnostische Informationsverarbeitung während des Unterrichtens, da der Lehrer gezielt auf entscheidungsrelevante Informationen achten kann. Dies ist keine Besonderheit des Lehrerhandelns. Die subjektiven Diagnoseleistungen des Lehrers sind Wahrnehmungs- und Einschätzungsvorgänge, wie sie in ähnlicher Form auch in anderen Berufsfeldern vorkommen, ja letztlich auch Bestandteil jeglicher zwischenmenschlicher Interaktion sind. Unterschiede zwischen der Wahrnehmung des Lehrers im Unterricht und der Wahrnehmung in anderen alltäglichen interpersonalen Situationen liegen zum einen in den Zielen, die der Wahrnehmende verfolgt, zum anderen in der Strukturierung der Wahrnehmungssituation durch Prozesse der "Institutionalisierung und Reglementierung der Beziehungen" (Rosemann & Kerres, 1986, S.134; siehe auch Argyle, 1972).

Die Ziele, die für das unterrichtliche Handeln des Lehrers maßgeblich sind, lassen sich aus seinen beruflichen Aufgaben ableiten. Auch hier sollen nur die beiden bereits angesprochenen unmittelbar fach- und unterrichtsbezogenen Aufgabenstellungen - die Vermittlung von Lehrstoff und die Sicherstellung einer geordneten Klassenführung - berücksichtigt werden. Die Bewältigung dieser Aufgaben erfordert bestimmte Wahrnehmungsleistungen, insbesondere das Registrieren des aktuellen Ist-Zustands im Hinblick auf bestimmte Zieldimensionen (Hofer, 1986). Aus der besonderen Bedeutung der beiden genannten Aufgabenstellungen für das berufliche Handeln des Lehrers kann man folgern, daß der Lehrer für beide Bereiche besondere diagnostische Kompetenzen ausbilden müßte. Zur Erfüllung der fachlichen Aufgaben ist die Fähigkeit, Leistungen und leistungsrelevante Merkmale von Schülern und entsprechende Anforderungen zutreffend zu diagnostizieren, wichtig; zur Bewältigung der Klassenführungsaufgaben muß der Lehrer in der Lage sein, Situationen auf ihr Störpotential zutreffend zu beurteilen und Anzeichen für beginnende Störungen zuverlässig und rechtzeitig zu entdecken.

Laut Kounin (1976) verfügt der Lehrer mit effizienter Klassenführung unter anderem über eine als Allgegenwärtigkeit (withitness) bezeichnete Fähigkeit, der vermutlich spezifische diagnostische Kompetenzen zugrundeliegen. Allgegenwärtigkeit bezeichnet das Ausmaß, in dem der Lehrer zu erkennen gibt, über die im Klassenzimmer ablaufenden Vorgänge orientiert zu sein. Die zugrundeliegenden Wahrnehmungskompetenzen betreffen vor allem die Fähigkeit, sich anbahnende Störungen rechtzeitig zu erkennen (Vermeidung von Zeitfehlern; timing errors) und die Fähigkeit, die für Störungen verantwortlichen Schüler zutreffend zu identifizieren (Vermeidung von Objektfehlern; target errors). Da die Bewältigung von Management-Aufgaben für den Lehrer vordringlich und vorrangig ist, vertritt Doyle (1979) die Auffassung, daß der Lehrer in erster Linie Wahrnehmungskompetenzen wie die genannten entwickeln müßte.

Daß die Fähigkeit zur Diagnose von klassenführungsbezogenen Aspekten und Merkmalen von herausragender Bedeutung ist, ist aufgrund der wiederholt nachgewiesenen wichtigen Rolle von Klassenführungsaufgaben einsichtig. Daraus zu folgern, daß leistungsbezogene Diagnosen nur von untergeordneter Bedeutung sind, erscheint jedoch weder zwingend noch gerechtfertigt. Wie bereits an früherer Stelle angemerkt, sind beide Arten der Wahrnehmungskompetenz möglicherweise eng miteinander verflochten, weil der Lehrer in beiden Fällen ähnliche oder die gleichen Indikatoren heranziehen könnte. Empirische Ergebnisse dazu sind nicht verfügbar.

Theoretisch einleuchtend - und mit den vorliegenden Befunden vereinbar - erscheint die Annahme, daß klassenführungs- und leistungsbezogene Diagnoseleistungen verschiedene Handlungsebenen betreffen. Klassenführungsbezogene Diagnosen sind während des gesamten Unterrichts von Bedeutung. Sie treten dann besonders in den Vordergrund, wenn Störungen auftreten. Leistungsbezogene Diagnosen dürften dagegen hauptsächlich dann von Bedeutung sein, wenn eine ordnungsgemäße Klassenführung sichergestellt ist und der Lehrer sich voll auf seine fachlichen Vermittlungsaufgaben konzentrieren kann. Zur besseren Veranschaulichung liegt es nahe, die Existenz zweier Handlungssysteme auf verschiedenen "Kontrollebenen" anzunehmen: (a) Ein übergeordnetes System zur Bewältigung der Klassenführungsaufgaben, das dann in Aktion tritt, wenn die zur ordnungsgemäßen Durchführung der Instruktionsaufgaben erforderlichen Voraussetzungen nicht vorliegen: (b) ein untergeordnetes System zur Durchführung der Instruktionsaufgaben, das die Kontrolle an das übergeordnete System zurückgibt, sobald die Erfüllung der fachlichen Aufgaben aufgrund von Störungen und nachlassender Mitarbeit nicht mehr gewährleistet ist. Zur Charakterisierung der dazu erforderlichen Informationsverarbeitungsprozesse kann auf ein Modell von Doyle (1979) zurückgegriffen werden, das zur Beschreibung des Überwachungsverhaltens im Rahmen von Managementaufgaben dient und auf einschlägige kognitionspsychologische Arbeiten und Modellvorstellungen zurückgeht (Mandler, 1975; Posner & Snyder, 1975; Shiffrin, 1975). Danach lassen sich zwei grundlegende Formen der Informationsverarbeitung unterscheiden: (a) das automatische und nicht-bewußte Registrieren von Umweltreizen ohne weitergehende Verarbeitung in einem System mit nahezu unbegrenzter Aufnahmekapazität; (b) die Weiterverarbeitung ausgewählter Informationen in einem System mit begrenzter Verarbeitungskapazität, das durch Bewußtheit und selektive Aufmerksamkeit gekennzeichnet ist.

Eine Umschaltung von weitgehend automatisierter zu kontrollierter Informationsverarbeitung erfolgt durch die Wahrnehmung von Reizen, die eine bestimmte Qualität (z.B. Intensität, Überraschungswert) aufweisen oder die der Wahrnehmende mit für ihn bedeutsamen Folgen (z.B. späteren Störungen) zu verknüpfen gelernt hat (siehe Doyle, 1979). Die Genauigkeit und Zuverlässigkeit, mit der Reize als Signal für bestimmte Ereignisse wahrgenommen werden, hängt davon ab, ob der Wahrnehmende zutreffende Vorstellungen zur Verknüpfung von Situationsaspekten und Folgen hat. Diese Fähigkeit, Folgen zutreffend zu antizipieren, kann als eine bestimmte Form diagnostischer Kompetenz angesehen werden.

Auch die Genauigkeit bewußter Wahrnehmungsvorgänge wird von den Erwartungen des Handelnden und ihrer Veridikalität beeinflußt. Der Handelnde richtet seine Aufmerksamkeit auf Reizaspekte (cues; Indikatoren), die ihm Aufschluß über das Vorliegen beziehungsweise die Ausprägung des zu beurteilenden Merkmals oder internen Zustands (Wissen; Verständnis) liefern. Ein wesentlicher Teilaspekt diagnostischer Kompetenz dürfte die Existenz regelhafter Verknüpfungen zwischen vorhersagekräftigen Indikatoren (proximalen Merkmalen) und der Ausprägung des zu beurteilenden distalen Merkmals betreffen. Dadurch, daß der Handelnde seine Aufmerksamkeit bevorzugt auf solche Indikatoren richtet, die für ihn Vorhersagewert haben, erhöht er die Wahrscheinlichkeit, diese Indikatoren zu bemerken beziehungsweise umfassend zu registrieren. Sofern die Indikatoren ökologisch valide im Sinne des Linsenmodells sind, ist zu erwarten, daß die Wahrnehmung des Handelnden genau ist. Zugleich wird durch die Einstellung des Wahrnehmungsvorgangs auf bestimmte Reize und Indikatoren die kognitive Belastung des Wahrnehmenden reduziert.

Effektive und erfahrene Lehrer zeichnen sich durch eine größere Effizienz der Informationsverarbeitung aus. Das heißt, es werden weniger Informationen berücksichtigt; die Informationsverarbeitung ist zweckmäßiger, sparsamer, besser organisiert (vgl. Clark & Peterson, 1986); sie ist durch Schnelligkeit der Einschätzung (rapid judgement), handlungsgerechte Klassifizierung (chunking) und Differenzierung (differentiation) von Schülern, Verhaltensweisen und Ereignissen gekennzeichnet (Doyle, 1977a; siehe auch Corno, 1981; Clark & Peterson, 1986).

Doyle (1979) beschränkt sein Modell auf Managment-Aufgaben. Die automatisierte Verarbeitung fungiert dabei als eine Art Alarmsystem. Ergeben sich Hinweise auf beginnende Klassenführungsprobleme, so erfolgt ein Umschalten auf bewußte Verarbeitungsprozesse. Der Lehrer achtet dann gezielt auf Anzeichen für Störungen, nachlassende Mitarbeit usw. und leitet ggfs. geeignete Maßnahmen ein. Eine gezielte und bewußte Beachtung möglicher Störquellen findet vermutlich auch in Unterrichtsphasen statt, in denen Klassenführungsprobleme besonders leicht entstehen (z.B. Übergangsphasen).

Die Realisierung effektiver fachlicher Aktivitäten im engeren Sinne setzt voraus, daß die Aufmerksamkeit des Lehrers nur in geringem Maße durch Klassenführungsprobleme beansprucht wird. Dies dürfte in gut geführten Klassen nahezu die gesamte Unterrichtszeit über der Fall sein. Was die Klassenführung angeht, so beschränkt sich der Lehrer in störungsarmen Phasen vermutlich auf ein weitgehend automatisiertes Überwachen des Schülerverhaltens. Er kann sich damit weitgehend auf seine fachlichen Vermittlungsaufgaben und das Registrieren von Anzeichen für Verständnis und Wissen konzentrieren.

Wie bereits angemerkt, dürfte der diagnostisch kompetente Lehrer besonders gut in der Lage sein, die für eine zutreffende Einschätzung des aktuellen Wissens und Verstehens der Schüler geeigneten Indikatoren wahrzunehmen. Diese Wahrnehmung kann offenbar ebenfalls weitgehend automatisiert erfolgen; sie kann aber auch bewußt kontrolliert und gezielt erfolgen. Dies dürfte von Umfang und Sicherheit des aktuellen diagnostischen Wissens beim Lehrer, von der Eindeutigkeit des aktuellen Reizangebots und der verfügbaren Indikatoren sowie von den momentanen Intentionen des Lehrers abhängen. Beispiele: Wenn der Lehrer weiß, daß ein Schüler bestimmte Aufgaben beherrscht, und sich dessen sicher ist, wird er vermutlich nur noch sehr oberflächlich auf Wissens- und Verständnisindikatoren achten. Wenn er kein entsprechendes Wissen hat oder sich unsicher ist, wird er vermutlich sehr gezielt auf solche Indikatoren achten und sie ggfs. sogar systematisch hervorzubringen versuchen. In entsprechender Weise wird er eindeutige und stimmige Indikatoren nur sehr oberflächlich registrieren, bei zweifelhaften und unstimmigen Indikatoren aber gezielter diagnostizieren. Wenn der Lehrer die Beherrschung bestimmter Kenntnisse, Fähigkeiten und Lernschritte für unabdingbar hält, wird er gezielter auf Indikatoren achten, als wenn er die entsprechenden Lernziele eher für beiläufig hält.

Präzisierungsbedürftig ist noch die Frage der Umsetzung von diagnostischen Einschätzungen. Es erscheint aufgrund der vorangegangenen Ausführungen ziemlich offensichtlich, daß unterrichtliche Entscheidungen gewöhnlich nicht das Ergebnis ausgiebiger Reflexionen sind. Ebenso wenig zutreffend dürfte sein, daß der Handelnde zunächst irgendwelche mehr oder weniger systematischen diagnostischen Bemühungen unternimmt und auf dieser Grundlage entscheidet. Im Hinblick auf die Erfordernisse schnellen, effektiven Handelns zutreffender erscheint es, daß diagnostische Einschätzungen bereits von vornherein im Hinblick auf bestimmte Entscheidungen vorgenommen werden.

Leinhardt & Greeno (1986) weisen darauf hin, daß zur Durchführung einzelner unterrichtlicher Aktivitätsformen und Episoden Informationen über die aktuellen Schülerleistungen benötigt werden, die sich der Lehrer in vorausgehenden Unterrichtsphasen mehr oder weniger gezielt verschafft. Wie dies im einzelnen geschieht, wird bei Leinhardt & Greeno für einige exemplarische Unterrichtssituationen analysiert. Allerdings spielen bei ihnen Prozesse der diagnostischen Informationsaufnahme und -verarbeitung nur eine untergeordnete Rolle, so daβ gezieltere Untersuchungen dieses Typs speziell unter diesem Aspekt wünschenwert erscheinen.

Um unterrichtliche Maβnahmen und Handlungen zu realisieren, ist es bis zu einem gewissen Grade immer nötig, diese adressatengerecht zu "konstruieren", also auf die Adressaten der Handlung abzustimmen. Man kann dabei die Maβnahmen und Handlungen als Schemata auffassen, die im Hinblick auf ihre Anwendungsvoraussetzungen Leerstellen aufweisen. Aufgabe des Handelnden ist, diese Leerstellen durch Nutzung geeigneter Informationen, in diesem Falle über die aktuellen Lernvoraussetzungen der Schüler, aufzufüllen. Vermutlich haben diagnostische Einschätzungen genau diese Funktion. Dies würde auf eine enge Verflechtung zwischen Diagnose und Handlung hindeuten, die weit über das hinausgeht, was traditionelle Vorstellungen diagnosegeleiteten Handelns unterstellen.

Versucht man, die Schnelligkeit und Flüssigkeit vieler unterrichtlicher Handlungen und Interaktionen einzubeziehen, so erscheint es fruchtbar, ein "Skill"-Modell diagnosegeleiteten Handelns zugrundezulegen. Danach könnte man diagnosegeleitetes unterrichtliches Handeln in Anlehnung an "offene" sensumotorische Fertigkeiten (wie z.B. Tennisspielen) betrachten, bei denen sich die Umgebung des Handelnden fortlaufend ändert (Marteniuk, 1976). Zum effektiven Handeln sind vor allem kurzzeitige Antizipationsleistungen erforderlich, um rechtzeitig in geeigneter Weise reagieren zu können (rechtzeitig wissen, wohin der Ball kommt). Durch Antizipation von Schülerreaktionen kann der Lehrer seine nächsten "Verhaltenszüge" besser planen und schneller und angemessener - weil besser vorbereitet - reagieren.

6.2.2 Verknüpfung von Lehrerverhalten und Lernprozessen der Schüler

Die traditionelle Unterrichtsforschung, wie sie durch das Prozeβ-Produkt-Paradigma repräsentiert wird, hat sich nicht explizit mit der Frage beschäftigt, auf welche Weise Unterricht zu bestimmten Lernergebnissen führt. Erst neuere Ansätze (Mediational-Processes-Paradigm; Cognitive-Mediational-Paradigm; Doyle, 1977b; Winne, 1985a, 1985b; Winne & Marx, 1977) versuchen diese Erklärungslücke auszufüllen, indem sie sich gezielt mit den durch Unterricht ausgelösten und im Unterricht ablaufenden kognitiven Prozessen der Schüler befassen. Für die vorliegende Arbeit sind derartige Ansätze deshalb von Bedeutung, weil sie das Verständnis der Wirkung von Unterrichtsmaβnahmen fördern und damit die theoretische Einordnung und Integration der Ergebnisse erleichtern. Langfristig sollten sich durch ein besseres Verständnis der Wirkungen von Unterricht auch genauere und spezifischere Anforderungen an lernförderliches unterrichtliches Handeln ableiten lassen. Bislang ist die Forschung allerdings noch weit davon entfernt, gesicherte und praktisch verwertbare Erkenntnisse über den Zusammenhang zwischen bestimmten Unterrichtsverhaltensweisen des Lehrers und Informationsverarbeitungsprozessen und -strategien der Schüler zu liefern.

Im Hinblick auf die Zielsetzung der vorliegenden Arbeit wurde der Stellenwert des Cognitive-Mediational-Paradigm bereits an früherer Stelle wie folgt umrissen: Ein zentrales Ziel schulischen Lernens besteht im Aufbau eines Netzwerks von Begriffen, Propositionen und Schemata. Dazu ist es erforderlich, eine Vielzahl von Informationen aufzunehmen, zu verarbeiten und in geeigneter Weise zu organisieren. Dies geschieht durch verschiedene zentrale Verarbeitungsprozesse (im wesentlichen durch Enkodierung neuer Information und Verknüpfung von vorhandener Information), die vom Lernenden selbst durch geeignete Lernaktivitäten (mathemagenes Verhalten) angeregt und gesteuert, vom Lehrer aber natürlich nur indirekt beeinflußt und kontrolliert werden können.

Die Funktion von Unterricht kann darin gesehen werden, die selbständige Wissensorganisation des Lernenden zu erleichtern, indem geeignete kognitive Aktivitäten des Schülers unterstützt und bis zu einem gewissen Grade sogar ersetzt werden. Das reicht von der didaktischen Aufbereitung des Unterrichtsstoffs über die Darstellung und Vermittlung bis hin zu remedialen Aktivitäten. Ein Großteil des Unterrichtsverhaltens von Lehrern kann im Hinblick darauf interpretiert werden, inwieweit es zur Strukturierung und Organisation von Lehrstoff und Unterricht für die Lernenden beiträgt. Die Grundthese dieser Arbeit läßt sich dann so formulieren: Diagnostische Kompetenz des Lehrers optimiert die Unterstützungsfunktion von Unterricht, indem die unterstützenden Lehreraktivitäten besser an den aktuellen Unterstützungsbedarf (unzureichend ausgebildete oder defizitäre kognitive Strukturen und Selbststeuerungsfähigkeiten der Schüler) angepaßt werden.

Ein wesentliches Kennzeichen effektiven Unterrichts ist also, daß ein Teil der Selbststeuerungsbemühungen der Schüler gewissermaßen externalisiert und durch entsprechende Strukturierungsbemühungen und Steuerungsimpulse des Lehrers ersetzt werden (Corno & Snow, 1986). So kann etwa die hohe Lernwirksamkeit eines Unterrichts im Sinne des Modells direkter Instruktion (Peterson, 1979; Rosenshine, 1979) gerade darauf zurückgeführt werden, daß Steuerungsaktivitäten in besonders effektiver Weise ausgelagert und substituiert werden (Treiber & Weinert, 1984; Weinert & Helmke, 1987).

Der erfolgreiche Erwerb von Wissen durch Unterricht erfordert beim Schüler eine Reihe von Prozessen, die sich grob in Wachheit (alertness), selektive Aufmerksamkeit und spezifische kognitive Verarbeitungsprozesse (Corno, 1981; Piontkowski & Calfee, 1979) aufgliedern lassen. Für eine erfolgreiche Nutzung des Unterrichtsangebots sind die folgenden vier Bedingungen ausschlaggebend (Winne, 1985a, 1985b; Winne & Marx, 1980): (1) Beachtung des Instruktionsangebots des Lehrers, (2) Wahrnehmung bzw. zutreffende Interpretation der damit verfolgten Lehrerintentionen, (3) Fähigkeit und (4) Motivation zur Ausführung der verlangten kognitiven Aktivitäten.

Detaillierter betrachtet läßt sich die Informationsverarbeitung der Schüler im Unterricht in Anlehnung an Winne (1985a) als Ausführung von (vorgegebenen oder selbstgewählten) (Lern-)Aufgaben unterschiedlicher Komplexität charakterisieren. Die Lösung einer Aufgabe erfolgt, indem ein (Handlungs-) Plan, das heißt eine Abfolge kognitiver Operationen realisiert wird, wodurch ein durch die Aufgabenstellung definierter Anfangszustand in einen Zielzustand überführt wird. Die Ausführung von Handlungsplänen erfordert Planungs-, Überwachungs- und Überprüfungsaktivitäten, das heißt metakognitive Aktivitäten (Brown, 1984).

Metakognitive Aktivitäten treten dann besonders in Erscheinung, wenn es um das selbständige Bearbeiten einer umfassenderen Aufgabenstellung oder das Erlernen eines größeren Stoffgebiets, also um die Selbststeuerung des Lernens geht. Zu den Steuerungs- und Überwachungsaktivitäten gehören Prozesse wie die Vorhersage des Resultats, das Abschätzen des Aufwands, das Entwerfen von Strategien, die Überwachung des Verständnisses, die Anpassung der Informationsverarbeitung an die Schwierigkeit des Stoffes und das Ziel der Lernaktivität und anderes mehr. Was Lernprozesse im Unterricht anbelangt, so haben metakognitive Aktivitäten offenbar eine weniger umfassende Bedeutung. Von grundlegender Bedeutung dürfte hier vor allem die fortlaufende Überwachung des Verständnisses und die Regulierung von Aufmerksamkeit und Verarbeitungsintensität sein. Welche metakognitiven Aktivitäten für den Unterricht am bedeutsamsten sind, welche individuellen Unterschiede es diesbezüglich gibt und welcher Zusammenhang dabei mit dem Lernerfolg besteht, ist jedoch noch weitgehend ungeklärt.

Schulischer Unterricht unterscheidet sich von der selbständigen Auseinandersetzung eines Lernenden mit einem Lernstoff in zweierlei Weise: (a) durch die didaktische Aufbereitung des Stoffs (durch Curriculum und Lehrer), (b) durch die Unterstützung der Lernaktivitäten (siehe Winne, 1985a). Eine Reihe von fachlichen Unterrichtsverhaltensweisen des Lehrers lassen sich in mehr oder weniger großem Maße anhand ihrer Hinweisfunktion für die kognitiven Strukturierungsbemühungen der Schüler charakterisieren. Die Funktion der Lehrerverhaltensweisen kann dabei darin bestehen, den Schülern Hinweise über das Ziel der Aufgabe zu geben, oder darin, die Ausführung des Handlungsplanes direkt zu unterstützen. Die Information über das Aufgabenziel dient neben der Motivierung vor allem dazu, dem Lernenden Hinweise über das erforderliche Lernverhalten zu geben und ihn mit einer Liste von Kriterien zu versorgen, anhand der er die Verhaltensausführung überwachen kann. Die direkte Unterstützung der Lernaktivitäten dient dazu, die Handlungspläne der Lernenden an die Erfordernisse der Aufgabe anzupassen, so daß man sie als metakognitive Hilfestellungen im engeren Sinne ansehen kann (siehe im einzelnen Winne, 1985a).

Aus entwicklungspsychologischer Sicht läßt sich die Unterstützung der Lernaktivitäten durch den Lehrer als spezieller Fall einer "Steuerung durch andere" auffassen (Brown, 1984, S.94). Nach Wygotskis (1978) Theorie der Internalisierung ist die Steuerung der Denkaktivitäten ursprünglich sozialer Natur. Der Erwachsene fungiert danach als "unterstützender Experte", der im Rahmen von gemeinsamen Lösungsaktivitäten zunächst die Initiative hat und die Lösungsbemühungen des Kindes anleitet und lenkt, im weiteren Verlauf aber stärker in den Hintergrund tritt und sich auf die bloße Überwachung, die Korrektur von Fehlern und Hilfen bei Schwierigkeiten beschränkt.

Die Rolle des Lehrers ist ähnlich zu sehen; durch ein geeignetes Unterrichtsverhalten wird nicht nur die Effizienz der Informationsaufnahme und -verarbeitung gesteigert, sondern vermutlich auch die Fähigkeit der Schüler zur Selbststeuerung gefördert. Brown (1984, S. 96) kennzeichnet in Anlehnung an eine Arbeit von Schallert & Kleiman (1979) zur Förderung kritischen Lesens das Verhalten erfolgreicher Lehrer wie folgt:

> "Zuerst versuchen sie, die Information entsprechend dem vorhandenen Verständnisniveau der Kinder herzurichten. Sie versuchen, relevantes Hintergrundswissen zu aktivieren, indem sie die Schüler dazu veranlassen, die neue Information im Lichte bisheriger Kenntnisse zu betrachten. Die Lehrer versuchen beständig, die Aufmerksamkeit der Schüler auf wichtige Tatsachen zu lenken, und schließlich helfen sie den Schülern dabei, ihr eigenes Verständnis zu überwachen, indem sie intelligente Fragen stellen und sokratische Mittel wie etwa widerspruchserregende Verallgemeinerungen, Gegenbeispiele, Überprüfungen an der Wirklichkeit usw. benutzen."

Einige der angesprochenen Aspekte entsprechen weitgehend dem Konzept von Strukturierungshilfen, das im Rahmen dieser Arbeit eine große Rolle spielt, andere sind eher bereichs- und altersspezifisch. Es ist noch ungeklärt, welche Zusammenhänge zwischen den metakognitiven Kompetenzen des Lehrers, seinem unterrichtlichen Verhalten und den Schülerfähigkeiten zur Selbststeuerung bestehen.

Aus der vorhin kurz umrissenen Funktion von Unterrichtsverhaltensweisen als Steuerungshinweisen für die Schüler folgert Winne (1985a), daß unterrichtliche Hilfen durch zwei Parameter gekennzeichnet sein müßten: durch (a) angemessenes Timing und (b) Abstimmung auf individuelle Unterschiede in den Handlungsplänen. Damit sind die beiden Hauptdimensionen adaptiven Unterrichtsverhaltens, für die eine hohe Diagnosekompetenz bedeutsam sein sollte, angesprochen.

Unterrichtshilfen sind also offenbar dann optimal wirksam, wenn sie möglichst gut auf die Selbststeuerungsbemühungen der Schüler abgestimmt sind. Hohe diagnostische Kompetenz dient damit ganz offenbar dazu, die Differenz zwischen nominalen und effektiven Stimuli zu verringern. Nicht auf die Lernvoraussetzungen der Schüler abgestimmte Hilfen sind offenbar deshalb suboptimal, weil sie die Selbststeuerungsbemühungen der Schüler entweder über- oder unterfordern. Optimale Hilfen müßten im Vergleich dazu so dosiert werden, daß gerade nur die notwendigen Steuerungsimpulse gegeben werden, nicht dagegen unnötige Hilfestellungen, und daß leistungsmindernde Interferenzen zwischen den Selbststeuerungsbemühungen der Schüler und den Lehrerhilfen vermieden werden.

Für eine so detaillierte Interpretation von Mikroprozessen der Umsetzung von Lehrerhilfen in kognitive Eigenaktivitäten der Schüler gibt die vorliegende Arbeit zwar keinen direkten Beleg; doch dürfte es sich um eine auf der Basis des vorhandenen Wissenstandes plausible und vertretbare Spekulation handeln, der in künftigen Arbeiten gezielter nachgegangen werden sollte. Eine solche Interpretation hat ferner Implikationen für die Beschaffenheit der Wissensbasis guter Diagnostiker: es erscheint naheliegend, daß diagnostisch kompetente Lehrer selbst über ein elaboriertes metakognitives Wissen (Kluwe, 1980) verfügen sollten, um die metakognitiven Aktivitäten ihrer Schüler optimal zu fördern.

Die vorliegende Arbeit liefert, von einigen plausibel anmutenden Tendenzen abgesehen, kein schlüssiges Ergebnis zur Frage, ob bestimmte Schülergruppen in besonderer Weise von einer adaptiven Unterrichtsführung profitieren. Es zeigt sich aber, daß nicht unbedingt die unterstützungsbedürftigsten Schüler von Unterrichtsformen profitieren, die aufgrund gängiger unterrichtstheoretischer Präskriptionen am ehesten auf diese Zielgruppe zugeschnitten sein müßten. Die Wirksamkeit von Lernhilfen hängt also offenbar von der Fähigkeit der Schüler ab, diese Hilfen für ihr Lernen zu nutzen. Intelligenz, Vorkenntnisse und Leistungsangst sind drei Merkmale, die offenkundig für die Nutzung von unterrichtlichen Hilfen relevant sind und bei denen ungünstige Ausprägungen auf spezifische Nutzungsdefizite verweisen, die möglicherweise bis zu einem gewissen Grade funktional äquivalent für das Lernverhalten sind.

Versucht man eine merkmalsspezifische Interpretation, so könnte diese wie folgt aussehen: Geringe Vorkenntnisse erschweren mangels hinreichender Rückgriffsmöglichkeiten auf überlernte und eingeübte Wissensstrukturen die Aufnahme neuer Informationen, aber auch den Abruf lösungsrelevanter Informationen und machen stärkere konstruktive Bemühungen nötig. Lernhilfen können nicht optimal genutzt werden, weil benötigte Information nicht hinreichend verfügbar oder nicht hinreichend automatisiert ist und dadurch die angebotene Informationen nicht effektiv genug verarbeitet werden kann.

Niedrige Intelligenz erschwert Aufgabenlösungsprozesse und die Verarbeitung neuer Informationen, weil elementare kognitive Operationen und übergreifende Problemlösungsstrategien (Dörner, 1976) nur unzureichend ausgebildet sind. Der Lernende hat Mühe, die durch die Hilfestellungen nahegelegten kognitiven Operationen und Lösungsprozesse zu vollziehen und wird dadurch beim Aufbau von Wissensstrukturen behindert.

Hohe Leistungsangst erschwert aufgabenrelevante Lösungsprozesse und Informationsverarbeitungsleistungen, weil die Aufmerksamkeit durch aufgabenirrelevante Kognitionen beeinträchtigt wird und die Verarbeitungskapazität dadurch geringer wird (Mueller, 1980). Lernhilfen können nicht voll wirksam werden, weil dargebotene Informationen leicht übersehen und lückenhaft aufgenommen werden und vom Lehrer nahegelegte Lösungsoperationen infolge Kapazitätsüberlastung nicht adäquat vollzogen werden.

Es ist bislang allenfalls ansatzweise möglich, zwischen dem statischen Aptitude-Konzept und den Lern- und Denkprozessen, wie sie im Rahmen des Cognitive-Mediational-Paradigm untersucht werden, eine

Verknüpfung herzustellen (siehe Snow, 1980 zur prozeßbezogenen Deutung von Aptitudes). Aufgabe künftiger Forschung wird es sein, genauer herauszuarbeiten, wie bestimmte Lernereigenschaften mit Unterschieden in der Informationsverarbeitung und im strategischen Lernverhalten zusammenhängen. Es müßte dann auch möglich sein, Bedingungen für die optimale Nutzung von Lernhilfen durch die Schüler genauer zu spezifizieren.

6.2.3 Folgerungen für die Unterrichtspraxis

Die Ergebnisse dieser Arbeit belegen die Bedeutung hinreichender diagnostischer Kompetenz für den Unterricht und das unterrichtliche Handeln. Es liegt daher nahe, nach den Implikationen dieser Befunde für die Unterrichtspraxis zu fragen. Bedeutsam für die Unterrichtspraxis ist dabei natürlich vor allem die Beantwortung der Frage, ob und innerhalb welcher Grenzen eine Verbesserung der diagnostischen Kompetenz von Lehrern möglich ist, in welcher Weise dies geschehen kann und inwieweit entsprechende Maßnahmen zu den gewünschten Konsequenzen führen. Zunächst ist allerdings zu fragen, ob es überhaupt gerechtfertigt und sinnvoll ist, aus dem Ergebnis von einigen wenigen oder gar nur einer einzigen Arbeit bereits Schlußfolgerungen für die Unterrichtspraxis zu ziehen. Dies ist strenggenommen sicher nur unter dem Vorbehalt möglich, daß sich die dabei zugrundegelegten Ergebnisse in weiterführenden Untersuchungen bestätigen lassen.

Angemessener dürfte es sein, aus den vorliegenden Befunden zunächst lediglich vorläufige Empfehlungen abzuleiten, deren Brauchbarkeit einer empirischen Überprüfung zu unterziehen ist. Dies erscheint im vorliegenden Fall besonders vordringlich, da sich Hinweise ergeben haben, daß hohe diagnostische Kompetenz ohne gleichzeitige Realisierung bestimmter Unterrichtsmerkmale nicht nur wirkungslos bleibt, sondern unter Umständen sogar schädlich sein kann. Es kann daher nicht ohne weiteres davon ausgegangen werden, daß hohe diagnostische Kompetenz per se ein ohne jede Einschränkung anzustrebendes Ziel ist. Vielmehr muß im Auge behalten werden, daß eine hohe diagnostische Kompetenz möglicherweise mit bestimmten Problemen verbunden sein kann und daß eine Förderung diagnostischer Kompetenz somit ungünstige Nebenwirkungen haben könnte. Solche ungünstigen Nebenwirkungen könnten vor allem in der Sensibilisierung des Lehrers für die Wirkungen des eigenen Verhaltens (etwa im Sinne einer Erhöhung der Lageorientierung) liegen. Dies könnte unter bestimmten Umständen - etwa bei bestimmten bereits vorhandenen Defiziten - zu einer Beeinträchtigung des Unterrichtsverhaltens führen.

Der Erfolg von Maßnahmen zur Förderung diagnostischer Kompetenz hängt letztlich davon ab, ob diese tatsächlich die kausale Bedeutung hat, die ihr bislang aus theoretischer Sicht zugeschrieben wurde. Dies läßt sich aber nur in experimentellen Studien, in denen diagnostische Kompetenz gezielt variiert wird, zweifelsfrei feststellen. Eine Möglichkeit, diagnostische Kompetenz zu variieren, sind Trainingsmaßnahmen. Die Evaluation von Trainingsmaßnahmen ist somit nicht nur aus praktischer, sondern auch aus theoretischer Sicht interessant. Für die Zwecke eines gezielten Trainings noch zu unspezifisch ist dabei allerdings das bislang verfügbare Wissen über Bedingungen, unter denen hohe diagnostische Kompetenz zu positiven Wirkungen führt. Daraus läßt sich die Forderung ableiten, experimentelle Trainingsstudien so anzulegen, daß Aufschluß über die Bedingungen gewonnen werden kann, unter denen ein Training zu bestimmten Wirkungen führt. Zu diesem Zweck müßte in einer experimentellen Trainingsstudie ein hinreichendes Spektrum an möglicherweise moderierenden Lehrer- und Unterrichtsmerkmalen erfaßt werden.

Auf dem Hintergrund der Forderung, Maßnahmen zur Verbesserung diagnostischer Kompetenz systematisch zu erproben und zu evaluieren, ist nun zu fragen, wie ein solches Training beschaffen sein könnte. Theoretisch begründete Empfehlungen dazu sind sicher erst in sehr beschränktem Umfang möglich, da über Aufbau und Wissensgrundlagen diagnostischer Kompetenz bislang noch kaum etwas bekannt ist. Sinnvollerweise sollte sich das Traing nur auf die Anteile diagnostischer Kompetenz erstrecken, die nicht den Charakter allgemeiner Fähigkeiten haben. Ein umfassendes Training müßte vermutlich folgende Elemente enthalten: (a) die Förderung und psychologische Fundierung generellen Wissens über Schüler und deren Leistungen bei bestimmten Anforderungen; (b) die Vermittlung von Informationen über Indikatoren für bestimmte Fähigkeiten und deren Verknüpfung mit den zugrundeliegenden Merkmalen und ein gezieltes Lernen solcher Verknüpfungen; (c) praktische Übungen zur Abgabe einschlägiger Urteile mit anschließender Rückmeldung (siehe auch Maßnahmen eines Rater-Trainings bei Athey & McIntire, 1987; McIntire, Smith & Hassett, 1984).

Es kann nicht Ziel dieser Arbeit sein, ein geschlossenes Konzept für Maßnahmen zur Verbesserung diagnostischer Kompetenz zu entwickeln. Zentraler Bestandteil von Maßnahmen zur Verbesserung diagnostischer Kompetenz dürfte ein mit geeigneten Rückmeldungen verbundenes praktisches Üben sein. Wahl, Weinert & Huber (1984) haben eine für den unterrichtenden Lehrer praktikable Vorgehensweise vorgeschlagen, die an einer Schärfung der Sensibilität für die eigenen Urteilsgewohnheiten ansetzt und Urteilsverbesserungen durch eine Art von Selbstreflexion der Urteilsgrundlagen anstrebt.

> Danach sollte der Lehrer möglichst häufig Situationen schaffen, in denen er die Genauigkeit seiner Einschätzungen, Vorhersagen und Erwartungen anhand "harter" Testdaten überprüfen kann. Das heißt, der Lehrer sollte (a) den Schülern selbständig zu lösende Aufgaben stellen; (b) vorhersagen, wie die Klasse als Ganzes, aber auch einzelne Schüler bei diesen Aufgaben abschneiden werden und (c) die eigenen Vorhersagen mit den tatsächlich erzielten Ergebnissen vergleichen. Ein solches Vorgehen zwingt den Lehrer, die eigenen impliziten Hypothesen zur Leistung und Fähigkeit von Schülern zu explizieren und einer empirischen Bewährung auszusetzen. Zu diesem Zweck müssen sehr spezifische Vorhersagen getroffen werden, deren Zutreffen oder Nichtzutreffen exakt überprüft werden kann. Möglicherweise führt bereits der selbstauferlegte Zwang, präzise und spezifische Hypothesen zu formulieren, zu einer Verbesserung diagnostischer Kompetenz. Weitere Verbesserungen sind zu erwarten, wenn der Lehrer Diskrepanzen zwischen erwarteten und tatsächlich erzielten Leistungen dazu nutzt, nach

Gründen für die erwartungswidrigen Ergebnisse zu suchen und die entsprechenden Hypothesen durch das Einholen weiterer Informationen zu überprüfen. Eine wichtige Möglichkeit der Hypothesenprüfung besteht darin, sich durch gezielte unterrichtliche Maßnahmen Einblick in Umfang und Beschaffenheit vorhandener Kenntnislücken und Lernschwierigkeiten zu verschaffen. In der Verknüpfung von diagnostischer Kompetenz mit bestimmten Unterrichtsmaßnahmen und -handlungen liegt vermutlich eine wesentliche Voraussetzung für die Ausbildung einer für das unterrichtliche Handeln relevanten Diagnosefähigkeit. Der skizzierte Selbstdiagnosezyklus kann natürlich in vielfältiger Weise variiert werden, indem man etwa Aufgaben unterschiedlicher Schwierigkeit heranzieht, unterschiedliche Bedingungen für die Aufgabenlösung vorsieht oder die Schülerleistungen im Anschluß an gezielt variierte Unterrichtsmaßnahmen beurteilt.

Um lernförderliche Wirkungen zu erzielen, muß der Lehrer seine diagnostischen Einschätzungen in ein geeignetes unterrichtliches Handeln umsetzen. Empfehlungen und Vorschläge zur Förderung diagnostischer Kompetenz sollten also Überlegungen zu einer geeigneten Form der Umsetzung diagnostischer Kompetenz in unterrichtliches Handeln einschließen. Wie eine solche Umsetzung im Detail aussehen sollte, kann durch die vorliegende Untersuchung noch vergleichsweise wenig aufgehellt werden. Empfehlungen, die in Verbindung mit hoher diagnostischer Kompetenz als besonders leistungsförderlich nachgewiesenen Verhaltensweisen häufiger einzusetzen, sind angesichts des nicht-experimentellen Charakters der Untersuchung nicht gerechtfertigt und verbleiben mit Sicherheit zu sehr an der Oberfläche. Daß die Verhaltensweisen auf die aktuellen Lernvoraussetzungen der Klasse und einzelner Schüler abgestimmt werden, ist eine Schlußfolgerung, die durch die Ergebnisse zwar nahegelegt wird, aber nicht als direkt nachgewiesen gelten kann.

Auch wenn direkte Empfehlungen zur Umsetzung diagnostischer Kompetenz nicht möglich sind, so kann es kaum Zweifel daran geben, daß es unabdingbare Voraussetzungen für ein adaptives Unterrichtsverhalten gibt, die gezielt vermittelt werden können. Erforderlich ist zunächst einmal ein umfangreiches Repertoire an Maßnahmen, Verhaltensweisen und -techniken. Um im Unterricht den Blick für vergleichsweise subtile Beobachtungen und Regulationsprozesse frei zu haben, sind ferner eine effektive Klassenführung und eine hinreichende Unterrichtsroutine nötig. Zum Aufbau eines Repertoires an effektiven Unterrichtsverhaltensweisen kann in zunehmendem Maße auf die Ergebnisse der neueren Unterrichtsforschung zurückgegriffen werden. Handlungsanweisungen für eine effektive Klassenführung lassen sich ebenfalls relativ leicht aus dem bisherigen Stand des Wissens ableiten und in geeignete Trainingsmaßnahmen umsetzen. Die gezielte Vermittlung von Methoden und Techniken effektiven Unterrichts sollte in stärkerem Maße Bestandteil der Lehreraus- und weiterbildung werden.

Aus diesen Überlegungen ist zunächst die Forderung abzuleiten, den Lehrer vor einer direkten Förderung diagnostischer Kompetenz zunächst beim Aufbau eines umfassenden Repertoires an effektiven Unterrichtsverhaltensweisen zu unterstützen - dies gilt vor allem für den Berufsanfänger - beziehungsweise ihm zu einer gewissen Konsolidierung seines Verhaltensrepertoires zu verhelfen. Aus motivationaler Sicht würde dies gleichzeitig bedeuten, den Lehrer die leistungsförderliche Wirkung bestimmter Unterrichtsverhaltensweisen erfahren zu lassen und ihm dadurch eine günstige Einschätzung seiner Handlungswirksamkeit (self-efficacy; Bandura, 1977) zu ermöglichen. Erst dann sollte er dazu ermutigt werden, seine Diagnosefähigkeit zu verbessern und auf diesem Wege dann auch sein Verhaltensrepertoire zu verfeinern und auszudifferenzieren. Dies erscheint auch aus einem anderen Blickwinkel heraus sinnvoll: Wenn es tatsächlich so ist, daß eine Förderung diagnostischer Kompetenz auch unerwünschte sensibilisierende und verunsichernde Momente einschließt, dann muß eine vorherige Stabilisierung und Konsolidierung des Verhaltens von großer Bedeutung sein.

Was die eigentliche Umsetzung diagnostischer Kompetenz in ein adaptives Unterrichtsverhalten angeht, so erscheint dabei meines Erachtens ein Appell an die Bereitschaft des Lehrers, mit prinzipiell geeigneten Maßnahmen und Verhaltensweisen zu experimentieren, angemessener als starre rezeptartige Empfehlungen. Man kann vermutlich in einer ersten Annäherung davon ausgehen: Ein Lehrer, der (a) bestrebt ist, den Lernerfolg seiner Schüler zu optimieren, (b) über ein hinreichendes Repertoire an Unterrichtsverhaltensweisen verfügt und (c) bereit ist, diese flexibel und situationsgerecht einzusetzen, wird dann eine erfolgreiche Feinabstimmung realisieren, wenn er über ein hinreichendes Maß an diagnostischer Kompetenz und damit ein Gespür für die Notwendigkeit von unterstützenden Maßnahmen verfügt. Das probeweise Einleiten von Maßnahmen, das sorgfältige Beobachten ihrer Wirkungen und die daraus resultierende Revision dürfte in hochgradig komplexen und vernetzten Realitätsbereichen die günstigste Strategie sein, um zu effektiven Maßnahmen zu gelangen (Cronbach, 1975). In der Lehreraus- und -weiterbildung müßten verstärkt geeignete Formen gefunden werden, um systematische Lernprozesse dieser Art einzuleiten und zu unterstützen, wobei auf die Notwendigkeit einer gezielten Erprobung und kontrollierten Evaluation dieser vorläufigen Empfehlungen noch einmal ausdrücklich hingewiesen sei.

6.2.4 Offene Fragen und Aufgaben künftiger Forschung

An verschiedenen Stellen dieser Arbeit wurden Fragen und Probleme angesprochen, die anhand der vorliegenden Untersuchung nicht beantwortet werden konnten und die daher weiterer Forschung bedürfen. Im folgenden sollen die sich daraus ergebenden Ansatzmöglichkeiten für weiterführende Arbeiten noch einmal zusammengefaßt und kurz dargestellt werden.

Weitere Forschungsbemühungen müßten natürlich zunächst einmal darauf ausgerichtet sein, die Hauptergebnisse dieser Arbeit an unabhängigen Datensätzen zu replizieren und zu erweitern. Dabei wäre es wünschenswert, auf ein möglichst breites Spektrum an diagnostischen Kompetenzen, Kontext-, Lehrer-, Unterrichts- und Effektmaßen zurückgreifen zu können, um noch umfassendere Informationen zur Einbettung diagnostischer Kompetenz in das Netzwerk unterrichtsrelevanter Variablen zu bekommen. Änderungen gegenüber der vorliegenden Studie sollten sich vor allem auf die folgenden Punkte beziehen:

(1) Aus zwei Gründen sollte eine möglichst große Stichprobe gewählt werden (N > 60): (a) Da interaktive Effekte im Vordergrund des Interesses stehen, können Kausalmodelle - als die geeigneteste Methode, komplexe Kausalbeziehungen abzubilden - nur in Teilgruppen eingesetzt werden. (b) Angesichts der überragenden Bedeutung, den bestimmte Unterrichtsmerkmale, vor allem Klassenführungs-Fähigkeiten, haben, erscheint es sinnvoll, solche Merkmale zu kontrollieren oder zumindest in ihrer Variation zu begrenzen, damit spezifischere Beziehungen dadurch nicht maskiert werden (Brophy, 1979). Bei hinreichend großer Stichprobe ist dies durch Beschränkung der Analysen auf homogene Teilgruppen möglich.

(2) Eine wesentliche Erweiterung gegenüber der vorliegenden Studie wäre die Mehrfacherhebung nicht nur von Schülervariablen, sondern auch von Unterrichtsmerkmalen und diagnostischen Kompetenzen. Damit könnte dann auf die hier wie in den meisten Arbeiten zum Prozeß-Produkt-Paradigma zugrundegelegten Stabilitätsannahmen verzichtet werden. Zweifellos stattfindende Entwicklungs- und Veränderungsprozesse von Unterrichtsmerkmalen und unterrichtsrelevanten Lehrermerkmalen und ihr dynamisches Zusammenspiel mit Schülermerkmalen und Unterrichtseffekten müßten dann nicht mehr durch fragwürdige Konstanzannahmen ausgeblendet werden, sondern könnten gezielt untersucht werden. Beantwortbar wäre damit auch eine Frage, die sich in der vorliegenden Untersuchung geradezu aufdrängt: Welches ist der optimale Zeitpunkt, um diagnostische Kompetenz zu erfassen? In welchem Zeitraum erfolgt der Aufbau einer für die Optimierung unterrichtlichen Handelns ausreichenden diagnostischen Kompetenz? Verrät die unmittelbar nach der Übernahme einer Klasse erfaßte Urteilsleistung bereits etwas über die diagnostische Kompetenz des Lehrers, manifestieren sich Unterschiede hier vielleicht sogar ganz besonders deutlich, oder treten Unterschiede in der Diagnosefähigkeit erst dann hervor, wenn der Wissensaufbau weitgehend abgeschlossen ist?

(3) Weiterführende Arbeiten sollten versuchen, das Spektrum diagnostischer Kompetenzen zu erweitern. Zwei Möglichkeiten sind in diesem Zusammenhang angesprochen worden: (a) die Verwendung gruppen- und schülerspezifischer Diagnosekennwerte; (b) der Einbezug diagnostischer Kompetenzen, die sich auf affektive Schülermerkmale beziehen. Die Bildung gruppen- und schülerspezifischer Diagnosekennwerte hilft nicht nur die Frage klären, ob bestimmte Schülergruppen oder Einzelschüler besonders gut oder besonders schlecht diagnostizierbar sind, sondern könnte auch für die Klärung der Frage nach der Funktion unterschiedlicher Schülergruppen und Schüler für die Steuerung des Unterrichts bedeutsam sein. Die Fähigkeit des Lehrers, affektive Schülermerkmale zutreffend zu diagnostizieren, dürfte für die Steuerung unterrichtlichen Handelns nur von untergeordneter Bedeutung sein. Naheliegend ist aber, daß die Diagnose affektiver Merkmale für andere Faktoren des Unterrichtens, wie etwa die Gestaltung eines angstfreien

Klassenklimas, die Minderung von Belastungen oder die Steigerung der Lernfreude eine Rolle spielt. Das heißt, zutreffende Diagnosen affektiver Merkmale könnten für andere Zielkriterien von Unterricht als die Leistung eine Rolle spielen.

(4) Weitere Forschungsbemühungen sollten darauf gerichtet sein, die in dieser Arbeit zugrundegelegte Fähigkeit des Lehrers, leistungsbezogene Merkmale von Schülern und Aufgaben zu diagnostizieren, genauer aufzuhellen. Zunächst sollte dabei der Frage der Spezifität verschiedener diagnostischer Einzelkompetenzen weiter nachgegangen werden. Zu diesem Zweck müßte versucht werden, ein möglichst breites Spektrum von Lehrereinschätzungen (personenbezogene Einschätzungen zu verschiedenen Leistungsaspekten, aufgabenspezifische Einschätzungen, Aufgabenschwierigkeitsurteile, Einschätzungen von Leistungsveränderungen) zu erheben. Diesen verschiedenen Einschätzungen müßten entsprechend differenzierte Kriterien (Testergebnisse) gegenüberstehen, so daß bereichsspezifische Diagnosekennwerte gebildet werden können. Zusätzlich könnte versucht werden, für die Erfassung der einzelnen diagnostischen Kompetenzen verschiedene Urteilsformen zu benutzen, um dann im Sinne eines multitrait-multimethod-Ansatzes merkmalsbedingte und methodenbedingte Varianzquellen separieren zu können. Um Aufbau und Struktur diagnostischer Kompetenzen besser herausarbeiten zu können, sollten Fähigkeitsmerkmale der Lehrer einbezogen werden. Nur so kann geklärt werden, welche Bedeutung allgemeine intellektuelle Fähigkeiten für die diagnostische Kompetenz haben, beziehungsweise inwieweit es gerechtfertigt ist, diagnostische Kompetenz als Lehrermerkmal mit vorwiegendem Fähigkeitscharakter anzusehen. Zum besseren Verständnis diagnostischer Kompetenz ist es ferner unabdingbar, die Wissensgrundlagen der Diagnosefähigkeit zu untersuchen und diesbezügliche Unterschiede zwischen guten und schlechten Diagnostikern herauszuarbeiten. Dabei kann an erste Arbeiten von Leinhardt (1983a) angeknüpft werden.

(5) Entsprechend der von Rosenshine & Furst (1973) vorgeschlagenen Forschungsstrategie, nach der in der Unterrichtsforschung im Laufe der Zeit von zunächst deskriptiven Arbeiten über korrelative Untersuchungen zu experimenteller Forschung übergegangen werden sollte, wäre ein experimenteller Ansatz als Fortsetzung der bisher auf Korrelationsstudien basierenden Forschungen zu fordern. Die damit verbundene Notwendigkeit, diagnostische Kompetenz zu isolieren und gezielt zu variieren, verspricht genaueren Aufschluß über die Beschaffenheit dieses Merkmals und die ihm zugeschriebenen Wirkungen. Die Möglichkeiten, Diagnosekompetenz gezielt zu variieren, liegen auf einem Kontinuum, das von der kurzfristigen Vermittlung von Informationen über Leistungen und Fähigkeiten von Schülern oder über die Schwierigkeit von Aufgaben bis hin zu einem längerfristigen Aufbau beziehungsweise einer langfristig angelegten Verbesserung diagnostischer Kompetenz durch Training reicht.

Aufgrund der im Rahmen dieser Arbeit entwickelten Überlegungen zur Rolle von diagnostischen Kompetenzen muß es unwahrscheinlich erscheinen, daß die bloße Vermittlung von Informationen die Effektivität unterrichtlichen Handelns nachhaltig beeinflußt. Ein regelrechtes Training diagnostischer Kompetenz ist natürlich recht aufwendig und mit spezifischen Problemen behaftet, die sich bei der Untersuchung von komplexen, längerfristigen Treatmentbündeln ergeben (mangelnde Isolierbarkeit spezifischer Wirkungsfaktoren, Frage der geeigneten Kontrollgruppenbehandlung, unkontrollierte und unspezifische Veränderungen beim Lehrer aufgrund des Treatments, die möglicherweise aber durch geeignete "Begleituntersuchungen" erfaßt werden können). Sinnvoll erscheint es dabei, nicht nur Wissen zu vermitteln beziehungsweise entsprechende kognitive Fertigkeiten aufzubauen, sondern auch nach Möglichkeiten zu suchen, das Wissen mit dem Unterrichtsverhalten zu verknüpfen.

Trainingsstudien zur Vermittlung diagostischer Kompetenz könnten vor allem dann Aufschluß über die unterrichtliche Bedeutung solcher Kompetenzen geben, wenn das Treatment mit einer sorgfältigen Implementationskontrolle verknüpft wird. Das heißt, es müßte im Detail beobachtet werden, welche Auswirkungen die Vermittlung bestimmter Kompetenzen auf den Unterricht hat und wie sich das Unterrichtsverhalten in der Folge verändert und entwickelt. Da Auswirkungen auf das Unterrichtsverhalten möglicherweise recht idiosynkratischer Natur sind, müßte das Unterrichtsverhalten bereits vor dem Training genau erfaßt werden und auch nach dem Absetzen des Trainings noch über einen längeren Zeitraum hinweg verfolgt werden. Realistischerweise sollte dies zunächst im Wege von Fallstudien erfolgen.

(6) Ein Forschungsstrang sollte auf die Entwicklung geeigneter Meßinstrumente ausgerichtet sein. Die Überprüfung der Annahme, daß sich Lehrer mit einer Kombination von hoher Diagnosekompetenz und hoher Strukturierung durch eine hohe Verhaltensadaptivität auszeichnen, setzt verbesserte Möglichkeiten der Erfassung von Unterrichtsmerkmalen voraus. Die üblicherweise im Rahmen von Prozeß-Produkt-Untersuchungen verwendeten Meßinstrumente, mit denen über verschiedene Kontexte aggregierte Verhaltenshäufigkeiten registriert werden, sind zu grobrastrig, um subtile Abstimmungsprozesse zu erfassen. Wünschenswert ist zum einen eine differenzierte Aufschlüsselung einzelner Verhaltensweisen (wie sie etwa Brophy, 1981, für Lob vorschlägt), zum anderen eine genauere Ausdifferenzierung des Kontexts (hier erscheint vor allem der Einbezug fachlich-inhaltlicher oder funktionaler Kontexte wünschenswert). Darüber hinaus ist es notwendig, über den reinen Häufigkeitsaspekt hinauszugehen und Qualitätsaspekte einzubeziehen (Brophy, 1979, 1986).

Eine prinzipielle Möglichkeit im Rahmen eines niedrig-inferenten Beobachtungssystems besteht darin, geeignete Verhältnis- oder Anteilswerte zu bilden, das heißt sequentielle Information einzubeziehen (z.B. Anteil von richtigen Reaktionen, auf die Lob folgt, Brophy, 1979). Im vorliegenden Fall wäre etwa der Anteil von Strukturierungshilfen zu berechnen, auf die lernrelevante Schülerreaktionen folgen. Dies würde natürlich voraussetzen, daß die auf ein Lehrerverhalten folgenden und mit ihm einhergehenden Schülerverhaltensweisen ebenfalls sehr differenziert erfaßt werden. Abgesehen von praktischen Fragen, die ein so weiter Beobachtungsfokus bei einem nicht-lehrerzentrierten Beobachtungssystem mit sich bringt (bei wie vielen und welchen Schülern sollen Beobachtungen vorgenommen werden? Wie viele Beobachter sind nötig? Wie sollen die Beobachtungen koordiniert und synchronisiert werden?), stellt sich das prinzipielle Problem, daß die eigentlichen lernrelevanten kognitiven Prozesse (mathemagenes Verhalten im weitesten Sinne) nicht beobachtbar sind. Denkbar wäre, mit Hilfe von Befragungstechniken wie Stimulated Recall oder dem "Spuren"-Ansatz (Winne, 1987) zu versuchen, die kognitiven Prozesse auf Schülerseite zu rekonstruieren. Dies wäre letztlich bereits ein Übergang von der traditonellen Beobachtungsmethodologie zu Methoden des Cognitive-Mediational-Paradigm.

Eine näher an der herkömmlichen Beobachtungsmethodologie orientierte Möglichkeit könnte darin bestehen, niedrig-inferente Beobachtungen des Unterrichtsverhaltens mit hoch-inferenten Einschätzungen eben dieses Verhaltens (Schwierigkeit, "Passung", zeitliche Angemessenheit, Explizitheit hinsichtlich der intendierten Verarbeitungsprozesse o.ä.) zu verknüpfen. In ganz entsprechender Weise können die niedrig-inferenten Beobachtungen des Lehrerverhaltens natürlich auch mit hoch-inferenten Einschätzungen des unmittelbar auf das Lehrerverhalten folgenden Schülerverhaltens (Aufmerksamkeit, "Verarbeitungstiefe" o.ä.) in Verbindung gebracht werden. Eine solche Ausweitung der Beobachtungen des Lehrerverhaltens bedeutet natürlich einen erheblichen Mehraufwand. Es ist so gut wie unmöglich, ein Kategoriensystem wie das im Rahmen dieser Untersuchung verwendete um solche hoch-inferenten Einschätzungen zu erweitern, sofern nur ein Beobachter in der Klasse eingesetzt wird. Inwieweit es möglich ist, beide Teilaufgaben auf zwei Beobachter zu verteilen und die Kodierungen zeitlich exakt miteinander zu synchronisieren, ist eine offene Frage, zu deren Beantwortung praktische Erprobungen nötig wären. Praktikabel erscheinen vor allem zwei Möglichkeiten: (a) die Analyse von Videoaufzeichnungen und (b) die Verwendung eines Zeichensystems (Faßnacht, 1979) statt eines Kategoriensystems. Fall (a) erscheint dann problemlos, wenn lediglich Lehrerverhaltensweisen beobachtet und eingeschätzt werden sollen. Wenn dagegen gleichzeitig auch Schülerverhalten eingeschätzt werden soll, muß die Filmaufzeichnung mindestens den zu beurteilenden Schüler und das gesprochene Wort des Lehrers erfassen. Besser - und bei Berücksichtigung nicht-verbaler Aspekte des Lehrerverhaltens unverzichtbar - wären natürlich zwei synchrone Aufzeichnungen, von denen eine das Lehrerverhalten, die andere das Verhalten ausgewählter Schüler erfaßt. Im Fall (b) - dem Einsatz eines Zeichensystems - wird darauf verzichtet, das gesamte Lehrerverhalten beziehungsweise die gesamte Lehrer-Schüler-Interaktion zu erfassen; die Beobachtung beschränkt sich vielmehr auf ausgewählte Lehrerverhaltensweisen wie z.B. Strukturierungsmaßnahmen. In diesem Fall müßte ein einziger Beobachter in der Lage sein, zusätzlich zur Registrierung dieses Lehrerverhaltens weitere Kodierungen und Einschätzungen vorzunehmen.

(7) Eine wichtige, im Rahmen des vorliegenden Untersuchungsansatzes nicht direkt überprüfbare Annahme ist die, daß Lehrereinschätzungen in einer mündlichen oder schriftlichen Befragungssituation den informellen

diagnostischen Einschätzungen des Lehrers während des Unterrichtens direkt vergleichbar sind. Einige einschränkende Bemerkungen dazu wurden bereits an früherer Stelle gemacht. In weiteren Untersuchungen sollte die Haltbarkeit dieser Annahme explizit geprüft werden, indem versucht wird, die dem unterrichtlichen Handeln selbst zugrundeliegenden Diagnoseleistungen direkt zu erfassen. Dazu müßten vom Lehrer aktuelle unterrichtsbezogene Einschätzungen zur momentan vorhandenen Leistungsfähigkeit der Schüler (z.B. Fähigkeit des Schülers, im Unterricht gestellte Fragen zu beantworten oder Aufgaben zu lösen; momentan beim Schüler vorhandenes Verständnis) erhoben werden. Für die Erfassung solcher auf die laufende Unterrichtssituation bezogener Einschätzungen und der dafür nötigen Urteilskriterien fehlt bislang eine erprobte Methodologie. Nachträglich durchgeführte Stimulated-Recall-Interviews sind kaum brauchbar, weil der Lehrer am Ende des Unterrichts sicherlich mehr Information besitzt als in der Unterrichtssituation, sich möglicherweise sogar an die Antworten einzelner Schüler erinnern kann. Eine günstigere, technisch und organisatorisch sicher nicht allzu schwer realisierbare Möglichkeit wäre es, den Lehrer durch ein unauffälliges (etwa über Kopfhörer eingespieltes) Signal zur Einschätzung bestimmter Schüler aufzufordern. Die Einschätzung könnte ebenfalls unauffällig (durch Ankreuzen auf einer Liste, Betätigen einer Tastatur o.ä.) erfolgen. Anschließend könnte der Schüler aufgerufen oder zu einer schriftlichen Aufgabenlösung veranlaßt werden. Damit wäre ein vergleichsweise hartes Kriterium verfügbar, um Diagnosekennwerte berechnen zu können. Anhand dieser Diagnosemaße könnten im Prinzip die gleichen Fragestellungen untersucht werden wie im Rahmen herkömmlicher Studien zur Urteilsgenauigkeit.

Diese sicher noch erweiterbare Zusammenstellung offener und im Rahmen künftiger Forschungen zu beantwortender Fragen unterstreicht noch einmal, daß es sich bei der diagnostischen Kompetenz von Lehrern um ein Merkmal handelt, über das bislang noch sehr wenig bekannt ist. Die vorliegende Arbeit hat zu zeigen versucht, daß die theoretische und empirische Aufhellung dieses Merkmals sehr zum Verständnis unterrichtlichen Handelns und seiner Wirkungen beitragen kann. Insbesondere der komplexe Prozeß der Umsetzung von diagnostischer Kompetenz in diagnosegeleitetes unterrichtliches Handeln bedarf aber noch sehr intensiver Forschungsbemühungen. Eine umfassende Untersuchung der Wirkungskette diagnostische Kompetenz - aktuelles Diagnostizieren - didaktisches Handeln des Lehrers - Lernaktivitäten der Schüler - Schülerleistungen innerhalb der Klasse dürfte sowohl für die Lehr-Lern-Forschung wie für die Praxis des Unterrichts von grundlegender Bedeutung sein.

7. LITERATURVERZEICHNIS

Ackerman, P.L. (1987). Individual differences in skill learning: an integration of psychometric and information processing perspectives. *Psychological Bulletin*, *102*, 3-27.

Airasian, P.W., Kellaghan, T., Madaus, G.F. & Pedulla, J.J. (1977). Proportion and direction of teacher rating changes of pupils' progress attributable to standardized test information. *Journal of Educational Psychology*, *69*, 702-709.

Allen, M.J. & Yen, W.M. (1979). *Introduction to measurement theory*. Monterey, CA: Brooks/Cole.

Amelang, M. (1982). Der Hochschulzugang. In K.J. Klauer (Hrsg.), *Handbuch der Pädagogischen Diagnostik* (Studienausgabe) (Bd. 2, S. 1013-1022). Düsseldorf: Schwann.

Amelang, M., & Bartussek, D. (1981). *Differentielle Psychologie und Persönlichkeitsforschung*. Stuttgart: Kohlhammer.

Anderson, J.R. (1982). Acquisition of cognitive skill. *Psychological Review*, *89*, 396-406.

Anderson, L. & Jones, B. (1981). Designing instructional strategies which facilitate learning for mastery. *Educational Psychologist*, *16*, 121-138.

Anderson, L.W. (1984a). Attention, tasks, and time. In L.W. Anderson (Hrsg.), *Time and school learning* (S. 46-68). London: Croom Helm.

Anderson, L.W. (1984b). Concerns for appropriate instrumentation in research on classroom teaching. *Evaluation in Education*, *8*, 133-154.

Anderson, L.W. (1984c). Instruction and time-on-task: a review. In L.W. Anderson (Hrsg.), *Time and school learning. Theory, research and practice* (S. 143-163). London: Croom Helm.

Anderson, L.W. (Hrsg.) (1984). *Time and school learning. Theory, research and practice*. London: Croom Helm.

Anderson, L.W. & Burns, R.B. (1987). Values, evidence, and mastery learning. *Review of Educational Research*, *57*, 215-223.

Anderson, N.H. (1981). *Foundations of information integration theory*. New York: Academic Press.

Anderson, N.H. (1982). *Methods of information integration theory*. New York: Academic Press.

Argyle, M. (1972). *Soziale Interaktion*. Köln: Kiepenheuer & Witsch.

Arlin, M. (1984a). Time, equality, and mastery learning. *Review of Educational Research*, *54*, 65-86.

Arlin, M. (1984b). Time variability in mastery learning. *American Educational Research Journal*, *21*, 103-120.

Arlin, M. & Webster, J. (1983). Time costs of mastery learning. *Journal of Educational Psychology*, *75*, 187-195.

Arlin, M. & Westbury, I. (1976). The leveling effect of teacher pacing on science content mastery. *Journal of Research in Science Teaching, 13*, 213-219.

Arthur, A.Z. (1969). Diagnostic testing and the new alternatives. *Psychological Bulletin*, *72*, 183-192.

Athey, T.R. & McIntyre, R.M. (1987). Effect of rater training on rater accuracy: levels-of-processing theory and social facilitation theory perspectives. *Applied Psychology*, *72*, 567-572.

Bandura, A. (1977). Self-efficacy: Toward a unifying theory of behavioral change. *Psychological Review*, *84*, 191-215.

Bargh, J.A. (1984). Automatic and conscious processing of social information. In R.S. Wyler & T.K. Srull (Hrsg.), *Handbook of social cognition, Vol. 3* (S. 1-43). Hillsdale, New Jersey: Hillsdale.

Barr, R. (1975). How children are taught to read: Grouping and pacing. *School Review*, *83*, 479-498.

Barr, R.C. (1973-74). Instructional pace differences and their effect on reading acquisition. *Reading Research Quarterly*, *9*, 526-554.

Baumert, J., Schmitz, B., Sang, F. & Roeder, P.M. (1987). Zur Kompatibilität von Leistungsförderung und Divergenzminderung in Schulklassen. *Zeitschrift für Entwicklungspsychologie und Pädagogische Psychologie*, *19*, 249-265.

Beal, D., Gillis, J.S., & Stewart, T. (1978). The lens-model: Computational procedures and applications. *Perceptual and Motor Skills*, *46*, 3-28.

Bellack, A.A., Kliebard, H.M., & Hyman, R.T. (1966). *The language of the classroom*. New York: Columbia University, Teachers College.

Biermann, N., Bussmann, H. & Niedworok, H.-W. (1977). *Schöpferisches Problemlösen im Mathematikunterricht*. München: Urban & Schwarzenberg.

Block, J.H. & Burns, R.B. (1976). Mastery learning. *Review of Research in Education*, *4*, 3-49.

Bloom, B.S. (1976a). *Human characteristics and school learning*. New York: McGraw-Hill.

Bloom, B.S. (1976b). *Taxonomie von Lernzielen im kognitiven Bereich*. Weinheim: Beltz.

Bloom, B.S. (1984). The search for methods of group instruction as effective as one-to-one-teaching. *Educational Leadership*, *41(8)*, 4-17.

Bollen, K.A. & Ward, S. (1980). Ratio variables in aggregate data analysis: Their uses, problems, and alternatives. In E.F. Borgatta & D.J. Jackson (Hrsg.), Aggregate data: analysis and interpretation (S. 60-79). Beverly Hills: Sage.

Bommert, H. & Plessen, U. (1978). *Psychologische Erziehungsberatung*. Stuttgart: Kohlhammer.

Borko, H. & Cadwell, J. (1982). Individual differences in teachers' decision strategies: an investigation of classroom organization and managment decisions. *Journal of Educational Psychology*, *74*, 598-610.

Borko, H., Cone, R., Russo, N.A. & Shavelson, R.J. (1979). Teachers' decision making. In P.L. Peterson & H.J. Walberg (Hrsg.), *Research on teaching* (S. 136-160). Berkeley, Cal.: McCutchan.

Borman, W.C. (1977). Consistency of rating accuracy and rating errors in the judgment of human performance. *Organizational Behavior and Human Performance*, *20*, 238-252.

Borman, W.C. (1979). Individual differences correlates of accuracy in evaluating others' performance effectiveness. *Applied Psychological Measurement*, *3*, 103-115.

Bortz, J. (1985). *Lehrbuch der Statistik* (2. Aufl.). Berlin: Springer.

Brennan, M.M. & Redding, K.R. (1985). *Are teachers good predictors of school level or statewide level of student performance?* Presentation at the Annual Meeting of the American Educational Research Association, Chicago, Illinois.

Bromley, D.B. (1986). *The case-study method in psychology and related disciplines*. Chichester: Wiley.

Bromme, R. (1981). *Das Denken von Lehrern bei der Unterrichtsvorbereitung. Eine empirische Untersuchung zu kognitiven Prozessen von Mathematiklehrern*. Weinheim: Beltz.

Bromme, R. (1985). Was sind Routinen im Lehrerhandeln? *Unterrichtswissenschaft*, *13*, 182-192.

Bromme, R. (1987). Der Lehrer als Experte - Entwurf eines Forschungsansatzes. In H. Neber (Hrsg.), *Angewandte Problemlösungspsychologie* (S. 127-151). Münster: Aschendorff.

Bronfenbrenner, U., Harding, J. & Gallwey, M. (1958). The measurement of skill in social perception. In D.C. McClelland, A.L. Baldwin, U. Bronfenbrenner & F.L. Strodtbeck (Hrsg.), *Talent and society* (S. 29-111). Princeton, N.J.: Nostrand.

Brophy, J. (1981). Teacher praise: a functional analysis. *Review of Educational Research*, *51*, 5-32.

Brophy, J. (1986). Teacher influences on student achievement. *American Psychologist*, *4*, 1069-1077.

Brophy, J.E. (1979). Teacher behavior and its effects. *Journal of Educational Psychology*, *71*, 733-750.

Brophy, J.E. (1983a). Classroom organization and managment. *The Elementary School Journal*, *83*, 265-285.

Brophy, J.E. (1983b). Research on the self-fulfilling prophecy and teacher expectations. *Journal of Educational Psychology*, *75*, 631-661.

Brophy, J.E. & Evertson, C.H. (1980). *Lernen durch Unterricht*. Bochum: Kamp.

Brophy, J.E. & Good, T.L. (1974). *Teacher-student relationships*. New York: Holt, Rinehart & Winston.

Brophy, J. & Good, T.L. (1986). Teacher behavior and student achievement. In M.C. Wittrock (Hrsg.), *Handbook of research on teaching* (S. 328-375) (3. Aufl.). New York: Macmillan.

Brown, A.L. (1984). Metakognition, Handlungskontrolle, Selbststeuerung und andere, noch geheimnisvollere Mechanismen. In F.E. Weinert & R.H. Kluwe (Hrsg.), *Metakognition, Motivation und Lernen* (S. 60-109). Stuttgart: Kohlhammer.

Brunswik, E. (1979). *The conceptual framework of psychology* (Midway reprint). Chicago, Ill.: University of Chicago Press.

Burns, R. (1982). *Conceptualizing the process of teaching: a review of the literature*. Paper prepared for the IEA General Assembly Meeting, Toronto, Ontario.

Burns, R. (1984). The process and context of teaching: a conceptual framework. *Evaluation in Education*, *8*, 95-112.

Burstein, L. (1981). *Explanatory models using between and within regression: Basic concepts and an example*. Paper presented at the Science International Mathematics Study Data Analysis Workshop, Toronto.

Cadwell, J. & Jenkins, J. (1986). Teachers' judgments about their students: the effect of cognitive simplification strategies on the rating process. *American Educational Research Journal*, *23*, 460-475.

Calderhead, J. (1981). A psychological approach to research on teachers' classroom decision making. *British Educational Research Journal*, *7*, 51-57.

Calderhead, J. (1984). *Teachers' classroom decision-making*. London: Holt, Rinehart and Winston.

Cardy, R.L., & Kehoe, J.F. (1984). Rater selective attention ability and appraisal effectiveness: The effect of a cognitive style on the accuracy of differentiation among ratees. *Journal of Applied Psychology*, *69*, 589-594.

Carroll, J.B. (1963). A model for school learning. *Teachers College Record*, *64*, 723-733.

Chi, M., Glaser, R. & Rees, E. (1982). Expertise in problem-solving. In R. Sternberg (Hrsg.), *Advances in the psychology of human intelligence, Vol.1* (S.7 - 75). Hillsdale, N.J.: Erlbaum.

Christal, R.E. (1968). Selecting a harem - and other applications of the policy-capturing model. *Journal of Experimental Education*, *36 (4)*, 35-41.

Clark, C.M. (1984). Teacher planning and reading comprehension. In G.G. Duffy, L.R. Roehler & J. Mason (Hrsg.), *Comprehension instruction: perspectives and suggestions* (S. 58-70). New York: Longman.

Clark, C.M., & Peterson, P.L. (1986). Teachers' thought processes. In M.C. Wittrock (Hrsg.), *Handbook of research on teaching* (S. 255-296) (3. Aufl.). New York: Macmillan.

Clark, C.M. & Yinger, R.J. (1979). Teachers' thinking. In P.L. Peterson & H.J. Walberg (Hrsg.), *Research on teaching* (S. 231-263). Berkeley: McCutchan.

Cline, V.B. & Richards, J.M. (1960). Accuracy of interpersonal perception - a general trait? *Journal of Abnormal and Social Psychology*, *60*, 1-7.

Cline, V.B. & Richards, J.M. (1961). The generality of accuracy of interpersonal perception. *Journal of Abnormal and Social Psychology*, *62*, 446-449.

Cohen, J. (1977). *Statistical power analysis for the behavioral sciences* (Revised edition). New York: Academic Press.

Cohen, J. & Cohen, P. (1983). *Applied multiple regression/correlation analysis for the behavioral sciences* (2. Aufl.). Hillsdale, New Jersey: Erlbaum.

Coladarci, T. (1986). Accuracy of teacher judgments of student responses to standardized test items. *Journal of Educational Psychology*, *78*, 141-146.

Cook, M. (1979). *Perceiving others. The psychology of interpersonal perception*. London: Methuen.

Cook, M. (1984). The good judge of others' personality: methodological problems and their resolution. In M. Cook (Hrsg.), *Issues in person perception* (S. 145-166). London: Methuen.

Cook, T.D. & Campbell, D.T. (1979). *Quasi-experimentation. Design & analysis issues for field settings*. Chicago: Rand McNally.

Cooksey, R.W., Freebody, P. & Davidson, G.R. (1986). Teachers' predictions of childrens' early reading achievement: an application of social judgment theory. *American Educational Research Journal*, *23*, 41-64.

Cooper, H.M., Findley, M. & Good, T. (1982). Relations between student achievement and various indexes of teacher expectations. *Journal of Educational Psychology*, *74*, 577-579.

Cooper, H.M. & Good, T.L. (1983). *Pygmalion grows up. Studies in the expectation communication process*. New York: Longman.

Corno, L. (1981). Cognitive organizing in classrooms. *Curriculum Inquiry*, *11*, 359-377.

Corno, L. & Snow, R.E. (1986). Adapting teaching to individual differences among learners. In M.C. Wittrock (Hrsg.), *Handbook of research on teaching* (S. 605-629) (3. Aufl.). New York: Macmillan.

Crocker, J., Fiske, S.T., & Taylor, S.E. (1984). Schematic bases of belief change. In J.R. Eiser (Hrsg.), *Attitudinal judgment* (S. 197-226). New York: Springer.

Cronbach, L.J. (1955). Processes affecting scores on "understanding of others" and "assumed similarity" . *Psychological Bulletin*, *52*, 177-193.

Cronbach, L.J. (1957). The two disciplines of scientific psychology. *American Psychologist*, *12*, 671-684.

Cronbach, L.J. (1958). Proposal leading to analytic treatment of social perception scores. In R. Tagiuri & L. Petrullo (Hrsg.), *Person perception and interpersonal behavior* (S. 353-379). Stanford: Stanford University.

Cronbach, L.J. (1967). How can instruction be adapted to individual differences? In R.M. Gagne (Hrsg.), *Teaching and individual differences* (S. 23-39). Columbus, Ohio: Merrill Publishing Company.

Cronbach, L.J. (1975). Beyond the two disciplines of scientific psychology. *American Psychologist*, *30*, 116-127.

Cronbach, L.J. & Furby, L. (1970). How we should measure "change" - or should we? *Psychological Bulletin*, *74*, 68-80.

Cronbach, L.J. & Gleser, G.C. (1965). *Psychological tests and personel decisions* (2. Aufl.). Urbana: University of Illinois Press.

Cronbach, L.J. & Snow, R.E. (1981). *Aptitudes and instructional methods: a handbook for research on interactions* (Paperback edition). New York: Irvington.

Dahlöff, U. (1971). *Ability grouping, content validity, and curriculum process analysis*. New York: Teachers College Press.

Danielian, J. (1967). Psychological and methodological evaluation of the components of judging accuracy. *Perceptual and Motor Skills*, *24*, 1155-1169.

Deffenbacher, J.C. (1980). Worry and emotionality in test anxiety. In I.G. Sarason (Hrsg.), *Test anxiety: theory, research, and applications* (S. 111-128). Hillsdale, N.J.: Erlbaum.

Denham, C., & Lieberman, A. (1980). *Time to learn*. Washington, D.C.: U.S. Government Printing Office.

Deusinger, J.M. (1980). *Interpersonale Beurteilung*. Göttingen: Hogrefe.

Dewitz, P. (1978). Making classroom decisions: the limits of the diagnostic model. In P. Dewitz & L. Hecht (Hrsg.), *Teacher planning and decision making* (S. 56-64). Toledo: Educational Comment, University of Toledo.

Dörner, D. (1976). *Problemlösen als Informationsverarbeitung*. Stuttgart: Kohlhammer.

Doherty, J., & Conolly, M. (1985). How accurately can primary teachers predict the scores of their pupils in standardised tests of attainment? A study of some non-cognitive factor. *Educational Studies*, *11*, 41-60.

Doyle, W. (1977a). Learning the classroom environment: An ecological analysis. *Journal of Teacher Education*, *28,6*, 51-55.

Doyle, W. (1977b). Paradigms for research on teacher effectiveness. In L. Shulman (Hrsg.), *Review of research in education, Vol. 5* (S. 163-198). Itaska, Ill.: Peacock Publishers.

Doyle, W. (1977c). The uses of non-verbal behavior: Toward an ecological model of classrooms. *Merril-Palmer Quarterly of Behavior and Development*, *23*, 179-191.

Doyle, W. (1979). Making managerial decisions in classrooms. In D.L. Duke (Hrsg.), *Classroom managment (Yearbook of the National Society for the Study of Education)* (S. 42-74). Chicago: University of Chicago Press.

Doyle, W. (1986). Classroom organization and managment. In M.C. Wittrock (Hrsg.), *Handbook of research on teaching* (S. 392-431) (3. Aufl.). New York: Macmillan.

Dunkin, M.J., & Biddle, B.J. (1974). *The study of teaching*. New York: Holt, Rinehart and Winston.

Dusek, J.B. & O'Connell, E.J. (1973). Teacher expectancy effects on the achievement test performance of elementary school children. *Journal of Educational Psychology*, *65*, 371-377.

Egan, O., & Archer, P. (1985). The accuracy of teachers' ratings of ability: a regression model. *American Educational Research Journal*, *22*, 25-34.

Eigler, G. (1976). Ansatz des Lernhierarchien-Konzepts. *Unterrichtswissenschaft*, *4*, 287-290.

Eigler, G., & Straka, G.A. (1978). *Mastery learning. Lernerfolg für jeden?* München: Urban & Schwarzenberg.

Einhorn, H.J., Kleinmuntz, D.N. & Kleinmuntz, B. (1979). Linear regression and process tracing models of judgment. *Psychological Review*, *86*, 465-485.

Elstein, A.S., Kagan, N., Shulman, L.S., Jason, H. & Loupe, M.J. (1972). Methods and theory in the study of medical inquiry. *Journal of Medical Education*, *47*, 85-92.

Elstein, A.S., Shulman, L.S. & Sprafka, L.S. (1978). *Medical problem solving. An analysis of clinical reasoning*. Cambridge Massachusetts: Harvard University Press.

Essler, W.K. (1979). *Wissenschaftstheorie IV. Erklärung und Kausalität*. Freiburg: Alber.

Evertson, C.M. (1982). Differences in instructional attitudes in higher and lower-achieving junior high english and math classes. *The Elementary School Journal*, *82*, 329-350.

Farr, R., & Roelke, P. (1971). Measuring subskills of reading: intercorrelations between standardized reading tests, teachers' ratings, and reading specialists' ratings. *Journal of Educational Measurement*, *8*, 27-32.

Faβnacht, G. (1979). *Systematische Verhaltensbeobachtung*. München: Reinhardt.

Feldman, J.M. (1981). Beyond attribution theory: cognitive processes in performance appraisal. *Journal of Applied Psychology*, *66*, 127-148.

Fend, H. (1980). *Theorie der Schule*. München: Urban & Schwarzenberg.

Fenstermacher, G. D. (1980). On learning to teach effectively from research on teacher effectiveness. In C. Denham & A. Lieberman (Hrsg.), *Time to learn* (S. 127-137). Washington, D.C.: National Institute of Education.

Fisher, C.W., Berliner, D.C., Filby, N.N., Marliave, R., Cahen, L.S. & Dishaw, M.M. (1980). Teaching behaviors, academic learning time, and student achievement: An overview. In C. Denham & A. Lieberman (Hrsg.), *Time to learn* (S. 7-32). Washington, D.C.: U.S. Government Printing Office.

Fisher, C.W., Filby, N., Marliave, R., Cahen, L., Dishaw, M., Moore, J., & Berliner, D. (1978). *Teaching behaviors, academic learning time and student achievement: Final report of phase III-B, Beginning Teacher Evaluation Study*. San Francisco: Far West Laboratory.

Flügge, I. (1954). Die Einschätzung der Schwierigkeiten von Aufgaben durch den Lehrer. *Sonderheft d. Mitt. u. Nachr. d. Hochsch. f. Intern. Päd. Forsch.*, Frankfurt.

Fogarty, J.L., Wang, M.C. & Creek, R. (1983). A descriptive study of experienced and novice teachers' interactive instructional thoughts and actions. *Journal of Educational Research*, *77*, 22-32.

Fricke, R. (1975). *Kriteriumsorientierte Leistungsmessung*. Stuttgart: Kohlhammer.

Funder, D.C. (1987). Errors and mistakes: Evaluating the accuracy of social judgment. *Psychological Bulletin*, *101*, 75-90.

Gaedike, A.-K. (1975). Determinanten der Schulleistung. In K. Heller (Hrsg.), *Leistungsbeurteilung in der Schule* (S. 46-93) (2. Aufl.). Heidelberg: Quelle & Meyer.

Gaensslen, H. & Schubö, W. (1976). *Einfache und komplexe statistische Analyse* (2. Aufl.). München: Reinhardt.

Gage, N.L. (1953a). Accuracy of social perception and effectiveness in interpersonal relationships. *Journal of Personality*, *22*, 128-141.

Gage, N.L. (1953b). Explorations in the understanding of others. *Educational and Psychological Measurement*, *13*, 14-26.

Gage, N.L. (1956). Understanding and helping your group. *The Workshop*, 57-59.

Gage, N.L. (1968). Explorations in teachers' perceptions of pupils. In H. Toch & H.C. Smith (Hrsg.), *Social perception* (S. 219-228). Princeton, N.J.: van Nostrand.

Gage, N.L. (1979). *Unterrichten - Kunst oder Wissenschaft?* München: Urban & Schwarzenberg.

Gage, N.L., & Berliner, D.L. (1979). *Pädagogische Psychologie* (2. Aufl.). München: Urban & Schwarzenberg.

Gage, N.L. & Cronbach, L.J. (1955). Conceptual and methodological problems in interpersonal perception. *Psychological Review*, *62*, 411-422.

Gage, N.L. & Exline, R.V. (1953). Social perception and effectiveness in discussion groups. *Human Relations*, *6*, 381-396.

Gage, N.L., Leavitt, G.S. & Stone, G.C. (1955). Teachers' understanding of their pupils and pupils' ratings of their teachers. *Psychological Monographs: General and Applied*, *69*, 1-37.

Gage, N.L., & Suci, G. (1951). Social perception and teacher-pupil relationships. *Journal of Educational Psychology*, *42*, 114-152.

Gagne, R. (1976). Lernhierarchien. *Unterrichtswissenschaft*, *4*, 290-303.

Glaser, R. (1977). *Adaptive education: Individual diversity and learning*. New York: Holt, Rinehart and Winston.

Glass, G.V. & Hopkins, K.D. (1984). *Statistical methods in education and psychology* (2. Aufl.). Englewood Cliffs: Prentice Hall.

Good, T.L. & Brophy, J.E. (1984). *Looking in classrooms* (3. Aufl.). New York: Harper & Row.

Guskey, T.R. (1987). Rethinking mastery learning reconsidered. *Review of Educational Research*, *57*, 225-229.

Hacker, W. (1973). *Allgemeine Arbeits- und Ingenieurspsychologie*. Berlin: VEB.

Haenisch, H. & Lukesch, H. (1981). *Bruch- und Dezimalrechentest 6*. Braunschweig: Westermann.

Hammersley, M. (1979). Towards a model of teacher activity. In J. Egglestone (Hrsg.), *Teacher decision-making in the classroom* (S. 181-192). London: Routledge & Kegan.

Hammond, K.R., Hursch, C.J. & Todd, F.J. (1964). Analyzing the components of clinical inference. *Psychological Review*, *71*, 438-456.

Hausser, K. (1981). *Modelle schulischer Differenzierung*. München: Urban & Schwarzenberg.

Heckhausen, H. (1972). Förderung der Lernmotivierung und der intellectuellen Tüchtigkeiten. In H. Roth (Hrsg.), *Begabung und Lernen* (S. 193-228) (8. Aufl.). Stuttgart: Klett.

Heckhausen, H. (1980). *Motivation und Handeln*. Berlin: Springer.

Heller, K., Gaedike, A.K. & Weinläder, H. (1976). *Kognitiver Fähigkeitstest, KFT 4-13*. Weinheim: Beltz.

Helmke, A. (1985). *Instrumente der Fragebogenstudie im Rahmen des Projekts "Unterrichtsqualität und Leistungszuwachs"*. München: Max-Planck-Institut für psychologische Forschung.

Helmke, A. (1986). Student attention during instruction and achievement. In S.E. Newstead, S.H. Irvine & P.D. Dann (Hrsg.), *Human assessment: cognition and motivation* (S. 273-286). Dordrecht/The Netherlands: Nijhoff.

Helmke, A. (1988 a). Leistungssteigerung und Ausgleich von Leistungsunterschieden in Schulklassen: unvereinbare Ziele? *Zeitschrift für Entwicklungspsychologie und Pädagogische Psychologie, 10, 45-76.*

Helmke, A. (1988 b). The role of classroom context factors for the achievement-impairing effect of test anxiety. *Anxiety Research, 1, 37-52.*

Helmke, A. (in Druck). Mediating processes between children's self-concept of ability and mathematics achievement: a longitudinal study. In E. de Corte, H. Lodewijks & H. Mandl (Hrsg.), *Learning and instruction in an international perspective*. Oxford: Pergamon Press.

Helmke, A. & Fend, H. (1981). Wie gut kennen Eltern ihre Kinder und Lehrer ihre Schüler? In G. Zimmer (Hrsg.), *Persönlichkeitsentwicklung und Gesundheit im Schulalter. Gefährdungen und Prävention* (S. 341-360). Frankfurt: Campus Verlag.

Helmke, A. & Fend, H. (1982). Diagnostic sensitivity of teachers and parents with respect to test anxiety of students. In R. Schwarzer, H.M. van der Ploeg & C.D. Spielberger (Hrsg.), *Advances in test anxiety research* (S. 115-128). Lisse: Swets & Zeitlinger.

Helmke, A., Grommelt, U., Hoppe, R. & Schrader, F.-W. (1984). *Manual für die Durchführung und Auswertung der Unterrichtsbeobachtungsstudie im Rahmen des Projekts "Unterrichtsqualität und Leistungszuwachs"*. München: Max-Planck-Institut für psychologische Forschung.

Helmke, A., Grommelt, U., Hoppe, R. & Schrader, F.-W. (1985). *Leistungs- und Intelligenztests des Projekts "Unterrichtsqualität und Leistungszuwachs"*. München: Max-Planck-Institut für psychologische Forschung.

Helmke, A., Schneider, W. & Weinert, F.E. (1986). Quality of instruction and classroom learning outcomes. Results of the German contribution to the Classroom Environment Study of the IEA. *Teaching and Teacher Education*, *2*, 1-18.

Helmke, A. & Schrader, F.-W. (1985). *Lehrerinterviews und Lehrerfragebögen des Projekts "Unterrichtsqualität und Leistungszuwachs"*. München: Max-Planck-Institut für psychologische Forschung.

Helmke, A. & Schrader, F.-W. (1987). Interactional effects of instructional quality and teacher judgement accuracy on achievement. *Teaching and Teacher Education*, *3*, 91-98.

Helmke, A. & Schrader, F.-W. (1988). Successful student practice during seatwork: Efficient managment and active supervision not enough. *Journal of Educational Research*, *82*, 70 - 75.

Helmreich, R. (1977). *Strategien zur Auswertung von Längsschnittdaten*. Stuttgart: Klett.

Henning, H.J. & Muthig, K. (1979). *Grundlagen konstruktiver Versuchsplanung*. München: Kösel.

Herber, H.-J. (1983). *Innere Differenzierung im Unterricht*. Stuttgart: Kohlhammer.

Herkner, W. (1975). *Einführung in die Sozialpsychologie* (2. Aufl.). Bern: Huber.

Hofer, M. (1969). *Die Schülerpersönlichkeit im Urteil des Lehrers*. Weinheim: Beltz.

Hofer, M. (1981). Schülergruppierungen in Urteil und Verhalten des Lehrers. In M. Hofer (Hrsg.), *Informationsverarbeitung und Entscheidungsverhalten von Lehrern* (S. 192-221). München: Urban & Schwarzenberg.

Hofer, M. (1986). *Sozialpsychologie erzieherischen Handelns*. Göttingen: Hogrefe.

Hofer, M. & Dobrick, M. (1978). Handlungssteuerung durch kognitive Strukturen beim Lehrer. In H. Mandl & G.L. Huber (Hrsg.), *Kognitive Komplexität* (S. 371-389). Göttingen: Hogrefe.

Hofer, M. & Dobrick, M. (1981). Naive Ursachenzuschreibungen und Lehrerverhalten. In M. Hofer (Hrsg.), *Informationsverarbeitung und Entscheidungsverhalten von Lehrern* (S. 109-156). München: Urban & Schwarzenberg.

Hofer, M., Dobrick, M. & Tacke, G. (1982). Die Entwicklung eines Beobachtungsinstruments zur Erfassung von schülerspezifischem Lehrerverhalten im Unterrichts. In F. Achtenhagen (Hrsg.), *Neue Verfahren zur Unterrichtsanalyse* (S. 51-77). Düsseldorf: Schwann.

Hofer, M., Dobrick, M., Tacke, G., Pursian, W., Grobe, R., Preuss, W. & Rösner, H. (1982). *Bedingungen und Konsequenzen individualisierenden Lehrerverhaltens*. Abschlußbericht für die Deutsche Forschungsgemeinschaft. Braunschweig.

Hoge, R.D. (1983). Psychometric properties of teacher-judgment measures of pupil aptitudes, classroom behaviors, and achievement levels. *Journal of Special Education*, *17*, 401-429.

Hoge, R.D. & Butcher, R. (1984). Analysis of teacher judgments of pupil achievement levels. *Journal of Educational Psychology*, *76*, 777-781.

Hopkins, K.D., Dobson, J.C. & Oldridge, O.A. (1962). The concurrent and congruent validities of the wide range achievement test. *Educational and Psychological Measurement*, *22*, 791-793.

Hopkins, K.D., George, C.A. & Williams, D.D. (1985). The concurrent validity of standardized achievements tests by content area using teachers' ratings as criteria. *Journal of Educational Measurement*, *22*, 177-182.

Hunt, D.E. (1976). Teachers' adaptation: 'reading' and 'flexing' to students. *Journal of Teacher Education*, *27*, 268-275.

Hunt, D.E. (1981). Teachers' adaptation: 'Reading' and 'flexing' to students. In B.R. Joyce, C.C. Brown & L. Peck (Hrsg.), *Flexibility in teaching. An excursion into the nature of teaching and training* (S. 59-71). New York: Longman.

Hursch, C.J., Hammond, K.R. & Hursch, J.L. (1964). Some methodological considerations in multiple-cue probability studies. *Psychological Review*, *71*, 42-60.
Ingenkamp, K. (1971). *Die Fragwürdigkeit der Zensurengebung* (2. Aufl.). Weinheim: Beltz.
Ingenkamp, K. (1985). *Lehrbuch der Pädagogischen Diagnostik*. Weinheim: Beltz.
International Association for the Evaluation of Educational Achievement (1982). *Manual for the Classroom Environment Study: Teaching for learning*. Toronto, Ontario: The Ontario Institute for Studies in Education.
Irle, M. (1975). *Lehrbuch der Sozialpsychologie*. Göttingen: Hogrefe.
Irvine, J.J. (1985). *The accuracy and stability of teachers' achievement expectations as related to students' race and sex (initial findings)* Paper presented at the American Educational Research Association, Chicago, Ilinois.
Jäger, R.S. & Mattenklott, A. (1984). Diagnostische Urteilsbildung in der Psychologie. Entwicklungen und Trends. In R.S. Jäger, A. Mattenklott & R.-D. Schröder (Hrsg.), *Diagnostische Urteilsbildung in der Psychologie. Grundlagen und Anwendungen* (S. 17-61). Göttingen: Hogrefe.
Jahnke, J. (1975). *Interpersonale Wahrnehmung*. Stuttgart: Kohlhammer.
Johnson, M.K., & Hasher, L. (1987). Human learning and memory. *Annual Review of Psychology*, *38*, 631-668.
Jorgenson, G.W. (1977). Relationship of classroom behavior to the accuracy of the match between material difficulty and student ability. *Journal of Educational Psychology*, *69*, 24-32.
Joyce, B. (1978-79). Toward a theory of information processing in teaching. *Educational Research Quarterly*, *3*, 66-67.
Jungermann, H. (1976). *Rationale Entscheidungen*. Bern: Huber.
Kaminski, G. (1970). *Verhaltenstheorie und Verhaltensmodifikation*. Stuttgart: Klett.
Kerlinger, F.N., & Pedhazur, E.J. (1973). *Multiple regression in behavioral research*. New York: Holt, Rinehart and Winston.
Kirk, R.E. (1968). *Experimental design: procedures for the behavioral sciences*. Belmont, CA.: Brooks/Cole.
Klauer, K.J. (1972). Einführung in die Theorie lehrzielorientierter Tests. In K.J. Klauer, R. Fricke, M. Herbig, H. Rupprecht & F. Schott (Hrsg.), *Lehrzielorientierte Tests* (S. 13-43). Düsseldorf: Schwann.
Klauer, K.J. (1982). *Handbuch der Pädagogischen Diagnostik* (Studienausgabe). Düsseldorf: Schwann.
Klauer, K.J. (1982). Perspektiven der Pädagogischen Diagnostik. In K.J. Klauer (Hrsg.), *Handbuch der Pädagogischen Diagnostik* (Studienausgabe) (Bd. 1, S. 3-14). Düsseldorf: Schwann.
Klauer, K.J., Fricke, R., Herbig, M., Rupprecht, H., & Schott, F. (1972). *Lehrzielorientierte Tests*. Düsseldorf: Schwann.

Kleber, E.W. (1976). Tendenzen, die das Lehrerurteil beeinflussen. In E.W. Kleber, H. Meister, C. Schwarzer & R. Schwarzer (Hrsg.), *Beurteilung und Beurteilungsprobleme* (S. 39-61). Weinheim: Beltz.

Kluwe, R.H. (1980). *Metakognition: Komponenten einer Theorie zur Kontrolle und Steuerung eigenen Denkens* (Unveröffentlichtes Manuskript). München: Universität München.

Kounin, J.S. (1976). *Techniken der Klassenführung*. Stuttgart: Klett.

Krapp, A. (1984). Forschungsergebnisse zur Bedingungsstruktur der Schulleistung. In K. Heller (Hrsg.), *Leistungsdiagnostik in der Schule* (S. 46-62). Bern: Huber.

Krapp, A. (1986). Diagnose und Prognose. In B. Weidenmann, A. Krapp, M. Hofer, G.L. Huber & H. Mandl (Hrsg.), *Pädagogische Psychologie: Ein Lehrbuch* (S. 565-630). München: Urban & Schwarzenberg.

Krug, S. (1985). *Aspekte der Lehrer-Schüler-Interaktion: Motivations- und attributionstheoretische Analysen zum Erwartungseffekt* (Dissertation). Bochum: Fakultät für Psychologie.

Kuhl, J. (1983). *Motivation, Konflikt und Handlungskontrolle*. Heidelberg: Springer.

Kuhl, J. (1986). Handlungskontrolle. Erscheint in H.-D. Schmalt (Hrsg.), *Persönlichkeitssysteme und Persönlichkeitskonstrukte*. Weinheim: Beltz. München: Max-Planck-Institut für psychologische Forschung (Preprint 8/86).

Langer, I. & Schulz von Thun, F. (1974). *Messung komplexer Merkmale in Psychologie und Pädagogik*. München: Reinhardt.

Langer, I., Schulz von Thun, F. & Tausch, R. (1974). *Verständlichkeit in Schule, Verwaltung, Politik und Wissenschaft*. München: Reinhardt.

Lee, W. (1977). *Psychologische Entscheidungstheorie*. Weinheim: Beltz.

Leichner, R. (1978). Klinische Urteilsbildung. In L.J. Pongratz (Hrsg.), *Klinische Psychologie, 2. Halbband (Handbuch der Psychologie, Bd. 8)* (S. 1499-1561). Göttingen: Hogrefe.

Leichner, R. (1979). *Psychologische Diagnostik: Grundlagen, Kontroversen, Praxisprobleme*. Weinheim: Beltz .

Leinhardt, G. (1983a). Novice and expert knowledge of individual student's achievement. *Educational Psychologist, 8*, 165-179.

Leinhardt, G. (1983b). *Overview of a program of research on teachers' and students' routines, thoughts, and execution of plans*. Paper presented at the annual meeting of the American Educational Research Association, Montreal.

Leinhardt, G. (1983c). *Routines in expert math teachers' thoughts and actions*. Paper presented at the annual meeting of the American Educational Research Association, Montreal.

Leinhardt, G. & Greeno, J.G. (1986). The cognitive skill of teaching. *Journal of Educational Psychology, 78*, 75-95.

Leinhardt, G. & Seewald, A.M. (1981). Overlap: What's tested, what's taught? *Journal of Educational Measurement, 18*, 85-96.

Leinhardt, G. & Smith, D. (1985). Expertise in mathematics instruction: subject matter knowledge. *Journal of Educational Psychology, 77*, 247-271.

Leinhardt, G., Weidman, C. & Hammond, K.R. (1987). Introduction and integration of classroom routines by expert teachers. *Curriculum Inquiry, 17*, 135-176.

Lerner, J.V., Lerner, R.M. & Zabski, S. (1985). Temperament and elementary school children's actual and rated performance: A test of a "goodness-of-fit" model. *Journal of Child Psychology and Psychiatry, 26*, 125-136.

Lesgold, A.M. (1984). Acquiring expertise. In J.R. Anderson & M. Kosslyn (Hrsg.), *Tutorials in learning memory: Essays in honor of Gordon Bower* (S. 31-60). San Francisco: Freeman.

Liebert, R.M., & Morris, L.W. (1967). Cognitive and emotional components of test anxiety: A distinction and some initial data. *Psychological Reports, 20*, 975-978.

Lienert, G.A. (1969). *Testaufbau und Testanalyse* (3. Aufl.). Weinheim: Beltz.

Linn, M.C. (1986). Quantitative methods in research on teaching. In M.C. Wittrock (Hrsg.), *Handbook of research on teaching* (S. 92-118) (3. Aufl.). New York: Macmillan.

Lord, F.M. & Novick, M.R. (1968). *Statistical theories of mental test scores*. Reading, Mass.: Addison-Wesley.

Lorge, I. & Diamond, L.K. (1954a). The prediction of absolute item difficulty by ranking and estimating techniques. *Educational and Psychological Measurement, 14*, 365-372.

Lorge, I. & Diamond, L.K. (1954b). The value of information to good and poor judges of item difficulty. *Educational and Psychological Measurement, 14*, 29-33.

Lorge, I. & Kruglov, L. (1953). The improvement of estimates of test difficulty. *Educational and Psychological Measurement, 13*, 34-46.

Luce, S.R. & Hoge, R.D. (1978). Relations among teacher rankings, pupil-teacher-interactions, and academic achievement: A test of the teacher expectancy hypotheses. *American Educational Research Journal, 15*, 489-500.

Lundgren, U.P. (1972). *Frame factors and the teaching process*. Stockholm: Almquist & Wiksell.

Mandler, G. (1975). Consciousness: respectable, useful, and probable necessary. In R.L. Solso (Hrsg.), *Information processing and cognition: The Loyola Symposium* (S. 229-254). Hillsdale, N.J.: Erlbaum.

Marteniuk, R.G. (1976). *Information processing in motor skills*. New York: Holt, Rinehart and Winston.

Marx, R.W. (1978). *Teacher judgment of students' cognitive and affective outcomes* (Dissertation). Stanford: Stanford University.

Mattenklott, A. & Gross, A. (1984). Die Beschreibung der diagnostischen Urteilsbildung aus Protokollen des Lauten Denkens von Psychologen in Beratungsstellen. In R.S. Jäger, A. Mattenklott & R.-D. Schröder (Hrsg.), *Diagnostische Urteilsbildung in der Psychologie* (S. 277-302). Göttingen: Hogrefe.

Maukisch, H. (1978). Einführung in die Eignungsdiagnostik. In A. Mayer (Hrsg.), *Organisationspsychologie* (S. 105-136). Stuttgart: Poeschel.

Mayfield, B. (1979). Teacher perception of creativity, intelligence and achievement. *The Gifted Child Quarterly*, *23*, 812-817.

McIntire, R.M., Smith, D.E. & Hassett, C.E. (1984). Accuracy of performance ratings as affected by rater training and perceived purpose of rating. *Journal of Applied Psychology*, *69*, 147-156.

McNair, K. (1978-79). Capturing inflight decisions: Thoughts while teaching. *Educational Research Quarterly*, *3*, 26-42.

McNair, K., & Joyce, B. (1978-79). Thought and action, a frozen section: The South Bay Study. *Educational Research Quarterly*, *3*, 16-25.

McReynolds, P. (1971). Introduction. In P. McReynolds (Hrsg.), *Advances in psychological assessment, Vol. 2* (S. 1-13). Palo Alto, Calif.: Science and Behavior Books.

Medley, D.M. (1973). Closing the gap between research in teacher effectiveness and the teacher education curriculum. *Journal of Research and Development in Education*, 7, 39-46.

Medley, D.M. (1979). The effectiveness of teachers. In P.L. Peterson & H.J. Walberg (Hrsg.), *Research on teaching* (S. 11-27). Berkeley, California: McCutchan.

Medley, D.M. (1982). Teacher effectiveness. In H.E. Mitzel, J.H. Best & W. Rabinowitz (Hrsg.), *Encyclopedia of educational research, Vol. 4* (S. 1894-1903) (5. Aufl.). New York: The Free Press.

Medley, D.M. (1984). Teacher competency testing and the teacher education. In L.G.Katz & J.D. Raths (Hrsg.), *Advances in teacher education, Vol. 1* (S. 51-94). Norwood, New Jersey: Ablex.

Meister, H. (1976). Der Beitrag einzeldiagnostischer Ansätze zur Bewältigung von Beurteilungsproblemen. In E.W. Kleber, H. Meister, C. Schwarzer & R. Schwarzer (Hrsg.), *Beurteilung und Beurteilungsprobleme* (S. 253-294). Weinheim: Beltz.

Meister, H. (1978). Einzeldiagnose und Einzelförderung. In K.J. Klauer & A. Reinartz (Hrsg.), *Sonderpädagogik in allgemeinen Schulen. Handbuch der Sonderpädagogik* (Bd. 9, S. 241-255). Berlin: Marhold.

Mellon, P.M. & Crano, W.D. (1977). An extension and application of the multitrait-multimethod matrix technique. *Journal of Educational Psychology*, *69*, 716-723.

Meyer, W.-U. (1984). *Das Konzept von der eigenen Begabung*. Bern: Huber.

Miller, G.A., Galanter, E. & Pribram, K.H. (1973). *Strategien des Handelns. Pläne und Strukturen des Verhaltens*. Stuttgart: Klett.

Möbus, C. & Schneider, W. (1986). *Strukturmodelle für Längsschnittdaten und Zeitreihen: LISREL, Pfad- und Varianzanalysen*. Bern: Huber.

Morine-Dershimer, G. (1978-79a). How teachers "see" their pupils. *Educational Research Quarterly*, *3*, 43-52.

Morine-Dershimer, G. (1978-79b). Planning in classroom reality - an in-depth look. *Educational Research Quarterly*, *3*, 83-99.

Morine-Dershimer, G. (1978). *Teacher conceptions of pupils*. Paper presented at the meeting of the American Educational Research Association, Toronto.

Morine-Dershimer, G. (1978-79c). The anatomy of teacher prediction. *Educational Research Quarterly*, *3*, 59-65.

Mueller, J.H. (1980). Test anxiety and the encoding and retrieval of information. In I.G. Sarason (Hrsg.), *Test anxiety: Theory, research, and applications* (S. 63-86). Hillsdale, N.J.: Erlbaum.

Murphy, K.R., Garcia, M., Kerkar, S., Martin, C. & Balzer, W.K. (1982). Relationship between observational accuracy and accuracy in evaluating performance. *Journal of Applied Psychology*, *67*, 320-325.

Nisbett, R. & Ross, L. (1980). *Human inference: strategies and shortcomings*. Englewood Cliffs: Prentice Hall.

Nunnally, J.C. (1978). *Psychometric theory* (2. Aufl.). New York: McGraw-Hill.

Pawlik, K. (1976). Modell- und Praxisdimensionen psychologischer Diagnostik. In K. Pawlik (Hrsg.), *Diagnose der Diagnostik* (S. 13-43). Stuttgart: Klett.

Pedhazur, E.J. (1982). *Multiple regression in behavioral research* (2. Aufl.). New York: Holt, Rinehart and Winston.

Pedulla, J.J., Airasian, P.W. & Madaus, G.F. (1980). Do teacher ratings and standardized test results of students yield the same information? *American Educational Research Journal*, *17*, 303-307.

Pendleton, B.F., Warren, R.D. & Chang, H.C. (1980). Correlated denominators in multiple regression and change analysis. In E.F. Borgatta & D.J. Jackson (Hrsg.), *Aggregate data: Analysis and interpretation* (S. 80-103). Beverly Hills: Sage.

Peterson, P.L. (1979). Direct instruction reconsidered. In P.L. Peterson & H.J. Walberg (Hrsg.), *Research on teaching* (S. 57-69). Berkeley, California: McCutchan.

Peterson, P.L. & Clark, C.M. (1978). Teachers reports of their cognitive processes during teaching. *American Educational Research Journal*, *15*, 555-565.

Peterson, P.L., Marx, R.W. & Clark, C.M. (1978). Teacher planning, teacher behavior, and student achievement. *American Educational Research Journal*, *15*, 417-432.

Peterson, P.L., Swing, S.R., Braverman, M.T. & Buss, R. (1982). Students' aptitudes and their reports of cognitive processes during direct instruction. *Journal of Educational Psychology*, *74*, 535-547.

Peterson, P.L. & Walberg, H.J. (Hrsg.) (1979). Research on teaching: Concepts, findings, and implications. In Berkeley, CA (Hrsg.), McCutchan.

Phillips, B.N., Pitcher, G.D., Worsham, M.E., & Mider, S.D. (1980). Test anxiety and the school environment. In I.G. Sarason (Hrsg.), *Test anxiety: Theory, research, and applications* (S. 327-346). Hillsdale, N.J.: Erlbaum.

Piontkowski, D. & Calfee, R. (1979). Attention in the classroom. In G.A. Hall & M. Lewis (Hrsg.), *Attention and cognitive development* (S. 297-329). New York: Plenum.

Posner, M.J. & Snyder, C.R. (1975). Attention and cognitive control. In R.L. Solso (Hrsg.), *Information processing and cognition: The Loyola Symposium* (S. 55-85). Hillsdale, N.J.: Erlbaum.

Radatz, H. (1980). *Fehleranalysen im Mathematikunterricht*. Braunschweig: Vieweg.
Reichardt, C.S. (1979). The statistical analysis of data from nonequivalent group designs. In T.D. Cook & D.T. Campbell (Hrsg.), *Quasi-experimentation. Design & analysis issues or field settings* (S. 147-205). Chicago: Rand McNally.
Reisman, F.K. (1982). *A guide to the diagnostic teaching of arithmetic* (3. Aufl.). Columbus, Ohio: Merrill.
Reulecke, W. & Rollet, B. (1976). Pädagogische Diagnostik und lernzielorientierte Tests. In K. Pawlik (Hrsg.), *Diagnose der Diagnostik* (S. 177-202). Stuttgart: Klett.
Rheinberg, F. (1980). *Leistungsbewertung und Lernmotivation*. Göttingen: Hogrefe.
Rheinberg, F., & Krug, S. (1978). Innere und äußere Differenzierung, Motivation und Bezugsnormorientierung. In K.J. Klauer & H.J. Kornadt (Hrsg.), *Jahrbuch für Empirische Erziehungswissenschaft 1978* (S. 165-195). Düsseldorf: Schwann.
Richards, J.M. & Cline, V.B. (1963). Accuracy components in person perception scores and the scoring system als an artifact in investigations of the generality of judging ability. *Psychological Reports*, *12*, 363-373.
Roeder, P.M., Baumert, J., Sang, F. & Schmitz, B. (1986). Über Zusammenhänge zwischen Zensur und Testleistung. In H. Petillon, J.W.L. Wagner, & B. Wolf (Hrsg.), *Schülergerechte Diagnose. Theoretische und empirische Beiträge zur Pädagogischen Diagnostik* (S. 31-59). Weinheim: Beltz.
Rosemann, B., & Kerres, M. (1986). *Interpersonales Wahrnehmen und Verstehen*. Bern: Huber.
Rosenshine, B. (1971). *Teaching behaviours and student achievement*. London: National Foundation for Educational Research.
Rosenshine, B. (1979). Content, time, and direct instruction. In P.L. Peterson & H.J. Walberg (Hrsg.), *Research on teaching* (S. 57-69). Berkeley: McCutchan.
Rosenshine, B. & Furst, N. (1973). The use of direct observation to study teaching. In R.M.V. Travers (Hrsg.), *Second handbook of research on teaching* (S. 122-183). Chicago: Rand McNally.
Rosenshine, B. & Stevens, R. (1986). Teaching functions. In M.C. Wittrock (Hrsg.), *Handbook of research on teaching* (S. 376-391) (3. Aufl.). New York: Macmillan.
Rosenthal, R. & Rosnow, R.L. (1984). *Essentials of behavioral research: Methods and data analysis*. New York : McGraw-Hill.
Rosenthal, R. & Rosnow, R.L. (1985). *Contrast analysis: focused comparisons in the analysis of variance*. Cambridge: Cambridge University Press.
Rosenthal, R., & Rubin, D.B. (1985). Statistical analysis: summarizing evidence versus establishing facts. *Psychological Bulletin*, *97*, 527-529.
Ross, L. (1977). The intuive psychologist and his shortcomings: distortion in the attribution process. In L. Berkowitz (Hrsg.), *Advances in*

Experimental Social Psychology (Bd. 10, S. 173-220). New York: Academic Press.

Rothkopf, E.Z. (1970). The concept of mathemagenic activities. *Review of Educational Research*, *40*, 325-336.

Rüdiger, D. (1981). Prozeβdiagnostik. In H. Schiefele & A. Krapp (Hrsg.), *Handlexikon zur pädagogischen Psychologie* (S. 289-293). München: Ehrenwirth.

Schallert, D.L., & Kleiman, G.M. (1979). *Some reasons why the teacher is easier to understand than the text book (Reading Education Report No.9)*. Urbana: University of Illinois, Center for the Study of Reading.

Schneider, W. & Helmke, A. (1986). Mehrebenenanalytische Ansätze zur Erklärung von Schulleistungen. In M. von Saldern (Hrsg.), *Mehrebenenanalyse - Beiträge zu einem jungen Forschungsansatz* (S. 170-193). Bern: Huber.

Schneider, W. & Treiber, B. (1984). Classroom differences in the determination of achievement changes. *American Educational Research Journal*, *21*, 195-211.

Schnotz, W. (1971). Schätzung von Aufgabenschwierigkeiten durch Lehrer. *Zeitschrift für Entwicklungspsychologie und Pädagogische Psychologie*, *3*, 106-120.

Schrader, F.-W. (1987). *Aufgabenschwierigkeitseinschätzung als Teil der Diagnosekompetenz von Lehrern*. München: Max-Planck-Institut für psychologische Forschung (Paper 2/1987).

Schrader, F.-W. & Helmke, A. (1987). Diagnostische Kompetenz von Lehrern: Komponenten und Wirkungen. *Empirische Pädagogik*, *1*, 27-52.

Schuessler, K. (1974). Analysis of ratio variables: opportunities and pitfalls. *American Journal of Sociology*, *80*, 379-396.

Schulte, D. (1976). Psychodiagnostik zur Erklärung und Modifikation von Verhalten. In K. Pawlik (Hrsg.), *Diagnose der Diagnostik* (S. 149-176). Stuttgart: Klett.

Schwartz, S. & Griffin, T. (1986). *Medical thinking: the psychology of medical judgment and decision making*. New York: Springer.

Schwarzer, C. (1979). *Einführung in die Pädagogische Diagnostik*. München: Kösel.

Schwarzer, R. & Steinhagen, K. (Hrsg.) (1975). *Adaptiver Unterricht. Zur Wechselwirkung von Schülermerkmalen und Unterrichtsmethoden*. München: Kösel.

Shavelson, R.J. (1973). What ist the basic teaching skill? *Journal of Teacher Education*, *24*, 144-155.

Shavelson, R.J. (1976). Teachers' decision making. In N.L. Gage (Hrsg.), *The psychology of teaching methods. The Seventy-Fifth Yearbook of the National Society for the study of education* (S. 372-414). Chicago: Universitiy of Chicago Press.

Shavelson, R.J. (1978). Teachers' estimates of student 'states of mind' and behavior. *Journal of Teacher Education*, *29(5)*, 37-40.

Shavelson, R.J. (1983). Review of research on teachers' pedagogical judgments, plans, and decisions. *Elementary School Journal*, *83*, 392-413.

Shavelson, R.J. & Atwood, N. (1977). Teachers' estimates of students 'states of mind'. *British Journal of Teacher Education*, *3*, 131-138.

Shavelson, R.J., Cadwell, J. & Izu, T. (1977). Teachers' sensitivity to the reliability of information in making pedagogical decisions. *American Educational Research Journal*, *14*, 83-97.

Shavelson, R.J. & Stern, P. (1981). Research on teachers' pedagogical thoughts, judgments, decisions, and behavior. *Review of Educational Research*, *51*, 455-498.

Shiffrin, R.M. (1975). Short-term store: The basis for a memory system. In F. Restle, R.M. Shiffrin, N.J. Castellan, H.R. Lindman & D.B. Pisoni (Hrsg.), *Cognitive theory, Vol. 1* (S. 193-218). Hillsdale, N.J.: Erlbaum.

Shulman, L.S. & Elstein, A.S. (1975). Studies of problem solving, judgment, and decision making: implications for educational research. In F.N. Kerlinger (Hrsg.), *Review of research in education* (Bd. 3, S. 3-42). Itasca, Ill.: Peacock Publishers.

Silverstein, A.B., Brownlee, L., Legutki, G. & MacMillan, D.L (1983). Convergent and discriminant validation of two methods of assessing three academic traits. *Journal of Special Education*, *17*, 63-68.

Simons, H., Weinert, F.E. & Ahrens, H.J. (1975). Untersuchungen zur differentialpsychologischen Analyse von Rechenleistungen. *Zeitschrift für Entwicklungspsychologie und Pädagogische Psychologie*, *7*, 153-169.

Slavin, R.E. (1987a). Mastery learning reconsidered. *Review of Educational Research*, *57*, 175-213.

Slavin, R.E. (1987b). Taking the mystery out of mastery: A response to Guskey, Anderson, and Burns. *Review of Educational Research*, *57*, 231-235.

Slovic, P. & Lichtenstein, S.C. (1971). Comparison of Bayesian and regression approaches to the study of information processing in judgment. *Organizational Behavior and Human Performance*, *6*, 649-744.

Snow R.E. (1980). Aptitude, learner control, and adaptive instruction. *Educational Psychologist*, *15*, 151-158.

Stallings, J.A. (1977). *Learning to look*. Belmont, CA.: Wadsworth.

Stelzl, I. (1982). *Fehler und Fallen der Statistik*. Bern: Huber.

Stenson, H.H. (1974). The lens model with unknown cue structure. *Psychological Review*, *81*, 257-264.

Stevenson, H.W., Parker, T., Wilkinson, A., Hegion, A. & Fish, E. (1976a). Longitudinal study of individual differences in cognitive development and scholastic achievement. *Journal of Educational Psychology*, *68*, 377-400.

Stevenson, H.W., Parker, T., Wilkinson, A., Hegion, A. & Fish, E. (1976b). Predictive value of teachers' ratings of young children. *Journal of Educational Psychology*, *68*, 507-517.

Stoner, S. & Purcell, K. (1985). The concurrent validity of teachers' judgments of the abilities of preschoolers in a daycare setting. *Educational and Psychological Measurement*, *45*, 421-423.

Tack, W. (1985). Aufgaben und Möglichkeiten einer als Entscheidungshilfe verstandenen Diagnostik. In F.-J. Hehl, V. Ebel & W. Ruch (Hrsg.),

Psychologische Diagnostik. Kinder, Familie, Schule, Sport (S. 87-93). Bonn: Deutscher Psychologen Verlag.

Tack, W.H. (1976). Diagnostik als Entscheidungshilfe. In K. Pawlik (Hrsg.), *Diagnose der Diagnostik* (S. 103-130). Stuttgart: Klett.

Taft, R. (1955). The ability to judge people. *Psychological Bulletin*, *52*, 1-23.

Tagiuri, R. (1969). Person perception. In G. Lindzey & E. Aronson (Hrsg.), *Handbook of Social Psychology* (Bd. 3, S. 395-449). Reading, Mass.: Addison Wesley.

Thomae, H. (1974). *Konflikt, Entscheidung, Verantwortung. Ein Beitrag zur Psychologie der Entscheidung*. Stuttgart: Kohlhammer.

Tobias, S. (1976). Achievement treatment interactions. *Review of Educational Research*, *46*, 61-74.

Tobias, S. (1980). Anxiety and instruction. In I.G. Sarason (Hrsg.), *Test anxiety: Theory, research, and applications* (S. 289-309). Hillsdale, N.J.: Erlbaum.

Tobias, S. (1981). Adaptation to individual differences. In F.H. Farley & N.J. Gordon (Hrsg.), *Psychology and education: The state of the union* (S. 61-80). Berkeley, CA.: McCutchan.

Tokar, E.B. & Holthouse, N.D. (1977). The validity of the subtests of 1976 edition of the metropolitan readiness test. *Educational and Psychological Measurement*, *37*, 1099-1101.

Treiber, B. (1980). *Qualifizierung und Chancenausgleich*. Frankfurt: Lang.

Treiber, B. (1981). Aptitude-treatment-interaction (ATI). In H. Schiefele & A. Krapp (Hrsg.), *Handlexikon Pädagogische Psychologie* (S. 26-30). München: Ehrenwirth.

Treiber, B. (1982). Lehr- und Lernzeiten im Unterricht. In B. Treiber & F.E. Weinert (Hrsg.), *Lehr-Lern-Forschung. Ein Überblick in Einzeldarstellungen* (S. 12-36). München: Urban & Schwarzenberg.

Treiber, B. & Petermann, F. (1976). Probleme der Unterrichtsdifferenzierung aus der Sicht des ATI-Forschungsprogramms. *Zeitschrift für Pädagogik*, *22*, 526-546.

Treiber, B. & Weinert, F.E. (1982). Gibt es theoretische Fortschritte in der Lehr-Lern-Forschung? In B. Treiber & F.E. Weinert (Hrsg.), *Lehr-Lern-Forschung. Ein Überblick in Einzeldarstellungen* (S. 242-290). München: Urban & Schwarzenberg.

Treiber, B. & Weinert, F.E. (1984). *Gute Schulleistungen für alle?* Münster: Aschendorff.

Treumann, K. (1974). Leistungsdimensionen im Mathematikunterricht. In P.M. Roeder & K. Treumann (Hrsg.), *Dimensionen der Schulleistung* (S. 143-367). Stuttgart: Klett.

Ulich, D. & Mertens, W. (1974). *Urteile über Schüler* (2. Aufl.). Weinheim: Beltz.

Varner, G.F. (1922). Can teachers select bright and dull children? *Journal of Educational Research*, *6*, 126-132.

Varner, G.F. (1923). Improvement in rating the intelligence of pupils. *Journal of Educational Research*, *8*, 220-232.

Velden, M. (1982). *Die Signalentdeckungstheorie in der Psychologie*. München: Kohlhammer.

Vinsonhaler, J.F., Weinshank, A.B., Wagner, C. & Polin, R.M. (1983). Diagnosing children with educational problems: characteristics of reading and learning disabilities specialists, and classroom teachers. *Reading Research Quarterly*, *18*, 134-164.

Wahl, D., Schlee, J., Krauth, J. & Murek, J. (1983). *Naive Verhaltenstheorie von Lehrern. Abschlußbericht eines Forschungsvorhabens zur Rekonstruktion und Validierung subjektiver psychologischer Theorien.* Oldenburg: Universität, Zentrum für pädagogische Berufspraxis.

Wahl, D., Weinert, F.E. & Huber, G.L. (1984). *Psychologie für die Schulpraxis. Ein handlungsorientiertes Lehrbuch für Lehrer.* München: Kösel.

Wang, M.C. (1973). The accuracy of teacher's predictions of children's learning performance. *Journal of Educational Research*, *66*, 462-465.

Wang, M.C. & Lindvall, C.M. (1984). Individual differences and school learning environments. In E.W. Gordon (Hrsg.), *Review of Research in Education* (Bd. 11, S. 161-225). Washington, D.C.: American Ecucational Research Association.

Warr, P.B. & Knapper, C. (1968). *The perception of people and events.* London: Wiley.

Weinert, F.E. (1975). Probleme der Unterrichtsdifferenzierung in psychologischer Sicht. *Erziehung und Wissenschaft*, 35-47.

Weinert, F.E. (1978a). Kommentar zum Beitrag von Hofer und Dobrick. In D. Görlitz, W.-U. Meyer & B. Weiner (Hrsg.), *Bielefelder Symposium über Attribution* (S. 65-69). Stuttgart: Klett Cotta.

Weinert, F.E. (1978b). Remediales Lehren und Lernen. In K.J. Klauer & A. Reinartz (Hrsg.), *Handbuch der Sonderpädagogik. Sonderpädagogik in allgemeinen Schulen* (Bd. 9, S. 256-269). Berlin: Marhold.

Weinert, F.E. & Helmke, A. (1984). *Zwischenbericht zum Forschungsprojekt "Unterrichtsqualität und Leistungszuwachs".* München: Max-Planck-Institut für psychologische Forschung.

Weinert, F.E. & Helmke, A. (1987). Compensatory effects of student self-concept and instructional quality on academic achievement. In F. Halisch & J. Kuhl (Hrsg.), *Motivation, intention, and volition* (S. 233-247). Berlin: Springer.

Weinert, F.E., Knopf, M. & Storch, C. (1981). Erwartungsbildung bei Lehrern. In M. Hofer (Hrsg.), *Informationsverarbeitung und Entscheidungsverhalten von Lehrern* (S. 157-191). München: Urban & Schwarzenberg.

Weinert, F.E. & Schrader, F.-W. (1986). Diagnose des Lehrers als Diagnostiker. In H. Petillon, J.W.L. Wagner & B. Wolf (Hrsg.), *Schülergerechte Diagnose. Theoretische und empirische Beiträge zur Pädagogischen Diagnostik* (S. 11-29). Weinheim: Beltz.

Westmeyer, H. (1972). *Logik der Diagnostik. Grundlagen einer normativen Diagnostik.* Stuttgart: Kohlhammer.

Westmeyer, H. (1976). Grundlagenprobleme psychologischer Diagnostik. In K. Pawlik (Hrsg.), *Diagnose der Diagnostik* (S. 71-101). Stuttgart: Klett.

Wiggins, J.S. (1973). *Personality and prediction. Principles of personality assessment.* Reading, Mass.: Addison-Wesley.

Wine, J.D. (1971). Test anxiety and direction of attention. *Psychological Bulletin*, *76*, 92-104.

Wine, J.D. (1980). Cognitive-attentional theory of test-anxiety. In I.G. Sarason (Hrsg.), *Test anxiety: Theory, research, and applications* (S. 349-385). Hillsdale, N.J.: Erlbaum.

Wine, J.D. (1982). Evaluation anxiety: a cognitive-attentional construct. In H.W. Krohne & L.Laux (Hrsg.), *Achievement, stress, and anxiety* (S. 207-219). Washington: Hemisphere Publishing Corporation.

Winer, B.J. (1971). *Statistical principles in experimental design* (2. Aufl.). Tokyo: MacGraw-Hill Kogakuska.

Winne, P.H. (1985a). Cognitive processing in the classroom. In T. Husen & T.N. Postlethwaite (Hrsg.), *International encyclopedia of education, Vol. 2* (S. 795-808). Oxford: Pergamon.

Winne, P.H. (1985b). Steps toward promoting cognitive achievements. *The Elementary School Journal*, *85*, 673-693.

Winne, P.H. (1987). Why process-product-research cannot explain process-product findings and a proposed remedy: The Cognitive Mediational Paradigm. *Teaching and Teacher Education*, *3*, 333-356.

Winne, P.H. & Marx, R.W. (1977). Reconceptualizing research on teaching. *Journal of Educational Psychology*, *69*, 668-678.

Winne, P.H., & Marx, R.W. (1980). Matching students' cognitive responses to teaching skills. *Journal of Educational Psychology*, *72*, 257-264.

Wittrock, M.C. (1986). Students' thought processes. In M.C. Wittrock (Hrsg.), *Handbook of research on teaching* (S. 297-314) (3. Aufl.). New York: Macmillan.

Wohlwill, J.F. (1973). *The study of behavioral development*. New York: Academic Press.

Woolfolk, A.E. & Nicolich, L.M. (1980). *Educational psychology for teachers*. Englewood Cliffs, N.J.: Prentice Hall.

Wottawa, H. & Hossiep, R. (1987). *Grundlagen psychologischer Diagnostik*. Göttingen: Hogrefe.

Wygotsky, L.S. (1978). *Mind in society. The development of higher psychological processes*. Cambridge, Mass.: Harvard University Press.

Zahorik, J.A. (1970). The effect of planning on teaching. *Elementary School Journal*, *71*, 143-151.

Zielinski, W. (1974). Die Beurteilung von Schülerleistungen. In F.E. Weinert, C.F. Graumann, H. Heckhausen, M. Hofer u.a. (Hrsg.), *Funkkolleg Pädagogische Psychologie, Bd. 2* (S. 877-900). Frankfurt: Fischer.

Pädagogen und Pädagogik im Nationalsozialismus - Ein unerledigtes Problem der Erziehungswissenschaft
Herausgegeben von Wolfgang Keim

Frankfurt/M., Bern, New York, Paris, 1988. 253 S.
Studien zur Bildungsreform. Bd. 16
Herausgegeben von Wolfgang Keim
ISBN 3-8204-1456-8 br./lam. sFr. 32,--

Die Beiträge des vorliegenden Bandes, dem eine dreizehnteilige Vortragsreihe an der Universität-Gesamthochschule Paderborn zugrundeliegt, - für die erfreulicherweise auch ein polnischer und ein DDR-Wissenschaftler gewonnen werden konnten - versuchen, eine offene und zugleich kritische Auseinandersetzung mit einer bislang weitgehend verdrängten Thematik in Gang zu setzen. Sie sind durchweg so angelegt, daß sie mit den Problemen des nationalsozialistischen Erziehungswesens zugleich auch deren Bearbeitung bzw. Nicht-Bearbeitung durch die bundesdeutsche Erziehungswissenschaft mit in den Blick nehmen. Neben Grundsatzbeiträgen mit allgemeinen kritischen Bestandsaufnahmen werden spezielle Themen wie Hitlerjugend, angepaßtes und oppositionelles Lehrerverhalten, Hilfsschule, das Schulwesen im okkupierten Polen sowie die verdrängte Pädagogik behandelt. Schließlich wird das Thema «Faschismus» durch einen Beitrag zum Komplex «Neofaschismus als Problem bundesdeutscher Erziehungswissenschaft» in die Gegenwart hinein verlängert.

Verlag Peter Lang Frankfurt a.M. · Bern · New York · Paris
Auslieferung: Verlag Peter Lang AG, Jupiterstr. 15, CH-3000 Bern 15
Telefon (004131) 321122, Telex pela ch 912 651, Telefax (004131) 321131